新编21世纪新闻传播学系列教材
传播学系列

舆论学教程

第2版

李 彪 著

Introduction to Public Opinion

中国人民大学出版社
·北京·

内容简介

《舆论学教程》（第2版）致力于互联网条件下舆论学理论体系的建构，主要从舆论的定义、历史演进、本体、主体、客体、生成与传播、传播周期及阶段、数量与质量、测量方法等方面入手分析，并对目前互联网语境下舆论学新的测量方法做了总结，讲解了舆论监测报告的撰写，论述了如何进行舆论的研判、引导与控制。新版专章讲述了“中国共产党舆论观的演进与创新”，增加了新的舆论测量方法与案例。

本教材的特色如下：一是教材内容在互联网尤其是社交网络崛起的大背景下展开，紧贴现实与实践；二是论述时体现理论与案例的结合，案例为理论服务而不喧宾夺主；三是教材基本上按照舆论的八个要素（本体、主体、客体、数量、质量、持续时间、强度、功能等）组织章节，设置了“知识窗”栏目，力求通俗易懂地讲解一些专门的知识点，同时整个章节又浑然一体，具有较严谨的理论体系；四是本教材作者具有十多年的网络舆情研究经验，将教学过程中对知识点难易度的把控同相关的科研经验结合起来讲述。

作者简介

李　彪　中国人民大学新闻学院教授、博士生导师、副院长，教育部人文社会科学重点研究基地中国人民大学新闻与社会发展研究中心副主任、中国人民大学舆论研究所所长。中国新闻史学会传媒经济与管理研究委员会副会长，《中国社会舆情年度报告》系列蓝皮书主编，国家社会科学基金重大项目首席专家，教育部青年长江学者。入选北京市高校青年英才计划。主要研究方向为舆论学、新媒体传播。已出版专著6本、教材1本，发表专业学术论文百余篇（其中独著或第一作者发表CSSCI、SSCI论文60余篇），主持国家社会科学基金重大项目1项、青年项目2项，省部级课题5项。

总序

中国人民大学出版社策划出版的“新编 21 世纪新闻传播学系列教材”，是一套在新闻传播学领域内密切联系新闻传播工作的实际，广泛吸收新闻传播学的最新研究成果，高挹遐揽，取精用宏，供新世纪的高等院校新闻传播院系教学使用的系列教材。

20 世纪初以来的 100 年，是世界新闻传播事业飞速发展的 100 年。这 100 年来，随着科学技术的不断发展，继报纸、期刊、通讯社之后，广播、电视、网络和多种新媒体相继问世，新闻传播的媒介日趋多元化，新闻传播的手段日趋现代化，“地球村”变得越来越小，新闻传播事业对世界政治、经济和文化的影响则变得越来越大。

这 100 年，也是中国新闻事业飞速发展的 100 年。尤其是中国改革开放以来，发展得尤为迅猛。

进入 21 世纪以后，中国新闻事业发展的势头更为迅猛。报纸、期刊、通讯社、广播电台、电视台的数量在宏观调控下，虽无大变化，但软硬件的实力都有了很大的提高。据 2011 年 12 月出版的《中国新闻年鉴》的最新统计数字，2010 年全国共出版报纸 1 939 种，平均期印数 2.14 亿份。共出版期刊 9 884 种，平均期印数 1.63 亿册。全国共有广播电台 227 座，电视台 247 家，广播电视台 2 120 家，教育电视台 44 家。广播综合人口覆盖率为 96.78%，电视综合人口覆盖率为 97.62%。

另据 2012 年 1 月中国互联网络信息中心（CNNIC）发布的《第 29 次中国互联网络发展状况统计报告》，截至 2011 年 12 月底，中国网民规模已达到 5.13 亿，互联网普及率达到 38.3%。其中，手机网民数量为 3.56 亿，博客和个人空间用户数量为 3.19 亿，微博用户数量为 2.5 亿，社交网站用户数量为 2.44 亿，网络视频用户数量为 3.25 亿。中国居民中具备上网条件和技能的人已经基本转化为网民，大专及以上学历人群中互联网使用率已达 96.1%。中国网站总数为 230 万个，网页数量为 866 亿个。

这样大的发展规模，这样快的发展速度，在世界和中国新闻事业史上都是空前的。回顾既往，盱衡未来，新闻传播事业在 21 世纪还将保持旺盛的发展势头。新闻传播，作为上层建筑和意识形态的一个重要组成部分，在全面准确地宣传党的基本理论、基本路线和基本方针以及各项决策，反映人民群众的伟大业绩和精神风貌，以及推动改革开放和社会主义现代化建设等方面，必将继续发挥重要的作用。

与新闻传播事业的发展相配合，这 100 年来，为中国的新闻战线培养和输送人才的中国新闻教育，也有了相应的发展。中国的新闻教育起始于 20 世纪初，迄今有近 90 年的历史。新中国成立前的 30 年，虽然先后在个别院校中设立了新闻系或新闻专科，但规模都不大，设备也不够完善，在校学生人数最多的时候不超过 400 人，30 年间累计培养出来的毕业生还不到 3 000 人。新中国成立后，为了给新中国的新闻事业培养人才，新闻教育有了新的发展，但到 20 世纪 60 年代中期为止，全国的新闻教育机构也还只有 14 家。当时全国只有 343 家报社、78 座广播电台和 13 家电视台，革命老区来的新闻工作骨干正当盛年，足以支撑大局，新闻系和新闻专业的学生统招统分，基本上能够满足中央和省市以上新闻单位梯队建设方面的需要。“文化大革命”爆发后，新闻事业进入低谷，新闻人才的培养也被迫中辍。拨乱反正之后，新闻事业有了飞速的发展，但新闻工作的人才却出现了断层，明显供不应求，因而极大地推动了新闻教育的发展。中国的新闻教育得以重整旗鼓并得到空前迅猛的发展，主要是改革开放以来的这 30 多年的事情。30 多年来，中国新闻教育和中国新闻事业同步发展。截至 2011 年，全国设有新闻传播学类院、系、专业的高校已由改革开放之初的两三所增加到 800 所以上，各种类型和层次的专业教学点已不下 1 000 个。新闻专业的教学已从单一的大学本科教育，发展到博士生、硕士生、本科生、大专生、成人教育、函授教育等多层次的格局，不少院系还设置了新闻传播学方向的博士后流动站。改革开放之初，全国在校新闻系科学生总共只有 500 来人，现在仅在校本科生就有 16 万人左右，硕士和博士研究生 3 万人左右，办学层次、办学规模、办学水平都有了很大的提高。进入新世纪以后，随着新闻传播事业的加速发展和新闻战线人才需求的不断增加，中国的新闻教育还将有更大幅度的发展。

一般说来，新闻教育质量的高低，起决定作用的主要是两个因素：一个是师资，一个是教材。两者之间，教材的作用更大。这是因为，师资的多少和良窳，往往受办学主客观条件的限制，而教材一旦完成，就可以直接嘉惠于学子，风行四海，无远弗届。进一步说，一部好的教材，不仅可以满足教学的需要，培养出一大批人才，而且还可以同时拥有一定的学术含量，推动新闻传播学研究的发展。1919 年出版的徐宝璜的《新闻学》，1927 年出版的戈公振的《中国报学史》，就是这方面的很好的例子。这两本书都是作者在高等学校从事新闻学理论和新闻史教学时作为教材编写出来的，出版之后，立即引起世人的关注和推崇，一再重版，历久不衰，至今仍然是公认的新闻学理论和新闻史方面的传世之作和经典之作。正因为这样，新闻教育的前辈们，历来十分重视教材的建设。新中国成立初期的十来年，坊间出版的新闻学方面的书籍，绝大部分是教材。改革开放以后，新闻传播学研究空前繁荣，新闻学方面的书籍大量问世，但教材仍然在其中占了很大的比重。这些教材，覆盖了新闻传播学的方方面面，经过出版家和众多作者的长期努力，门类和品种基本配套齐全，曾经为同时期的新闻教学做出过重要的贡献。但是，随着时间的推移和新闻工作实际的飞速发展，这些教材的体例日显陈旧，观点和内容也亟待调整和更新。一些属于学科前沿和科技含量较高的新开课程的教材尚付阙如，使现有的教材出现了不少缺口。在新世纪已经到来之际，集聚力量，重新编写出一套体系完整、门类齐全、能够为新世纪的新闻教育和新闻人才培养服务的新闻传播学的系列教材，已经成为人们的共识和新闻业界与新闻教育界的迫切需求。

呈现在读者面前的，就是应这样的需求产生的一套系列教材，它将涵盖新闻学、传播学两个二级学科的方方面面内容，满足新闻、广播、电视、广告、媒体经济、新媒体等多个专业的教学需要。负责这些教材编写工作的，是中国人民大学、复旦大学、北京大学、清华大学、中国传媒大学、中国青年政治学院等多所著名院校长期从事新闻传播学方面教学与研究工作的专家学者，其中有相当大的一部分编写者是相关学科的国家级的学术带头人，堪称一时之选。收入本系列的教材中，既有国家级重点教材，也有部级重点教材，其他的也是经过严格筛选的精品，所以，本套系列教材的质量是有保证的，其权威性也将得到社会的认同。

21 世纪是一个高度信息化的时代，是信息经济和知识经济占主导地位的时代。信息经济和知识经济有两大支柱，一是以高科技为代表的传播技术产业，二是从事新闻和信息产品生产的媒体产业。新闻传播学作为将这两大领域有机联结的桥梁，在今后的国家建设和社会发展中必将发挥越来越重要的作用。中国人民大学出版社经过精心策划，隆重推出这套系列教材，是具有高度的前瞻性和战略眼光的。在这里，我谨代表编委会和全体作者向中国人民大学出版社表示由衷的感谢。

这部系列教材开始策划于 20 世纪的最后一年，21 世纪初起陆续问世，迄今已编写出版了 50 余种。在体例和内容的创新和开拓等方面，远远超过同时期出版的同类教材。其中的有些教材，还根据整个新闻传播理论与实践的发展和新闻传播学教学与研究的发展，陆续作了必要的补充和修订，重新出版，实现了内容的与时俱进。

这批教材的问世，将会为新闻传播事业和新闻教育事业的发展和繁荣、为新世纪新闻传播人才的培养做出它应有的贡献。这是出版者和全体作者共同的一点希望。是为序。

方汉奇

2012 年 3 月 15 日

于中国人民大学宜园

前言

人类基于社会信息的传递、接受与分享而产生联系，进行社会交往而构建关系，形成社群与社会互动。社会个体通过信息的传播与分享而建构自我，形成“镜中我”而感知自身存在。因此，信息传播与分享构成了整个人类社会的基本社会实践。

从纵向看，人类传播史上经历了五次革命——语言传播、书写传播、印刷传播、电子传播、互动传播革命，每一次传播革命都对社会进步具有重大的推动作用，都将人类带进一个新的境界和新的时代。从横向看，人类传播活动又分为五种基本类型——人内传播（个人头脑中的信息加工与自我互动）、人际传播（人与人之间的交流）、群体传播（非组织群体的传播活动）、组织传播（组织之间、组织内部，有组织、有一定规模的信息传播）、大众传播（职业性信息传播机构和人员通过大众媒介和特定传播技术手段向社会人群传递信息）。

传播分类千万种，而人类社会的信息从宏观层面划分就两类：一类是事实信息，最为典型的就是新闻，做出“事实判断”，告诉人们事实真相，回答“是什么”的问题；另一类是观点信息，最为典型的是舆论（新闻评论也属于观点信息），做出“价值判断”，个体以自身的价值观为衡量尺度对万事万物进行评判，告诉人们自己的看法与观点，回答“怎么样”的问题。

古希腊智者学派的普罗塔戈拉（Protagoras）提出“人是万物的尺度”①，虽然有过分强调人的主观感受、否认世间的客观评判标准之嫌，但也说明人

① 柏拉图．普罗塔戈拉［M］．刘小枫，译．北京：华夏出版社，2019．

生来就是以自身的价值好恶来对整个世界的客观事物进行评价认知的，价值判断是人与生俱来的社会行为，一旦被表达出来就成了观点信息，可以说观点信息与事实信息同样重要，观点信息被不同个体表达并经过观点之间的碰撞、交锋与妥协后便会形成一种集体的看法、态度与意见，从而舆论得以形成。根据德国社会学家伊丽莎白·诺尔-诺依曼（Elisabeth Noelle-Neumann）的观点，“舆论是社会的皮肤”①。舆论成为社会发展的“晴雨表”和“风向标”，其发展态势直接影响着民众的社会观瞻与社会认知心理的整体走向。

网络时代来临，每个社会个体都可以通过自媒体发言，社会表达日益活跃，众声喧哗背后的社会舆论对了解当下民众的社会心态与社会认知尤为重要，已逐步成为社会健康发展的“皮肤表征”，因此互联网语境下的舆论研究尤其重要。

---

① 诺依曼. 沉默的螺旋：舆论：我们的社会皮肤［M］. 董璐，译. 北京：北京大学出版社，2013.

目录

第四章
舆论的本体

第五章
舆论的主体

第六章
舆论的客体

第七章
舆论的生成与传播

第八章
舆论的传播周期及阶段

第九章 舆论的数量与质量

第十章 传统舆论测量方法

第十一章 互联网时代舆论测量新方法

第十二章 舆论监测与报告撰写

第十三章 舆论的研判、引导与控制

第一章

舆论的定义

本章学习要点

1. 舆论的定义与分类。
2. 舆情与舆论定义的差异。
3. 舆论概念在西方社会语境下的三次转换与发展。
4. 舆论概念的误区与争议。

人类社会正进入一个以网络社会为特征的社交网络时代。这个时代的重要特征是普罗大众成为新闻信息的发布者、整理者、传播者，社会的信息生产不再由专业化的大众传媒机构垄断，这一过程同时也在显著改写着舆论的生态，促使我们思考舆论概念与舆论的新特征。本章将围绕这一新话语语境，探讨以下问题：一是社交媒体带来“海量意见”时代，如何准确地理解传统舆论；二是社交媒体语境下如何把握新舆论的核心内涵；三是舆论是如何过渡到舆情这个概念的；四是社交媒体时代舆论概念存在哪些误区。

第一节　什么是舆论

舆论这个概念在日常生活中经常被用到，但真要准确说出其具体的含义却很难，这说明了该概念自身的复杂性。本节主要从舆论的初级形态、舆论的成熟形态、舆论的发展形态等几个方面展开。

一、舆论的初级形态：意见、态度

舆论是一个历时态概念。舆论的生成与传播是一个动态的演化过程，在最早的状态下舆论是由个体的判断、个体的意见与态度形成的，更像是数学中交集与公约数的概念，是一定数量个体的意见与态度的集合。因此，意见与态度是舆论的初级形态与雏形。

（一）意见：液态的初始舆论

意见的本义是人们对事物所产生的看法或想法，从词源的角度来说，意见又可以分为三个类型：一是见解或者主张，如我们开会经常说到的“各陈意见”，是对一个事物的基本见解与看法；二是对人对事不满意的想法，如经常说到的“有意见就提嘛”，更多的是一种负面评价和想法；三是识见、看法或想法，如“交换意见”。从这三个不同语义来看，中国的“意见”这个词等同于英文中的 opinion、suggestion、comment 三个单词。这一定程度上说明意见是人们心目中最原始的一种看法和认知，是涵盖范围非常广的原始舆论形态，是每个正常的个体对这个社会的基本认知。但需要说明的是，“意见”往往具有流动性，即意见是可以改变的，并且是多变的，有意见可能被劝服、有主张可能被改变，意见与相对固态的态度是有差异的。

（二）态度：固态的初始舆论

态度是人们在自身道德观和价值观基础上对事物的评价和行为倾向。态度表现为对外界事物的内在感受（道德观和价值观）、情感（“喜欢-厌恶”“爱-恨”等）和意向（谋虑、企图等）三方面。《心理学大辞典》及通常的心理学教科书都认为，态度具有对象性、评价性、稳定性和内在性四个特性。一是态度具有对象性，即态度是有对象的，它总是针对某种事物；二是态度具有评价性，它意味着是否赞同该事物；三是态度相对于情绪具有稳定性，它是一种对事物比较持久的而不是偶然的倾向；四是态度是个体内在的心理状态，具有内在性，往往不能为别人所直接观察到，但它最终会通过当事人的言行表现出来。

知识窗

态度的形成

态度也是有形成过程的，意见的长期“淤积”与固化沉淀就会形成一段时期内某个社会个体固定的看法与感受。基于此，1958 年美国学者凯尔曼（H. C. Kelman）提出了“态度形成三阶段理论”，即依从—同化—内化：在依从阶段，个体或是出于主体的意愿，不知不觉地模仿；或是受到群体规范的压力，从而产生服从行为。在同化阶段，个体的态度不再是表面的改变，也不是被迫，而是自愿地接受他人的观点、信念、行为或新的信息。这一阶段，个体的态度已经与所要形成的态度相接近，但没有同自己整个态度体系相融合。在内化阶段，个体内心发生了质的变化，新的观点、新的情感和新的意愿已经被纳入自己的态度体系，成为自己态度体系中的一部分，比较稳固，也不太容易改变。到了这一阶段，态度才真正地形成。

态度一旦形成，就会具有自己的稳定性。态度的改变是非常困难的，但也不是不能改变的。美国社会心理学者霍夫兰德（Carl Hovland）等曾提出了一个态度转变模型，认为通过四个环节可以改变人们的态度：

第一个环节是传递者（或称为信源）。一般来说，如果信息传递者具有很强的威信，或者与信息接受者比较相似，就更容易改变信息接受者的态度。同时，信息传递者说服的意图越刻意，越难以使信息接受者的态度发生改变。另外，说服者的吸引力也会影响说服对象（高吸引力的说服者容易改变说服对象的态度；反之，低吸引力的说服者则很难做到）。

第二个环节是沟通的信息质量。信息差异性越强越难以改变信息接受者的态度，而且说服方式也会对对象的态度产生影响。例如，利用恐怖诉求进行说服，中度恐怖诉求效果最好，高度与低度恐怖诉求的效果都不尽如人意。对文化水平不高的受众宜采用一面劝服，对文化水平较高的受众宜采用含正反两种倾向的双面劝服。

第三个环节是接受者自身。接受者自身原有态度与信念比较坚决是很难说服的。接受者的人格因素也是影响因素之一（依赖性较强的接受者态度比较容易改变）。另外，个体在面临态度改变的压力时，如所在群体的压力等，也容易基于从众心态而改变态度。

第四个环节是情境。预先警告，制造一种氛围，可能改变接受者的态度。另外，不断重复同一个信息，如采用脉冲式、倒U型等信息刺激方式，也可以有效地改变接受者的态度。

（三）意见与态度的异同

“意见”始终是舆论研究的核心，也就是舆论的本体，舆论传播所着眼的也是意见的流动问题。意见通常是通过与信念（belief）、价值（value）尤其是态度（attitude）相比较来界定自身的。社会心理学家把意见定义为对某种态度、信念或者价值的言语表现，拓展开来，意见也可以用行为例如愤怒地挥拳或者游行等方式表现。

学者们从两个方面区分态度和意见之间的差别。一方面，意见一般来说被认为是对于某个具体刺激（某个问题）所做出的语言上的或者其他方面的明显反应；而态度是更基本的总体倾向，它对于一般性的刺激做出有利或者不利的反应。意见主要是取决于当时的形势，而态度可在多种形势下更持久地发挥作用。另一方面，意见被认为更感性，而态度则是在一个社会母体里、在各种可供选择的方案之间经过慎重考虑后产生的理性抉择。简要地说，态度是反应的倾向，而意见则是某种反应；意见是一种外显表征，态度是一种内化倾向；意见是形式，态度是内容。

二、舆论的成熟形态：舆论与民意

当人们的意见凝固成为一种社会认知与社会态度时，一旦一个偶发性事件出现，民众就会下意识地使用这种认知框架去“度量”这个事件，并提出自己的看法与意见，那么舆论就会自然产生了。

（一）“舆论”：舆人之论

“舆”的篆体为，这个字最早是指车厢，后来指代整个车，如《老子》中有句话“虽有舟舆，无所乘之”。后来又被转义为轿子（如肩舆）。由于赶车与抬轿子的人多是一些下层人士，并且人数众多，因此，这个字后来又被用作对奴隶或差役的称谓，如《左传·昭公七年》中提到“故王臣公，公臣大夫，大夫臣士，士臣皂，皂臣舆，舆臣隶，隶臣僚，僚臣仆，仆臣台”。郑玄于《左传》“皂臣舆”之下注：“舆，众也，佐皂举众事也。”

随着“舆”的发展，“舆人”也开始在一些历史文献中出现。“舆人”最早是指造车舆的工人，如《考工记·舆人》中有“舆人为车”之说；后来引申为“众人”，如《左传·僖公二十八年》提到“晋侯患之，听舆人之诵”；再后来进一步演化为职位低的吏卒，如《左传·昭公四年》中提到“舆人纳之，隶人藏之”。从这个词的演化过程可以看出，“舆人”演化为“下层的众人”是由古代社会金字塔式的等级结构决定的，地位越低者，数量越众。“舆人”逐渐被引申为中下等人、普通百姓、群众，在古代中国社会往往用“舆人之诵”“舆人之论”指当时社会上众多人的议论、评价、呼声。

“论”的篆体为，指商讨准则、评说是非、辨析证明，采用“言”作形旁，采用“侖”作声旁，《说文解字》中直接表述为“论，议也”。“论”的范围相当广，可以是“意见”“看法”“议论”“评价”“观点”“说法”“言论”“态度”，进一步延伸出去，那些没有表达出来的“意向”“愿望”等也是一种“论”。

其实，关于舆论的概念，学界统计起来不下 30 个，比较具有代表性的有以下两类：一类是相对泛化的概念，既包括表达出来的，又包括内心所想没有表达出来的倾向、意识。李普曼（Walter Lippmann）在其《公众舆论》（*Public Opinion*）中认为，“他人脑海中的图像——关于自身，关于别人，关于他们的需求、意图和人际关系的图像，就是他们的舆论”。李普曼将人们表达出来的和没有表达出来的想法甚至想象都归为舆论，舆论的范围十分广泛。而刘建明认为，舆论是显示社会整体知觉和集合意识，具有权威性的多数人的共同意见，强调的是舆论具有“集合”与“权威”两个特性。但舆论一定是有权威性的吗？这一点需要仔细思考。李广智在其《舆论学通论》中认为，“舆论是社会公众对涉及个人利益事件的意见的自由表达和传播而形成的共同倾向”，强调“个人利益”和“共同倾向”，说明他认为舆论具有切身利益性，也具有倾向性，不一定是表达出来的。时蓉华在其《现代社会心理学》中认为，“社会舆论是公众的意见与看法，是社会全体成员或大多数人的共同信念，也可以说是信息沟通后的一种共鸣”，强调舆论是一种“共同信念”“共鸣”，但认为是社会“全体成员或大多数人”，这对舆论主体人数的界定非常严格。在这类概念中比较被大家认同的是孟小平有关舆论的定义，他认为“舆论是公众对其关切的人物、事件、现象、问题和观念的信念、态度和意见的总和，具有一定的一致性、强烈程度和持续性，并对有关事态发展产生影响”[①]。这个概念兼顾了舆论的主体（公众）、舆论的客体（关切的人物、事件、现象、问题和观念）与舆论的本体（信念、态度和意见），还强调了舆论的一致性、持续性和强烈程度等，是比较完善和严谨的舆论概念，对之后舆论概念的界定影响深远。

舆论的另一类概念是比较窄化的，就是将舆论界定为一种表达出来的意见，而没有表达出来、没有经过舆情测验的都不能算是舆论。如甘惜分认为，舆论是社会生活中经济政治地位基本接近的人或社会集团对某种事态发展大体相近的看法。沙莲香在《社会心理学》中认为，“舆论是指大家共同关心的有争议的问题上多数人意见的总和，是社会上的众人对某些社会事件的一致反应和判定，是具有代表性的综合性的意见”。两位学者均将舆论等同于意见与看法，强调其外显性。杨张乔在其《声张自我的艺术——舆论社会学》中认为，“舆论是公众的自我声明，是具有统一和非统一的双重性和一定时空形态的公意”。杨张乔直接将舆论等同于“公意”，这种说法有待商榷。

通过以上学者对舆论概念的界定，我们发现目前舆论的概念其实争议很大，在一些基础和核心的细节上还存在很大的分歧：一是不同的学者都提到了舆论的主体是“多数人”，这一说法比较模糊，“多数人”是多少人？在总体中所占的比例是多高？有关这个争议，刘建明等根据“黄金分割点”提出了自己的观点[②]：一般来说，当在整体“1”中所占比例达到 0.618 时，就能够产生对整体的决定性的、全面的影响；所占比例达到 0.382 时，就可以使整体感觉到一种重要的影响存在。在一定范围内持某种意见的人数达到总数的约三分之一，这种意见就可以成为社会舆论；达到约三分之二，就成为主

① 孟小平．揭示公共关系的奥秘：舆论学［M］．北京：中国新闻出版社，1989：3－5.
② 刘建明，纪忠慧，王莉丽．舆论学概论［M］．北京：中国传媒大学出版社，2009：30－32.

导性社会舆论。就社会或整个世界而言，“多数人”就是公众，主导性舆论就是显性形态的“民意”或“公意”。当然，在实际生活中没有必要精确到如此程度，可以把这个社会舆论临界点的上下各5%当作社会舆论的边际量。

二是对于舆论的外延还存在比较大的争议，如李普曼说的“脑海中的图像”、孟小平说的“信念”和时蓉华说的“共同信念”等没有公开表达出来的个体意识或群体意识，是否也属于舆论的一部分？对于这个争议，笔者认为舆论是能被直接感知的存在，具有公开性，故人“脑海中的图像”或“信念”等内在心理不能算作社会舆论。

知识窗

李普曼的《公众舆论》

李普曼在传播学和新闻学中享有很高的声誉，在舆论学中也有重要的学术地位，尤其是他1922年出版的《公众舆论》（见图1-1）一书被公认为是传播学领域的奠基之作。该书第一次对公众舆论做了全景式的描述，让读者能细细地体会到舆论现象的种种内在与外在联系。此书自问世以来，百年间已经被翻译成几十种文字，至今仍然保持着这个领域中的权威地位。[①]

李普曼在《公众舆论》和《自由与新闻》等著作中不仅对新闻的性质及其选择过程进行了深刻的分析，而且提出了两个重要的概念：一个是“虚拟环境”（pseudo environment），另一个是“刻板成见”（stereotype）。

李普曼针对大众传播可能会“歪曲环境”的负功能，提出过警世之言，这就是颇有名的“两个环境”理论。按他的见解，我们人类生活在两个环境里：一是现实环境，一是虚拟环境。前者是独立于人的意志、体验之外的客观世界，而后者是被人意识或体验的主观世界。与此相联系，能被人自身直接体验的环境叫“直接环境”，而需要通过他人才能间接体验的环境叫“间接环境”。他的“两个环境”理论的创造性在于强调指出了大众传播的作用，即现代社会中，“虚拟环境”的比重越来越大，它主要由大众媒介创造。

“刻板成见”指的是人们对特定的事物所持有的固定化、简单化的观念和印象，它通常伴随着对该事物的价值评价和好恶的感情。刻板成见可以为人们认识事物提供简便的参考标准，但也阻碍着对新事物的接受。个人有个人的刻板成见，一个社会也有其社会成员广泛接受的和通行的刻板成见，因而它也起着社会控制的作用。李普曼特别强调大众传播的力量，认为大众传播不仅是“虚拟环境”的主要营造者，而且在形成、维护和改变一个社会的刻板成见方面也拥有强大的影响力。

---

① 李普曼的 *Public Opinion* 经常被译作“公众舆论”“舆论”或“舆论学”，台湾地区译作“民意”，也有学者认为应该译作“公众意见”。

林珊译，1989，华夏出版社

阎克文、江红译，2006，上海人民出版社

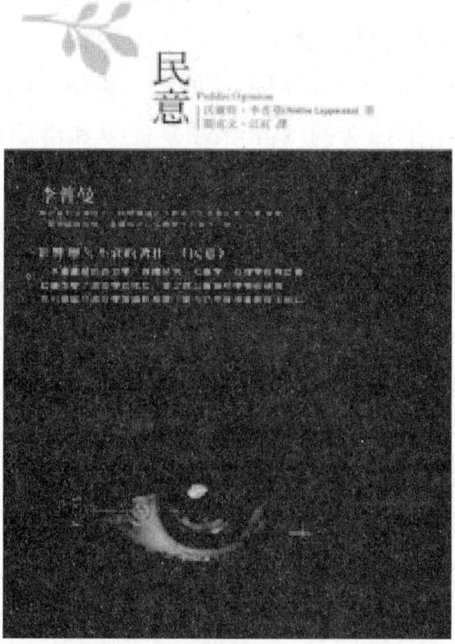

阎克文、江红译，2009，五南图书公司

常江、肖寒译，2018，北京大学出版社

图 1-1　李普曼 *Public Opinion* 一书的几个中文版本

此外，议程设置的研究最早也起始于李普曼的《公众舆论》，虽然书中没有使用议程设置这一名词，但是，他表达了这样的基本思想：媒体创造了我们头脑中象征性的想象，这些想象有可能与我们经历的“外在”世界完全不同。他论证了大众媒体是现实世界的某个事件和我们头脑中对这个事件的想象之间的主要连接物。议程

设置过程描绘了舆论在一个民主制度中如何发挥作用。40多年后，科恩继续为议程设置的发展做出贡献，他指出新闻界在告诉人们“怎样想”方面都不大成功，但是，在告诉人们“想什么”方面却异常有效。当然，直到1972年麦库姆斯和肖的文章发表在《舆论季刊》上，议程设置才被命名。李普曼作为最早探讨大众传播的宏观效果的学者之一，对该理论的产生和发展做出了很大的贡献。他的经典论著《公众舆论》也因为对上述传播学问题的精辟论述而经久不衰。

（二）民意：客体的公共性

社会心理学家奥尔波特（Floyd Allport）认为民意是个人可随时表达自己的意见，或被要求表达自己的意见，来赞成或反对具有普遍重要性的特定状况、人、计划等，并表现出人数、强度和稳定性的比率。他还认为民意是许多个人的行为或表达的言辞，是为一些众所周知的目标或情境所激起和引导的，其所涉及的态度与意见是表达出来的，或至少是许多个人准备要表达的。韩念西（Bernard Hennessy）将民意定义为：一群特定的人针对具有一定重要性的事务，所表达出来的各种不同看法的总和。在意见的表达上，他认为字词，包括口头的、印写的，是表达意见的最普通形式。有时候，手势如握紧拳头、高举手臂，或来自群众的嘘声，都足以表达愤怒、尊敬、蔑视的态度。杜伯（Leonard Doob）则提出了内在的（internal）民意和潜隐的（latent）民意。他认为人们对一个问题的态度如果不表达出来，即为内在的民意。潜隐的民意，指的是人们对于一个问题的态度尚未形成之时，或该问题尚不足以影响态度之时的意见。潜隐的民意是“潜在民意”（potential public opinion），其如果意味多数态度或预存立场，终究会形成一个问题的意见，那就具有重要性。

将以上对民意概念的定义或基本认识综合起来，民意具有以下三个基本相同的特点：第一，民意指来自普通个人、公众或社会团体的意见，含公开的和非公开的；第二，阐发意见的对象通常是与提出意见者相关的社会事务、事件和问题等；第三，意见的阐发方式多种多样。

（三）民意与舆论的异同

民意与舆论之间有一定的区别。一是外延不同：舆论大于民意，舆论包括代表民意的舆论和不代表民意的舆论。二是规模不同：舆论的规模可大可小，而民意一般是指较大范围内的民心倾向。三是存在形态不同：舆论一般是能被直接感知的，而民意有时却未必能被人直接感知到，民意有显性形态和隐性形态，尚未表达出来的隐性形态的民意，需要通过民意测验或出现违反民意的事件后才被凸显，才被人感知。

当然，两者之间还存在诸多联系，并在一定的条件下相互转化。当沉默的民意被测出或激发出，又有适当的环境条件便于民意表达，民意就会转化为一种公开的舆论表达；当代表民意的舆论被压制、转移，其就会转化为无声的民意；当代表民意的舆论被人为操纵，这种舆论就有可能变异为违反民意的舆论。

三、舆论的发展形态：舆情

社交媒体时代是一个“人人都有麦克风”的“众声喧哗”时代，这使我们形成了一种印象：意见无处不在，并显而易见。在传统媒体时代，我们要感知社会意见并不容易——通常的渠道不外乎自己的人际网络或者大众媒体，而人际网络规模狭小、同质性高，因此一般来讲，意见的代表性不高；大众媒体同样如此，其由于自身版面有限、时段紧张，因此主要为政经权力和社会精英提供话语平台，较少能够有机会覆盖社会不同阶层的意见。在此背景下，社交媒体的崛起对整个舆论生态的改变意义重大——使得意见的表达变得格外容易，借由微博、微信、短视频等 UGC（用户生产内容）平台，任何一个网民都有条件对外发表自己的意见。也就是说，不但意见发表变得容易了，而且参与意见表达的主体扩大、多元了。因此，当下舆论生态的一个景观是意见层出不穷、无所不在、无时不在。一方面，各种社交媒体平台分分秒秒都在生产“意见”数据；另一方面，原本主要由专业机构实施的舆论搜集手段——民意调查可以很方便地在社交媒体平台开展，体现为在线投票、网络调查等形式。可以说，我们经由社交媒体进入了一个“海量意见”时代。这一时代的舆论发生了根本变化，变得流动和液态化，变化更快，并不时出现“舆论反转”，舆论的定义已经不足以解释舆论的变化速度，舆情的概念应运而生。

（一）“舆情”中“情”的双重意义

“舆”“情”两字的连用，最初应是指百姓的情感、情绪。在《新华字典》中，采用了“群众的意见和态度”这个解释。在《辞源》中，则把“舆情”解释为“民众的意愿”。据现有文字记载，“舆情”一词的最早使用是在唐朝，出自诗人李中所作《献乔侍郎》一诗：“格论思名士，舆情渴直臣。”“舆情”中的“情”有两个基本解释：一是强调互联网时代舆论变化的速度，“情”一字凸显舆论是变动的；二是强调网络时代的舆论具有很大的感性特征，即其中夹杂着大量的情感与情绪，网络表达的短文本化、口语化，给舆情表达带来的最大变化就是情感因素和感性元素增多，因此，“情”的第二个含义是情绪或者情感。

（二）舆情的概念与定义

舆情的含义具有多层次性，概括起来主要有以下四个层次：一是舆情是民意集合的反映，换句话说，民意是形成舆情的始源，没有民意就没有舆情；二是舆情所要反映的民意，是那些对执政者决策行为能够产生影响的“民意”，而非全部的民意；三是舆情因变事项是舆情产生的基础，研究、分析舆情首先要深入研究、分析舆情因变事项的发生、发展和变化的规律；四是舆情空间对舆情传播及影响执政者决策行为方面有重要作用。

在四层含义基础上，本书认为舆情是指在一定的社会空间和历史时期内，围绕中介性社会事项（可以是人、事，也可以是价值、观念、制度、规范）的发生、发展和变化，作为舆情主体的民众对相关社会事项的群体性情绪、意愿、态度和意见的总和。由于网络是舆情的主要表达平台，本书认为舆情主要是以显性形式表达出来的。

第二节　舆论的概念演进

本节介绍的是舆论的概念演进，主要从两个维度展开，一是西方国家的舆论话语语境及概念演进，二是中国的舆论话语语境与概念演进，并进行立体化的对比，加深对舆论这一概念演进的认知。

一、西方国家舆论历史演进与语境

从对现有文献的考察来看，舆论最早的含义来自拉丁语 opinio，是指众人的、没有得到充分论证的不确定的判断，是某种低层次的认知状态或不能确定的事实，其含义带有轻蔑和负面的色彩。

（一）前现代意义的舆论概念：古希腊与古罗马时期

古希腊哲人最早批判了舆论缺乏知识的特性，柏拉图和亚里士多德都有过相关的论述。柏拉图质疑大多数人的慎思能力，认为民众（demos）的意见只是一种情绪，因此是非理性和无价值的，政治事务应当交由哲学家来管理。柏拉图对雅典民主制的批判，即他的《理想国》的核心主张之一，便是“哲学王”依据代表“善”的知识进行统治，社会成员依自己的禀赋才干在政治生活中各安其位，各尽所能，达到社会和谐。所谓舆论，其实是一些变化无常的判断，介乎有知和无知之间，不能和知识相提并论。真理更是超出了大多数人的理解力。一个统治者如果不去致力于自身品质的提升，而去迎合民意，声称以民意为依归，就不是一个合格的领袖，而是蛊惑家（demagogue，或译“平民领袖”）。①

与之相对，亚里士多德认为人类行动是历史的、实践的以及有意义的，民众的意见亦可以贡献于政治事务。他更关注的是探讨一个在现实中最有可行性的次优政体，一个“大多数人所能实践的生活以及大多数城邦所能接受的政体”②，而不是构建一个只存在于理论中的理想国。他将一切现存的政体划分为两大类：正常的与变异的。“凡照顾到公共利益的各种政体就都是正当或正宗的政体，而那些只照顾统治者们的利益的政体就都是错误的政体或正宗政体的变态（偏离）。”③ 实际上，他所真正欣赏的是一种依法统治、以公共利益为目的、结合了不同政体形式优点的共和政体，他坚持认为：“政治家所治理的人是自由人……政治家所执掌的则为平等的自由人之间所付托的权威。”④ 这种自由人便是公民，是那些得以参加公共事务治理的人。理想的治理方式是法治，但如果不得已而求其次，也可以接受依照多数人意见的治理，因为“就多数而论，其中每一个别的人常常是乏善足述；但他们合而为一个集体时，却往往可能超过少数贤良的智能”⑤。可以看出，亚里士多德将舆论等同于价值观、规范和文明的取向。

亚里士多德的观点体现了雅典式的古典参与精神，为后世学者如阿伦特所继承；而柏拉图的精英治国论也获得不少学者回应，例如马基雅维利提出君王要维护自己的“好名声”，李普曼提出专家管理公共事务论等。但总体而言，这一时期的舆论含义主要是认识论上的。

古罗马人和柏拉图一样怀疑舆论的作用。西塞罗曾经说过，“这些普通的乌合之众，他们多从意见而不是真理来判断事物”⑥。罗马人不是完全不考虑公众舆论，而是简单地认为舆论与统治最为相关，如领袖是否受人尊敬，是否受人爱戴，罗马时代的许多舆论还限于政治这一狭隘的方面。

（二）早期的现代主义者

1513 年马基雅维利写成《君主论》。他认为人类被暂时的欲望和舒适困

---

① 柏拉图．理想国［M］．黄颖，译．北京：中国华侨出版社，2012：42－44.

② 同①51－52.

③ 同①54－55.

④ 同①78－80.

⑤ 同①90－91.

⑥ 西塞罗．西塞罗三论：英文版［M］．北京：中央编译出版社，2010：5－7.

扰，因此不能自我统治，而只能被仁慈的君主统治。他建议君主一般应关注民众的利益，对公众舆论给予足够的重视，因为尽管统治者的力量是第一要素，但民心的向背仍是决定统治是否稳定的关键。马基雅维利尊重舆论仅仅是由于它是一种政治力量，可能给君主和国家带来危害，而并不是因为舆论的内在价值。他并没有像亚里士多德那样鼓吹舆论中的集体智慧，关心社会和谐以及政治共同体的道德状况。亚里士多德显然更重视道德教化，而马基雅维利认为舆论是变幻不定的、非理性的，并具有潜在的爆发性，领导者要警惕地关注舆论，确保民众对统治者怀有敬意①。

霍布斯和马基雅维利一样，对人性持一种消极看法。他是一个坚定的王权主义者，认为建立国家的核心目的在于保障所有社会成员的生命安全。为此，君主应当拥有几乎不受任何限制的专制权力——“有管辖权的人的命令不能由臣民加以指责和争议”②，个人也无权自行判断善恶是非。他认为应对舆论主动进行干预，因为良好地管理人们的意见就是良好地管理人们的行为。同时他也是早期的“契约论者”，认为舆论对国家的形成非常重要。他认为主权者的权力虽然应当是绝对的，但却源自人民通过契约形式的让与。人民是第一性的，国家是第二性的。国家是人为实用目的发明的一种工具，没有丝毫神性。这是一种相当典型的个人主义观点，虽然没有导出民主的结论，但是对无条件的国家主义的否定，为日后的宪政民主思想开辟了理论道路，标志着一个新的时代的到来。作为民众利益反映的公众舆论自然有其价值，应当引起统治者的重视。人民通过确立建立政府的核心原则来参与政治，国家是通过公众与政治家之间的“契约”创造出来的。如果这个国家由于内外压力而崩溃了，那么公民就应当再次以契约的形式创造新的政府。

早期政治理论家的相通之处在于他们都关注基本人性。他们认为如果把握了人作为政治动物的基本特征，就可以更全面地探索人在政治中的行为了。

（三）早期的宪政民主理论

早期的宪政民主理论的代表是洛克及其《政府论》。洛克认为政府来自社会契约，统治者在获得政治权力的同时承担了各种责任和义务，其必须尊重民众的各种权利，个人权利的不可取消性构成了政府权威的限度。他强调政治权力必须受到限制，否则便会演变为暴政。这些限制首先是权力的分割制衡及法律制度，但也可以是本国历史固有的政治传统和习俗。舆论法则判别的是美德和恶行，而美德完全是根据公众的评价来衡量的。“这些称、讥、

① 马基雅维利．君主论［M］．王伟，译．北京：北京联合出版公司，2014：65－66.
② 霍布斯．利维坦［M］．黎思复，黎廷弼，译．北京：商务印书馆，2017：34－35.

毁、誉，借着人类底秘密的同意，在各种人类社会中、种族中、团体中便建立起一种尺度来，使人们按照当地的判断、格言和风尚，来毁誉各种行动。”①

洛克使舆论从语意上摆脱了最初的“不可靠的判断”这一略带贬义的含义，而承认公众舆论是一种合法标准，可以用来衡量法律和政府行为。神法作为第一种法律，构成了政治权力的合法基础。民法作为第二种法律，可使统治者支配人民行动。而舆论作为第三种法律，则以历史积淀而成的民俗风尚为尺度，判断一切个人行为和国家行为的好坏及合法性。洛克还提出：“要知道，任何共同体既然只能根据它的各个个人的同意而行动，而它作为一个整体又必须行动一致，这就有必要使整体的行动以较大的力量的意志为转移，这个较大的力量就是大多数人的同意……根据自然和理性的法则，大多数具有全体的权力，因而大多数的行为被认为是全体的行为，也当然具有决定权了。”② 洛克的哲学成为法国启蒙思想的基础。

（四）17—18 世纪欧洲启蒙运动时期

西方学术界普遍认为，现代意义上的公共舆论概念诞生于 17—18 世纪欧洲启蒙运动期间，最初是指一种非正式的社会压力和社会控制力量，与风尚、道德、习俗相当。孟德斯鸠、伏尔泰、狄德罗等启蒙思想家所倡导的天赋权利的学说日益普及，确立了个人的人格，树立了什么是法律和政府有权去做的事务的标准，以及政府无权逾越的界限。

法语“公共舆论”（opinion publique）一词的现代意义由卢梭在 1744 年首次使用。在卢梭看来，公共舆论是高于任何法律的、最重要的一种内心统治之法：“在这三种法律之外（指当时法国社会政治生活中的政治法、刑法与民法），还要加上一个第四种，而且是一切之中最重要的一种。”在这里，卢梭把舆论看作达致公意的一种途径，认为只有持续的公众参与和讨论，才能最有效地彰显公意。

卢梭进一步突出洛克舆论法则中的社会控制功能，进一步强调了民意的立法功能。他认为舆论是最重要的一种法律，“既不是铭刻在大理石上，也不是铭刻在铜表上，而是铭刻在公民的内心里；它形成了国家的真正宪法；它每天都在获得新的力量；当其他的法律衰老或消亡的时候，它可以复活那些法律或代替那些法律，它可以保持一个民族的创制精神，而且可以不知不觉

---

① 洛克．人类理解论：上［M］．关文运，译．北京：商务印书馆，1983：23－24.

② 同①24.

地以习惯的力量取代权威的力量。我说的就是风尚、习俗，而尤其是舆论”[①]。卢梭认为舆论不仅是来自淳朴民风和善良心灵的习惯和风俗，而且可以进一步上升为一种集体的普遍意志，即“公意”。他认为国家应当建立在“公意”（即当把社区作为一个整体时，公民所表示的意愿）的基础之上。公意是至高无上的，是主权的所在，而政府仅仅是公意的仆人，是执行公意的工具。同时他认为公意并不是个人意见的简单汇聚，“众意与公意之间经常有很大的差别；公意只着眼于公共的利益，而众意则着眼于私人的利益，众意只是个别意志的总和。但是，除掉这些个别意志间正负相抵消的部分，剩下的总和仍然是公意”[②]。公意是抽象的、高于众意的集体意志。公意永远是公正的，这不过是不言自明之理，因为公意代表社会幸福，它本身就是公理的标准。凡不正确的就说不上是公意。“我们每个人都以自身及全部的力量共同置于公意的最高指导之下，并且我们在共同体中接纳每一个成员作为全体之不可分割的一部分。”[③] “为了使社会公约不至于成为一纸空文，它就默契地包含着这样一种规定——唯有这一规定才能使其他规定具有力量，即任何人拒不服从公意的，全体就要迫使他服从公意。”[④] 如洛克提出，人类行为由三种普遍法则支配——上帝之法、文明社会的法律和“舆论或名誉的法律”[⑤]。舆论的含义开始从认知方法转向社会褒贬。但直到18世纪和19世纪广大民众参与民族国家的政治活动的程度不断提高时，这一概念才频繁使用。比如哈贝马斯就认为“17世纪后期的英国和18世纪的法国才真正有公众舆论可言”[⑥]。到了1780年，已经有许多法国作家开始大量使用公共舆论讨论政治现象。由此可以说，公共舆论概念最初是伴随着君主专制的权威削弱而问世的，带有启蒙政治哲学的浓厚色彩。

（五）18—19世纪舆论的公共性被发现的时期

到19世纪，政治哲学家们解决了围绕舆论的一些复杂的问题，其中包括英国的功利主义者（utilitarian）。边沁（Jeremy Bentham）曾写作大量关于舆论话题的文字。他最为感兴趣的是舆论如何成为一个标准，换句话说，他认为舆论是一种力量，通过阻止人们一些不规范的行为来保持社会平衡。人们害怕舆论，就不敢超出为绝大多数人所接受的边界，这似乎是对人类社会

---

① 卢梭．社会契约论［M］．戴光年，译．武汉：武汉出版社，2018：23-26.
② 同①121-122.
③ 同①43-45.
④ 同①50-51.
⑤ 洛克．人类理解论：上［M］．关文运，译．北京：商务印书馆，1983：26-27.
⑥ 哈贝马斯．公共领域的结构转型［M］．曹卫东，王晓珏，刘北城，等译．上海：学林出版社，1999：121-122.

的一种悲观看法。但边沁确实希望通过保持社会和谐来扩大人类的幸福，他和约翰·密尔（John Stuart Mill）都坚信民主制，更强调多数人意见的重要性。事实上，他们认为，只有当意见的法则无效时才有诉诸法律的必要。

马克思则从完全不同的立场思考和描述政治与社会生活。他确信民主制（和其他形式的政治制度一样）正在被资本主义力量腐蚀，认为民主制与资本主义相伴而生，但民主的理想却正在被消费文化侵蚀。他在《德意志意识形态》中提出，普通民众倾向于模仿统治阶级——有钱有势者的意见。马克思和恩格斯均认为，工人阶级没有足够的政治权力，因为他们认识不到自己的利益，而认为统治阶级知道什么是最好的，这一过程被称为“霸权”。意大利共产党人葛兰西（Antonio Gramsci）在《狱中札记》中重点阐述了“霸权理论”，认为统治阶级的思想就是当时占统治地位的思想，阶级是统治的物质力量，同时也是精神力量，因为每一个新阶级占据统治地位后，都要把自己的利益说成是社会全体的共同利益，要把它的思想表达为普遍思想——唯一合理的普遍的正当的思想。[①]

黑格尔深受卢梭影响，他的“国家理念”“民族精神”与卢梭的“公意”有相似之处——作为民族精神的国家构成贯串于国内一切关系的法律，同时也构成国内民众的风尚和意识。他认为政府必须给人民一个表达意见的出口：“个人所享有的形式的主观自由在于，对普遍事务具有他特有的判断、意见和建议，并予以表达。这种自由，集合地表现为我们所称的公共舆论。”[②] 黑格尔明确反对把公众舆论作为政治行动的指南，认为其是“真理和无休止的错误的大杂烩”[③]。“因此，公众舆论又值得重视，又不值一顾。不值一顾的是它的具体意识和具体表达，值得重视的是在那具体表达中只是隐隐约约地映现着的本质基础。既然公众舆论本身不具有区别的标准，也没有能力把其自身中实体性的东西提高到确定的知识，那么脱离公众舆论而独立乃是取得某种伟大的和合乎理性的成就（不论在现实生活或科学方面）的第一个形式上的条件。这种成就可以保得住事后将为公共舆论所嘉纳和承认，而变成公共舆论本身的一种成见。”[④]

法治、宪政、权利、契约政府等的要求构成了17—18世纪西方政治思想的主流，并在19世纪产生了主要的实际后果。舆论指的是有判断能力的公众所从事的批判活动，虽然宪法对于公众舆论、媒介等在政治中的具体作用一般没有十分明确的规定，但普遍舆论的概念已不容怀疑。而此时的公众舆论

---

① 葛兰西．狱中札记［M］．曹雷雨，姜丽，张跣，译．开封：河南大学出版社，2016：211-212.

② 黑格尔．法哲学原理［M］．范扬，张企泰，译．北京：商务印书馆，1961：112-113.

③ 同②116-117.

④ 同②72-74.

也不再被认为是单纯的个人偏好，而是人们对公共事务的关注和公开讨论。

（六）19世纪末20世纪初舆论调查兴起时代

19世纪末20世纪初，科学实证精神开始进入社会科学领域，特别是伴随着行为主义心理学、统计学等现代学科和抽样调查、态度测量等现代统计技术的出现，独立的市场调查机构在20世纪初兴起，并于20世纪30年代广泛应用政治民意测试［其中最著名的就是1935年乔治·盖洛普（George Gallup）成立的美国民意研究协会（American Institute of Public Opinion，AIPO）］。民意调查被认为是最能反映民意的权威衡量方式。越来越多的学者对公共舆论的思考开始摆脱以往哲学家、政治学家描述性的阐释，努力使之成为一个可以实证考察的“科学”定义。1937年美国《舆论季刊》（*Public Opinion Quarterly*）创刊号中编辑发表的创刊宣言就是这种观点的集中体现：“相对少数的公众的意见一直是政治生活的主要力量，但是现在，历史上第一次，我们几乎在所有方面对作为最终政治和经济行动决定因素的大众意见……学者们正在探讨一种能证实假设、介绍更精确的思想和论述的新的科学方法。”①

至此，公共舆论实现了从“社会控制”到“个体意见集结”的概念转换。而这个概念又与“意见的总和”（sum of opinions）的民意调查含义相同。

二、西方国家舆论的概念转换

西方社会对舆论的认知并不是一蹴而成的，由于社会经济文化水平的进步，人们的思维局限也不断突破，对舆论概念的认知尤其随着政党政治的完善与优化，也越来越具有现代性。整个西方社会对舆论概念的认知经历了以下三个阶段的转换与进步。

（一）公共舆论概念的第一次转换

公共舆论概念的第一次转换发生于18世纪末至19世纪。这一时期的社会背景是尾随工业化浪潮而来的大众民主社会、代议制民主体制以及英国功利主义思潮的传播。一方面，西方社会发生了托克维尔所说的从“贵族社会”到“民主社会”的深刻变化。大众教育的逐渐普及、现代民族国家的形成等因素使政府的合法性（legitimacy）来源发生了重要转变，促使西方政府由代

---

① 切特罗姆．传播媒介与美国人的思想：从莫尔斯到麦克卢汉［M］．曹静生，黄艾禾，译．北京：中国广播电视出版社，1991：32－33.

表并控制贵族阶层，转而代表并控制全体国民。具体做法就是扩大税收基数（tax base）和扩大投票权。这一切导致代议制民主体制和各种民众意愿表达的正式机制得以建立起来，比如普选制、代议制、政策咨询等。西方政治体制由此发生了美国政治学家金斯伯格所说的第一次“伟大的转化”（the great transformation）。

另一方面，从启蒙运动到功利主义，公共舆论发生了两重意义的变化：其一是获得了合乎民主程序的地位，产生了影响政治事务的正式机制；其二是确立了“多数决定”的原则。这两点正是公共舆论是“个人意见集结”的概念以及20世纪以后民意调查的源头，因此密尔提出“功利主义民主模式的描述是公共舆论最现代的特征”[①]。也正因如此，托克维尔、密尔等人在其著作中谈及公众舆论时主要表达的是对“多数人的合法暴虐”侵犯少数人的自由的担忧。

（二）公共舆论概念的第二次转换

公共舆论概念的第二次转换与19世纪兴起的大众媒体关系密切。出于对“多数人的合法暴虐”的担忧，密尔、边沁等人把19世纪中叶兴起的大众媒体看作特别重要的组织，视为“公共舆论的裁判所”。在功利主义学者那里，报刊终于摆脱了18世纪法国上流社会的不屑和蔑视，成为公共舆论得以形成的重要工具以及对官僚政治拥有审判权的“第四等级”，特别是随着19世纪中期以来美国独立报刊思想的逐步发展，报刊应当服务公众、制衡权力、反映民意的观念得以确立。但是，随着西方民主政体的稳定以及社会科学在20世纪的发展，人们对舆论的关注开始从“个人意愿如何转化为国家意志”之类的传统政治学命题，转变为探讨舆论与社会行为的关系。这其中的代表人物就是李普曼。李普曼深刻认识到人类理性和认知能力在更复杂、规模更大的现代社会面前的局限性，提出了公共舆论不是由媒体反映，而是由媒体或少数精英分子建构的观点，“我认为没有人会否认可以在人们中间精心地制造出合意”[②]，“在一种共同意志的形成过程中，总会有一位亚历山大·汉密尔顿在发挥作用”[③]。沿着这样的思路，李普曼得出了自己关于舆论概念的看法：公众舆论大体上不是对事实的反映，而是对存在于外部世界与公众之间的“虚拟环境”的反映。在1922年完成的《公共舆论》一书中，李普曼进一步明确提出：“他人脑海中的图像——关于自身，关于别人，关于他们的需

---

① 贡斯当．古代人的自由与现代人的自由：贡斯当政治论文选［M]．阎克文，刘满贵，译．北京：商务印书馆，1999：43－47．

② 李普曼．幻影公众［M]．林牧茵，译．上海：复旦大学出版社，2013：4－6．

③ 同②．

求、意图和人际关系的图像，就是他们的舆论。这些对人类群体或以群体名义行事的个人产生着影响的图像，就是大写的舆论。”这种媒体/精英建构的概念也影响到了后世学者如提出“议程设置理论”的麦库姆斯和肖等人。

（三）公共舆论概念的第三次转换

公共舆论概念的第三次转换与 20 世纪二三十年代一度活跃的美国芝加哥社会学派有关。早在 1898 年，法国社会学家塔尔德（Gabriel Tarde）便论及了关于舆论的一系列基本问题。塔尔德认为舆论是口头交谈形成的，交谈对舆论的塑造比报纸更重要，“交谈最终要接管公共演讲或报纸的社会角色，并在一定程度上塑造舆论”①。于是塔尔德给舆论下的定义便是：“一种评论，是短暂的、或多或少合乎逻辑的成串判断……对当前的问题作出回应，在同一时期里被同一国家、同一个社会里的人多次重复判断，就叫舆论。”② 这种观点深深影响了芝加哥社会学派诸贤的舆论观，如库利认为舆论是一个有机的社会过程，杜威强调舆论应当让公众有所联结及互动，布鲁姆认为舆论是在人们的符号互动中实现的。

总体而言，芝加哥社会学派的舆论观和功利主义者“个人集结”的概念，以及李普曼“媒体/精英建构”的概念都有很大不同，他们认为舆论是社会互动的结果，舆论主体也即公众之间应当联结，哈贝马斯则在此基础上进一步提出公众舆论是公众在公共领域内平等交流和理性批判的概念——“公众舆论……是有判断能力的公众从事的批判活动”③。不同舆论概念认知及其代表学者可以参见表 1－1。

表 1－1　不同舆论概念认知及其代表学者

	代表学者	概念内容	历史和社会情境
社会控制的概念	卢梭、托克维尔、罗伯特·帕克、诺尔-诺伊曼	舆论是社会压力	启蒙运动、启蒙思想家的政治哲学
个体意见集结的概念	边沁、密尔、麦迪逊、盖洛普、奥尔波特	多数决定和个体集结代议制民主、功利主义思想、社会心理学	代议制民主、功利主义思想、社会心理学
媒体/精英建构的概念	李普曼、布尔迪厄、麦库姆斯、肖	由大众媒体或精英用符号、语言建构	大众媒体、社会精英论

① 塔尔德．传播与社会影响［M］．何道宽，译．北京：中国人民大学出版社，2005：21－22.

② 同①32－33.

③ 哈贝马斯．公共领域的结构转型［M］．曹卫东，王晓珏，刘北城，等译．上海：学林出版社，1999：68.

续前表

	代表学者	概念内容	历史和社会情境
公众交流与理性思辨的概念	塔尔德、库利、杜威、哈贝马斯	舆论是最好的讨论与交流、理性思辨和批判	社会学

三、中国舆论形态与舆论概念的历史演进

在中国，“舆论”一词可追溯至《三国志》，其最初意义出现于“舆人之诵”“舆人之议”，特指一般民众的意见、看法。其主体“舆人”通用于商周至春秋时期，表示做工职事之人。至战国社会阶层起落，“舆人”扩展至一般民众（包括士农工商），“舆论”即为“众人之论”。① 当下学术界所说的“舆论”，更多的是指源自英语的“public opinion”，它由法国思想家蒙田于1588年首次使用，在洛克、卢梭等人的推动下，“public opinion”的现代意义于18世纪开始形成，并于清末传入中国。②

学界目前对于舆论史的研究，大致有以下四类：一是研究中国历代舆论事件或运动，以清末民初的舆论史研究最为突出；二是研究报刊与时代舆论的关系；三是研究舆论思想史主要是著名报人和政治家的舆论思想；四是研究外国历史上的舆论现象。一方面缺乏中国古代舆论史的研究，另一方面缺少对中国整个舆论历史环境的纵向把握，因此中国舆论史研究显得尤其重要。对中国舆论史的研究，既能鲜活地再现历史中的舆论现象，帮助我们以史为鉴，正确对待社情民意，又能帮助我们深入理解当今社会的舆论背景，更深层次地解读当前舆论。③

本书基于对舆论史研究的文献梳理，旨在从历史的脉络考察中国舆论形态的变化，以期对日后中国的舆论史研究有所启发。舆论形态指舆论在一定条件下的表现形式，涉及舆论的生成方式、运行方式、存在状态和作用机理等诸多方面。④

（一）古代中国的舆论：唐宋以前言论较为开放，元明清管控日益加强

中国古代的舆论形态可以分为两个阶段：从先秦至唐宋为第一阶段，这一时期舆论表达、传播限制虽时有发生，但总体上政治氛围比较宽松，并在

① 唐海江．“造健全之舆论”：清末民初士人对于“舆论”的表述与群体认知：兼论近代中国舆论的难局及其历史走向［J］．新闻与传播研究，2016（12）：67－84.

② 段然．“舆论/public opinion?”：一个概念的历史溯源［J］．新闻与传播研究，2019（11）：94－110.

③ 侯东阳．中国舆论史研究视野的扩展［J］．国际新闻界，2013（4）：112－117.

④ 丁柏铨．对新中国建立以来舆论形态的历史考察［J］．新闻与传播研究，2011（1）：8－11.

唐宋时期达到舆论传播的顶峰；元朝至清末为第二阶段，这一时期随着中央集权的强化，统治者对舆论采取高压政策，舆论表达、传播的空间不断受到挤压。

在原始公社民主制下，尧舜时代曾设“敢谏之鼓”“诽谤之木”，以此吸引人们发表政见，制造舆论，便于统治者对社会事务的正确管理。从周朝开始，采风制度作为一种颇具影响力的古典舆论形态逐渐流行开来。至春秋战国时代，诸侯割据的多元格局造就了较为宽松的舆论环境，公众甚至可通过舆论公然抵抗国君的不良行为。“百家争鸣”作为中国历史上极为突出的社会思潮，呈现了中国古代上层建筑和士大夫群体之间的多元舆论生态。

随着秦朝大一统政治体系的建立，中国进入封建帝制时代。虽然“焚书坑儒”曾极大地损害了舆论的自由表达，但御史监察制和谏议大夫等一系列的制度设计，使得舆论传播的渠道依然畅通。到了汉代，谏诤氛围在统治者的政治制度调控下呈现出别样的风貌：一是承六国之例，设谏议之官及博士；二是常不定期地举召直言进谏之人，营造了相对良好的舆论环境，使得汉代知识分子能够较为自由地开展政治批评。至汉末，知识分子的舆论传播进一步演变为史上闻名的“清议”。

清议的传播主体由士族阶层担当，内容多为对时政的议论与批评。但东汉“党锢之祸”后，社会言论受到极大钳制，清议逐渐蜕变为魏晋南北朝时期的“清谈”。清谈多涉及黄老之学，是魏晋时期的知识分子为处理自身与上层建筑之间的敏感关系而采取的不得已的避祸之法，仍发挥着社会舆论的作用。这一时期的社会格局动乱，君权受制于士族势力，无法有效施展，因此，在松散的政治权力结构下，民间舆论仍有一席之地。

隋唐宋时期，舆论监督制度的完善，以及出版事业的发展和市民生活的兴起，推动舆论传播的氛围空前活跃。隋唐时期国家再次恢复统一格局，科举制度的建立使得知识分子这一社会舆论主体被纳入政治系统。官方舆论监督占据强势地位的同时，民间舆论作为“双轨”之一仍然流行。随着雕版印刷术的普及，出版业日益发展，媒体舆论进入历史视野，唐代的邸报、宋代的小报等为舆论表达提供了新载体，客观上促进了整体舆论的多元化。封建经济在这一时期发展十分繁荣，城市化发展迅速，刺激了市井文化和市井舆论的繁荣。宋代尊重文人的传统，也为知识分子争取言论自由、开展舆论传播创造了有利条件。

元代对出版物传播的控制以及森严的等级制度，使这一时期的舆论处于高压之下。明清时期专制继续深入。清朝出台一系列保密制度，民众难以接触消息源，舆论表达无从谈起。为了预防国家内乱，朝廷还对舆论表达者进行一系列迫害，“文字狱”是其中最残酷的事件。但统治者内部存在的固有矛盾，还是为舆论留下了空间，只是自由度十分有限。

中国古代的舆论环境与上层建筑的舆论观密切相关，历朝历代都有对舆论的控制措施，但出于维系社会结构的需要，统治者又试图开辟一些通道来缓解社会压力。不过这些终归都是为封建专制统治服务的，有学者认为中国封建王权便是通过舆论实现了合法性建构。① 随着中央集权的不断加强，舆论表达空间日益受限，中国的舆论环境也日趋缄默，直至鸦片战争的一声炮响，一些先进知识分子开始觉醒，传统舆论开始向近代舆论转型。

（二）近代中国的舆论：舆论被赋予革命内涵，在社会变革中处于关键地位

鸦片战争结束了清朝"闭关锁国"的状态，国人开始"睁眼看世界"。在西学东渐的背景下，一批传统知识分子向近代转型，努力争取言论自由。甲午战争前后，受传教士和政治改革运动的影响，新式报章杂志迅猛发展，各类新知识、新思想以及新观念大举进入中国，在言论先锋梁启超的影响下，"舆论"一词开始频繁地出现在普通读者面前，而舆论的影响及作用也逐渐为更多人所了解和接受。②

"舆论"地位的提升，与清末君权的跌落和国民观念的引入有直接关联。随着八国联军入侵，士人们深感君权不可倚赖；在此前后，梁启超等人从日本引入西方现代国家观念，并使其成为报章的主流论述。现代国家观念为"舆论"提供了崭新的主体——"国民"。③

1895年的中国知识分子在论及舆论现象时，很少以"舆论"作为主要的能指符号，出现的一般是"公论""公意"和"清议"等代表精英民意的主流词汇。中日甲午战争后，随着近代报业的兴起，"舆论"一词逐渐在公共领域大量出现，开始了在近代社会的"正当化"的过程。④

清末预备立宪的启动将"舆论"的讨论推向了高潮，不仅唤起了整个社会对"舆论"的广泛关注与重视，而且在不断传入的西方民主知识的影响下，"舆论"一词在使用中逐渐与 public opinion 承接，衍生出新的含义，并作为近代的概念流行起来。这一变化是必然的，一方面西方舆论意涵的输入以及本土语义的转换是与日渐高涨的立宪吁求相互交织在一起的，"舆论"概念的传播不可避免会受到这一时期政治实践的影响与左右，致使其概念意涵在落

---

① 谢清果，王昀．华夏舆论传播的概念、历史、形态及特征探析［J］．现代传播，2016（3）：32－40.

② 段然．"舆论/public opinion?"：一个概念的历史溯源［J］．新闻与传播研究，2019（11）：94－110.

③ 唐海江．"造健全之舆论"：清末民初士人对于"舆论"的表述与群体认知：兼论近代中国舆论的难局及其历史走向［J］．新闻与传播研究，2016（12）：67－84.

④ 林荧章．清末民国期间关于舆论和舆情认知的分野与演变［J］．新闻界，2019（7）：91－100.

地的过程中渐渐呈现出与现实的落差而遭遇挫折；另一方面近代中国内忧外患、半殖民地半封建的非常政治状态，使得发源于西方历史与政治的“舆论”话语必须随环境改变，以发展出适合中国社会发展需要的表达方式。①

随着清末办报高潮涌起，特别是报馆在抵制美货、收回路权运动中作用凸显，人们感受到的“舆论”远非传统社会那种虚无缥缈的“天意”，而可以通过报刊化为客观力量而对现实变革产生重大作用。在内核上，舆论被注入了民主、自由、平权的内涵，突破了传统舆论观朴素的民本观念。20 世纪初期，立宪派将新的政治理念注入这个旧词，将舆论重新定义为“针对政府和社会的一般人民的公论”。“舆论”从传统社会的话语中脱颖而出，被社会重新建构为一个具有现代性和革命性的“新词”，完成了一次深刻的概念转型。

“舆论”在清末民初呈现出稳步抬升的趋势，与此时政治变革和整体走向相关联，士人往往将“舆论”与当时政局的关键议题加以勾连以获解决之道，“舆论”因而被作为政治变革的关键力量加以看待。也是在此过程中，“舆论”自身的意义获得了重大转换，以与此趋势相呼应。

（三）现代中国的舆论：“国民舆论的大觉醒”

在新文化运动以及五四运动前后，民主与科学的观念引入中国，被知识分子广泛传播，言论自由的呼声高涨，人们的思想得到了极大的解放。各种思潮的交流与碰撞使得整个社会对舆论问题的关注日趋高涨，各界人士积极发言，从不同的角度对“舆论”的现状、性质及规范性展开了深入的探讨和挖掘。

以知识分子为代表的社会各界人士对于各种媒介现象积极展开批评，就言论出版自由、言论界的得失是非、社会政治派别对舆论的操控、当局对社会舆论的反映及政策，以及社会健全舆论的建设等问题发表了大量研究和批评文章。陈独秀、李大钊等思想言论界的代表人物纷纷参与到社会舆论问题的探讨中。学生和无产阶级作为新生力量登上历史舞台，在这场舆论大觉醒中崭露头角。

外国学者芮恩施、杜威对中国风起云涌的社会大觉醒给予了高度评价。芮恩施高度赞扬了中国的民众大觉醒，尤其称赞青年学生“出力出事，帮助舆论的发展”。杜威于 1919 年 12 月在北大立校 22 周年纪念日发表了一篇名为《大学与舆论》的演讲，将社会舆论问题提到极其重要的位置上，将社会舆论建设视为大学的一项重要任务。这篇演讲直接激发了北大师生对舆论的研究兴趣。②

① 史文静．近现代中国“舆论”语义内涵的演变［J］．国际新闻界，2015（2）：77－88.

② 王颖吉．论五四时期中国现代舆论学专业化研究传统的发端［J］．新闻与传播研究，2005（2）：86－91.

同时，这一时期的舆论讨论也受到了不断传入的马克思主义思想的影响，此方面以李大钊为代表人物。李大钊是将马克思主义介绍到中国的第一人，在学习和宣传马克思主义的过程中，他结合平民政治以及无产阶级专政等理念，深化了对“舆论”的思考。他将西方政治学中的舆论观点与马克思主义相结合，提出了一些试图建设社会主义政治中公正的、合理的社会舆论的调和方案，丰富了时人对“舆论”的认知。

这一时期开始形成舆论研究的专业化传统。不同理论思想在当时的知识界频繁交汇，新闻学、社会学等学科专业化进程也逐步推进，知识分子们开始尝试采用日趋专业化的、学理的方式讨论社会问题。“舆论”这一概念从政治社会领域进入学术领域，开始得到更规范的学理考察。1920 年，著名新闻教育家徐宝璜在早期重要的学术刊物《北京大学月刊》上发表论文《舆论之研究》，该文是目前所能查考到的最早以“舆论”作为独立问题的学术文章。文章从国民智识发展的角度对“舆论”的公共性价值予以明确，对舆论概念的规范化与明晰化具有重要的推动作用。在此之后，各类围绕“舆论”的专题讨论相继见诸报端。[①]

抗日战争爆发后，中国社会变革的主题由思想解放走向阶级解放，变革社会的力量主体由精英知识分子变为劳动大众，以社会动员为主的宣传对于民族和国家的建设至关重要。由于历史文化语境的变化，舆论的主题也发生改变，“抗日救国”成为舆论的中心内容，并有着自己独特的感召力和精神价值。国内舆论呈现出国统区、日占区、革命根据地等不同的形态。社会大觉醒的氛围被打破，舆论的学术讨论、批判讨论纷纷让位于抵抗日寇、争取独立的民族主义话语。

（四）当代中国的舆论：“以阶级斗争为纲”的旧话语转向社会主义市场经济背景下的新话语

中华人民共和国成立之后，随着社会主义政治经济制度的不断完善，舆论形态从探索社会主义建设时期的“以阶级斗争为纲”，慢慢转变为社会主义市场经济条件下的新话语。

1949 年后，随着历史唯物主义和马克思主义关于社会发展的理论成为官方意识形态，阶级论成为社会科学的主要方法。当时的舆论，所指仅为阶级舆论，具体化为党的主张，主要强调的是党的舆论工具，其压倒一切的任务是“忠实地传播中央的声音”，传播所谓的“公众舆论”不作为其主要任务。

在中华人民共和国成立后至“文化大革命”前夕，社会舆论的运行保持

① 王颖吉．论五四时期中国现代舆论学专业化研究传统的发端［J］．新闻与传播研究，2005（2）：86－91．

着阶级之间严重对立时期所体现的激烈态势。以阶级斗争为中心话语，以阶级阵线为区分舆论的界限，此类现象甚为明显；用一种主导性的舆论统率并统一全社会的舆论，这样的实践客观存在且特色鲜明。

1966—1976年“文化大革命”时期的舆论形态，表现出相当的特殊性。党内以“左”为主要特征的错误指导思想，支配着各个方面的工作。阶级斗争扩大化、极端化成为这一时期社会生活的主要表征。在本时期，上一个时期舆论形态中存在的问题继续存在，与此同时，出现了一些新的问题和特异的现象，在某些方面甚至是趋于严重异常。

“文化大革命”结束至1992年社会主义市场经济确立之前，是中国当代社会生活中一个相当重要的时期。党的十一届三中全会使舆论形态步入正常轨道；十三大对调整舆论格局做出了重大贡献，确立了“重大情况让人民知道，重大问题经人民讨论”的重要理念。中国共产党在舆论工作中开始注重舆论运行规律，由通过行政力量和长官意志硬性地制造舆论、摆布舆论，逐渐转变为相对软性地、因势利导地引导舆论。自此，坚持正确的舆论导向逐渐成为人们的共识。

进入20世纪90年代以后的中国社会，个人具有了越来越多的权利意识。随着社会主义市场经济体制的确立，一方面政治民主的因素对舆论形态继续发挥着影响，另一方面市场因素的介入在一定程度上改变了社会舆论的格局。大众传媒或主动或被动地进入了市场，由单一的工具转变为身兼舆论工具和经营主体二任。市场从资源配置、利益调整、同行竞争等方面表现出影响舆论形态的直接或间接的巨大力量，传播科技则从改变人的思维方式、工作方式和生活方式等层面影响着社会舆论的生态和格局。

互联网的应用给了公众公开表达意愿和伸张权力的空间，但也导致价值伦理让位于工具伦理，人们成为单向度的“经济人”，具有了更多工具理性。舆论的内涵更多反映的是一种社会价值关系。它似乎携带着某种不言自明的力量，甚至成为一股反抗政治腐败与社会不公的社会力量。社会实践的重大与否和由小事件向大事件的转化，与网络媒体有着很大的关系。一方面是因为处于社会转型期的中国面临着许多新的社会问题和危机，这造成了人们的心理失衡与焦虑，从而出现个体性或群体性的抗争；另一方面网络的“匿名性”、可接近性等为公众提供了情绪宣泄的出口，每个人都可以在虚拟的网络空间肆无忌惮地宣泄内心的不满。在21世纪初，有学者认为，今天的互联网舆论就相当于古代的清议，不同的是言论主体从在总人口中占比很小的精英阶层扩展到几乎囊括社会各阶层的网民大众。①

---

① 史文静．近现代中国“舆论”语义内涵的演变［J］．国际新闻界，2015（2）：77－88.

在这一阶段，中国共产党的舆论工作指导思想增加了新内容，有利于形成良性舆论形态。一是将“以人为本”的理念贯穿于新闻工作和舆论工作之中；二是提高舆论引导能力的问题受到高度重视；三是对新闻传播规律和舆论引导规律更加重视；四是加强互联网的引导和管理。

第三节 舆论概念的误区

“舆论”这个概念在日常生活中是不能随便使用的，不能动辄就说“舆论认为”。根据刘建明和陈力丹的研究，舆论能为整个社会群体所感知的阈值是总体的三分之一（根据黄金分割点，38.2%，约等于三分之一），即在一定范围内，三分之一的人共同表达了相似意见，社会舆论才得以形成。当然这是一家之言，可操作性并不强，不可能在网络上或者现实生活中挨个数人头进行统计。但舆论的确是一个相对严谨的概念，在日常生活中可能出现以下几种使用误区。

（一）新闻≠舆论

新闻与舆论还是很好区分的，上文已经将信息分为两个主要部分：一是事实信息（即新闻）；二是价值信息或者观点信息（即舆论）。新闻是对客观发生的事实的一种话语叙述，是一种社会记录，回答的是“有无”的问题，是新闻组织的职业行为，有组织性和社会规范。而舆论是社会生活中民众自然产生的、自在的意见形态，是对外界事物进行“好坏”的价值判断，是社会个体一种天生的社会行为，是自在的，是无法控制更不能消灭的，如果压制过于严格，民众可能转为腹诽，甚至“道路以目”。因此，新闻和舆论这两个概念不能等同，但两者是有联系的，新闻经常是舆论的对象和客体，舆论有可能成为新闻报道的信源和客体，两者互为客体。日常生活中见到的“新闻舆论”这个词是不科学的，两者不能同时使用。

（二）传媒（媒体）≠舆论

“传媒”这个词比较宽泛，既可以作为一种组织机构，即新闻单位，又可以作为一种载体，承载新闻信息。第一个含义中，新闻单位是生产新闻的组织，不可能等同于意见信息。第二个含义中，载体是一种介质，也不可能等同于意见信息。我们经常使用的“大众媒体”这个泛称也不能代表舆论，因为舆论的主体是社会民众，而不是组织。大众媒体是具有经济产出诉求的社会专门组织，不具有公益性，虽然有时其会代表社会民众表达舆论声音，但只是中介、传声筒，不可与舆论等同。

（三）意识形态≠舆论

意识形态是国家管理者的指导思想、社会价值观等的统称，体现的是国家管理者的意志，不等同于社会民众的愿望与诉求。意识形态与舆论的主体完全不同，因为国家管理者并不能代表所有的社会民众；但不容否认的是，舆论很容易受到意识形态的强烈影响，比如意识形态控制社会舆论的表达、干扰社会舆论表达的质量等等。舆论有时也会影响意识形态，促使意识形态做出调适与改变，但两者不能等同。

（四）公众≠舆论

公众是舆论的表达主体，公众如果不表达舆论，舆论就不会产生。但舆论的产生需要公众的自觉化意识的提升，当公众对舆论客体没有感知时，舆论是没法产生的。从范围上来说，公众的表达并不完全等同于舆论，因为舆论的产生是有一定范围和阈值的，公众的表达不一定都能达到这个阈值，可能只是一种零散的社会表达。

（五）个人的感觉≠舆论

个人感觉的主体是个人，个人不等同于民众，二者是树木与森林的关系。不能仅凭个人感觉，就主观地说“舆论认为”，即便是领导人、人民代表、著名社会活动家的意见，也不能随便替代舆论来“认为”，因为舆论的主体始终是大多数的社会民众，而不是任何个体。

本章小结

本章对舆论的概念进行了系统厘清，对其基本状态、成熟状态和发展状态进行了分析，区分了舆论与态度、意见、民意、舆情等概念之间的差异。在此基础上，回到中国与西方社会演进的两大话语语境，对舆论这一概念进行了历时性的分析，尤其是对西方社会舆论概念的三次基本转换以及目前舆论概念存在的基本争议与误区进行了分析。舆论的概念并非是完美无瑕的，每个研究者均可以根据理解与认知对目前舆论概念中的争议提出自己的认识与观点。

本章思考题

1. 你如何看待从舆论到舆情概念的演变？你认为哪个概念能更准确地表达当前

的社会舆论现状？

2. 你认为没有表达出来的意见观点属不属于舆论的范畴？

3. 你认为多大范围的意见表达才可以称之为舆论？

4. 试着列举 3～5 个不属于舆论的案例并说出理由。

推荐阅读书目

1. 陈力丹. 舆论学：舆论导向研究 [M]. 上海：上海交通大学出版社，2012.

2. 刘建明，纪忠慧，王莉丽. 舆论学概论 [M]. 北京：中国传媒大学出版社，2009.

3. 韩运荣，喻国明. 舆论学原理、方法与应用 [M]. 北京：中国传媒大学出版社，2005.

4. 林语堂. 中国新闻舆论史 [M]. 王海，何洪亮，译. 北京：中国人民大学出版社，2008.

5. 李普曼. 幻影公众 [M]. 林牧茵，译. 上海：复旦大学出版社，2013.

6. 伯内斯. 舆论的结晶 [M]. 胡百精，董晨宇，译. 北京：中国传媒大学出版社，2014.

第二章
中国共产党舆论观的演进与创新

本章学习要点

1. 中国共产党舆论观的思想渊源及影响。
2. 中国共产党舆论观的发展阶段及其特征。
3. 新时代中国共产党舆论观的创新发展特征。

中国共产党历来重视舆论与舆论工作，1921 年中国共产党成立后即将《新青年》作为党的理论刊物继续出版，1922 年中国共产党第二次全国代表大会决定出版党的中央机关刊物《向导》，党的舆论宣传事业正式拉开序幕。纵观中国共产党成立以来的舆论宣传事业，中国共产党在领导舆论宣传事业的不同历史发展时期和社会变迁中形成了关于舆论宣传工作的独特观念，即中国共产党的舆论观。舆论观本质上是中国共产党对舆论及舆论工作认知的观念史，既不是概念史，也不是思想史，因为概念史和思想史是不能指导实践的，观念史是存在论，是行动论。舆论观作为一种观念史是力求找出中国共产党在漫长的认知变迁中舆论核心概念的产生和发展过程，再现在某个既定时代党对舆论工作的基本看法，观念史是活生生地来自实践并指导实践的，因此认识中国共产党舆论观演进必须将党所提出的舆论核心观念置于具体的历史和文化语境中，才能彰显其初心本义。

第一节　中国共产党舆论观的两大历史源流

在人类社会发展史上，任何一个观念和认知体系的形成和发展，都必须经历较为漫长的涵化和养成过程。中国共产党的舆论观并不是凭空产生的，其形成是中国古代舆论思想的自然演进与马克思主义舆论观的天然结合。

一、中国共产党舆论观是中国古代以来舆论思想的结晶与升华

如上文所述，在中国古代，帝王们一直将“舆论”作为其统治合法性的

重要考量指标，有学者甚至认为中国封建王权便是通过舆论实现了合法性建构①，如西汉董仲舒提出“天人感应”“君权神授”等观点，并进而演化为封建社会的“三纲五常”，宋明理学提出了“存天理、去人欲”……这些思想进一步演化为“内圣外王”，南宋朱熹变化出了“正君心”的哲学理念，成为整个封建社会纲常秩序以及官僚体系的维系力量：一方面以制约君权，一方面训导百姓服从治理；民众也借助民谣、谣谚、谶辞等舆论形式来表达自己的不满、抗议和抗争。从某种意义上说，中国古代走了一条区别于西方的独特的舆论制衡政治之路，对最高权力的制衡主要是道义制衡，道义制衡建构在“道高于君”的认识基础上。②

及至近代，国门大开，国人开始“睁眼看世界”，一批传统知识分子向近代转型，开始吸纳借鉴国外舆论思想为我所用，如魏源的“夷情备采”主张、王韬的“强中驭远”“义切尊王”思想、郑观应的“通民隐、达民情”舆论观，在某种意义上是历史循环论的世界观在新闻舆论思想上的反映；而严复的“通中外之故”、谭嗣同的“通上下之情”、梁启超的“去塞求通”等舆论主张，一定程度上受到了西方引入的庸俗进化论对政治哲学的影响。如果说“言论独立”“舆论之母”“新闻自由”等概念带有浓厚的西方资产阶级舆论学色彩，那么“耳目喉舌”“去塞求通”“史家办报”等则是中国近代资产阶级报人根据国情提出的具有中国特色的办报理论与舆论思想。③

中日甲午战争以后新式报章杂志迅猛发展，各类新知识、新思想、新观念大举进入中国，在言论先锋梁启超的影响下，“舆论”一词开始频繁地出现在普通读者面前，而舆论的影响及作用也逐渐为更多人所了解和接受④，开始了在近代社会的“正当化”的过程⑤，人们感受到的“舆论”远非传统社会那种虚无缥缈的“天意”。在内核上，舆论被注入了民主、自由、平权的内涵，突破了传统舆论观朴素的民本观念，定义也转变为“针对政府和社会的一般人民的公论”。“舆论”从传统社会的话语中脱颖而出，被社会重新建构为一个具有现代性和革命性的“新词”，完成了一次深刻的概念转型。这一时期民主革命先行者孙中山更加重视舆论与政治的关系，他主张“舆论归一”，即“舆论一律”，提出“报纸在专制时代，则利用攻击，以政府非人民之政府；报纸在共和时代，则不利用攻击，以政府乃人民之政府也”⑥。多灾多难

① 谢清果，王昀．华夏舆论传播的概念、历史、形态及特征探析［J］．现代传播，2016（3）：32－40．

② 彭安玉．论中国古代王权制衡现象及特征［J］．湖北行政学院学报，2003（4）：85－90．

③ 朱清河．中国特色新闻学本体论话语的历史变迁与价值体现［J］．新闻大学，2020（4）：19－35，119－120．

④ 段然．“舆论/public opinion?”：一个概念的历史溯源［J］．新闻与传播研究，2019（11）：94－110．

⑤ 林荧章．清末民国期间关于舆论和舆情认知的分野与演变［J］．新闻界，2019（7）：91－100．

⑥ 孙中山全集：第2卷［M］．北京：中华书局，1981：348－349．

的近代中国，“启蒙变革”“救亡图存”的社会责任和国家命运使得中国近代报刊从诞生起就作为政治的宣传媒介和舆论工具而存在，这种传统一直延续至现在，这是由国情决定的。

在新文化运动以及五四运动前后，民主与科学的观念引入中国，被知识分子广泛传播，陈独秀、李大钊等思想言论界的代表人物纷纷参与到社会舆论问题的探讨中，这一时期的舆论讨论也受到了不断传入的马克思主义思想的影响，李大钊结合平民政治以及无产阶级专政等理念，深化了对“舆论”的思考。他将西方政治学中的舆论观点与马克思主义相结合，提出了一些试图建设社会主义政治中公正的、合理的社会舆论的调和方案，丰富了时人对“舆论”的认知，这些都为中国共产党的舆论观提供了思想基础和历史传统。

二、中国共产党的舆论观是马克思主义舆论观的继承与发扬

19 世纪随着世界交往体系的形成，舆论迅速成为一种国民的普遍观念。马克思和恩格斯走上社会时，就意识到舆论在社会交往中的重要作用。马克思把舆论视为“一般关系的实际的体现和鲜明的表露”[①]，恩格斯讲得更为直接和明确即“世界历史——我们不再怀疑——就在于公众舆论”[②]。马克思称舆论是一种普遍的、悟性的和强制的力量，他确信民主制（和其他形式的政治制度一样）正在被资本主义力量腐蚀，民主制与资本主义相伴而生，但民主的理想却正在被消费文化侵蚀，现代西方福利国家中的公民正在把思想自由看成一种消费选择，即有权利在各种产品和生活方式中选择，而对于严肃的关于言论自由的讨论则不太关心。马克思恩格斯发现，普通民众倾向于模仿统治阶级——有钱有势者的意见，他们认为，工人阶级没有很多政治权力，因为他们认识不到自己的利益，而认为统治阶级知道什么是最好的，这一过程被称为“霸权”，从而进一步明确了舆论的价值观和导向问题，具有强烈的阶级性。以后的共产党人，无论是列宁，还是毛泽东、邓小平都强调舆论导向，习近平更是明确指出好的舆论可以成为发展的“推进器”、民意的“晴雨表”、社会的“黏合剂”、道德的“风向标”，不好的舆论则会成为民众的“迷魂汤”、社会的“分离器”、杀人的“软刀子”、动乱的“催化剂”，他的这些形象而生动的比喻和表述深刻阐明了社会舆论所具有的强大影响力和重要

① 马克思恩格斯全集：第 1 卷［M］. 北京：人民出版社，1956：237.

② 马克思恩格斯全集：第 41 卷［M］. 北京：人民出版社，1982：515.

作用。

中国共产党的舆论观正是以上两大源流（中国古代舆论思想与马克思主义舆论观）在近现代中国社会舞台交汇合流的产物，既吸纳和凝练了中国古代舆论思想中接近中国文化本源的养分，也旗帜鲜明地继承和发扬了马克思主义舆论观。

第二节　中国共产党舆论观的演进脉络与特点

中国共产党的舆论观不是一下子就出现的，而是党的几代领导集体在中国社会的发展过程中不断总结形成的。

一、作为向导的舆论：建党初期深受康梁传统精英舆论观影响的舆论认知

早期资产阶级的办报实践和舆论观念对中国共产党早期的舆论观产生了重要影响。中国共产党成立之初即将《新青年》杂志作为党的机关刊物，党的总书记陈独秀受康有为和梁启超传统精英舆论观的影响，认为舆论必须服务于政治，舆论的功能就是引导国家和人民，报刊天然地具有“向导国民”的使命。因此，他主张报刊所承担的社会责任应当是在社会中传播正义观念，将舆论向着对国家和人民有益的方向引导，以唤醒民众，发挥重要的宣传鼓动作用。

基于此，党在二大以后决定创立了第一个中央政治机关报《向导》周报，这一名字的提出就凸显了我党这一时期的舆论观和办报理念——阐明党的立场和观点，宣传真理，引导群众，统一人们的思想认识。随着办报实践的展开，中国共产党对舆论的认知不断加深，越来越重视发挥新闻舆论在无产阶级实践中的作用，面向民众、依靠民众、向导群众成为中国共产党新闻舆论观明确的发展取向。

二、作为斗争的舆论：舆论与军事斗争同样重要的舆论观

南昌起义以后，中国共产党领导中国人民进入依靠军事斗争夺取全国政权的阶段，党的中心工作均围绕“军事斗争”而展开，因此，这一时期党高度重视舆论工作对军事斗争动员与团结民众的重要作用。毛泽东在青年时代

曾主编《湘江评论》，并以国民党中央宣传部代理部长身份主编《政治周报》，明确指出舆论的使命就是“向反革命宣传反攻，以打破反革命宣传”①，并在革命战争时期多次为《解放日报》、新华社等撰写社论，在新中国社会主义建设过程中多次指导党的中央机关报的工作，在这一过程中，逐渐形成了系统的舆论思想体系。毛泽东非常重视舆论的强大作用，并将之与武装斗争相提并论，强调“共产党是要左手拿传单右手拿枪弹才可以打倒敌人的”②。毛泽东将舆论视作“拿笔的军队”，并以熟练的技巧对报刊这一宣传工具进行灵活运用，动员一切力量。邓小平坚决拥护和贯彻毛泽东的舆论观，认为宣传必须联系现实形势，抓住时机，正确把握党的政策，“考究输送的技巧”③，通过供给文化粮食，即书报和宣传品，“宣传我们的主张和政策，驳斥敌人的造谣和欺骗，可以占领思想阵地，安定民心，造成新区的新气象”④，从而为军事斗争创造团结有利的局面。

新中国成立后，舆论服务于军事斗争转化为服务于经济建设与政治斗争。这一时期中国共产党运用马克思主义来指导舆论工作，把学习与宣传马克思主义作为舆论工作的一项重要内容，注重在报刊上开展批评与自我批评，发挥舆论的监督功能，要求舆论为革命服务，用以巩固无产阶级新政权，具有鲜明的阶级属性和革命色彩。⑤ 20 世纪 50 年代毛泽东就舆论一律和不一律提出著名的论断，他认为社会的舆论是一律的，同时也是不一律的，“我们在人民内部，是允许舆论不一律的，这就是批评的自由……要想使‘舆论一律’是不可能的，也是不应该的”⑥。两者是辩证发展的关系，要做好舆论宣传，将舆论主要形式的不一律达到某种程度上的一律。随着无产阶级政权的进一步巩固，舆论的功能指向也逐步由革命斗争武器转变为舆论监督工具。1950 年中共中央发布的《关于在报纸刊物上展开批评和自我批评的决议》提出，要正确对待批评，按照规定和办法进行批评和自我批评，尤其是党员干部和报刊工作者要正确认识其重要性，针对自身存在的错误，在报刊上进行批评和自我批评；1954 年，《中共中央关于改进报纸工作的决议》进一步指出党委机关报受党委领导，明确党管报纸，形成了新中国初期舆论监督的雏形，为党的舆论监督工作指明了方向。

这一时期，中国共产党结合中国革命斗争和经济建设事实，始终坚定

---

① 中共中央文献研究室．毛泽东新闻工作文选［M］．北京：新华出版社，1983：5.
② 窦其文．毛泽东新闻思想研究［M］．北京：中国新闻出版社，1986.
③ 邓小平文选：第 1 卷［M］．2 版．北京：人民出版社，1994：26.
④ 同③128.
⑤ 陈力丹．毛泽东论舆论［J］．当代传播，2011（4）：9-10.
⑥ 毛泽东．驳“舆论一律”［Z］．1955-05-24.

不移地以马克思主义舆论观作为党的舆论工作的理论依据，并进行适应性的完善和改良，时刻根据中国革命的目标任务和中国特色社会主义建设赋予舆论新的内涵和历史使命，使之适应中国发展的现状以及未来发展预期方向。

三、作为宣传的舆论：舆论为经济建设服务的舆论观

改革开放后，面对经济建设这一中心工作，同时社会中各类思潮泛滥，必须通过舆论宣传工作把党的核心思想和建设方针传播出去，进而凝聚社会各类力量积极参与社会主义经济建设，维护社会稳定和促进社会安定团结，提高民众的思想觉悟，加强思想政治建设这个大局。因此，邓小平在相关论述中较多地使用的是“舆论宣传”，即将舆论与宣传共同使用，而非使用“新闻宣传”，并明确指出我们的党报党刊是舆论宣传的行动者和主体，广大人民群众是舆论宣传的对象和客体。在邓小平的舆论观中，党报党刊不等于人民群众，党报党刊的意见并不能完全代表人民群众的意见，舆论只能来自人民群众，因此，舆论宣传必须考虑社会影响、民众利益、国家利益和党的利益。新闻媒体不仅要向人民群众及时宣传党的路线方针政策，扮演舆论组织者和动员者的角色，还要发挥舆论宣传和教化民众的功能，提高民众的思想觉悟水平，为改革开放和发展中国特色社会主义经济营造良好的舆论软环境，为经济建设这一中心工作服务。

改革开放后，邓小平谈及舆论的宣传影响作用。首先，他强调党报党刊必须无条件地宣传党的主张，在制定党内生活基本标准时明确指出“党报党刊一定要无条件地宣传党的主张”①。20 世纪 80 年代各类资产阶级自由化思潮开始泛滥之时，他又在各种场合强调旗帜鲜明地宣传党的意志和主张是党报党刊的责任。其次，他强调舆论在塑造良好的经济建设环境上的重要性，在 1979 年考察人民日报社时明确指出“党的报刊成为全国安定团结的思想上的中心”②。舆论宣传要为社会主义四个现代化建设所需的安定环境保驾护航，推动中国共产党占领改革开放的舆论制高点，着力促进国家和民众的稳定性和团结性，为中国的发展谋求积极有力的舆论氛围。最后，他明确反对舆论宣传搞形式主义，在 1992 年南方谈话中对新闻媒体只追求舆论宣传形式的做法进行了严肃批评，指出舆论宣传必须把实际效果放在首位。

---

① 邓小平文选：第 2 卷 [M]. 2 版. 北京：人民出版社，1994：272.

② 同①225.

除了重视舆论的宣传功能，邓小平还特别强调舆论的监督功能。1987年党的十三大报告正式出现了“舆论监督”这一表述，明确提出“发挥舆论监督的作用，支持群众批评工作中的缺点错误”①。“舆论监督”正式取代了过去多年采用的“批评性报道”这一概念②，成为社会监督体系中不可或缺的一部分。邓小平强调要在确保社会稳定大局的基础上对各类舆论表达形式进行立法监管，一方面要强化舆论控制，为改革开放着力营造稳定团结的社会局面和发展环境，另一方面要发挥其舆论监督职能，为党的经济建设工作提供有力的舆论借鉴。

总的来说，这一时期党的新闻事业的“舆论机构”“舆论工具”属性被逐步认识。③ 从“新闻宣传”到“舆论宣传”这一转换所代表的历史意义重大。邓小平的“舆论宣传”观具有重要的历史意义——新闻单位不再仅仅是政治工作的宣传员，新闻舆论工作开始注重宣传与舆论引导效果，重视工作方式方法的改变，舆论的功能指向也逐步多面化，不再是单一的斗争功能，这是一次认识上的巨大进步。

四、作为导向的舆论：强调舆论导向的舆论观

20世纪90年代，当时处于苏联解体和东欧剧变的动荡国际形势，再加上随着中国特色社会主义经济建设不断深化，社会利益群体碎片化，社会各类思潮沉渣泛起，各种错误价值观不断挑战马克思主义价值观的主体地位，急需舆论宣传在回应民众关心的核心问题和价值观导向上起到“压舱石”和“定海神针”的作用。以江泽民为代表的中国共产党以国际格局和国内形势为根本出发点，坚持以舆论导向为基点，高度重视舆论的旗帜导向作用，在继承毛泽东和邓小平舆论观的基础上，以“三个代表”重要思想为指针，充分发挥舆论的举旗定向和稳定民心作用，在舆论导向的基础上进一步提出舆论引导的概念，为党的舆论理论做出了新的贡献。这一时期中国共产党舆论观中最核心的思想就是舆论导向，1989年江泽民在题为《关于党的新闻工作的几个问题》的讲话中，第一次明确提出了“舆论导向”的概念，强调必须以“正确的舆论引导人”；在1994年的全国宣传部长会议上江泽民又重申宣传思想工作“必须以正确的舆论引导人”④。他

---

① 中共中央文献研究室．十三大以来重要文献选编：上［M］．北京：人民出版社，1991：44.

② 丁柏铨．中国新闻传播事业40年发展中的10个关键节点：写在纪念改革开放40周年之时［J］．新闻与写作，2018（8）：60－64.

③ 丁柏铨．论改革开放以来中国共产党的舆论监督观［J］．南京社会科学，2017（10）：97－105.

④ 中共中央文献研究室．十四大以来重要文献选编：上［M］．北京：人民出版社，1996：647.

明确指出，“舆论导向正确，人心凝聚，精神振奋；舆论导向失误，后果严重”①，在同年的一次公开讲话中又明确提出了舆论导向正确必须符合舆论宣传的“五个有利于”②，并将其作为舆论引导的指导标准。1996 年 9 月江泽民在视察人民日报社时发表重要讲话，明确提出了著名的舆论导向祸福论——舆论导向正确，是党和人民之福；舆论导向错误，是党和人民之祸，必须“将新闻舆论的领导权牢牢掌握在忠于马克思主义、忠于党、忠于人民的人手里”③。在舆论引导的具体策略上，江泽民特别强调要加强舆论引导主体自身的引导能力和创新技能建设，认为新闻人才队伍的建设是整个舆论工作的前提和“牛鼻子”。

同一时期，党的其他领导人如李鹏、丁关根等也在讲话和文件中多次提到“舆论导向”，并对“舆论导向”的基本原则、判断标准、目标和具体策略等进行了非常细致的阐述。1997 年党的十五大报告更是历史上第一次将“舆论导向”这一概念明确写进党的文件。从“舆论宣传”到“舆论导向”的转变，表明党对舆论的功能指向认知在不断完善和发展，党的舆论观已经进入了一个较为成熟的阶段，党对舆论的属性、特质和功能有了更为全面和深刻的把握。更值得说明的是，这一时期在党的领导集体的努力下，有关舆论导向的原则及策略已经形成了一套较为成熟的思想体系，中国特色马克思主义舆论观已呈现出雏形。

另外，针对这一时期党内的腐败现象，党的舆论思想强调舆论导向与舆论监督的辩证关系，认为正确的舆论导向是舆论监督的方向。1995 年在中共十四届五中全会上，江泽民提出“为了爱护干部，党组织要抓好对干部的经常教育、管理、监察”④。江泽民强调必须发挥舆论监督的重要作用，“对消极腐败现象也要进行批评和揭露，发挥舆论监督作用”⑤，并且旗帜鲜明地指出必须坚持新闻舆论的正确导向，舆论导向是舆论监督的关键，也是舆论监督工作顺利进行的前提和保证。这一论述系统阐明了舆论导向和舆论监督的辩证关系，丰富和发展了中国共产党的舆论监督观。以江泽民为代表的中国共产党创造性地将舆论宣传工作与党的执政能力直接挂钩，将舆论导向工作上升到与党的执政地位紧密联系的高度，对党的舆论工作的极端重要性作了进一步强调，凸显了中国共产党舆论观不断演进和创新的强大生命力。

---

① 中共中央文献研究室．十四大以来重要文献选编：上［M］．北京：人民出版社，1996：653.

② 同①654.

③ 江泽民文选：第 1 卷［M］．北京：人民出版社，2006：564.

④ 同③457.

⑤ 同③565.

五、作为引导的舆论：注重引导的舆论观

进入21世纪后，互联网技术风起云涌，互联网普及率不断提升，新的舆论客体——网民群体出现，大众媒体在社会舆论场中“定盘星”和“风向标”的功能和角色在不断消解，基于大众媒体的传统舆论观不断受到挑战，在与时俱进、以人为本的科学发展观的指导下，这一时期党的领导集体越来越清晰地认识到尊重舆论发展客观规律的重要性，党的舆论观必须进行更新换代，在强调舆论正确导向和为党的中心工作服务的同时，必须遵循舆论传播和发展的自身规律，党的舆论观进入一个新的高度。以胡锦涛同志为总书记的党中央高度重视舆论工作，并明确提出舆论工作“关系人心向背，关系事业兴衰，关系党的执政地位”①。2004年党的十六届四中全会明确提出增强党的舆论引导本领的论述，时代性地将舆论引导作为党的执政能力的一项重要内容。②

同时，胡锦涛将舆论工作与社会治理紧密联系在一起，认为舆论是社会治理的重要抓手，将舆论工作置于社会治理的语境中，通过舆论可以了解社会发展状况，了解民众所思所想，加强对行政权力的社会监督和舆论监督，进而为社会治理提供重要参考，从而对党的舆论工作的认识和理解达到了新高度。他强调推进社会治理，在舆论导向祸福论的基础上进一步指出“舆论引导正确，利党利国利民；舆论引导错误，误党误国误民”③。

随着网络舆论越来越成为社会舆论场中的新生和主导力量，突发公共事件呈现出常态化出现的趋势，胡锦涛特别注重舆论引导按照新闻传播规律办事，提出要在充分了解社会舆论的基础上遵循新闻传播规律，创新观念方法，以适当的手段进行舆论引导；首次提出了网络舆论引导的重要性，认为互联网在舆论传播中起到了放大器和催化剂的重要作用，主张通过互联网了解民情、汇聚民智，强调要进一步加强和完善信息网络管理，提高对虚拟社会的管理水平，健全网络舆论引导机制；提出要健全突发公共事件新闻报道机制，“舆情议题设置”“突发公共事件”等新闻传播专业术语开始不断出现在党的领导集体的讲话和文件中。胡锦涛强调舆论引导要积极对各类舆论载体加以灵活运用，率先提出构建“舆论引导格局”这一概念，提倡以党内报刊和广播电视等媒介为主导、与其他媒体相结合，实现资源共享，建立起定位鲜明、

① 洪碧玲．新形势下做好新闻宣传工作的若干思考［J］．福建理论学习，2006（5）：32-37.

② 陈力丹．新中国成立60年来典型报道演变的环境与理念［J］．当代传播，2009（5）：4-8.

③ 吴绮敏．唱响奋进凯歌 弘扬民族精神：记胡锦涛总书记在人民日报社考察工作［N］．人民日报，2008-06-21（1）.

特征显著、功能互补、覆盖广泛的舆论引导新格局，进一步对新态势下党的舆论工作方向提出了建设性的指导意见和行动指南。

以胡锦涛为代表的中国共产党在这一时期更加关注网络传播技术与现实语境，注重网民群体和舆论效果，从党的顶层设计与宏观布局上阐述和强调了舆论引导的重要性和方法路径，认为其是对以往党的舆论观的继承与发展，进一步拓宽和丰富了党的舆论观的理念和内涵，尤其回答了网络环境下如何进行舆论引导和舆论引导如何服务经济建设这两个核心命题，为以后中国共产党的舆论工作提供了新的工作思路，具有很强的实践指导意义。党的舆论观在网络传播环境下不断成熟和完善。

第三节　作为治国理政的舆论：新时代中国共产党舆论观的成熟完善

随着新兴媒体迅速发展，舆论环境也发生了深刻的变化，尤其是自媒体平台层出不穷，舆论传播主体呈现出社会化和多元化的趋势，网络舆论场上的舆论力量格局发生了根本变化，网络空间成为新时代舆论斗争的主战场，成为各类社会思潮短兵相接的前沿阵地，成为正确思想与错误思想交锋的比武擂台，成为健康文化与腐朽文化较量的搏斗场，成为意识形态领域渗透与反渗透的战场，直接关系到改革发展和社会稳定的大局。因此，美国数字预言家埃瑟·戴森指出："数字化世界是一个崭新的疆土，可以释放出难以形容的生产能量，但它也可能成为恐怖主义者和江湖巨骗的工具，或是弥天大谎和恶意中伤的大本营……它是一个虚拟的宣传工具，但却是施展阴谋的好地方。"① 党的十八大以来，以习近平同志为核心的党中央高度重视舆论和舆论工作，不断深化对舆论工作在治国理政中的战略定位的认识，综合来看，主要体现在以下"七个新"上。

第一个是"新概念"。习近平在2016年2月19日召开的党的新闻舆论工作座谈会上发表的讲话中首次将"党的新闻宣传工作"改成"党的新闻舆论工作"这一概念，将"宣传"改为"舆论"体现了新时代党对舆论的认识达到了一个全新高度，更加尊重新时代网络舆论表达的新特点。这与习近平在地方从政的丰富经历有密切关系，早在1989年，他在宁德担任地委书记接受记者采访时就提出，"既要强调新闻工作的党性，又不可忽视新闻工作自身的规律性"②。

---

① 戴森．2.0版数字化时代的生活设计［M］．胡泳，范海燕，译．海口：海南出版社，1998：63.

② 习近平．摆脱贫困［M］．福州：福建人民出版社，1992：64.

第二个是“新定位”。习近平对党的舆论工作的性质和地位作出新定位——将舆论工作上升为治国理政、定国安邦的大事。他明确指出：“凡是要推翻一个政权，总要先造成舆论，总要先做意识形态方面的工作。革命的阶级是这样，反革命的阶级也是这样。”① “做好党的新闻舆论工作，事关旗帜和道路，事关贯彻落实党的理论和路线方针政策，事关顺利推进党和国家各项事业，事关全党全国各族人民凝聚力和向心力，事关党和国家前途命运”②。

第三个是“新表述”。习近平对新时代党的舆论工作的职责和使命作出新表述，将其概括为48个字，即“高举旗帜、引领导向，围绕中心、服务大局，团结人民、鼓舞士气，成风化人、凝心聚力，澄清谬误、明辨是非，联接中外、沟通世界”③。从宏观到微观、从国内到国外、从党的中心工作到社会个体，均有的放矢地提出了新要求，作出了新表述。

第四个是“新论断”。习近平对党的舆论工作的方针原则作出新论断：“必须把政治方向摆在第一位，牢牢坚持党性原则，牢牢坚持马克思主义新闻观，牢牢坚持正确舆论导向，牢牢坚持正面宣传为主”。他旗帜鲜明地指出，“党的新闻舆论工作坚持党性原则，最根本的是坚持党对新闻舆论工作的领导。党和政府主办的媒体是党和政府的宣传阵地，必须姓党”④。

第五个是“新擘画”。习近平对党的舆论工作的创新发展作出新擘画，明确要求，“随着形势发展，党的新闻舆论工作必须创新理念、内容、体裁、形式、方法、手段、业态、体制、机制，增强针对性和实效性”，“要适应分众化、差异化传播趋势，加快构建舆论引导新格局”⑤，高度重视传播手段建设和创新，提高新闻舆论传播力、引导力、影响力、公信力，通过创新改革来适应新的舆论环境。

第六个是“新部署”。习近平对网络舆论工作作出新部署，指出读者在哪里，受众在哪里，宣传报道的触角就要伸向哪里，宣传思想工作的着力点和落脚点就要放在哪里。他还指出舆论宣传要坚持团结稳定鼓劲，强调宣传内容重在传播正能量，“要加强网上正面宣传，旗帜鲜明坚持正确政治方向、舆论导向、价值取向，用新时代中国特色社会主义思想和十九大精神团结、凝聚亿万网民”，“推进网上宣传理念、内容、形式、方法、手段等创新，把握

---

① 习近平．加快推动媒体融合发展 构建全媒体传播格局［J］．求是，2019（3）：4-7.

② 习近平新闻舆论思想要论［M］．北京：新华出版社，2017：25.

③ 中宣部新闻局．习近平总书记党的新闻舆论工作座谈会重要讲话精神学习辅导材料［M］．北京：学习出版社，2016：6.

④ 同④.

⑤ 同④18.

好时度效，构建网上网下同心圆，更好凝聚社会共识，巩固全党全国人民团结奋斗的共同思想基础”①。而且，要强化互联网思维，实现传统媒体和新媒体的融合发展，形成立体多样、融合发展的现代传播体系。

第七个是“新要求”。习近平对加强舆论工作队伍建设提出新要求：“要深入开展马克思主义新闻观教育，引导广大新闻舆论工作者做党的政策主张的传播者、时代风云的记录者、社会进步的推动者、公平正义的守望者……媒体竞争关键是人才竞争，媒体优势核心是人才优势。要加快培养造就一支政治坚定、业务精湛、作风优良、党和人民放心的新闻舆论工作队伍。”②

以习近平为代表的中国共产党主动顺应新媒体技术变革大潮，坚持从中国党情国情社情出发，牢牢把握时代脉搏，积极回应时代关切，提出了一系列全新的舆论工作论断和思路，形成了综合的、立体的舆论观思想体系。习近平更是对以往各个时期的中国共产党的舆论观及其理论遗产作了全新的诠释，深刻论证了事关党的舆论事业长远发展的一系列重大理论和现实问题，进一步明确了党的舆论工作的定位意义、职责使命、重点任务和基本要求；针对新时代党的舆论工作提出了具有中国特色的新论证，发展了新时代的中国共产党的舆论观，逐步形成了独具中国特色的习近平对舆论宣传的指示，习近平的舆论观就是新时代中国共产党的马克思主义舆论观，具有很强的战略性、前瞻性、针对性和指导性，为做好新时代党的舆论工作提供了根本遵循。

第四节 中国共产党舆论观演进的特点及启示

纵观建党一百年来党的舆论观演进过程，可以看出党的舆论观具有鲜明的时代性、强烈的针对性和深刻的理论性。从演进的过程大抵可以得出如下相关结论与启示。

一、中国共产党百年舆论观的演进是一部具有能动性的观念史和实践史

中国共产党百年舆论观的演进不是学术研究史，更不是思想史，而是一部具有能动性的观念史和实践史。纵观建党一百年来，中国共产党带领全国人民不断求真务实，应对复杂的国际国内形势，及时调整各个时期党的舆论

① 温红彦，张毅，廖文根，等．引领网信事业发展的思想指南：习近平总书记关于网络安全和信息化工作重要论述综述［N］．人民日报，2018－11－06（5）．

② 习近平在党的新闻舆论工作座谈会上强调：坚持正确方向创新方法手段 提高新闻舆论传播力引导力［N］．人民日报，2016－02－20（1）．

工作中的指导思想，具有积极的能动性。革命战争时期舆论斗争与军事斗争同样重要，社会主义经济建设时期，党及时对舆论工作进行调整，使舆论宣传为经济建设服务，以舆论来凝聚民众共识、团结广大人民，进而实现党的政治目标。在这个过程中，存在中国共产党如何认知舆论的本质的问题，这就是党的舆论观。还需要强调的是，中国共产党百年舆论观还是一部能动的实践史。中国共产党成立早期的舆论观曾受传统资产阶级尤其是康有为和梁启超的“舆论之母”等观念的影响，然而从毛泽东开始，党的舆论观都来源于实践变化，来源于活生生的中国现实，并进一步指导和改造舆论实践，具有马克思主义实践论的本质属性。

二、中国共产党百年舆论观的演进体现了对舆论认知的工具性和实践理性

无论在建党早期还是在社会主义建设的新时代，党对舆论工作的认知都始终处于实用主义的状态，在革命战争时期赋予其与军事斗争同等的地位，新中国成立以后则作为与国内外反动势力进行斗争、团结和动员民众的重要手段，改革开放以后则是以之为经济建设重要的宣传手段和引导民众的重要抓手。可以看出，不同时期党的舆论工作都是始终为当时党的中心任务服务的。在这个意义上，党一直强调和看重的是舆论的工具性，并针对不同时期的中心任务及时调整赋予舆论不同的内涵、概念和路线，并在实践中不断总结和升华舆论的话语逻辑和表达体系，从而推进了党的舆论观不断成熟和完善。

三、中国共产党百年舆论观的形成是一个从主体到主客体互动的认知深化过程

在建党早期，党对舆论的主客体认知还处于比较初级的阶段。为推进民主革命的发展，中国共产党人在实践中对群众的思想政治工作进行了许多探索，其中一个最突出的特点表现在重视“理论灌输”对占领意识形态领域阵地的作用。这一做法在当时具有一定的合理性，彼时的中国民众文化水平较低、社会辨别能力较弱，只能通过这种直接的方式宣传马克思主义以及党的纲领和决议才能取得最大的效果。这其中暗含一种受众观，即社会大众是可以动员引导的、缺乏能动性的一般客体存在，因此一直到社会主义经济建设时期，“宣传”都是党的舆论观的核心思想，此时的舆论观就是宣传观。但随着新媒介技术的勃兴，党对舆论工作的认知不断完善，胡锦涛提出了按照新

闻传播规律办事，一定程度上表明党的舆论观中对舆论客体的认知在不断完善，习近平更是明确提出“网民来自老百姓，老百姓上了网，民意也就上了网。群众在哪儿，我们的领导干部就要到哪儿去”①。党的舆论观在不断强调舆论客体即民众的能动性地位，更加注重舆论主客体之间的良性互动和和谐关系，而互联网治理的本质要义就是“互动”与“调和”，这说明党对舆论中各种互动关系的认知在不断深化和趋于完善。

四、中国社会现实与媒介技术是中国共产党百年舆论观演进的核心推动力

党对舆论和舆论工作的认知是不断演进和发展的，除了每一时期党的领导核心个人的阅历和主观因素等影响外，最为核心的两个推动力就是中国社会现实即中国语境和媒介技术发展。中国共产党的舆论观首先是马克思主义指导的舆论观，但在不同时期会根据中国当时的社会发展和核心工作进行灵活有效的调适，以让舆论观更好地指导舆论工作实践，而中国各个时期社会的变动则是党的舆论观不断完善的肥沃土壤和核心动力，两者互相促进。媒介技术会引起社会信息流动格局的改变，进而创造出不同的舆论环境，舆论环境的改变进而会带动中国共产党舆论观的调适与优化，传统大众媒体时代的舆论观显然不适合互联网环境下的舆论引导。因此，新时代我们产生了习近平舆论观作为当下舆论环境的指导思想，可以说，建党百年来，党的舆论观是在中国语境和媒介技术双作用力推动下不断调适而趋于完善和优化的。

五、党性与人民性是中国共产党百年舆论观一以贯之的灵魂和内核

党的新闻舆论工作必须坚持党性原则，这是马克思主义新闻观的最基本、最重要的观点。党的历代领导集体都很重视舆论工作中的党性原则，毛泽东强调，党报要无条件地宣传党的纲领、路线、方针、政策，成为党联系群众的纽带；邓小平指出，要使我们党的报刊成为全国安定团结的思想上的中心；江泽民强调，新闻工作者必须讲政治，同党中央保持一致，确保新闻舆论宣传的领导权牢牢掌握在忠于马克思主义、忠于党、忠于人民的人手里；胡锦涛强调，党管宣传、党管媒体是中国共产党在长期实践中形成的重要原则和制度，必须始终牢牢坚持，任何时候都不能动摇；习近平强调，党和政府主办的媒体是党和政府的宣传阵地，必须姓党。坚持党性原则，最根本的是坚

① 习近平．在网络安全和信息化工作座谈会上的讲话［N］．人民日报，2016－04－26（2）．

持党对新闻舆论工作的领导。党性和人民性从来都是一致的、统一的，中国共产党作为马克思主义政党，纵观百年舆论观的演进，人民性也一直贯穿于党的舆论工作，以人民性为出发点和落脚点，是党对舆论工作的根本要求，党的舆论工作归根到底就是解决民心所向的问题，因此党的舆论工作历来是以人民为中心的，人民性是党的舆论工作的动力之源。

六、中国共产党百年舆论观的演进是一个开放的、自我调适的自组织系统

纵观中国共产党百年舆论观的演变，可以看出其本身已然具备一定的耗散结构特性。耗散结构是物理学中的一个概念，是指一个原本混沌的开放系统通过不断地与外界交换物质和能量，在外界条件变化达到一定阈值时，通过内部的作用产生自组织现象，使系统从原来的无序状态自发地转变为时空上和功能上的新的、稳定的有序结构。

建党早期，由于没有前人可以借鉴，再加上当时革命斗争形势的复杂性，党对舆论的认知还处于一种简单的、粗糙的无序状态，随着内部机制的自我完善与领导核心的形成，党对舆论的认知不断完善，不断提高自身的复杂度、精密度和细致度的过程具备自组织的特性。另外，党的舆论观演进的自组织系统还不断通过从中国社会实践和民众中汲取思想养分，不断地降低自身对舆论认知的熵含量，提高了舆论观的认知的丰度和有序度，对舆论的认知也从单一层次（宣传鼓动）向多元立体化层次（治国理政）演进。

本章小结

中国共产党历来重视舆论与舆论工作，并形成了具有中国特色的舆论观。中国共产党的舆论观有两大渊源——中国古代以来的舆论思想结晶和马克思主义新闻舆论观，百年以来党的舆论观大抵经历了作为向导、斗争、宣传、导向、引导和治国理政等六个阶段。中国共产党百年舆论观的演进是一部具有能动性的观念史和实践史，体现了对舆论认知的工具性和实践理性，其形成是一个从主体到主客体互动的认知深化过程，媒介技术和中国社会现实是其演进的核心推动力，人民性和党性是其一以贯之的灵魂和内核，其演进史具有明显的自组织属性。

本章思考题

1. 中国共产党舆论观的思想来源有哪些？

2. 中国共产党舆论观演化的历史脉络是怎样的？其有哪些不同阶段？

3. 新时代中国共产党舆论观的创新有哪些？

4. 中国共产党舆论观演化的规律及启示有哪些？

推荐阅读书目

1. 习近平新闻舆论思想要论［M］. 北京：新华出版社，2017.

2. 中宣部新闻局 . 习近平总书记党的新闻舆论工作座谈会重要讲话精神学习辅助材料［M］. 北京：学习出版社，2016.

第三章

改革开放以来社会舆论的历史演进

本章学习要点

1. 把握改革开放以来社会舆论演进的基本阶段。
2. 重点理解自媒体崛起后的社会舆论演进现状及特征。
3. 深刻把握中国社会舆论生态演进的基本规律。

中国社会舆论生态系统的演进是一个逐步发展成熟与完善的过程，很大程度上与当时的社会语境、顶层技术架构和文化心理紧密相关。由于意识形态等领域的结构惰性，对改革开放以来社会舆论影响最深的因素就是技术。为了更好地剖析 1978 年以来的中国社会舆论演进，本书主要将其分为三个阶段，分别为前互联网时代、PC 互联网时代和自媒体时代，通过这三个阶段来大致勾勒中国社会舆论场的嬗变轨迹。

第一节　前互联网时代的社会舆论演进（1978—1995）

这一时期的媒介主体是传统新闻媒体，主要是报刊、广播与电视等，这些传统媒体的话语生产方式与表达偏好深深地影响了社会舆论生态，为这一时期的社会舆论烙上了深刻的渠道霸权烙印，也使得这一时期的社会舆论演进具有鲜明的时代特征。

一、1982 年“新华体”改革带动社会话语表达方式的改革

改革开放后，“文化大革命”时期所形成的以新华社稿件为代表的“新华体”写作方式与同时期所形成的文化“样板戏”“党八股”一样，是当时新闻界主导的一种主流的、正统的、革命的“意识形态”。话语表达方式一定程度

上决定了人们获取信息的思考方式，进而影响民众的社会公共表达，固化的、类似于“八股文”的新闻写作已经成为阻碍社会变革和思想解放的桎梏。基于此，1982 年，时任新华社社长的穆青提出“新闻报道不应规格化，不应为新闻报道设置清规戒律”，提出了“散文式新闻”“视觉新闻”和“实录性新闻”等多种新闻写作模式，改变以往八股式的新闻写作，使“文化大革命”时期单调老套的文体转向了“短新闻”“对话新闻”“立体交叉新闻”等“新新华体”。以新华社为代表的主流媒体文风的改变一定程度上带来了社会表达方式的改革，促使社会话语表达越来越回归人性化，抛弃了以往以政治话语主导社会世俗生活的风气。

二、20 世纪 80 年代末至 90 年代初副刊与晚报大潮：软性新闻得以回归

随着改革开放的深入，20 世纪 80 年代末至 90 年代，以《北京晚报》为代表的各级党报开始增加副刊，如 1990 年以后《北京晚报》的“五色土”副刊增加到两个版。副刊最早是作为政治宣传的辅助，但副刊版数不断增加，信息量加大，更多软性的新闻信息开始出现，改变了以往以时政新闻为主的信息结构。如 1991 年《人民日报》副刊版面每日 8 个版，一周共 56 个版，副刊占总版面的比例是 14.3%。[①] 副刊主要是一些小说连载、猜谜、填图游戏，后来出现了生活常识等，内容类别也不断丰富与多元。相较于时政新闻，这些信息没有时效性，但实用价值较高，在长期接受政治宣传的民众看来，这类“软性”的信息更能吸引人们阅读，在这种信息传播格局的刺激下，民众对信息的需求层次与品类也相应地越来越多元化。

三、《华西都市报》的创办和《东方时空》栏目开播：民间舆论场表达萌芽显现

经过十余年的改革开放，社会生产力快速发展，政治与思想改革不断深入，直接导致国家控制的减弱和民间社会再生，公民的私人表达空间得到一定的释放，更多人对于参与社会事务、表达个人诉求的公共领域有了进一步诉求。这一时期，新闻媒体也出现了新的变化，在原来党报主导、晚报辅助的市场格局中，一种全新的报刊形式出现了。1995 年元旦，中国第一份都市报——《华西都市报》在成都诞生，都市报的创办实现了报纸从单一的政治宣传工具向新闻传播功能的历史性回归。在 20 世纪 90 年代中后期都市报异

① 陈叙．20 世纪 90 年代中国报纸副刊发展研究［D］．成都：四川大学，2004：3－5．

军突起的辉煌岁月里，都市报对于反映市民呼声、满足市民诉求、构建公共领域具有重要作用。在电视栏目领域，传统的政治宣传主导栏目形式的时代开始结束，以1993年央视《东方时空》的开播为代表，反映基层民众声音的电视栏目开始出现。这些报纸和栏目主要关注“小人物”的社会新闻需求，一定程度上刺激了民间社会舆论场的萌芽。同时，随着城市经济的发展，以茶馆、舞厅、游戏厅等为代表的文化娱乐休闲场所开始出现，民众的聚集必然带来民间话语表达的出现，并呈现出市井化、市民化的特点，民众开始借助读者来信摘登等方式在都市报上表达自己的一些言论与看法，同时在时政新闻的消费基础上开始更多地转向软性新闻，呈现出越来越多元的新闻信息需求趋势。

第二节　网络进入中国以后的社会舆论演进（1995—2008）

随着万维网的接入，中国真正步入互联网时代。这一时期中国社会舆论场开始“上网”，网络舆论成为社会舆论场的主体，其也由萌芽、诞生到蹒跚学步，逐步开始成熟。这是PC互联网舆论发展的黄金阶段，也是新闻媒体影响力逐步下降的黄昏阶段。

一、1995年中国媒体互联网元年：两个舆论场的提出

1994年，清华大学通过万维网向美国发出了第一封电子邮件，标志着中国正式接入互联网，但互联网真正进入寻常百姓家并开始飞跃式的发展，是在1995年。当然，现在关于中国互联网元年是1994年还是1995年还存在争议，但在新闻舆论史上，1995年是无可争议的中国网络媒体元年，因为国内第一个媒体网站——“神州学人”在这一年上线。《神州学人》是教育部主管、中国教育报刊社主办的期刊，主要服务于留学归国人员，及时报道留学动态。很多从国外归来的人员都带回了电脑，是中国最早的一批网民，因此针对受众的这一特点，《神州学人》创办了中国第一家互联网媒体。随后，以《人民日报》网络版为代表的一系列网络新闻媒体开始出现。

此外，随着20世纪90年代后期改革深化，下岗人员增加，部分职工生活困难，再加上当时社会腐败现象抬头，整体社会治安形势严峻，围绕这些社会热点，人民群众议论纷纷。虽然此时的互联网舆论场还没出现，但随着新闻媒体渠道的多元化，社会民众的话语表达空间开始不断拓展，民间社会

话语场域的萌芽开始在互联网的春风下茁壮成长。时任新华社总编辑的南振中关注到了这种现象，并于 1998 年 1 月提出了著名的“两个舆论场”的判断，他认为在现实生活中实际存在着两个“舆论场”：一个是人民的“口头舆论场”，一个是新闻媒体着力营造的舆论场。当然，从学术的角度看，“两个舆论场”的观点有待商榷，因为舆论的主体历来只能是社会民众，而不可能是新闻媒体组织，但这个观点承认了官方话语与民间话语的区隔，并且将草根舆论场提升到与官方话语同样重要的位置，这说明民间舆论场经过不断发展，开始被主流社会人群发现并认可。

二、2003 年孙志刚案和刘涌事件：网民成为民间话语场的表达主体

2003 年 3 月 17 日晚上，任职于广州某公司的湖北青年孙志刚在前往网吧的路上，因缺少暂住证，被警察送至广州市“三无”人员（即无身份证、无暂住证、无用工证明的外来人员）收容遣送中转站收容。次日，孙志刚被收容站送往一家收容人员救治站。在这里，孙志刚受到工作人员以及其他收容人员的野蛮殴打，并于 3 月 20 日死于这家救治站。这一事件被称为“孙志刚事件”。事件被《南方都市报》以整版《孙志刚之死》予以报道。当时网民的活动空间以 BBS 等论坛为主，新闻被转发到这些网络论坛，迅速引起关注。在网民的大力声讨与关注下，国务院正式出台相关法规对收容遣送制度予以废除，这是中国网民第一次登上社会话语场域扮演主要力量，并通过网络舆论影响了社会公共决策，具有重要的标志性价值与意义。

2003 年的另一标志性事件是刘涌案。刘涌是辽宁最大的黑社会性质团伙头目，欺压百姓，称霸一方，制造了多起血案。经批捕后，刘涌一审被判死刑，二审被改为死缓，引起了司法界、学术界和社会公众的强烈震撼，社会舆论尤其网络舆论出现一边倒的情况，舆论矛头直指辽宁省高级人民法院、辩护人，后最高人民法院不得不在辽宁锦州成立特别法庭再审后判处被告死刑。也有学者认为在这个案例中舆论干扰了司法独立，有舆论审判之嫌，但这个事件凸显了网民开始作为一个独立的舆论表达主体登上中国舆论场舞台，因此，2003 年又被称为中国“网络舆论元年”。这一年网民借助刚出现的互联网平台，通过“围观”“热议”等形式第一次改变了社会事件进程并最终影响了中国的公共政策决策，虽然有舆论审判之嫌，但这两个事件标志着中国网民群体开始作为社会话语场域中的主要力量登上历史舞台，互联网为民间社会话语场域提供了更大的平台和社会发展空间。

知识窗

舆论审判

舆论审判概念源于“媒体审判”，是指媒体有倾向性的审前报道和评论对公正审判产生影响的现象。伴随着互联网的普及，舆论突破了传统媒介的渠道限制，网络舆论的影响力日益强大，对司法机关造成的舆论压力也越来越大。近年来，如李昌奎案、药家鑫案、许霆案、邓玉娇案等案件在审理过程中，均伴随着汹涌的舆论。每当出现此类情况，就会出现对媒体和舆论的批评，认为舆论绑架了司法，存在舆论审判现象。舆论审判的实质是宪法所确立的表达自由权与公正审判权之间的冲突。

近年来从学术界到司法界，始终存在一个强大的声音，即主张通过新闻立法管制舆论，避免舆论审判。从舆论与司法的关系来看，如果以维护司法独立和司法公正的名义通过立法管制舆论，稍有不慎就有可能对表达自由权和舆论监督权造成伤害。

舆论审判有两种。一种是试图通过媒体舆论去影响案件的判决结果，也就是所谓“舆论影响司法”。对于这个问题，笔者的看法很简单：媒体在报道案件时确实应该尽量慎重，如使用“犯罪嫌疑人”等准确的称谓，不在法院宣判前给人定义罪名，不使用煽情的语言，注意保护嫌疑人的权利等；但是，如果舆论真能影响司法，主要问题恐怕并不在舆论。

第二种舆论审判，也是人们所说的Me Too运动中的舆论审判，它指的是舆论在法院没有给出明确判决的情况下，给予一些人舆论上的“定罪”。这些人虽然不是法律意义上的违法犯罪分子，但民意却普遍认为他们做错了事情，会对他们进行言语上的攻击。

三、2006年“铜须门”等事件：网络社会成熟中的阵痛，民粹主义凸显

随着网络论坛的不断发展，这一时期的网络世界开始形成了猫扑社区、天涯论坛和凯迪社区三足鼎立的舆论传播态势。

这一时期发生的最具代表性的是“铜须门事件”。《魔兽世界》的一位玩家“锋刃透骨寒”在网上发帖自曝其结婚六年的妻子由于玩《魔兽世界》并加入了其所在公会，和公会会长“铜须”（一名在读大学生）在虚拟世界里长期相处产生了感情，并且发生了出轨行为。猫扑社区很快启动人肉搜索引擎查出了铜须的真实身份、家庭住址、联系电话和身份证号码等并放到网上，甚至有人在网上发出“江湖追杀令”，他们在虚拟世界中以静坐、游行、谩骂、“自杀”等形式集体声讨铜须，在现实生活中跑到铜须的家门口泼油漆，甚至

宣称要杀他全家。失去了“马甲”的掩护，铜须的现实生活被彻底扰乱了。

事件影响很大，以至于中央级媒体乃至海外媒体如《纽约时报》《国际先驱论坛报》都进行了报道，并给部分中国网民贴上了“以鼠标和键盘为武器的网络暴民”的标签。这种自发性集体行为是一种网络暴力，被上升为网络文化现象，引起了民众的关注和热议。在网络讨论和发声热度急速上升的背景下，很多网民开始思考，建构合理的网络生态成了一个需要冷静反思的命题。“铜须门事件”说明在互联网这个人人都可以发声的平台上，人人发声并不代表合起来就一定是理性的。勒庞说过：“孤立的个人具有主宰自己的反应行为的能力，群体则缺乏这种能力。”[①] 因此，互联网的非理性表达和网络暴力背后已经凸显出网络民粹，“铜须门事件”可以视为网络民粹主义的第一事件，当前的很多网络暴力现象都可以从这个事件上找到线索与肇始之源。

四、2008 年抵制家乐福运动与汶川大地震：网络民族主义凸显

北京奥运圣火 2008 年 4 月 7 日在巴黎传递时遭遇少数“藏独”分子的干扰破坏，“藏独”分子试图从奥运火炬手、残疾人运动员金晶手中抢夺火炬，导致应由火炬手传递的圣火几乎熄灭，甚至引发了在法华人与本地居民的小规模冲突，火炬不得不改由巴士运送以便顺利通过巴黎。消息传到中国，很多中国网民义愤填膺，尤其在知道法国很多财阀包括著名的路易威登家族在幕后暗中支持“藏独”分子之后，便通过网络动员试图抵制这些财阀在中国的业务。但因为网民大多不属于路易威登家族商品的购买人群，在从网上得知路易威登是家乐福大股东后，从 2008 年 4 月 9 日开始，数十家海内外网站论坛的一部分中国网民发起了一场抵制家乐福的行动。一些网民跑到家乐福门口高举牌子抗议，甚至有个别人在网上发布了攻略，教民众如何把家乐福里的冷冻食品取出放到温度高的地方让其腐败等。

2008 年发生的另一件大事是汶川地震，地震发生后，网络上盛传一则“封杀王老吉”的热帖，几乎各大网站和社区都能看见《让王老吉从中国的货架上消失！封杀它！》等帖子。网友称，生产罐装王老吉的加多宝公司向地震灾区捐款一亿元，这是当时国内民营企业单笔捐款的最高纪录，加多宝公司借机做了网络营销，论坛上到处是“为了‘整治’这个嚣张的企业，买光超市的王老吉！上一罐买一罐”，“要捐就捐一个亿，要买就买王老吉”也成为其主要的宣传口号，旋即成为各大城市火锅店里的标配。这一事件凸显的是

---

① 勒庞．乌合之众：大众心理研究［M］．冯克利，译．北京：中央编译出版社，2004：21.

国家发生重大自然灾害时民众团结起来的凝聚力，这与抵制家乐福运动正好形成了一内一外两种爱国情绪，并且在互联网上被渲染与被动员，网络民族主义初现端倪。

第三节 自媒体崛起后的社会舆论演进（2008 年至今）

2008 年以后，随着移动互联网技术的崛起，自媒体平台层出不穷，“人人都有麦克风、个个都是通讯社”的多元舆论发声主体时代来临。网络舆论场的形式更加复杂，信息流依附在社会关系网上随机传播，在提高了信息传播广度和速率的前提下，整个社会舆论场更加脆弱与无序，舆论生态的自组织性多多少少受到了一些冲击。

一、2009 年 8 月新浪微博上线：社会话语能量的极大释放

随着互联网传递速率的提高和网络终端的轻型化，一种全新的信息传播形态开始出现，即微博。微博最早只能在 PC 端进行登录，还没有手机 App 的相关概念，如果想使用手机操作，必须通过短信的形式将信息发送到一个电信运营商的服务号，这就局限了其文字表达上限，只能是 70 个汉字。但它首次脱离了笨重的 PC 电脑，使得每个人都可以自由地通过手机这种轻便设备发声，这种以前人们不敢想象的方式提供了个人表达和公共讨论的崭新舆论场域，民间舆论场域从聊天室、BBS 和网上论坛等开始向微博话语场域转移，从主流社会话语场域中逐渐剥离开来，成为独立的社会话语场域，并与官方话语场域表现出对立、合意的复杂微妙关系。

微博作为一种自媒体形态，让每个人都可以在一个公共平台上发出自己的声音，从技术上保障了每个人都有可能成为话语中心，这种技术赋权使得草根阶层的话语权得到一定的释放，在一定程度上对语言单一的中心神话提出了强有力的挑战。在后现代的解构主义文化中，难以自圆其说、不符合公众心理预期和企图延续硬性灌输思维方式的部分官方话语成为民众讨论和热议的对象。

二、2011 年初微信面世：重塑社会族群和网络社会话语格局

微信作为一种新的社交平台在 2011 年上线，通过微信群和朋友圈等，使

得传统社会工业革命以来社会个体“原子化”的生存方式得以重新族群化和再次部落化。

与微博是一种公开的、喧哗的社会话语场域不同，微信作为一种小圈子社交平台，加上社会信任和社会资本等元素的加入，迅速成为民众争相使用的社交平台。如果说微博是一种前台，微信则是一种后台，通过熟人小圈子和强关系网络将信息的传播范围无限扩展，而一旦被转到微博上，便可以进入陌生人圈子和弱关系网络，成为一种扩音器。因此，微博是社交媒体，具有一对多的属性；微信则是社交网络，具有关系嵌套的属性。

一定程度上可以说，微博满足了民众“表达”的权利诉求，微信则满足了民众“结社”“集会”的权利诉求；微博重构了人类话语表达的方式，而微信则重构了人际社会关系网络，重塑了社会群体，空间距离被无限消解。

博客（blog）刚出现时，我国台湾地区将其更形象地译为“部落格”，社交网络的崛起使得人类社会得以重新部落化、网络化和关系化。人类社会最初的状态是以血缘、地缘等纽带勾连起来的“人际部落”，工业文明在将整个世界联系起来的同时破坏了社会个体所依存的基本关系网，社交网络使得人类基于血缘（如家族群）、地缘（如老乡群）、学缘（如班级群）、业缘（如记者群）和趣缘（如旅游群）等在虚拟社会空间得以重新部落化、圈群化。

三、2013 年 8 月的打击网络谣言专项行动：民间舆论场域沉寂

2013 年 8 月 19 日在全国宣传思想工作会议上，习近平总书记强调“意识形态工作是党的一项极端重要的工作”，需要加强网络舆论阵地的掌控权与主导权。8 月下旬以后，公安机关集中开展打击网络有组织制造传播谣言等违法犯罪专项行动，抓捕网络推手“立二拆四”等制造和传播网络谣言的不法分子。此外，2013 年 9 月 9 日最高人民法院与最高人民检察院共同出台相关司法解释，规定“同一诽谤信息实际被点击、浏览次数达到五千次以上，或者被转发次数达到五百次以上的”，应当认定为诽谤行为“情节严重”，从而为诽谤罪设定了非常严格和可操作的量化入罪标准，加大了网络谣言治理的立法和执法力度。这些举措的执行一定程度上促进了网络社会中舆论泡沫的消解，但客观上也造成了草根社会话语场域的收缩，网络意见大 V 的社会表达意愿不断下降。据 Alexa 2013 年 9 月的流量数据，新浪微博网站的整体跳失率上升了 20%，每个用户每天浏览页面的数量下降了 37.2%，每个用户在微博网站停留的时间则下降了 40%。中国人民大学舆论研究所的数据监测

结果显示，2013年10月24日，政务微博账号发布微博（含原创与转发）的总数首次超过了网络加V个人用户①，这是一个标志和拐点，一定程度上标志着社会话语舆论场域中力量对比的变化。

四、2013年“9·17甘肃初中生发帖被刑拘事件”：民间舆论与官方话语的交锋

表面上民间舆论场域出现了一定程度的沉寂，但其实它并没有彻底消失，在一些关键时间节点和公共事件中可能进一步凸显与显露。2013年9月下旬甘肃张家川县初中学生杨某发微博、QQ空间质疑该县一名男子非正常死亡，并散播谣言、煽动群众游行。张家川县公安局以转帖量超过500次为量刑标准，对其进行了抓捕，该事件被称为“全国500转刑拘第一案”。事件发生后，沉寂多时的草根话语场域开始重新啸聚，以律师、学者等群体为代表的社会意见领袖重新“集结”。

“张家川事件”看似是一个“因言获罪”的事件，但无论其发生背景还是结果都凸显了该事件的价值和意义。作为“全国500转刑拘第一案”，该案一定程度上是民间话语与官方话语的第一次对抗。虽然民间话语表达转向更隐秘的微信平台，但其社会影响力依然存在，并可能在关键时刻重新集结。

五、2014年东莞扫黄事件：官方话语的独自彷徨

在网络构建的全新公共领域中，随着网络立法与监管的力度不断加强，网民和网络意见领袖鉴于各种压力与自我规训，开始采取一种更为消极和圆滑的方式来表达个人观点，比如调侃和恶搞。最为典型的事件是2014年2月东莞扫黄行动后中央电视台予以配合报道，非但没有迎来网民的支持，反而在微博上掀起了“东莞挺住”“东莞不哭”的话题高潮，甚至制造出各种恶搞的图片和标语进行传播，此次行动和央视报道的本意被完全漠视和歪曲。该事件发生后，民众的这种软性对抗方式一定程度上引起了主流官方话语的关注和警惕，《人民日报》以社论的形式连续几天对网民嘲讽东莞扫黄的行为予以抨击，但在微博等自媒体话语场域中则没有任何网民和网络意见领袖的回应，好比“石子投到河里没有任何涟漪”。这一定程度上说明草根话语场域与

① 李彪．当前社会舆情场域态势与话语空间转向研究：基于网络舆情新变化的分析［J］．暨南学报（哲学社会科学版），2016（6）：90-98．

官方话语场域时而存在对立与隔绝，草根话语会表现出叛逆，或者故意不再关心主流话语表达什么，官方话语更像是在独自彷徨。

六、2014 年文章“劈腿门事件”：娱乐狂欢背后的舆论话语生态转型

2014 年 3 月 28 日，媒体拍到演员文章出轨姚笛的铁证，引发网友热议。3 月 31 日凌晨，文章发布声明公开回应，创造了新浪微博上线以来的最高纪录：2 小时互动量破 87 万，10 小时内单条微博互动量超过 250 万，甚至出现了微博服务器宕机等极端情况。这个事件一定程度上凸显了在过于关注公共事件的喧嚣期持续数年以后，舆论开始出现话语生态转型。娱乐至死、娱乐至上成为中国社会舆情生态中独特的社会景观，其背后则是一种话语反抗与社会情绪宣泄代偿，娱乐狂欢成为民众最好的社会代偿和减压阀。文章劈腿事件的出现一定程度上表明，未来的社会舆论表达可能会转向与社会主流意识形态关联不大的娱乐等软性话题，或者趋于以更隐蔽的方式在社交平台中进行表达。

七、2016 年舆论监管常态化，舆情格局发生根本变化

2016 年 2 月 26 日，国家网信办消息称，针对少数网络名人无视社会责任，滥用自身影响力，在网上多次发布反对宪法所确定的基本原则、损害国家荣誉和利益以及造谣传谣、扰乱社会秩序等违法违规信息的行为，有关网站依法关闭@罗亚蒙、@演员孙海英、@王亚军上海、@荣剑 2001、@文山娃、@纪昀、@大鹏看天下等网络大 V 账号。在 2016 年上半年，有关网站对 580 余个违法违规公众账号和一批误导公众、影响恶劣的网络名人账号予以关闭、暂停更新。2016 年 3 月 10 起施行的《网络出版服务管理规定》规定了从事网络出版服务应具备的条件，包括：法定代表人和主要负责人至少 1 人应当具有中级以上出版专业技术人员职业资格；除法定代表人和主要负责人外，有适应网络出版服务范围需要的 8 名以上具有国家新闻出版广电总局认可的出版及相关专业技术职业资格的专职编辑出版人员，其中具有中级以上职业资格的人员不得少于 3 名。舆论监管越来越趋向于法规化和精细化，网络舆情的格局也发生了根本变化，即民间话语表达趋向于更加隐秘和多元——隐秘体现在各种社交小圈子中；多元体现在新型的社交平台层出不穷，如抖音、快手以及各种更加小众化的平台等，以往动辄上千万的网民在网络上啸聚的时代已经结束。

第四节　中国社会舆论演进的基本规律

纵观改革开放以来的中国社会舆论场的演进过程，可以看出舆论是在技术的不断推动下缓慢发展的，总结而言大致具有以下几个重要的发展规律。

一、社会舆论生态演变是政治、技术、社会、资本力量的动态博弈

纵观改革开放以来中国社会舆论生态变化背后的动因或动力，不外乎四个主体因素（见图 3－1）。

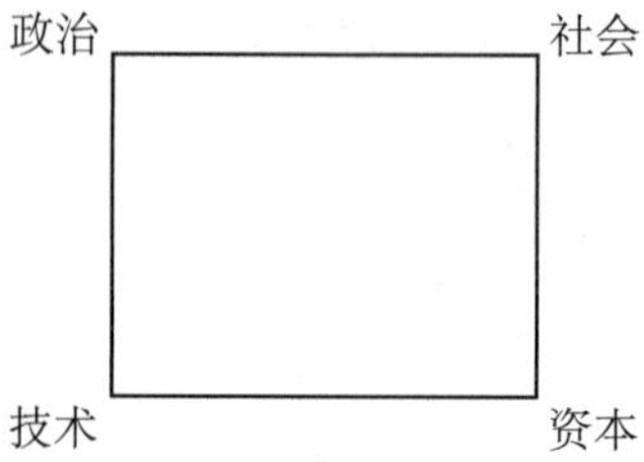

图 3－1　中国社会舆论生态背后的四种力量主体对比图

一是政治力量。政治在整个国家社会生活中一直是社会资源配置的主导力量，在整个社会话语场域中占据主导地位。改革开放之初，整个社会舆论场均是以政治话语为中心而构建的，随着媒体形式的多元化和社会话语的成长，政治话语的地位有些松动。但是，随着立法和执法等规范化管控手段的实行，政治话语依然在社交网络时代扮演着主导地位。

二是技术力量。技术是一种可以重构社会底层运行逻辑的手段，麦克卢汉的“媒介即讯息”“媒介即人的延伸”等论断一再强调了媒介技术对人类的生存、交往形态以及整个社会底层的运行都具有主导性的推动作用。虽然有些学者认为这是典型的“技术主义者”的言论，但这种言论一定程度上揭示了技术在整个舆论生态的演变过程中扮演着“盗火者”的角色，不断试着对政治、资本等社会力量构建起来的“篱笆”进行边缘突破。未来，技术会继续作为左右政治话语与民间话语两大主体力量均衡的重要砝码而存在。

三是社会力量。这一力量在整个社会话语场域中从萌芽到不断壮大，经历了漫长的时间。虽然中间存在网络民粹主义、网络民族主义等极端表现，但如同一个蹒跚学步的小孩逐步成长为一个叛逆的少年，目前还不成熟的网民群体的整体理性在不断提升。民众在一次次公共事件的公共讨论中不断磨炼，参与社会公共讨论的素养在不断提升，民间话语力量的质量在不断提升。

四是资本力量。近年来，网络大V退场、资本力量直接介入使得社会舆论表达更加“民粹化”。资本力量最热衷的行业是技术创新行业，因此首先投入大量资本用于促进媒体技术发展，希望在底层对技术进行资本驯化，来满足其资本增值的目的。另外，在很多公共事件中都可以看到资本的身影，如网络约车政策出台过程中“滴滴打车”等网络平台的“煽风点火”，又如在雾霾事件中个别资本力量介入其中炒作。这与西方社会中资本力量的表现形式完全不同——西方资本力量善于在公共话语表达领域寻找代理人，隐匿在背后，而中国的资本力量则直接赤膊上阵，冲在第一线，为本来已经波谲云诡的舆论生态增加了更多的不确定性。

从图3-1可以看出，中国社会舆论生态是由四种力量主导的。在几何学里面，最稳定的是三角形，四边形最不稳固，这也一定程度上解释了中国社会舆论的复杂多变。这四种力量此消彼长，哪怕一方有轻微的变动，都会对舆论生态的稳定性造成重大影响。这也决定了未来很长一段时间内，中国社会舆论生态会呈现出急剧变动的特点。

二、生态演变伴随着话语依附载体的技术演进

从舆论所依附的话语平台的转变来看，舆论话语平台并不是一成不变的，每当出现一个新的信息载体，社会舆论就会快速转向这个平台并以之作为主要依附载体。如从改革开放以来的舆论生态演变可以看出，社会舆论话语平台最早依附于报纸媒体。以当时一纸风行大江南北的《人民日报》为主要代表，它只有对开四个版，很多民众甚至从报头一字不落地看到报尾，社论不啻中央红头文件。整个社会舆论场是围绕以《人民日报》为代表的党报体系而展开的。20世纪90年代中后期，随着电视的普及以及《东方时空》和《正大综艺》等电视栏目的开播，电视成为民众关注的焦点，也成为社会舆论的主要引导与依附载体，民众谈论最多的也多集中在电视这一载体所传达的话题与信息上。

21世纪初，随着互联网的勃兴，社会舆论场域所依附的载体也在不断改变，从最早的以北大未名BBS与水木清华BBS为代表的高校论坛，开始向综合性论坛转变，形成了猫扑社区、天涯论坛和凯迪社区三足鼎立的舆论载体。猫扑号称中国最大的人肉搜索引擎，天涯则是最大的综合论坛，凯迪社区的“猫眼看人”主要是知识分子的集中地，形成了分工明确、不同人群聚集的多元格局。

而随着移动媒体技术的兴起和移动互联网的普及，社会舆论话语平台隐隐有向移动终端话语空间转移的趋势，移动互联网时代社会话语依赖的主要平台是微博、微信和新闻App，近年来随着抖音、快手等平台的出现，社会舆论场也有向这些平台转移的趋势，并逐步细分化、多元化和草根化。

知识窗

人肉搜索引擎

人肉搜索引擎是指利用人工参与来提纯搜索引擎提供的信息的一种机制，实际上就是通过其他人来搜索自己搜不到的东西，与知识搜索的概念差不多，只是更强调搜索过程的互动而已。人肉搜索引擎之所以以“人肉”命名，是因为它与百度、谷歌（Google）等利用机器搜索的技术不同，更多利用人工参与来提纯搜索引擎提供的信息。据了解，人肉搜索发端于猫扑社区，是一个接近于“百度知道”的提问回答网站。先是一人提问，然后八方回应，通过网络社区集合广大网民的力量，追查某些事情或人物的真相与隐私，并把这些细节曝光。人肉搜索中或许没有标准答案，但人肉搜索追求的最高目标是：“不求最好，但求最肉。”由于聚集了各地的不同阶层、不同知识背景的人，人肉搜索引擎时刻显示着网民互动战争的浩瀚与壮阔。

人肉搜索现象有其积极价值：一是有利于个人情绪的平衡。封建臣民伦理强调的是民众的顺从，这一影响至今尚存，使得人们在现实社会中压抑个性，情绪抑郁。网络虚拟社会给个体提供了一个相对自由表达的平台，人们可以以一个本真的自我在这个社会中存在，使现实社会积聚起来的不满得以释放，有利于个体身心的发展。二是有利于社会的稳定。人肉搜索现象的出现，有利于网络社会德治与现实社会法治的结合。通常情况下，来自社会的道德监督的声音比较微弱，道德一向都以自律来发挥作用，然而两种方式的效果都较差。有了人肉搜索就有了“道德法庭”，这样就能使德治和法治双管齐下，社会更稳定。

人肉搜索现象也有其消极影响：人肉搜索使用不当，容易引起网络暴力等消极情况。人肉搜索事件中，当搜索对象的个人隐私被毫无保留地公布，他所面对的不仅仅是人们在网络上的口诛笔伐，甚至在现实生活中也会遭受人身攻击和伤害。对搜索对象的搜索一旦失去控制，人肉搜索便可能超越网络道德和网络文明所能承受的限度，成为网民集体演绎网络暴力非常态行为的舞台，侵犯个人隐私权等相关权益，阻碍人肉搜索发挥网络舆论监督作用。

三、媒介技术是社会舆论生态不断边缘突破的主要推动力

麦克卢汉的“媒介即讯息”论断突出了媒介本身才是真正有意义的信息，对社会个体来说，媒介最重要的作用是“影响了我们理解和思考的习惯”[①]，对整个社会来说，真正有意义、有价值的“信息”不是各个时代的媒体所传播的内

① 麦克卢汉．理解媒介：论人的延伸［M］．何道宽，译．北京：商务印书馆，2007：121－122.

容，而是这个时代所使用的传播工具的性质、它所开创的可能性以及带来的社会变革。

媒介带给人们的不仅是一种角度、一种简单的介质，它还使得社会话语权力和社会话语资本在社会成员中重新分配，正如詹姆斯·卡伦在《媒体与权力》中指出的，每个时代新型传播方式的出现都会带来权力的转移。[①] 媒介技术的不断革新为社会话语的释放提供了无限可能和遐想，其在社会舆论生态演变中也扮演着普罗米修斯般“盗火者”的角色，不断在被政治力量庇护的社会舆论场域边缘撬开可能的空间，进行着边缘突破。

四、社会力量在社会舆论生态变化中不断发展成熟

改革开放以后，随着社会利益格局逐渐多元驳杂，社会诉求也逐步多元化起来，不同阶层的社会力量得以再集结。2008 年汶川地震救灾，是中华人民共和国成立后具有里程碑意义的重要事件。数以万计的民众自发地从四面八方争相为灾区提供帮助，很多社会组织扮演了重要角色，政府开始允许这些组织参与救灾，这些组织也自觉地遵守相关规定，加强救灾活动的管理，争取了民众的支持。民众通过网络热点事件发生后的社会讨论，培养了对社会事件独立的看法和认识，具备了独立思考的能力，从而提升了作为现代民众的基本素养，启蒙了权利意识。同时，这个过程也建构了社会群体的行动逻辑和行动框架，并自觉地遵守和维护这些行动框架，这些框架反过来又会进一步提升社会群体的社会动员能力和社会行为能力。

五、网络意见领袖代表的社会话语精英阶层尚未成熟

随着微博等社会话语平台的逐步普及，在网络虚拟公共话语空间出现了网络意见领袖群体。这类群体通过在社会公共话题讨论中的鲜明观点和在社会公益行动中的动员能力，成为网民关注的明星人物，进一步演变为虚拟社会中的“新意见贵族阶层”。

网络意见领袖群体具有重要的特征，即“先天不足，后天缺养”。所谓“先天不足”，是指中国网络意见领袖主要是一些商业领袖和娱乐明星，不是高级知识分子群体，其思想境界与社会判断力具有明显的缺陷，在很多事件中并不足以引导舆论，一定程度上加剧了网络民粹主义和网络民族主义。“后天缺养”主要是指技术环境的急剧改变，使得网络意见领袖的生存与成长环

---

① 卡伦．媒体与权力［M］．史安斌，董关鹏，译．北京：清华大学出版社，2006：7－9.

境发生了变化，微博首先出现一定程度上“暴露”出网络意见领袖强大的引导力和“破坏力”，必然需要加强社会监管与网络立法来进行限制。很多网络意见领袖转入微信或者其他更隐匿的舆论场，因此出现了网络中V和网络小V，这些场域并不适合其成长与成熟，如果先有微信再有微博，则可能更利于中国网络意见领袖群体的成熟与发展。因此，从目前的网络舆论实践来看，这一群体素质参差不齐、鱼龙混杂，并且话语表达方式一般不被主流意识形态接纳，虽然已然具备了现代公共知识分子的基本雏形，并可能成为未来的社会主流意见表达主体，但这类网络“新贵”还需要进一步磨砺，通过自身的“壮士断腕”和自我更新，才能够真正成熟起来。

本章小结

本章主要从媒体形态的演变出发对中国社会舆论生态进行了划分。由于技术始终是促进舆论生态演进与变化最为活跃的力量，因此本章将舆论生态演进划分为前互联网时代、PC互联网时代和自媒体时代三个主要阶段，对其标志性的事件进行了分析，在此基础上围绕政治权力、媒介技术、社会力量、经济资本四种力量主体的角逐、互动，建构了中国舆论生态的力量模型。通过这一章的分析，可以从宏观上把握社会舆论生态背后的动因，对理解当下社会舆论乱象具有条分缕析的价值与意义。

本章思考题

1. 中国社会舆论演进背后的动因与机制有哪些？

2. 中国社会舆论生态发展不同历史时期的特点和差异是由哪些因素决定的？

3. 你如何看待政治、技术、社会、资本力量四个要素对社会舆论生态的影响？未来的发展趋势如何？

推荐阅读书目

1. 李彪．舆情：山雨欲来：网络热点事件传播的空间结构和时间结构［M］．北京：人民日报出版社，2011.

2. 李彪．谁在网络中呼风唤雨：网络舆情传播的动力节点和动力机制研究［M］．北京：人民日报出版社，2011.

3. 卡伦．媒体与权力［M］．史安斌，董关鹏，译．北京：清华大学出版社，2006.

4. 哈林，曼奇尼．比较媒介体制：媒介与政治的三种模式［M］．陈娟，展江，译．北京：中国人民大学出版社，2012.

第四章

舆论的本体

本章学习要点

1. 把握舆论的基本存在形态。
2. 了解舆论的不同信息形态。
3. 把握流言与谣言的差别及其传播特征。
4. 把握网络流行语、网络表情包与社会心理的关系及其传播规律。

舆论是一种意见表达，也是一种意见信息。舆论具有不同的存在形态与信息形态，在日常生活中甚至会变异为一种极端形式，以网络谣言、网络流行语和网络表情包等形式出现。因此，研究舆论主体的不同形态对了解舆论的传播具有本体意义。

第一节　舆论的基本存在形态

舆论从出现到发展，整个过程在存在形态上也会出现不同状态的变化。综合来看，舆论具有以下三种基本存在形态。

一、潜舆论

前文在对舆论进行界定时提到，目前对舆论的定义还存在分歧，其中之一是关于没有表达出来的想法和态度是否应该划归到舆论的范畴。潜舆论这个存在形态主要就是来界定那些没有公开表达的、在内心中的一种认知状态。潜舆论可以划分为以下两种基本类型：一是没有公开表达的信念，它潜藏在人们内心深处，不通过特定的民意测量手段很难有效捕捉和测量，更多是一种信念、态度或者情感认知，具有一定的恒定性，短期内不会发生改变；二是知觉到但又不易确切捕捉到的公众情绪，在日常生活的表达或行为中可以间接感知到，但只可意会不可言传，要通过一种外显的情绪来体现。

（一）舆论的深层内容——信念

舆论的深层内容主要是信念，信念需要通过对具体的舆论客体的接触才会显露，从这个意义上讲，信念是一种潜在的舆论。信念是人们在社会化过程中习得的一种相对固定的价值观、道德信条、最基本的好恶等，带有其所在群体特有的传统、现实和政治经济体制的印记。同一群体的人会有相近的信念。信念又受到个人差异的影响，因个人性格不同而不同，这是舆论导向应注意的，就是人们经常说的“最复杂的就是人心”。在日常生活中经常提到理想信念这个说法，信念是一种内化标准，也是一种认知框架，具有一定的“惰性”——其形成需要经历很久的潜移默化，一旦形成就很难改变。信念是舆论的“定星盘”和“指南针”，舆论的判断与转向都是依附在这一基础之上的。信念是无法直接感知的，必须通过间接条件（民意测验、社会环境突然改变等）来感知。

（二）可感知的、较为一致的公众情绪

“公众情绪是一种集合社会心理，它的外在形态一般表现为对某一事物的普遍心绪，并通过只言片语透露出来。”[①] 情绪和信念基本接近，信念是很难被感知的，情绪也必须通过舆论客体的改变、民众的行为来间接表达，“只言片语”地显露出来，并不是对舆论客体的直接评述。潜舆论属于公开表达的意见的萌芽或潜伏形式，只有情绪是这种舆论的唯一外部表现形态。

那么情绪性舆论是如何产生的呢？根据心理学家理查德·拉扎勒斯（Richard Lazarus）的研究，公众情绪的产生与他们对刺激情境好与坏的估计有着密切关系[②]，即认知-评价理论。拉扎勒斯认为情绪是人和环境相互作用的产物，在情绪活动中，人不仅接受环境中的刺激事件对自己的影响，同时要调节自己对于刺激的反应。情绪活动必须有认知活动的指导，只有这样，人们才可以了解环境中刺激事件的意义，才可能选择适当的、有价值的动作组合，即动作反应。情绪是个体对环境事件知觉到有害或有益的反应。在情绪活动中，人们需要不断地评价刺激事件与自身的关系。具体来讲，有三个层次的评价：初评价、次评价和再评价。初评价是指人确认刺激事件与自己是否有利害关系，以及这种关系的程度。次评价是指人对自己反应行为的调节和控制，主要涉及人们能否控制刺激事件，以及控制的程度，也就是一种

---

① 刘建明．舆论传播［M］．北京：清华大学出版社，2001：64-66.

② 拉扎勒斯，福尔克曼．压力：评价与应对［M］．曲晓艳，译．北京：中国人民大学出版社，2020：3-4.

控制判断。再评价是指人对自己的情绪和行为反应的有效性和适宜性的评价，实际上是一种反馈性行为。

情绪产生之后，很容易激发情绪性舆论的出现。一旦一种社会舆论客体出现了变动，公众会习惯性地运用内心深层次的信念进行对比判断，并以一种直觉的形式通过情绪的波动表现出来，倘若这类情绪一定范围内遍及相当多的公众，可以说一种潜舆论已经形成。情绪性潜舆论的产生和人的无意识及本能有很大关系。

二、显舆论

显舆论就是公开表达出来的舆论，是上述关于舆论定义中的“狭义舆论”，是在一定范围内相当数量的公众以各种公开的形式表达的对舆论客体的态度，或由外界刺激直接引起，或由情绪性舆论经过一段时间的酝酿转化而来。和潜舆论一样，显舆论表达也是公众对外部刺激的本能反应与真实心理。

与潜舆论不同的是，显舆论并不一定全部代表真实的民众情绪和心理，在一定的情况下会出现“舆论扭曲”。显舆论具有一定的工具性机能，比较特殊和极端的集中情况如下：一是为适应具体环境而形成的显舆论，最典型的例子是基于群体压力和外部环境而表达出来的所谓“显舆论”，例如在伊拉克萨达姆政权倒台之前的总统选举中，萨达姆获得了95%的支持度，当时的电视台采访街头的民众，大家表达出来的对萨达姆的拥护就是一种显舆论，但却是一种扭曲的“伪舆论”；二是显舆论中的自我表现成分，基于为凸显自己或者舆论客体而表达呈现出来的舆论，如一些基于自卑心理的自傲舆论，网络民族主义表达中经常出现的一些言论等；三是显舆论中的自我防卫成分，舆论主体为了自身利益或者缓解环境压力而产生的基于自身防卫的舆论，如很多民众面对电视台记者的采访下意识地挺直腰杆，话语表达也与日常表达明显不同，属于一种典型的基于自我防卫的显舆论。

三、行为舆论

行为舆论是舆论表达中强度最大、最有行动力的形态，是主要以行为的方式表达的舆论，除了付诸行动以外通常还会夹杂语言和文字的意见表达，严格说是一种综合性舆论。在行为舆论中既有情绪的表达，也有公开的言语。行为舆论区别于一般社会行为的就是行为目的是观念的传播或情绪的发泄。

行为舆论从本质上讲是一种集群行为，因为舆论的主体是大多数民众，而行为舆论最重要的特征是具有聚集性和集合性。行为舆论一般是指在某种社会因素的刺激下，许多人脱离或违背社会制度和常规而共同做出的组织性、结构性和失序性的行为。

关于行为舆论为什么会产生，比较流行的解释原因是美国社会学家斯梅尔塞（Neil Smelser）提出的“集群行为”理论。他认为集体行动的产生由六个因素共同决定，即结构性诱因（structural conduciveness）、结构性怨恨（structural strain）、一般化信念（generalized belief）、触发性事件（precipitating factors）、有效的动员（mobilization for action）、社会控制能力的下降（failure of social control），这六个因素是集体行动产生的必要条件。随着这六个因素次第形成，产生集体行动的可能性也在增加，一旦六个因素全部具备，行为舆论就必然产生。

对于行为舆论之所以能够产生并外显为一种集群行为，又有不同的理论解释，概括起来主要有以下几种：一是基于模仿。该解释认为人们面临突发事件时，往往处于丧失理智状态，失去自我控制能力，出现哭泣、吼叫、模仿等简单的初级行为。这时他们会本能地彼此模仿，力求与在场多数人的行为一致，由此导致集群行为的产生。模仿理论比较有代表性的人物是法国社会心理学家塔尔德。二是情绪感染。集群行为的特征表现为有意识的人格已经消失，无意识的人格占据主导地位，情绪和观念的感染、暗示的影响使集群心理朝着某一方向发展，并具有将暗示的观念立即转变为行动的倾向。在集群中，个人的文明程度降低，理性思考和自我控制减弱甚至消失，在感染的作用下，个体会被一时的冲动主宰，卷入非理性的狂乱之中。三是基于紧急规范。在集群行为中虽然没有群体规范，但面临突发事件时，人们通过互动会产生一种“紧急规范”，紧急规范一旦产生，同样会对在场者形成规范压力，迫使他们去仿效和遵从，从而产生集群行为。四是基于个体匿名。在集群行为中个体之所以会做出平时很少出现甚至根本没有过的越轨行为，是因为其是匿名的。五是控制转让。在集群行为中，个体会把自己行动的控制权转让给别人。以上五种情况均一定程度上解释了集群行为出现背后的心理机制，但遇到具体的集群行为需要具体分析背后的社会心理机制。

行为舆论由于其目的性和烈度不同，又可以划分为以下五种基本形态：一是旨在实现价值志向的行为舆论，如环保、救灾活动；二是旨在实现规范志向的行为舆论，如每年的学雷锋活动以及全国道德模范的评选活动；三是敌意的暴露行为，如静坐示威或者进行自杀式爆炸袭击；四是恐慌和疯狂的行为，如抢盐事件以及足球赛场的集体骚乱行为；五是各种相对短时间的围观，如发生交通事故后民众出于好奇进行的围观行为。

行为舆论虽然是烈度最大的舆论存在形态，但需要予以正确看待。一是行为舆论的意见表达强度大于一般的显舆论，所以对可能出现的负面行为舆论的引导一定要及时，否则其危害要远高于潜舆论与显舆论；二是对于自发性较强的行为舆论如流行风尚等，要适时地给予恰当的引导，不然很容易造成大的社会动荡，危及社会稳定。流行风尚这类行为舆论强度虽然不大，但是影响范围较大，间接表达了一定时期公众的意见倾向。

第二节　不同信息形态的舆论

舆论作为一种意见和观点信息，也有不同的信息形态，概括起来主要包括以下几种。

一、信息形态的舆论

信息形态的舆论就是通过传递一种事实信息来间接表达民众意见，表面上看起来是一种事实，其实背后植入的是一种看法和意见。最为典型的是2011年的抢盐行为，最早传播的全是上海缺盐、浙江缺盐等事实信息，其实背后蕴含的是一种社会恐慌情绪。对于信息的刻意传播或者刻意回避都代表着人们的一种看法与态度，这类行为一旦形成一定规模即是舆论的信息形态的表达，背后反映的都是公众对于某个舆论话题的兴趣、利益关系等，因为关注而刻意传播。

信息形态的舆论具有以下特点：一是民众高度关注，即人们在一段不长的时间内转告、传播某个信息的高度兴趣就构成了一种特殊的意见倾向；二是虽是事实信息但具有“舆论效应”，人们无意识的共同行为（传递同一条信息）造成一种特殊的“舆论效应”，不同人之间有了共同的话题。对于信息形态舆论的引导相对比较简单，直接通过及时辟谣，发布有效的事实信息予以逆向传播即可。

二、意见形态的舆论

舆论最常见的信息表现形式就是“意见”，即以赞同、反对、无所谓等形式来表现公众的意见倾向。意见形态的舆论往往是自发的，大众舆论表达的观念相对简单或情绪化，同时舆论需要也必然受到大众媒介或其他社会因素的影响。需要注意的是，公众在传播事实信息的同时也往往会加入自己的观念，赋予信息“意义”。很多信息的传播表面上看起来是事实，其实已经被植入了观点，如经常看到很多帖子的题目是“史上最……”，其实已经是信息流、意见流和情绪流三者的纠缠，好比编辫子，三种不同信息拧合在一起进行传播。

三、艺术形态的舆论

艺术形态的舆论是公众以各种体裁的文学（如流行语、诗歌）、音乐（如《小苹果》等）、舞蹈（如鸟叔的《江南 style》）、绘画等艺术形态表达的意见倾向。这是一种相对高级的形态，并且从一个时期流行的艺术形态可以很好地管窥这一时期舆论的特征与把握整个时代的“脉搏”，因为艺术形态的舆论带有较强的情感性，可间接表达公众的意见或情绪倾向。另外，艺术形态的舆论心理成分浓厚，更多涉及人们内心深处的无意识表达或需求，这类形态的舆论引导相对比较复杂，必须搞清楚流行背后的基本社会动因与社会心理形成。

第三节　舆论的异变——网络谣言

舆论由于信息不对称、舆论环境等各种复杂因素的影响会出现各种异变的情形，在自媒体时代出现最多的舆论异变形式就是网络谣言。

一、谣言概念研究的历史脉络

（一）谣言概念的历史梳理

关于谣言的定义历来众说纷纭。彭德顿 1998 年曾对谣言的定义进行了系统梳理研究，发现心理学、社会学、公共管理学和传播学等多个学科领域都有着各自不同的对于谣言的定义。这说明谣言现象本身是个跨学科的问题，同时说明对谣言的定义争议很大，其还不是一个准确的具有特定定义的概念。尽管各个学科对谣言的定义及其价值立场各执一词，但人们对谣言的基本认知和社会价值认知还是存在某些共同之处。二战是谣言研究的黄金时期，自此以后，对谣言比较具有代表性的定义如下。

罗伯特·纳普（Robert Knapp）1944 年提出，谣言是一个参照当前时事、旨在使人相信的命题，在未经官方证实的情况下广泛流传；奥尔波特与波斯特曼（Leo Postman）1947 年提出，谣言是一个与当前时事相关联的命题，意在使人相信，一般以口传的方式在人与人之间流传，但却缺乏可靠的证据标准；彼得森和吉斯特1951年认为，谣言是一种在人与人之间流传的对公众关注的事物、事件或问题的未经证实的叙述或阐释；涩谷保1966年提出，谣言是在一群人议论过程中产生的即兴新闻；莫林1969年认为，谣言是在社会群体中流传的有关当前时事的信息，完全通过口传途径传播，往往没有任何事实根据；卡普费雷1990年提出，谣言是在社会中出现并流传的未经官方公开证实或者已经被官方辟谣的信息，强调的是官方对其的认证，而不是其自身的真实性……

依照以上定义，可以看出，研究者都认为谣言具有自身的结构与逻辑，均试图从自身的学科视角来有效阐释这些结构和逻辑——他们大多认为，首先，谣言是一种信息或命题，它赋予与现实有关的某人、某事或某个条件一些新的因素；其次，谣言是口传的，且未经证实；最后，大多认为谣言是为了使人相信。这些定义为人们勾画了谣言的基本轮廓，如谣言的传播方式（口传）、所传播的内容（谣言是有关时事的，这在某种程度上把它同那些琐碎的、私人的话题区分开来了，谣言因此被归入了公共范畴）和传播的目的（使人相信）。但是，在一些关键问题如谣言所传递的信息的实质为何，以及谣言为什么会持续流传上，众位研究者却莫衷一是。

当然，无论是学界还是业界，对谣言流传最广的定义是把它当作一种负面的有害信息——没有清晰的来源，其真实性有待确认，所传递的信息不能很快或从来也不能被证实。这种定义符合人们常识性的看法，往往导致一个简单化的公式，即谣言＝虚假信息。如果按照这个逻辑定义谣言，那谣言会面临两个基本悖论：一是对那些起因于某个事实，在传播过程中被一群心存疑虑的人像滚雪球般不断“兑水”和夸大的谣言，只是部分虚假部分真实，那么这算不算谣言？二是如果把谣言等同于虚假不实的信息，那么谣言会被认为是一种病态社会的反映，是某种程度上的集体精神病，因此，按照这个逻辑，莫林1971年分析谣言时就使用了不少医学名词，如病菌、病理学、传染病灶、潜伏期、转移期等等，甚至把谣言直接称为“心理癌症”。勒庞认为既然谣言没有根据，就等于宣布那些信谣和传谣的人都是不理智和反常的，对谣言的解释因而只能从属于精神病学，或者是勒庞开创的对情绪化的群体行为予以蔑视的传统。这种认知在中国存在巨大的市场，如一些研究者认为：“谣言其实如同病菌一样，只有在阴暗潮湿的地方才能滋生。”“如今，通信和网络的自由度让一些不负责任的话语、别有用心的言论都可能轻易传递，如瘟疫般迅速蔓延，最后成为洪水猛兽，直至淹没了事实的真相。”“在这样的一个怪圈似的谣言生发旋涡里，人们心态各异，信息光怪陆离，谣言在发威，真相却暗自神伤。在这样一个悖论中，社会越发表现出一种对谣言病态的敏感。”

但是，谣言未必全是虚假的，有大量谣言在后来被证明并不是失实的。事实上，谣言之所以有人相信，正因为谣言经常最终被发现是“真实的”。因而，如果单纯用“虚假”来概括谣言，显然有失偏颇。有学者用“未经证实”来修饰谣言，然而，这个“未经证实”其实也是经不起推敲的。首先，在日常生活中，我们很少想到要去证实一下我们从他人处得到的信息。其次，证实的概念与假定进行证实的人是不可分的。人们常常根据向他们提供消息的人的可信任程度，而不是原始消息来源的可靠程度，来判定一个谣言的可信度。在谣言的传播中，一个常见的有趣现象是，我们总是在朋友、同事或亲戚那里听到某个事件的发生，而他们往往并非其所叙述事件的直接见证人，他们的朋友才是目击者。尽管这个见证的链条并非直接通到我们这里，但由于有目击者的存在，有朋友等对消息的背书，我们就会相信消息的可靠。我们如果对证实者心存疑虑，就会对被此人证实了的消息产生怀疑。可见，证实的标准中包含着很大的主观性。因此，卡普费雷认为以“未经证实的”尤其是“虚假的”信息为标准而确立的谣言定义，都是存在很大问题的，反映了对谣言的偏见以及劝人为善的意愿。这种偏见推到极致，就是如上所述把谣言视为一种社会疾病。

（二）谣言概念的两个偏离

实际上，在英语中谣言这个词的感情倾向并不如汉语那么强烈。

英语 rumor 这个词在汉语中对应的更应该是“流言”。从这个意义上讲，谣言本身无所谓好与坏，好与坏是不同的价值主体为其赋予的价值判断，这本身就是主观性特别强的表达。因此，谣言是指没有可靠事实基础却得到一定程度上的传播的言论，这种言论通常带有某种明确或不明确的社会性目的。

上述谣言的定义有两层基本意思：一是谣言“没有可靠事实基础”，而并非“没有事实基础”。举个最简单的例子，小 A 向小 B 借了十元钱，这个借钱的场景被小 C 看到了，小 C 找到幼儿园阿姨说：“阿姨，小 A 抢了小 B 十元钱！”这属于谣言。如果小 A 并没借过钱，但是小 C 跟小 A 的关系很差，想整一下小 A——小 C 某天突然找到幼儿园阿姨说：“阿姨，小 A 昨天在后院掐死一条流浪狗，一边掐还一边笑。”这就属于谎言。如果小 A 向小 B 借了十元钱，但是第二天小 B 就生病了，小 A 想还钱只能等到小 B 回到幼儿园，于是小 A 把这件事告诉了自己的朋友小 D，小 D 告诉了小 E，小 E 告诉了小 F，小 F 告诉了小 G，小 G 告诉了小 H……最后小 Z 把这件事发到了自己的博客上，并写了个关于某个幼儿园中“借钱给某个小孩的小孩们都失踪了”的故事，这就是都市传说。也就是说，谣言的事实基础是片面的，谎言的事实基础无限趋近于零，都市传说的事实基础大概介于谣言和谎言之间。

二是谣言一般都具有一定的社会性目的。谣言的目的几乎都是社会性的；谎言的目的很广泛，不过主要取决于谎言制造者的地位和立场；都市传说的目的几乎都是个人性的，如“高级酒店的割肾美女”“商场试衣间的绑架者”“咱们学校图书馆二楼楼梯间里面那个游荡的女学生”，它们几乎都是为了满足受众的猎奇心理或者单纯吓唬人，还有些都市传说其实是对特定群体的委婉提醒。

谣言也好，都市传说也好，一旦具有了适应当前社会的能力，就更容易被大家接受和相信，然后随手扩散出去。虽然谣言基于并不可靠的事实，但在不考虑制造者本来目的的基础上，谣言或多或少对现实社会有点意义。这种意义可能是一种警示，也可能是一种反讽，当然也可能是一种不良后果。

从以上分析可以看出，谣言因其概念外延的大小经常和谎言、流言被混淆使用，甚至直接将谎言、流言和都市传说囊括，是被泛化了的概念。谣言概念泛化造成了两种基本的概念偏离：一是导致谣言的污名化，即谣言出现了简单化的公式——谣言＝虚假信息＝“有意捏造”＋“诽谤中伤”，这很难解释那些起源于真实的谣言；二是将谣言形成当作一种线性的传播过程，而不是弥散性的，从而对谣言的治理多转向传染病式的治理，切断所谓的信息传播关键节点（超级传播者），但这并不能解决其传播的根本问题。

二、作为未经证实的信息的谣言

（一）谣言控制学派：谣言是“被证伪”的信息

20 世纪 40 年代，谣言控制学说的代表人之一罗伯特·纳普认为：谣言是一个参照当前时事、旨在使人相信的命题，在未经官方证实的情况下广泛流传。与时事相关、未经证实、意图使人相信是当时研究界对谣言特点的普遍认识，当时该领域的另外两位奠基人奥尔波特和波斯特曼也认为谣言必须同当前时事相关联，意在使人相信，但缺乏可靠的证据标准。研究者们试图给出一个看似中性的定义，但“未经官方证实”“缺乏可靠的证据标准”还是流露出当时人们对谣言的消极态度。除去消极性的暗示，“未被证实”还将谣言纳入了“真-假”二元对立的范畴，认为谣言非真即假，“未被证实”将大量的信息圈禁起来，等待英明者的裁决。

不得不说，谣言在中国的认知依然还处在比较初级的层面，甚至还停留在二战时期的谣言控制学派的研究视域内无法自拔，谣言一词长期带有的贬义色彩使得对谣言正确的认知与判断变得异常艰难。胡泳认为，在中国，学界对谣言问题研究视野的逼仄是造成此问题的原因之一。他总结说，中国 20 世纪 80 年代以来发表的学术论文大多对谣言持否定态度，沙莲香、周晓虹等人主编的不同版本的传播学、社会心理学教材亦对谣言持消极看法，有的还掺杂了“诛心”的动机之说。这些教材对谣言的定义与二战时期美国研究者给出的定义大同小异，涩谷保、卡普费雷等人的研究方向仍未成为中国学界与公众舆论的主流。

（二）谣言中立派：谣言是“未经证实”的“非官方”消息

然而，法国学者卡普费雷在《谣言：世界最古老的传媒》中指出了一个尴尬的事实——谣言控制学派的研究刻意忽视了那些“被证为实”的谣言，尽管生活中存在许多“虚假”的谣言，但也有不少谣言被证为确有其事，大部分谣言也并非空穴来风。如“美国政府监听公民隐私”一直以“谣言”的身份流传多年，人们或许感到确有其事，却无法证实，直到斯诺登将“棱镜计划”披露给媒体。

显然，谣言无法直接等同于虚假信息。近年来，“未被证实”这一说法也遭到学界质疑，如胡泳指出“未经证实”一说有违信息传播的规律。首先，在现实生活中，人们很少去查证消息的来源和真实性，如果用纳普的谣言定义对日常对话进行一一甄别，则一切交流的信息都有可能成为谣言。其次，证实的概念常常与假定为我们证实信息的人绑定，无论如何提高警惕，我们对一个信息给予多少信任总是取决于信息提供者的可信程度。在接收信息之时，我们通常假设可信赖的亲友、有专业水准的媒体、有公信力的政府已为我们核实了信息，这也是为何消息一旦被证伪，受损的是个体与机构信誉，而非信息本身。卡普费雷认为，被我们称之为谣言的是在社会中出现并流传的未经官方公开证实或者已经被官方辟谣的信息，因此，“官方”是谣言的认定方，未经官方认定的消息一旦在社会上流传，就可以被定作“谣言”。如果参照以上两个定义，就会发现谣言最主要的特征并不是“真假”，因为真或假是消息的最终形态，“非官方”与“未经证实”两大属性才是“谣言”的本质特征。因此有一种比较极端的观点认为谣言有两种表述：一是切合官方立场，同时不符合客观事实，一般称之为假新闻；二是符合客观事实，但不切合官方立场。因此，从历史来看，谣言就是一种权力话语，它取决于谁最终有权力将某些信息确定为谣言。谣言是最古老的媒体，却是被官方和主流排斥的他者，是没有利用价值、被进化的信息车轮甩下车的剩余物。它之所以被排斥，主要原因在于它具有难以控制的草根野性。

三、作为集体行动的谣言

（一）谣言建构学派：谣言是一种社会理性行为

随着人们对谣言认知的加深，有些研究者认为谣言具有一定的社会建构功能，要客观公正地看待谣言，尤其是其正向的社会建构功能。比较有代表性的是美籍日裔社会学家涩谷保的观点，他认为谣言是社会生活中一个正常的而不是病态的部分，是理性的行为，而非简单的负面情绪宣泄；谣言是一种社会集体行动，目的是给无法解释的事件寻找一种达成自身安慰的答案。这个过程是合作性的，在某种程度上也是功能性的，是对社会的正向建构机制。因为作为社会人，进行集体信息交换是人类的本能，当人们无法对看到的突发事实进行有效合理解释时，是会有寻求社会帮助和进行信息索取的行为发生的，而谣言的生产与传播本身是对社会真相的一种"促逼"，谣言在进行大规模传播时，真相会无处遁形，会被自动显现。因此，在涩谷保看来，谣言并非反常之举，而是一种日常的、试图定义那些模糊然而关键的情境的社会行为，是社会群体解决问题的工具形式，而且是社会过程中的必要部分，让人们得以面对生命中的种种不确定。

可以看出，在涩谷保之后，谣言研究突破了简单的"真-假"二元对立以及社会心理学范畴，转而将作为社会行为的谣言放入更广阔的政治、经济、文化等框架中考量。假消息固然存在，作为社会探寻真相的努力的谣言也可能带来更多的不安，但谣言研究给我们的现实启示是，在进入真伪判断之前，应当后退一步，首先甄别哪些信息是需要且可以"被证伪"的。

（二）谣言的生产与传播过程是人们解释与评论的过程

早期研究对谣言的定义失之偏颇，以确保战争胜利为目的的研究将注意力集中在命题真伪鉴别与信息管控之上，对社会文化心理的折射不在研究范畴之内，谣言作为集体社会行为的一面被不断弱化。奥尔波特与波斯特曼等人虽然推论谣言的流传有群体性的经济收入、受教育程度、族群等作为基础，但在实际传播中还是将其降为个人主观行为来看待。涩谷保打破了这种对谣言的认知，在他看来，谣言应当更多地被看作社会行为进行研究，而非囿于真伪之别，做大量的个例判断和信息管控。他主张谣言是社会群体解决问题、用以面对不确定性的工具，是"集体交易"中产生的"即兴新闻"。因此，谣言建构学派把谣言生产和传播过程视为社会生活中正常而不是病态的部分，等于给谣言正了名。所以说，谣言的生产与传播过程是合作性的，在某种程度上也是功能性的。涩谷保强调谣言总是处于“不断的建构”之中，谣言内容的变化不仅仅是对信息的歪曲，而且是人们达成一致的过程。涩谷保更多地把谣言看成理性行动的一种形式，而不是如奥尔波特和波斯特曼所说的一种“较少理性的社会活动形式之一”、一种情绪的表达或投射。

涩谷保认为谣言是一种“集体交易”之后产生的“即兴新闻”，它是一群人智慧的汇总，以求对事件得出一个满意的答案。因此，谣言既是一个信息扩散的过程，又是一个解释和评论的过程。谣言内容的演变并非源于记忆的失真，而是很大程度上源于谣言在整个传播过程中的解释和评论的演变及强化。

四、作为动态构筑的谣言

（一）真相与谣言都是有机运动的动态建构结果

在新闻理论中有个著名的论断是“报刊的有机运动”，这个概念是马克思在 1843 年提出的，经过多次论述，形成了一种较为完整的关于报刊报道新闻的过程的理论。马克思根据报刊的工作特点，论证了报道某一具体事件的全过程，这个过程表现为整个报刊的有机运动。每篇报道由于侧重点的不同，单独看起来可能是片面的和有偏差的，但只要报刊的有机运动在正常地进行，事件的真相就会逐步清晰地表现出来。在马克思看来，真相并不是一蹴而就的，要经过报刊的多次和多元运动才可能逐步接近真相。而谣言也同样是一个动态的建构过程，正如涩谷保所说，谣言是在一群人议论过程中产生的即兴新闻，是一种不断议论的产物，也是一群人智慧的汇总，以求对事件得出一个满意的答案。因此，谣言总是处于不断的建构之中，是一个多元主体参与的有机运动过程。

（二）谣言是一个被不断建构的过程

谣言控制学派的奥尔波特与波斯特曼曾提出一个著名的谣言公式：谣言=（问题的）重要性×（事实的）模糊性，即一个事件越重要，且事件的公开透明度越低，谣言就越容易产生。该公式提出后获得广泛的认同，涩谷保的谣言研究也基于此公式。不同的是，谣言控制学派倾向于把谣言看作“较少理性”的社会活动形式，而涩谷保则认为，谣言的产生以及传播是对事件模糊性的一种回应，谣言被不断建构的过程是“不明真相”的群众努力追寻答案的过程。在谣言建构学派看来，谣言信息的真假已不再重要，即使谣言建构的方向偏离了真实，也不意味着其追寻真相的努力全然付诸东流。如 2019 年底，有关新冠疫情的信息就在各个微信群里传播，官方甚至以传播谣言为由对 8 位传播者进行了训诫处罚。尽管有些谣言以夺人眼球、耸人听闻的形式出现，但它们不乏事实基础，更重要的是，它们的出现并非是对已知真实信息的偏离，而是对未知事件的探寻。

五、作为社会抗争的谣言

1948 年著名社会学家陈定闳在《创进》杂志上发表的《谣言与舆论》一文中明确指出，“谣言是社会安宁的晴雨表”。谣言的流行足以反映社会秩序的不安定，谣言虽是不可靠的捕风捉影，但多少也可以看出人民意志的去向，是可以作为社会舆论的一方面来看待的。谣言虽然不可靠，但至少可以反映现实社会中人民的情绪与意向，可以从中看出人们的两种心理：一是对现实的恐惧与烦恼，二是对改变现实的希望。谣言和意见一样也产生于公众或群众之中，只是它是比较消极的意见。在心理基础上，舆论与谣言并无多大的差异，当我们对某一事物有所批评有所希望时，往往以舆论来表达，此舆论代表我们的意见，代表我们的希望。有时人民的意见与希望无法由舆论的方式表达出来，但也绝不等于没有意见，他们的意见会经过谣言表达。从表达的意见功能指向上看，谣言和舆论不过是可靠程度上有所差异而已。谣言产生于不安、焦虑、恐慌，对信息和事实的渴求，以及对权力的反叛。因此，在信息不透明、话语权力不平等的情况下，谣言将永远存在。纳普曾提出过五个消除谣言的建议：使公众对所有官方媒介无保留地信任，无须求之于其他；使公众绝对信仰其领袖，最大限度地相信政府能够解决危机；尽可能多地发布官方信息；消除一切未知的空白点；有效地安排人们的工作和闲暇时间以避免私下讨论。

社会的动荡程度与谣言活跃度呈正比例关系，谣言的产生是与社会急剧的变动紧紧相关的，因为谣言与人们的信息安全需求紧密相关。社会急剧变动，民众的信息不安全感会急剧增加，为了平衡自身的心理认知，有人可能会根据蛛丝马迹添油加醋地创造信息，谣言便会应运而生。因此，谣言容易在动荡时期泛滥成灾——混乱产生谣言，谣言导致更大的混乱，差不多构成了某种社会心理学的规律。谣言研究学者奥尔波特和波斯特曼甚至说，从未有一场骚乱的发生不带有谣言的鼓动、伴随和对暴力程度的激化。例如，对法国大革命，中外研究者都指出谣言与革命相伴相生的状况，而中国的辛亥革命甚至也被有些学者称为“被谣言激发的一场兵变”。

因此，谣言这一世界上最古老的传播媒介，一直以来都可以作为一种社会抗议手段。当反抗者缺乏有力武器时，谣言也是一种反抗手段。卡普费雷

1990 年提出谣言提供的信息与官方信息有时是相左的，所以谣言构成了一种社会抗争行为。胡泳 2003 年提出谣言能够表达人的对抗性诉求，认为谣言作为一种公共的信息交流，反映了个人对某一社会现象的阐释，能帮助消除焦虑、获得平静。胡泳在奥尔波特等谣言公式的基础上新增了两个促成谣言的条件：一是群体采取行动前期待形势获得充分肯定的期望；二是形势要求群体作为整体采取行动而非单打独斗。也就是说，除了事件本身的重要性和模糊性，事件牵涉的人群多寡、对日常生活的影响程度、对群体共同行动的阻力都是促生谣言的养料。新冠疫情影响之广之深无须赘言，谣言之所以出现，与疫情中的关键核心事实无法得到证实、主流媒体失语有一定关系。谣言在一定程度上弥补了信息的空白，尽管其承载的信息有谬误甚至荒唐之处，但它是群体面对重大公共事件所采取的探知真相的集体社会行动。正如胡泳所说，谣言在此意义上是一种社会抗议，是缺乏信息者对信息资源不平等的挑战。在这个意义上，谣言建构学派对谣言的评价是相当高的，美国学者加里·艾伦·法恩（Gary Alan Fine）曾在 2007 年明确指出，谣言允许群体在充分互动的基础上获得集体记忆，解构并重构社会信任，最终推动社会发展。

六、作为官方话语附属品的谣言

在谣言的定义中，卡普费雷把谣言视作在社会中出现并流传的未经官方公开证实或者已经被官方辟谣的消息，他把谣言的研究一定程度上拉到批判学派的视域，认为官方的意见是判断信息是否为谣言的重要标准，信息的真假、传播途径都退居其次。卡普费雷在《谣言：世界最古老的传媒》中写道："谣言既是社会现象，也是政治现象。'官方'来源的概念就是政治性的：公众一致同意这个概念是缘于官方从法律上来说对所有信息都拥有话语权而构成的，尽管官方从道义上却并不一定具有同样的权威。因而，谣言是对权威的一种返还。它揭露秘密，提出假设，迫使当局开口说话。同时，谣言还对当局作为唯一权威性消息来源的地位提出异议。谣言是无人邀请的自发性发言。它经常是反对派的发言：官方的辟谣并不能说服它，就好像官方与可靠性并不是相辅而行的。谣言对当局提出质疑，对'谁有权对什么事发言'提出质疑。谣言提供的信息与官方信息是并行甚至相左的，谣言是一种反权力。"

根据卡普费雷的定义，谣言与辟谣不再是简单的真假之辩或善恶之争。谣言是对权力的反叛，而辟谣则是权力的规训。谣言之所以成为谣言，并不在于其内容是假的，甚至不在于内容可否被证伪，而在于它能否被官方或其他权威话语体系接纳。故而，即使官方消息被证伪，也是在正面积极的"修正改错”旗号下进行，极少被称为带有贬义的“辟谣”。在理想状态下，亲友、媒体、学术机构、政府等都可以成为信源，由多个信源提供的大量消息可在一定程度上抑制“虚假”谣言的产生。但在特殊情况下，民间信源减少，官方成为法律意义上唯一可信的信息来源。一方面，众望之下，官方或出于不可推卸之责任，或为维系自身权威，疲于在汪洋之中给一条条消息都戳上“真”或“假”的公章。另一方面，当官方无力招架超高速的信息生产及传播时，作为社会努力与抗议的谣言又呼啸而至，堆积起更多的不确定因素，造成恶性循环。

从图 4－1 可以看出，谣言是一个不断演进和不断建构的概念，无论其内涵还是外延都在不断变化。从发展的脉络上来看，谣言的整体判断逐步从负性向中性演进，社会功能指向越来越具有正向性；从其认知的背景上看，谣言的认知越来越与社会大环境紧密结合，不再像以往就信息本身论信息，但不管哪种认知都离不开谣言与真相之间、谣言与舆论之间、谣言与官方话语之间的纠缠和辩证关系。

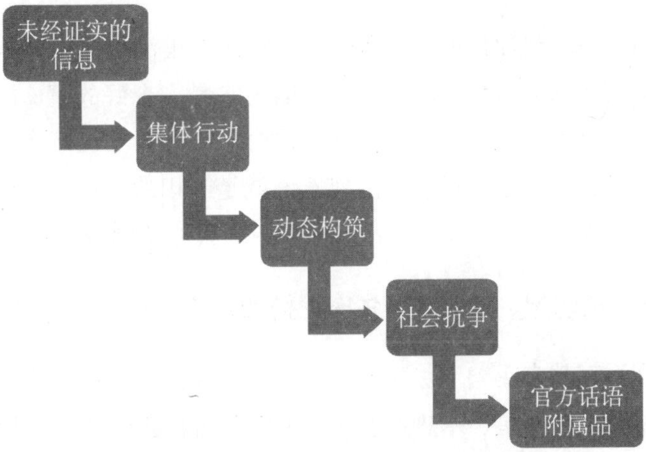

图 4－1　谣言概念的演进及历史脉络

七、网络谣言的基本议题特征

谣言虽然已经深入渗透到社会的各个方面，上至宇宙起源，下到各种生活小窍门，但综合来看，其在议题上呈现出大致的规律性特征。谣言基本议题的特征如下。

（一）议题偏好：科学常识类与社会时政类谣言数量最多

谣言一般分为七个类别，即科学常识、社会时政、军事领域、国际领域、历史文化、明星八卦、财经新闻。[①] 一般来说，科学常识类与社会时政类谣言数量最多。科学常识类谣言具有很大的学科区隔度和形式包装度，很难进行有效区分，并且因为主要涉及人们的衣食住行等基本生活需求，很容易引起社会恐慌而迅速传播且传播甚广；社会时政类谣言具有很强的趣味性和“谈资”价值，并且一定程度上可以满足人们的窥私欲，也很容易被传播。

（二）叙事结构：结构化与程式化

谣言在叙事结构上往往具有一定的程式化特点：一是题目必须耸人听闻，有引起民众读下去的悬念或者呼吁，如经常使用的标题《不要点赞，要转发!!!!》；二是直接切入正题，进行国内外对比，讲事实，现身说法，给人一种身临其境的感觉；三是借专家或者权威之口，强调这种事实的重要，危言耸听，恶化结果，让受众不寒而栗；四是首尾呼应，加强语气，绑架舆论获取最大的心理认同。

（三）谣言议题建构：大量运用故事元素

故事是一种最原始的娱乐形式，人类血液里流传的就是故事，特洛伊木马比任何历史研究著作都出名，就是因为它是一个好故事。故事情节叙述从本质上讲比基本事实来得更加生动，包含着叙述者与倾听者的感情。故事同时也是一种社交货币，很多造谣者恰恰就是利用故事这一优势，将谣言巧妙地植入一个有趣的故事中，以故事来导入，最终达到造谣、传谣的目的。

（四）扯明星、蹭热点产生舆论叠加效应

很多谣言越来越善于伪装自己，移动互联网时代的网络谣言最大的变化之一就是擅长扯明星、蹭热点事件。个别造谣者甚至熟谙“事件营销”之道，借势上位，加上明星的加持、热点事件的东风，一下子使得谣言呈现几何级的传播速率，如《从刘恺威的签名看看他因“性欲”出轨的可能性究竟有多大!》《传马蓉“自杀”视频上热搜，真假？还是博眼球》。

（五）诉诸视频或图片等感性元素

随着移动互联通信速率的提升，图片和视频等传输技术增强，这类诉诸视频或图片等感性元素的谣言的比例在不断提高，甚至个别图片直接以信息图的形式，躲避辟谣平台的关键词检索而被不断重复疯传。这类谣言的危害

---

① 李彪，喻国明．“后真相”时代网络谣言的话语空间与传播场域研究：基于微信朋友圈4 160条谣言的分析［J］．新闻大学，2018（2）：103－112，121，153.

特别大，主要是“有图有真相”的思维定式，再加上形成的视觉冲击力作祟，很多被传播者很快成为信息的接受者，进而随手转发，又成为传播者。近些年经常出现一类视频谣言，某些相同视频被造谣者换上不同的文字说明和字幕，进行简单的“包装”，尤其是将事件发生地更换为“本地模式”，由于地理的接近性，很快在一个地方疯传，并且每过几年就循环往复，形成一个周期。如 2017 年 8 月中旬，网上流传一段疑似医院内一患狂犬病女子发病的视频，发布者称视频拍摄于郑州大学第二附属医院。对此，郑州大学第二附属医院发出声明：视频绝对不是拍摄于郑州大学第二附属医院，而且医院也从未收治过狂犬病患者。后经查证，该视频拍摄于吉林一家医院，女子并非狂犬病患者，而是有精神疾病。与之类似的谣言很多，甚至出现了“万金油”的“填空式”谣言。

（六）嵌入社会关系网：谣言的“社交货币化”

社交货币是源自社交媒体的社会经济学概念，它被用来衡量用户分享品牌信息的倾向性，也可以理解成是社会中两个或两个以上个体在获取认同感与联系感之前对于自身知识储备，或者说是谈资的消耗，利用人们乐于与他人分享的特质来塑造自己的产品或思想，从而达到口碑传播的目的。[①] 谣言在社交网络传播中有时会扮演社交货币，谣言制造者或传播者通过分享谣言使自己看上去是一个“懂得很多”“掌握一定知识”的人，进而赚取更多的社交货币，这也可以解释为什么在年轻人主导的移动互联网平台中，中老年人热衷于转发这类谣言信息——从自身心理来说是彰显自己的存在（他们是失去社会话语权威解释力的群体），他们更多的是希望赚取社交货币来切合他们对自身角色的定位。如在一个家庭的微信群里，长辈们更喜欢传播一些有关食品安全、耸人听闻的社会新闻事件的信息，因为这和他们的社会角色相符合，他们认为就应该教育晚辈注意食品安全和身体健康，防范社会危险事件。

八、谣言的传播机制

谣言作为一种特殊的信息形态，在传播机制上也呈现出不同于一般事实或意见信息的传播机制，概括起来主要有以下几点。

（一）谣言的传播路径

谣言的传播路径是谣言从谣言制造者扩散到整个社会舆论场域需要经历

① 伯杰．疯传：让你的产品、思想、行为像病毒一样入侵［M］．刘生敏，廖建桥，译．北京：电子工业出版社，2014：55－57．

的基本环节及其动力机制，概括来讲，谣言的传播路径具有以下显著特征。

1. 谣言传播符合幂律分布：80%左右会自动消解

任何一个谣言都有其制造、传播、高峰和消亡（或反复）的四个阶段。不同类别的谣言出现转发峰值的情况不尽相同，但每个类别中都存在相似的情况，均符合幂律分布，即只有其中20%左右的谣言会获得不断转发和重复出现的机会，80%的谣言会自动消解或者不再重复出现。

知识窗

幂律分布

19世纪意大利经济学家帕累托发现人类的财富分布存在“可预料的不均衡”——少数人拥有的财富要远多于大多数人拥有的财富。一般而言，20%的人口几乎拥有80%的社会财富。计算身高的平均值是有意义的，而计算财富的平均值只会带来误导，究其根源，是因为人类身高服从正态分布，而财富拥有量不服从正态分布。语言学家齐普夫在1932年发现，绝大多数英文单词很少被使用，只有极少数英文单词被经常使用。实际上，经过长期演化的人类语言符合“最小努力原则”，基本上都具有“使用较少的词汇来表达尽可能多的语义”这一特点。齐普夫的发现被命名为齐普夫定律，成为文献计量学的一大重要定律。显然，与财富分布一样，单词使用频率也表现出很强的集中性。

有趣的是，人们还发现，人口中的姓氏、城市人口规模、论文引用次数、网站访问量、书籍及唱片的销量、战争规模等的分布无不具有集中性。实际上，它们均服从幂律分布，亦称“长尾”分布。在此分布中，绝大多数个体的分布尺度都很小，而少数个体的分布尺度相当大。在数学上，幂律分布是唯一满足无标度特征的概率分布形式。简单理解就是，虽然20%的人口拥有80%的社会财富，但80%的社会财富的80%又由20%的人口中的20%所拥有。由此推知，极少数超级富翁所拥有的财富很容易超出我们的想象。

幂律分布形成于一种正反馈机制，包括马太效应与网络效应。在日常生活中，幂律分布多呈现为帕累托法则、二八定律、关键少数法则等，其重要的启示是：对一件事情起决定作用的，往往是少数几个因素。因此，应抓住“关键少数”，优化决策。

2. 嵌套传播：与传统社会人际网近似的圈群化传播

网络谣言在传播结构上最大的变化是圈群化传播，圈群化是和传统社会人际关系网最为接近的网络结构，是最适宜谣言传播的结构。这个传播网和大众传播网最大的差别，是前者伴随着社会信任和社会资本作为“赋权资源”而传播。网络谣言在一个圈子内部传播，会被信息桥接点（谣言搬运工）转发到其他圈子，出现圈子之间的嵌套、连接，进而产生情绪共振和情感共鸣[①]，在整个虚拟空间形成一种群体的压力，传谣的氛围至此形成。

（二）谣言的传播节点

在传染病传播模型的研究中，有个核心的观点是对已感染人群的控制与隔离，可使整个网络结构断裂，进而控制传染病的危害。而在谣言传播中，关键传播节点也具有很重要的研究价值和意义。

1. 造谣者以草根账号为主

在公众账号制造的谣言中，大多数是以“个人账号”（草根账号）为初始信源的。而在信息推送和传播的过程中，这些个人账号推送的信息无论在呈现方式上还是在打开阅读的形式上都与认证机构账号基本一致，这造成了很多“易感人群”（尤其是新媒体素养相对不高的中老年网民群体）误认为那些信息是与传统媒体一样具备公信力的认证账号推送的。一些个人账号由于各种动机，为了赚取眼球或者耸人听闻，故意造谣、传谣，而为此付出的代价成本却较低。

2. 谣言信源的唯一性

网络谣言和真实信息在传播节点上最大的差异，在于网络谣言的信源追溯具有唯一性，而真实信息的信源则相对多元，毕竟事实发生时会有很多的目击者或者亲历者。真实信息的传播是以无影灯效应来建构真实的，而网络谣言是主观为之，是一种“创意的真实”。谣言的信源只有一个，与真实信息的多信源相比很容易鉴别。

3. 谣言搬运工：以中老年群体尤其是女性为主

谣言之所以能被传播与扩散，离不开一个重要的信息桥接点，即“谣言搬运工”，其将谣言从一个圈群通过转发和发朋友圈而影响更多的“未感染者”。虽然动机不同，但根据以往的相关研究，谣言搬运工多以平均年龄在50岁以上的中老年女性为主，这类人群具有以下特征：新媒体素养不高，对谣言的真实性鉴别力不强，多是妈妈、奶奶、外婆等社会角色，经常转发一些与生活常识、社会安全等相关的网络谣言。[②]

---

① 李彪．不同社会化媒体圈群结构特征研究：以新浪姚晨微博、草根微博和人人网为例［J］．新闻与传播研究，2013（1）：82－93．

② 李洁．数据显示谣言易感人群女性高于男性“一老一小”更易信谣言［N］．法制晚报，2017－04－19（7）．

九、后真相时代网络谣言的新机制

在后真相时代民众不再像真相时代那么执迷于事实真相本体，而是更加重视追求事实真相这一过程中的情感宣泄，事实让位于情感，谣言作为一种情绪的郁结与社会反抗的话语表达，具有新的变化机制与新的表征形式。

（一）加冕与祛魅

在话语修辞上，后真相时代使得网络谣言出现了加冕与祛魅的新机制。加冕是对网络谣言进行权威修辞和恐惧诉求，最常用的修辞策略是数据化支持与专家化名头。后真相时代新媒体传播的一个重要特征是偶像化，即认为“谁说的”比“说什么”更重要，并依此来决定是否相信，有“我支持的人所说的就是真的”的心态。而祛魅则是对网络谣言进行日常生活化的庸俗解读，比如对一些科学谣言的传播多加上最原始的性元素，或“狗血”的日常生活化的故事元素，使得曲高和寡的科学知识成为民众茶余饭后的“谈资”。加冕与祛魅两者看起来是矛盾的，但都利用了后真相时代民众只关注立场、情感，不关注事实的社会心理机制。

（二）事实让位于立场：谣言传播的逆火效应

在现实生活中经常遇到这种现象，谣言发生后相关部门寻找谣言传播源头，邀请专家科学辟谣，第一时间发出声音……公众在辟谣的当下意识到了这则谣言的危害，但是过段时间，类似谣言又出现了，再次引发公众的集体恐慌。造谣—信谣—传谣—辟谣，谣言周期性“发作”，这就是谣言的逆火效应（backfire effect）。“逆火效应”的“逆火”来自英文“back fire”，最早是内燃机术语，引申意即“适得其反，事与愿违”。

一般人认为，改变别人错误观点最好的方式就是用事实说话。但实际上，在后真相时代，立场先行，这种温和而有效的反驳很可能产生反作用，即当人们遇上与自身信念相抵触的观点或证据时，除非它们足以完全摧毁原信念，否则就会忽略或反驳它们，原信念反而得到强化。这也就解释了为什么我们经常看到一些人受骗后非要打钱给骗子，警察和银行怎么解释都不信，怎么拦都拦不住；抑或老人喜欢保健品，而子女讲一堆科学道理甚至是列出产品欺诈的证据也无济于事。因为从记忆生成的角度来看，大脑中有无数的神经元相联结，而神经元在一次次接受刺激后就会逐渐被强化，所以当我们坚信一个观点时，同时也就反复强化了神经元的联结，从而形成了根深蒂固的思维，且当这个观点被攻击时，就跟自己被攻击差不多，人们会想要捍卫自己的观点。

（三）圈群化传播使得可视化带来负效应

美国前总统里根的夫人南希·里根曾经拍摄了一部反毒品的广告，希望通过大规模传播使得观看到的人们不要去吸毒。但研究结果显示，这则广告让更多的青少年吸毒，因为它让吸毒这种行为可视化，似乎是一种常见的社会想象。因此，有些辟谣行为在辟谣的同时其实也在向人们强调这些错误的认识和想法。比如“没有买卖就没有伤害”会导致更多人企图猎杀，再比如经常报道女大学生失踪的案件，有时会导致更多女大学生失踪……这些谣言在社会小圈子的传播中会形成所谓的拟态环境和意见气候，即让一些人认为这种事情发生得很多，为什么不去模仿。这使得社会学习效应进一步加剧，谣言不幸地成了社会示范，反过来“规训”圈子成员的行为，这就是网络谣言的可视化负效应。

（四）圈群化传播带来的延时机制

谣言主要是基于圈群化的嵌套结构而传播的，相较于传统社会的人际传播，网络谣言的传播速度有所提升，但相较于大众媒体传播的堂而皇之，网络谣言又具有一定的隐匿性和时滞性，是逐步扩散开来的，而不是大众媒体那种瞬间传播。基于虚拟社群传播的网络谣言还表现为从核心城市向边缘城市和地区传播、从核心网络群体向边缘网络群体传播，这个时间段大约为1～3天[①]，是网络辟谣的黄金时期。

（五）谣言传播的少数群体情绪启动效应

任何舆论操控首先都要控制信息。虽然随着互联网的发达，信息流通呈现秒传播的趋势，但网络谣言的数量却不见减少，频度也不见降低，最主要的原因是后真相时代造谣者和传谣者充分利用了少数群体情绪启动效应，即不需要瞒天过海让大多数人相信，而只需要让一小撮人相信，造谣者和传谣者就成功了。在现实中，我们都遇到过街边的算命先生，其实他只有几套说辞，一般都说在哪一年会有“血光之灾”之类，大多数人情况不符合，但是总有人“走狗屎运”，跟算命先生说的一致，马上就叫喊着大师……所以，造谣的人只要争取到少数人的支持就行了。信息控制通常骗不了所有人，但对特定人群效果极佳，由于立场先行，这群人信任恶意的信息源，往往对攻击

① 李雪墨．解渴！辟谣束手无策？30位青年学者来为你支招［N］．中国医药报，2017-07-22（3）．

目标怀抱反感情绪，听不进反面意见。

基于布尔迪厄的场域分析框架，可以看出后真相时代网络谣言传播场域的基本特征：首先，基于社群传播的谣言话语场是一个布满了各种关系束的网络空间，这些关系束就像磁场中的磁力线一样作用于其中的主体。其次，谣言话语场是一个相对独立自主的社会空间。布尔迪厄认为，场域是一种相对独立的社会空间，这种独立性是各场域存在的基础，也是区分不同场域的“质的规定”，场域相对独立性表现为每一个场域都有自己独特的逻辑、常规和规则，谣言场域内的话语修辞与议题建构也是有章可循的。最后，谣言话语场也是一个时刻充满着力量关系对抗的空间，各种主体在这个场域角逐，因为每个社会活动的参加者都是以自身异质性的属性参与，这种异质性首先表现在每个个体拥有不同质或量的资本，经过优胜劣汰的选择，胜利者可以获得制定场域合法定义的垄断权力，谣言驱逐了真相，产生所谓的“符号暴力”。从某种意义上说，谣言传播场域最本质的特征就是谣言和真相争夺有价值的支配性资源。

第四节　舆论的异变——网络流行语

网络流行语是从网络中产生或应用于网络交流的一种语言，包括中英文字母、标点、符号、拼音、图标（图片）和文字等多种组合。这些组合往往在特定的网络媒介传播中表达特殊的意义。网络流行语一定程度上可以凸显社会背后的心理流变和社会诉求、社会焦虑等。网络流行语产生于20世纪90年代初，主要是网民为了提高网上聊天的效率或满足诙谐、逗乐等特定需要而采取的方式，久而久之就形成特定语言了。进入21世纪，随着互联网技术的革新，这种语言形式在互联网媒介的传播中有了极快的发展。

一、网络流行语的基本类型

（一）字母型

字符输入作为网络聊天最基本的形式，需要通过键盘或触屏将字符输入从而呈现在对方显示屏上，而打字肯定难与思维同步，也远不如直接对话那样方便，故以简约高效的字母替代汉字就成为网民聊天首选，它的内涵的丰富程度已经超过正规文字表达模式。如GG（哥哥）、JS（奸商）、PFPF（佩服佩服）、ZT（转帖）等，这类语言通常是提取中文词组的首个字母，比较容易理解和识别，所以能够被广泛采用传播。与它相似的还有以英语词组缩写或变化而来的网络用语，如 GF（girl friend，女朋友）、PK（来源于网游中的“player killing”一词，挑战、杀死、末位淘汰之意），这类用语有很多也不符合英语语法规范，甚至是错误的，如 CU（see you，再见）、good good study-day day up（好好学习，天天向上），但因形式简单、输入便捷、表达内涵确切，所以在网络上有相当高的使用频率。

（二）数字型

阿拉伯数字在聊天中的应用更为普遍，网民借助数字字符的谐音和寓意，将很多生活用语以数字组合的形式表达出来，写起来简单，看起来也一目了然，如 886（拜拜啦）、9494（就是就是）等。根据这种约定俗成的规定，很多丰富的内容都可以通过阿拉伯数字的不同排列组合来表达。

（三）混合型

当单纯的字母和数字不足以表达网民的情感诉求时，将它们与文字、英语单词等根据需要分门别类混合在一起的模式便成为网络上一种非主流表达方式。如幸福 ing（中文词与英语动词后缀组合，表示正在享受幸福的过程）、3q（数字与英语字母组合，谢谢你）、me2（me too，英语单词与数字组合，我也是）、+U（运算符号与英文字母组合，加油），这种多种字符混杂的网络用语无疑不符合任何一种语言规范，甚至无章可循，但其是以简约为基础、以“看得懂，说得清”为目的的表达形式，使网民可以不必拘泥于传统语言语法而自由发挥。

（四）词意变异型

在网络上，以文字、词组或英语单词等原生词衍变而来的谐音化用语相当普遍，变异后的网络词表达的含义与字面原意已相差甚远，但它的流行程度和使用环境决定了它对多数网民而言不会产生歧义。这类网络词比较常用的有粉丝（英语 fans 的音译）、果酱（过奖）、稀饭（喜欢）、斑竹或板猪（版主）等。谐音词的大量运用，克服了网络交流时文字的生硬和呆板，增加了文字的灵性，因此很受网民喜爱。除谐音词外，很多在传统语言中耳熟能详的词组也被赋予了新的含义，如“恐龙”指长得不漂亮的女性网民，词性含贬义，与之相当的是“青蛙”，指长得丑的男性网民。

（五）口语型

网络聊天虽然主要是字面交流，但其实质还是类口语化的，故日常生活中的语气助词在网络中应用也非常普遍，加上网络缺少面对面交流可借助的其他肢体语言和表情语言，使用语气词便能充分烘托和调动网络交流时的气氛，如“酱紫啊”等。

（六）图片型

电脑及手机等网络聊天设备不具有面对面交流时的情感同步功能，仅凭字符表达网民的情绪，难以达到完美的效果，利用键盘上的特殊符号组合形成有趣的人物表情，则较好地弥补了这一缺憾，如“(^ _ ^)”（微笑）、“(╯^╰)”（愁眉苦脸）、“：D”（张嘴大笑）等。这些图画流行语均是网民模拟现实交流中的语境情态创造出来的，其形象、生动，对受者的视觉刺激强烈而有效，理所当然地受到众多网民的追捧。随着即时聊天软件如 QQ、微信等的发展，很多网民利用 gif 图片创作并固化了相当多的人物和动物表情，方便网民在使用时直接发送给对方。这些图片更加传神有趣，大量节省了网民聊天时间，并使聊天时的感情色彩更为浓厚。

（七）词汇演变型

任何一种类型的网络语言都有不同于传统语言的新意，但多数是建立在传统语言基础之上的。随着社会的发展和科技的进步，新的词汇也在不断出现，这种创新首先体现在网络上，由网络又延伸到了生活中，最终被大家接受。如“屌丝”原是“苦 B 青年”本着自嘲精神而创造的一个名词，本意是对具有穷、丑、老、呆、矮、胖等特征的一类男人的嘲讽用语，随着网络群体的追捧，它从最初的不文明名词演变为一种文化现象，归根结底是中国文化现象与社会突出问题的某种折射；“高富帅”形容男人在身高、长相、财富上都无可挑剔，由日本漫画演化而来并在网络上发酵成为流行词语，它对应的反义词是“矮矬穷”。

开放的网络环境使新词语迅速普及，几乎每一年都有相当多的网络流行词语出现，国家语言文字工作委员会语言文字应用研究所 2007 年对汉语新词语的调查数据显示，当代汉语每年出现 1 000 个左右的新词语，平均每天出现 3 个。

（八）缩略和扩张型

网络语言追求简约、创新、生动和表达清晰，不会去迎合传统语言的规范，这为它的任意发挥消除了障碍，构成的词组或句子也就充满了与传统语法相悖之处。如“喜大普奔”即喜闻乐见、大快人心、普天同庆、奔走相告这四个成语的缩略用法。这些网络“成语”有一个共同的特点，就是把一个相对完整的长句子缩略为四个字，而这四个字在句中并非唯一的支撑点，构成的新词也不符合汉语词组的模式。当然，它的流行是否能决定其生命力的长久，仍需经过时间考验。除此之外，还有一种由文字拆分构成的新词，如走召弓虽（超强），这也是一种非标准的网络用词，相对于上述那种浓缩为四个字的句子来说，它的特征和意义都较为明显。

（九）语句型

网民对现实社会和互联网上的热点具有敏锐的嗅觉，反之这些热点也会催生出一些新的网络用语。如“待我长发及腰，少年娶我可好”，该句出自网络上的一首诗词，而“我爸是李刚”则是一则社会新闻引发的强大反弹，类似的还有“元芳，你怎么看”“我和小伙伴们都惊呆了”等等。随着这些句子的走红，它们的使用范围和内涵也在不断变化。

综上所述，网络语言不仅仅是语言上表意、表音或表象的一种简单替换，这九大基本类型基本上涵盖了网民对自身、对社会、对时代的一种态度。开放和虚拟的互联网络，数以亿计的网民，决定了网络语言发展的多元化，时间和历史终将淘汰与时代脱节的语言，也必然会顺应时势产生大量新的词语和语句。

二、网络流行语的传播特征

（一）源于媒体的网络流行语，综合热度更高

网络流行语如果来源于媒体，则其流行热度通常更高，网络热词的高热度流行与其媒体来源之间呈现出强相关性。随着新媒体、自媒体和社交媒体等新兴媒介形态的崛起，技术的赋权使得每个人都成为传播的主体，今天“人人都有麦克风”。在互联网时代下，以“个人”为基本单位的传播力量被激活，“个人”成为重构媒介生态的重要力量。[①] 网络为多元言论与观点的自由表达提供了广阔的平台，特别是随着微博微信的勃兴，草根力量被激活。越来越多的普通民众在网络上发声，尤其近年来在不少社会性公共事件的网络传播中，草根群体不论在信息传播还是意见表达方面都扮演了至关重要的角色，因而也越来越受到重视。

与此同时，作为专业的传播组织，媒体的话语权受到互联网时代被激活的个人力量的消解和分化，传统新闻媒体的公信力和影响力遭遇滑坡。但必

---

① 喻国明，张超，李珊，等．“个人被激活”的时代：互联网逻辑下传播生态的重构：关于“互联网是一种高维媒介”观点的延伸探讨［J］．现代传播，2015（5）：1-4.

须承认，媒体作为互联网平台上高度节点化的专业传播者，其所能联结的节点数量、辐射的范围和发挥的作用与个人是不可等量齐观的，尤其在内容主导、分享提供和价值创造方面，媒体拥有分散的、独立的个体所不具备的传播力。因而，在网络流行语的传播中，相较于源自草根自发创作生产的网络热词，传播来源为媒体的网络流行语往往流行热度更高。

（二）以大众传播路径传播的网络流行语，综合热度较低

传播路径为大众化“广播”的网络流行语，其流行热度则相对较低。原生于微博平台的大众化“广播”成为互联网平台上集广覆盖面、大信息量和畅通意见流于一体的传播路径，依托于人际关系网络的传播也使其得以充当“推手”，在诸多热点新闻事件的传播中起到了重要的作用。但是，随着微信、知乎等的兴起，建立在闭合式圈群网络之上的人际传播，以其强关系、高黏性和活跃的用户群体得以迅速触发话题爆点，引发舆论热议。

在网络流行语的传播中，大众传播通常以某一传播者为中心向外辐散，以最短的时间尽可能地覆盖最多的受众。在传播初期，这的确能够在一定程度上迅速拓展网络流行语的传播范围，但由于其“由点及面式”的传播特点，传播效果并不理想。一个词句要想成为网络流行语，必须广为流传和使用，因而仅抵达、接触受众是远远不够的。

相较大众传播而言，人际传播这一传播路径多依赖于较为集中或内部黏度较高的圈群，其中的个体多因兴趣、爱好、特长、职业等集聚在一起，彼此之间还可能在现实生活中拥有千丝万缕的联系，比如微信朋友圈。这样一来，就既可以依托互联网平台进行“广播”，又可以通过社交网络上的人际关系网，以人际传播的方式进行病毒式传播和扩散，加载在人际网络上的信息流和情感流二元通路，打通网络流行语从接触抵达到体验使用的“最后一公里”。

（三）网络流行语无依赖事件，综合热度较低

当前我国正处于社会转型期，各阶层矛盾激化，各类社会事件频发，其中尤以社会性公共事件最易引发舆论关注和热议，往往能够掀起舆论爆点，引发成规模的传播与扩散。流行语是网络环境和社会动态的一面镜子，公共事件大都涉及公共利益，与每个人的切身利益相关，因而在传播过程中，由公共事件触发的网络流行语往往能够在短时间内得到病毒式的传播，且往往伴随着强烈的观点、情绪的表达，同时啸聚民意，迅速形成压倒性的舆论，理性与不理性的声音掺杂其中，极易反过来对原公共事件的舆情走向产生影响。

（四）网络流行语以反讽手法修辞，综合热度较高

以反讽手法修辞的网络流行语，其流行热度通常较高，网络热词的高热度流行与反讽修辞手法之间呈现出强相关性。网络流行语的一大特点就是恶搞，从社会学角度来分析，网络恶搞反映了个体思想的自由与解放，反映出年轻人的文化和思想追求，是对权威写作和规则话语的解构，同时也在某种程度上投射出网民在自身道德观和价值观基础上对事物的评价和行为倾向。[①]网络恶搞通过修辞反映在网络流行语的编码中，就是反讽。以“躲猫猫”这一网络流行语为例，其第一层符号含义，就是一种为大众所熟知的儿童游戏，在其作为网络流行语传播的过程中，网民赋予其反讽意味，进行反抗性解读，以表达在 2009 年李某在云南看守所被虐待致死一案中，对监狱方一开始给出的“服刑人因‘躲猫猫’时眼部被蒙，所以不慎撞到墙壁受伤致死”这一死亡原因的不满和愤怒。

以反讽手法修辞的网络流行语，一方面使得隐藏在网民内心的态度得以展示，另一方面作为所谓“弱者的武器”也促成了网民情绪的发泄，因而打通了态度和情绪的表达通路，加之反讽修辞手法通常具有黑色幽默的特点，天然地具备了病毒式传播的必要条件，流行热度相对也就更高。

（五）嘲他型的网络流行语，综合热度较低

与自嘲型相比，嘲他型的网络流行语往往热度较低，自嘲与网络热词的高热度流行有较强的相关性。不论是自嘲还是嘲他，其实都反映出网民在参与网络流行语的传播时所暗含着的网络社会心理。自嘲，即自我嘲讽、自我嘲弄，往往发生在某个特定的语境中，自嘲者通过夸大或突出自身不和谐的一面，产生幽默的效果。[②] 在网络流行语的传播中，不论是传播主体还是受众，互联网平台的虚拟特性都为其提供了一个自由表达的“匿名”空间，他们可以随时随地根据需要表达观点、意见乃至情绪。

我国网民整体构成比较年轻，以青年群体为主，但其学历、收入多处于较低水平，也就是说活跃网民多为社会中低层的年轻人，相对而言，其生活的重心即为生计奔波，加之现阶段我国贫富分化较大，因而其心理上呈现出较为突出的被剥夺感和对社会的不满，并极易在互联网中有较强的代入感。由此，网络流行语的传播也就成为网络平台上意见表达与情绪发泄的一个出

① 刘国强，袁光锋．论网络流行语的生产机制：以“躲猫猫”事件为例［J］．现代传播，2009（5）：54－56.

② 李春分，涂靖．论自嘲的产生机制和表达方式［J］．重庆交通大学学报（社会科学版），2011（5）：138－141.

口。通过自嘲型网络流行语的表达，相当数量的草根网民有意识、有目的地实现了对内心世界的宣泄，并由此获得一种慰藉，在某种程度上也将此作为一种武器来影射他人。

（六）属于万能句型的网络流行语，综合热度较高

网络流行语呈高热度流行与其是万能句型之间呈现出较强的正相关性。万能句型类的网络流行语能够满足网民二次加工、创作的需要，通过个性化的再创作与再加工，网民的观点、情绪或思想得以充分地表达，与此同时，作为创作者与传播者的网民也收获了创作的乐趣与成就感，契合新媒体个性化、多元化、定制化的内容逻辑，因而更易传播。

（七）能加速事件传播的网络流行语呈高热度流行

当网络流行语的传播效果未引发舆论热议和促进问题解决时，所对应的流行热度并不高，因而，加速事件传播与网络流行语的高热度流行呈现出相当显著的正相关性。网络流行语热度的高低，很大程度上受到其传播速度和广度的影响。引发舆论热议和促进问题解决型的网络流行语多与短期内某一新闻热点事件高度相关。互联网平台上的话题类事件传播更迭速度大多非常之快，网络流行语往往与其所依赖的热点事件的生命周期一样“昙花一现”，在极短的时间内迅速蹿上热门排行榜，随即便销声匿迹，持续时间非常短，因而综合热度也较低。而能加速事件传播的网络流行语，其相关的事件多为社会长期以来持续存在的结构性、现象性问题，已经在大众心理层面留下了深刻的集体记忆，一经流行语激活，便得以飞速传播，且能够持续相对较长的一段时间。在这个过程中同时也会引发一些讨论，促进相关议程的推进，但核心依然是对所关涉事件传播的推动。

三、网络流行语的发展趋势

（一）逐步从“广播式”的大众传播向“窄播式”的社群传播转移

以往的网络流行语在全体网民中几乎人尽皆知，其所依附的是类似于“广播”的一对多传播平台和载体。而随着社群传播时代来临，社群内的回音壁效应增强，社群的封闭性越来越强，很多网络用语因传播范围所限反而进一步窄化，社群之间的嵌套机制在后真相时代也逐步开始失灵，造成网络流行语渐渐成为小圈子内部传播、自娱自乐的“窄播”用语。从这个意义上可以看出，全社会范围内的流行语可能会逐步消失，代之以不同圈子、社群内

部的小圈子流行语。

（二）逐步从闭合的修辞系统向开放的修辞系统转化

在前社群时代，网络流行语是一种特指的闭合修辞系统的存在，如“躲猫猫”直接指向云南某监狱部门“草菅人命”的做法，无论后面的用户如何进行阐释与恶搞，这个意义系统并没有发生根本的改变。而随着社群传播时代的来临，社群内的价值共创行为成为一种可能，社群成员不再满足于一种话语权威解释，纷纷加入进来参与对流行语的阐释、恶搞与调侃。流行语在各种场合下被改造为不同的句式句型，甚至进行意义再造。网络流行语的解释权不再仅仅是由其提出者一人拥有，而是所有人都可以参与进来，社群共创是社群时代网络流行语生产与传播的鲜明特征。

（三）舆情引导要注重微观修辞，从根本上消除事件依赖型网络流行语的传播动力源

研究发现依赖热点事件的网络流行语的热度往往更高，这说明很多网络事件在报道、命名时由于不注重微观修辞，被网民找到“有悖常理”“挑战智商”的词句，很容易就成为网络流行语。新修辞理论认为修辞不仅普遍存在，而且生产和控制意义，命名世界和建立秩序，组织和规范人类的思想与行为。从媒体的社会功能指向上看，事件命名的过程也是对事件进行社会意义赋予的“仪式化”过程，“命名”中所使用的词汇和文本构建，其社会功能具有受众情绪的引航标、感觉的筛选器的价值，“命名”和话语权紧密相连，对事件第一时间进行定义和价值赋予会决定在舆论场中话语权声量的大小[①]，同时也是切断事件依赖型流行语的重要手段。没有流行语的“兴风作浪”，很多事件反而会更容易解决。

（四）反讽与自嘲是高热度网络流行语的基本修辞表征，但背后是社会心理

对网络流行语必须有正确的认识，网络流行语是社会舆论生态与社会心理的一种镜鉴，反讽与自嘲是高热度网络流行语的基本修辞特征。这凸显了网络流行语是一种情绪宣泄和社会代偿机制，民众通过流行语的表达一定程度上能够缓解对热点事件、社会现象等舆论客体的负向情绪，对维护良性的舆论表达生态与社会心理代偿都具有正向的促进作用。因此网络流行语本身不需要治理，任何所谓的引导与治理都只是“镜花水月”，只能治标无法治

① 郑满宁．舆情 2.0 时代新闻事件命名机制研究［J］. 当代传播，2016（6）：52－54.

本，理性的表达生态和开放和谐的舆论生态才是有效减少发泄型网络流行语的治本之策。

第五节 舆论的异变——网络表情包

传媒研究学者多丽丝·格雷伯指出："曾经我们一度推崇的借助文字符号传递的抽象意义，已经开始让位于建立在图像传播基础上的现实与感受。"①而以图像为基础的表现形式在社交媒体平台上以表情包的方式走红，并成为网络流行文化中较为突出的特征之一。2015 年，《牛津词典》史无前例地选择笑中带泪的 emoji 表情作为年度汉字。此外，"帝吧出征事件"中两岸网民在海外社交网络上互扔表情包也是重要的年度事件。用搜狗等输入法输入"姚明"二字，姚明的标志性表情图片会自动呈现出来。这些事件标志着人们开始逐渐用表情替代文字符号进行信息交流和传播。

从静态图片到动图，从单独的图像到添加网络流行语，从卡通 emoji 表情到真人表情包，从论坛贴吧到微博微信，从 PC 端到移动端，从私密社群到公共空间，表情包传播不断演进和迁移。特别是在"90 后"的社群中，刷表情已是一种日常交流行为。

一、网络表情包发展的三阶段

表情包的流行并不是中国网络的独特现象，在美国"Know Your Meme"等网站也有专门记录互联网爆红表情的频道。正如专门研究非语言符号的艾伯特·梅拉比安曾提出的公式——沟通双方互相理解＝语调、语速（38％）＋表情、姿态（55％）＋语言内容（7％）②，表情包可以涵盖表情、姿态和语言内容的表达方式，更贴近人际沟通的需求。目前互联网上的表情已进入 3.0 阶段，是一个庞大的体系，可以分为几类：按呈现元素可分为附文字的表情、单纯图像表情两类；按内容可分为动物类、草根夸张表情类、动漫类、影视类等；按表达的情绪可分为卖萌、耍酷、猥琐、夸张等；按传播场域可分为封闭群体内部的熟人表情和公共场域流传的公共表情等。

---

① GRABER A. Processing the news：how people tame the information tide［J］. Journal of Ecology，2008（6）：1275－1288.

② 梅拉比安的沟通模型［EB/OL］.（2002－05－31）［2022－12－12］. http://www.xphabit.com/article/4002.html.

（一）网络表情包发展三阶段

表情在互联网上的流行分为三个阶段：表情 1.0 阶段可追溯到 1982 年 9 月 19 日，卡内基梅隆大学的教师法尔曼首创了微笑符号“ :-)”；表情 2.0 阶段是各种社交软件自带的 emoji 表情的广泛使用；表情 3.0 阶段则是网民自创 meme 表情，并对让人印象深刻的网络图片不断 PS 恶搞，形成一种网络流行的表达现象。表情 1.0 的流行主要由一批专业技术人员创造和传播，相对而言，对传播者和使用者有一定的要求，是小群体内的传播；表情 2.0 的流行则是在社交软件的推广下，使得表情进一步图像化，并把大众选择和使用的门槛大大降低。随着技术升级，各种傻瓜修图软件层出不穷，自制表情包的技术门槛不断降低，表情 3.0 是真正大众参与设计和传播的表情狂欢。

（二）表情 3.0 时代的特征

从话语分析的角度来看，网络表情 3.0 属于典型的多模态话语[①]，是一种能调用语言、图像、动作等多种手段和符号资源进行表达的话语形式，它可以将语言和其他相关的意义资源整合起来，但图像传达的意义占更重要的部分。不同于单一模态的交流，网络表情符号因其形象的表意效果，更易提高个体参与度，并促使个体的高自我涉入[②]，在不断认识相应符号背后意义、认知对方态度的内在驱动力作用下，产生情绪体验上的互动。社交网络兴起以后，世界成为一个地球村，给网民提供了点对点交流的可能性。社交网络版本的不断升级换代、上网条件的不断升级、智能手机的日新月异、制图软件的傻瓜化、社交网络用户的年轻化都为表情包的流行提供了条件。

就目前的文献来看，直接研究表情包流行原因的并不多，相对也不够深入，大部分研究集中在表情包与传受双方的互动关系方面。至于流行原因的研究，有的学者从微观的视角切入。在符号学和语言学领域，有大量成果认为视听动态图像渐渐取代文本传递信息，意义的构建往往通过文化处所或实体等非语言符号系统来体现，比如克雷斯指出图像替代语言成为主要的意义构建资源[③]。克雷斯和列文在后续的研究中认为图像对社会现实和心理现实既具有复制作用，又具有重新建构的作用，甚至在吸引读者注意力、进行意义构建方面能发挥比语言更大的作用，因此，表情包以图像为基础的表意方

---

① O'HALLORAN K L. Multimodal discourse analysis：systemic functional perspectives [M]. London：Continuum，2004：145 - 146.

② 谭文芳．网络表情符号的影响力分析 [J]. 求索，2011 (10)：202 - 204.

③ KRESS G. Sociolinguistics and social semiotics [M]//COBEY P. The Routledge companion to semiotics and linguistics. London，New York：Routledge，2001：66 - 82.

式具有强大的传播力。[①] 但也有研究者指出广泛利用表情来表意是一种倒退，如英国《卫报》发表的专栏文章《表情符号正把我们拉回到黑暗时代，而我们能做的只是微笑》就强调这一观点。[②]

还有的学者从宏观的角度切入。李佳等从生物进化论视角将表情包流行现象作为一种模因现象进行解释，认为表情包是不同于线下模因的一种互联网模因。[③] 这类研究的理论根源是理查德·道金斯在1976年出版的名著《自私的基因》，其中创造了"模因"（meme）这个术语，认为"文化传播单元"是一种复制因子，会通过模仿在"脑与脑之间"传播，本身具备遗传、变异和选择三个特征。[④] 表情包在社交网络上的传播、PS改造和用户的自然选择完全具备这三个特征，因此，如同生物进化的自然选择过程，模因表情就像意识层面的"超级流感"，有的用户甚至收藏了几千张图片而不舍得删除。

二、表情包流行背后的传播逻辑

年轻人的生活已经逐渐嵌入社交媒体的虚拟现实中，在这个虚拟空间中，视觉修辞已经无可争议地成为公共话语空间构建的主要修辞手段。随着社交平台的发展，表情包的使用已经渗入包含小到社群等私人领域、大到论坛等公共空间的方方面面。与其他图像形式相比，表情包总体上偏向于截取人或卡通形象"出格"的脸部表情瞬间画面，有时也辅以一定的肢体动作画面。在不借助语言、语音的情况下，表情包自身也可以独立实现意义表达。"戏剧性的、易溶性的、视觉性的瞬间正在取代建立在记忆认知机制上的文字符号，甚至社会建构与公共议题都具备着强烈的图像化表征。"[⑤]

基于社交媒体的模因被称为互联网模因，不同于线下使用的新闻图片等其他模因形态，其流行背后还有以下传播逻辑。

（一）视觉修辞与话语霸权

表情包根源于人们在现实生活中约定俗成的对善恶美丑、喜怒哀乐的认识与了解，并将其具体到大众熟知的人物表情、影视截图或者自创的卡通表

---

① KRESS G，LEEUWEN V. Reading images：the grammar of visual design［M］. London，New York：Routledge，2006：147.

② 黑驹酒馆．表情符号是历史的倒退？［N］. 新华每日电讯，2015-12-04（10）.

③ 李佳．模因论视角下的网络表情符号流行分析［J］. 齐齐哈尔师范高等专科学校学报，2015（2）：89-90.

④ DAWKINS R. The selfish gene［M］. Oxford University Press，1976：79.

⑤ 郑满宁．网络表情包的流行与话语空间的转向［J］. 编辑之友，2016（8）：42-46.

情上，形式虽然是图片或漫画，是只需调动视觉感官的“热媒介”，但不同于一般自然风光图片和新闻图片，其信息清晰度低，戏谑化的表达特色又是一种“冷媒介”，是一种模糊信息，需要丰富的联想和再创造。因此，其含义既明确又含糊，既犀利又暧昧，是社会化媒体话语表达戏谑化发展趋势的一种延伸。①

在此之前，文字表达戏谑化已是一种潮流，但太容易受到管理部门和平台方的干扰，尤其是微博传谣入刑之后，常有人因为微博言论而成被告，网民在文字信息的表达上趋于小心。相较于文字表达，表情表意不全，其传播过程是一个编码与译码的过程，这种编码和译码随语境的不同有多种解释，正是由于有这个复杂的特点，尚无因表情包使用不当而引来麻烦的。

由于不同个体对同一个图像的理解可能不同，表情包叙事实质上否定了终极解释的存在。表情包具有规避风险的作用，它杜绝了“白纸黑字”的法律风险，让使用者把全部解释权牢牢抓在自己手里。一个表情在不同的情况下可以有不同的解释，尤其是在涉及时事的表达过程中，表情包作为一种公共修辞策略，其实就是对政治分寸、传播潜力、语义结构、话语安全与修辞智慧的不断拿捏和试探。

正因其解释的模糊性，表情包的各种解释之间不再像书面文字时代那样呈现为一种被压制与服从官方话语解释的关系，话语霸权被极大地稀释了。这些图像叙事体现出一种独特的草根立场。戏谑、讽刺、恶搞等图像叙事的诸多形式审美特征呈现出对社会娱乐的趋近。

（二）“纯天然”草根文化

目前的文献中虽然对表情包的深入研究并不多，但传播学中对图像的研究已经是一个重要的研究领域，比如从政治角度研究图像和政治的关系，把图像政治视为环境议题再现的公共修辞。② 表情包主要以图像为表意方式，其流行成为一种重要的网络文化现象，原因不仅在于它是一种公共修辞，还在于它在传统的微信微博等社交媒体平台上建立起了一个独立于之前文字传播形态的全新的话语体系。这种基于图像的话语体系受到的监管相对较少，环境较为宽松，强制删除的情况较为少见，构建的是一种原生态的、未经主流文化改造加工过的“纯天然”草根文化。

---

① 郑满宁．“戏谑化”：社会化媒体中草根话语方式的嬗变研究［J］．中国人民大学学报，2013（5）：18-23.

② 刘涛．图像政治：环境议题再现的公共修辞视角［J］．当代传播，2012（2）：23-26.

目前，这种“纯天然”草根文化的主流使用人群是18～35岁的人，主要的传播场域是传统的社交媒体平台和各种论坛。相对而言，传播的内容——图像大部分都是网友选择并加工制作的，虽然经过了不断变异，但是其中的“元元素”是网民自己选择的。比如被称为“亚洲表情包三巨头”的中国前篮球运动员姚明、韩国演员崔成国以及日本美女动漫声优花泽香菜的“囧”脸表情。这种没有经过主流文化加工改造的“纯天然”草根文化是自下而上成长起来的，带有强烈的结构特征，成为网民的公共修辞。网友将多种文化糅入表情包中，比如“90后火星文”、二次元表达、李毅吧创造的词、网易新闻中的评论、影视作品中的咆哮体，如今都由网民创造出了不同的图形形象。这种可意会难言传的表情包，实际上表达了对传统信息传播格局的一种反抗。即使官方也使用这种表达方式，但实际选择权和使用权还是在普通用户手里，不流行起来就没有太大意义。而对年轻的网民而言，从他们的自发选择角度出发，对官方正统表情包有本能的抗拒。同时，在这种全新的话语体系下，个体不仅有表达的自由，还可以通过随意变换各种流行的表情符号对自我的群体归属实现重塑。

（三）情绪发泄和集体狂欢

表情包的使用是使用者在网络交流中对形象的一种再造，是一种隐匿身份下的自我实现，戴上虚拟世界的面具，使用者在这种表情面具下实现情感的宣泄。

表情包中充斥着对应“暴力”“蠢”“失败”“惨”“虐”“贱”“丑”等元素的图像，以及一波又一波的“集体无意识”斗图和接力，这些现象背后实际上是对缓解现实压力的一种代偿。相比网民自创的“火星文”式的网络流行语，表情包的戏谑化传播中流露着草根式机智，通过花样百出的“内涵表情”来影射那些难以直言却又不吐不快的公共事件评论、社会现实感知或者淫秽暴力信息。新闻热词、网络神评论等都能很快通过表情包演绎，网民由此疏导、宣泄在现实生活中积郁的不满情绪，并或多或少地从这种“内涵表情”中获取与其自身的社会经验和生活体验相关联的特定快感。表情包是对某些危险情绪的发泄，所以可以一定程度上缓解现实社会中的焦虑。比如表情包中曾经流行的扇耳光表情，表现形式是施虐方不容分说、独裁式的暴力，以及受虐方在任何情况下都不断重复的笑脸。这类表情包的流行是因为网民在现实中与各类土豪、学霸、“二代”竞争受挫，转而通过这种“自黑”的戏谑化方式进行压力发泄、情感稀释、注意力转移等，并实现现实逃避，从而产生一种心理上的平衡。

同时，社交媒体上表情包的使用还是一种你来我往的发布，网民将内心焦虑以娱乐的形式向“下家”传播，承担类似社会压力的“下家”会代入身份，获得释放的快感，在互相比较中获得安慰。“上家”又在“下家”回复的表情中实现减压，在你来我往的压力释放过程中使个体抽离出原来的自我，对某个事件形成暂时且脆弱的价值和情感共同体，在一个看似自由的环境中获得一种短暂的集体认同和“没有异化”的解放状态，形成了集体无意识的狂欢，获得了一种群体安慰。

三、表情包话语表达方式带来社会话语语态和生态变革

从公共议题构造的修辞学视角来看，图像已经成为视觉文化时代最有效的话语劝服途径。相对于语言文字的话语建构效果而言，表情在与受众的心理互动中更具备“意义生产者”的劝服力量，原因在于视觉信息赋予了社会争议生产与表征的新维度：戏剧性和作用力。图像符号以一种简单而逼真的方式帮助人们轻易地获取意义，同时也悄无声息地制造了某种极具劝服能力的“修辞意象”或“大脑意象”。相较于语言文字的劝服效果而言，图像在情感认同构造方面具有语言文字符号不可比拟的话语优势。公共议题或社会争议的呈现与建构方式同样转向图像化的表征。

（一）构建草根话语壁垒

表情包的流行在一定程度上是草根话语抵制主流话语的一种方式，虽然还没有摆脱传统的“硬”平台，但本质是草根阶层自己创立了一套以图像为主要表意形态的话语体系，是“软”通道。表情已经显示出渠道价值，既可以在公共领域使用，也可以隐身在多个私人领域，进可以实现公共传播，退可以对外界信息实现一定程度的屏蔽、阻隔。如今较为流行的弹幕网站 AcFun、bilibili 就连注册也要通过较为复杂的话语考试，其实也是草根话语在建立相对私密的话语平台，也是形成“90 后”圈群表意空间的表现之一。在不断的接力中，这种壁垒可能强化表情包传播者的社会记忆，拉大群体记忆和主流媒体建构的社会记忆之间的沟鸿。

（二）构建全新话语框架

表情包还通过给解构叙事赋予图片来表达全新的话语意义和认知框架。在常用的表情中，还有一个突出的特点是其图像可以任意拆解、组合。网民通过对图像的分享与占有进而对传统文化自由解构，在一定程度上实现了追求平等的虚妄感。

从美学的角度上讲，这些解构的图像叙事往往呈现出“专业化的粗糙”

特征：看起来漫不经心、插科打诨，却内含无数心机，“在降下逼格的同时又维持了逼格”。不同层次和元素之间互相拆台、对立，但整体又毫不违和地发挥了强大的表意功能。在这些表情中，不同层次之间意义的博弈和拆解造成一种反讽式的虚无，这种表达伦理边界的缺失，容易潜移默化地助长现代犬儒主义思潮，促使表情包的使用者习惯性地恶搞一切、讽刺一切、否定一切，对一切都无所谓。

知识窗

帝吧出征

帝吧又名“百度卢浮宫”，最初设定为“国脚”李毅个人主题贴吧。李毅因当年自诩“护球像（法国足坛大帝）亨利”而被球迷戏称“大帝”，其贴吧也由此得名“帝吧”。李毅耿直敢言的性格招揽到大批“黑粉”，其个人贴吧也逐渐被攻占，最终发展为注重“内涵”的综合性贴吧。所谓“内涵”，其官方定义是：“在法律法规、道德伦理、百度贴吧协议允许的范围内以嘲讽、反话、恶搞、PS、视频音乐等方式发泄、抒发自己对文体界、社会现象的种种看法。”

2016年1月正值台湾“大选”前夕，在韩国发展的台湾女艺人周子瑜因其颇具“台独”倾向的行为及其经纪公司失败的公关激怒了帝吧。面对“台独”分子在脸书（Facebook）上的过激言论，我国网民出于对祖国的拥护决定回击，双方在Facebook上展开了多回合角力。1月20日，北京时间晚上7点，出征群里，指挥员下达了最后的部署“请大家登录自己的Facebook，战争马上开始”。半小时前，二队又开始了一波整风肃纪，“文明，不爆粗，不人身攻击，有理有据有节，不要落人口实”，“士兵丹尼”再三向队友强调。小规模的冲突几天前就开始陆续爆发，“先遣部队”也已在“墙外”扎营。与其他的“护国散兵”相比，帝吧是公认的“正规军”。

“帝吧出征，寸草不生。”在互联网“圣战”中，帝吧是大规模杀伤性武器般的存在。帝吧入局后，参与者一致换上“台湾属于我国”的头像，兵分多路协同作战：一路战队率大军浩荡出征，正面抗敌。其后五路负责后勤统筹、情报侦查、组织宣传、武器装备、战场清理等工作，分工明确，井然有序。出征之前帝吧在斗鱼开了直播间，还未开播，观众已超10万人。在直播间近10万人的注视下，晚上7点整，“圣战军队”出发，翻墙爬梯，攻城略地。半小时内，接手三立新闻网舆论场，屠版《苹果日报》评论区，刷屏斗图，歌唱祖国，朗诵八荣八耻，讲解社会主义核心价值观……一时间，Facebook上的绿营媒体“沐浴在一片红色圣光里”。两天后，《人民日报》官方微信推文点赞，称他们“充满阳光和自信，让人眼前一亮”。这一次出征大获全胜。

（三）加剧对主流信息传播的离心力

公共话语传播范畴中有两个核心概念：社会争议建构与公共舆论形成。[①]这两个概念都与话语和修辞相关。问题或争议并不是先天存在的，而是经由各种话语和修辞的轮番争夺被精心“制作”出来，并最终形成公共舆论。传统社会中，社会争议和公共舆论主要依赖于主流媒体的话语表达和建构，但现在已经被表情包大大稀释。

传播技术的更新换代、渠道的爆炸式增长使传统媒体的声音被不断消解，公信力不断下降。在传统媒体尤其是主流媒体常用的劝服性的话语刺激面前，人脑会本能地采取一定的抵抗方式；而表情包运用了对比、变形、夸张、比拟、暗示、象征、影射等修辞手法，首先诠释的是一种关于笑的艺术和情感的释放，因此契合于支撑大脑工作的“快乐原则”，能以一种较为随意的游戏姿态轻易地占据人们的情感领域，大脑的警惕性与抵抗力彻底瓦解，甚至会主动迎合这一信息刺激。表情包在私人领域、在大小社群中有难以比拟的优势，已经成为社会争议建构和公共舆论形成的重要引擎要素。表情包流行之前，主要由大众媒体承担社会争议建构和公共舆论形成的功能，在表情包的各种戏谑、解构之下，主流媒体的传播出现断层。主流媒体不断喊话，而传播效果却是曲高和寡、无人应和的情况屡见不鲜。如目前不少主流媒体在客户端和微信公众号新闻中主动使用网民喜闻乐见的表情包，还有诸如深圳南山区委宣传部推出政务表情包——“2.5 次元萌系南山文明表情”，但这些尝试都很难真正浸入各种层级的社群和网民的自我表达，并获得传播的生命力。这种主流媒体传播的断层，在短期内很难通过传统的、仅仅模拟话语形态的方式来实现。

（四）一定程度上刺激低俗、暴力，谣言话语流行

表情包的图像叙事往往体现出一种独特的草根立场，如常使用戏谑、讽刺、恶搞等图像叙事。由于目前对图片的监控在技术上还较难实现，因此，这个相对原生态的表达中缺乏一定的价值边界，侵权、暴力现象并不少见，低俗化、污名化现象也层出不穷。比如在“帝吧出征”的例子里有对毫不相干的人进行人身攻击表情的复制粘贴，也有很多污言秽语和攻击性语句，比如“劳资”“隔着屏幕，我也能感受到你的丑”等；在抢红包大战中，“老板，请让我给你生孩子”“尽情地拿红包侮辱我吧”等相关内容的表情包也非常常

① DELICATH W，DELUCA M. Image events，the public sphere，and argumentative practice：the case of radical environmental groups [J]. Argumentation，2003 (3)：315－333.

见。但不少网民并未意识到这些问题，认为一切只是玩笑而已。这些表情包容易在其他场域中溢出和平移，在网民斗图的玩笑中不少表情的尺度也越来越大。此外，表情包还可能带来网络暴力并夹杂和伴生网络谣言，比如在“帝吧出征 Facebook 事件”中，因台媒三立新闻造谣声称挪威和瑞典支持“台独”，各种反对挪威和瑞典的表情包登场，最后形成大量网民“攻占”两个国家的驻华官方微博，迫使官方正式发声坚持“一个中国”立场。

在社交网络上，虽然一个个热点事件陆续淡出网民视野，但这些带着暴力、谣言的表情包依然存在于网络中，不断潜移默化地影响网民，并会在下一次热点事件中登场，形成多次影响。

（五）社会互动呈现以量取胜的发展趋势

表情包时代的话语表达和意义传播常常以盖楼的形式出现，这种全新的形式是一种“一窝蜂”式的数量对决，哪怕楼歪了，也很容易被数量扶正；即便是中间插播其他信息，也容易被重新接力回原有的轨道。这种现象在表情2.0时代就已经存在，比如“郭美美事件”过后，某机构微博“收获”了网民线上30多万个“滚”的表情。网民把用图片来保持阵型作为一种更大范围的情绪宣泄。表情3.0时代几次“帝吧出征”针对台湾“大选”、维珍航空乘客辱骂华人等事件的斗图和盖楼更加显示出其强大的情绪感染力和卷入能力，在“帝吧出征 Facebook”的案例中，可能还夹杂了一些非理性的传播现象。

因此，网络表情包是自然形成的一种传播方式，和文字的戏谑化趋势一样，虽然有一定的缺陷，但也有很大的积极价值。网络表情包因其是现实社会的话语“投射”，能折射社会心态和价值取向，也被视为对压力重重的现代社会的消极反抗，在客观上也能起到减压阀的作用。① 表情包带来的对传播格局的影响也并非中国独有，而是世界普遍存在的一种传播现象。表情包不仅对社会发挥短期舆论建构作用，还对集体记忆建构等方面产生长远影响。对社会管理部门而言，表情包是社会舆情的一个窗口，虽然还存在一些问题，但这是因现实发泄渠道不足而必然形成的传播现象，不能简单认定为一种病态化的话语表达。

本章小结

舆论作为一种意见形态，总体上来说主要有两种：一种是自在态，一种是异变

① 郑满宁，李彪．治理与转换：2013年社会舆情发展态势及特点研究［J］．编辑之友，2014（2）：15-18.

态。本章把自在态划分为存在形态和信息形态，并根据这种分类提出了不同的类别内容。在异变态方面则总结了目前舆论异变的三种基本形式，即网络谣言（流言）、网络流行语和网络表情包。了解这三种形态对了解自在态的舆论具有一定的镜鉴作用，这三种异变态舆论一定程度上可以折射出当前的社会心态及流行文化。

本章思考题

1. 从你自己的角度对舆情的不同存在形态进行分类。
2. 谣言或流言都是有害的吗？如何正确看待网络谣言和网络流言现象？
3. 你如何看待网络流行语的变化及传播规律？
4. 你认为网络表情包的基本发展趋势是什么？会不会出现 AR 表情包？

推荐阅读书目

1. 勒莫．黑寡妇：谣言的示意及传播［M］．唐家龙，译．北京：商务印书馆，1999.

2. 周裕琼．当代中国社会的网络谣言研究［M］．北京：商务印书馆，2012.

3. 迈尔斯．社会心理学：第 11 版［M］．侯玉波，乐国安，张智勇，等译．北京：人民邮电出版社，2016.

4. 王仕勇．网络流行语研究：社会与媒介的视角［M］．北京：中国社会科学出版社，2016.

5. 卡茨，拉扎斯菲尔德．人际影响：个人在大众传播中的作用［M］．张宁，译．北京：中国人民大学出版社，2016.

第五章

舆论的主体

本章学习要点

1. 网民群体画像与网络舆论之间的关系及影响。
2. 网络意见领袖的群体画像及其特征。
3. 信息搬运工与网络意见领袖的区隔及角色。
4. 网络水军对社会舆论的影响及作用。

任何舆论都是由人发出的，人是万物的尺度，因此社会舆论的表达主体及生产者是人。但并不是任何人都具备表达舆论的能力与水平，并且舆论表达主体虽然必须是民众，但其内部也具有一定的层次性，如在网络中既有普通网民也有网络意见领袖，还有负责信息搬运的信息搬运工，甚至还包括制造虚拟舆论的网络水军，这些群体构成了舆论的主体，并因为分工的不同呈现出了不同的群体特征。

第一节　近代以来"舆论主体"的内涵变迁

"舆论"一词在汉语中最早出现在三国时期。[①] 在早期，舆论主要是指"众人的言论"，作为其主体的"众人"在当时主要包括下层平民、庶众等。[②] 直到清末民初，随着西方民主自由思想传入、马克思主义思想进入、现代大学建立等，"舆论"的含义也几经变迁和发展。作为构成舆论的关键概念之一——舆论的"主体"，也随着各种思潮和时代的变迁有所变化。

值得注意的是，虽然自五四时期后，在徐宝璜等学者的推动下，"舆论学"逐渐从政治学的研究中独立出来，但由于中国自来有之的文人议政传统，

① 赵锡元．"舆论"溯源［J］．史学集刊，1999（4）：18-20.

② 夏保国．先秦"舆人"考论：中国"舆论"概念的历史语源学考察［J］．学习与探索，2011（6）：233-238.

加之中国特色新闻学发展的独特路径，目前国内对“舆论”的研究多数仍未离开“时政”的范围，对舆论“主体”的讨论虽在不同时期呈现不同的特点，但总的来说仍旧和政治紧密相关。

一、清末及五四时期：登上历史舞台的“国民”

19 世纪中后期，英语 public opinion 初入中国。在当时，第一本由国人编写的英汉词典《华英字典集成》将其翻译为“众论、众议”；直到 1908 年的《英华大词典》，才在释义中加入了“舆论”一词。这一时期，清政府面临内忧外患。一方面，清政府亟须改革，越来越重视并多次使用“舆论”这一词语；另一方面，梁启超等思想家学习并引进了西方自由、民主等思想，发表了大量时政文章，也多次使用“舆论”一词。随着使用频率的上升，“舆论”的含义越来越丰富，使用范围也越来越广。

（一）“国民”历史地位的提升与舆论的实际主体“报馆”

梁启超在《乐利主义泰斗边沁之学说》中提到“若舆论，亦一种无形之法制也”[①]，《国民日日报》发刊词中也提到“舆论者，造因之无上乘也，一切事业之母也”。从以上种种论断中可以看出在当时舆论的地位极高，是清末改革兴政的重要手段之一，也是当时国人参政、限制和监督政府权力的重要途径。

这一时期，虽未有学者对“舆论”的主体进行学术上的划分，但此时“舆论”的主体可认为是“国民”，即一个与“官”和清政府相对应的概念。单从范围界定上说，清末时期的舆论主体与魏晋以来并无本质上的区别：舆论即为百姓或是国人的意见。区别在于清末之前的舆论更像是一种“政绩指标”[②]，是皇室体察民情的一种外化表达形式；在民主思潮引入中国的清朝末期，“舆论”则成了清政府改革和开化民智的关键手段。在此时，“舆论”的效用得到许多思想家和政治家的肯定，在某种程度上形成了舆论的“魔弹论”；而正式登上历史舞台的平民阶层身为“舆论”的主体，其地位和职责也与从前大相径庭。

值得注意的是，虽然这一时期舆论被认为是“国民公意”，但这里的国民仍旧是整体而无形的，梁启超在论述中也承认了“舆论无形”。为此，他认为舆论需要载体方能发挥其作用，即能够“代表国民发公意以为公言”的报馆

---

① 梁启超．敬告我同业诸君［J］. 新民丛报，1902（17）.

② 胡泳，陈秋心．舆情：本土概念与本土实践［J］. 传播与社会学刊，2017（40）：33－74.

和报人[1]，有此载体则可以破除民众“愚智不齐”等弊端，使之成为能够肩负起监督政府、限制政府权力职能的舆论发表者。

（二）舆论“领袖”与“多数人”

五四时期被认为是“国民舆论的大觉醒”[2] 时期，自这一时期起，围绕“舆论”的学术讨论逐渐开始，对舆论主体的讨论也逐渐趋于微观。

对舆论效果的“魔弹论”取向自清末一直延续至这一时期，当时的许多时政文章都旨在说明舆论与当局之间的关系，认为当局应当真正做到尊重舆论，并一再强调舆论的威力。陈独秀、朱执信等人都对当局压迫新文化运动、五四运动中新言论的举动进行大力批判，此时，“舆论”的主体基本被等同于一系列运动中发声的群体。可以看出，这一时期的“舆论”更多是作为实现政治主张的工具之一，舆论的实际主体会随政治团体的更迭发生改变，并无更加专业和确切的讨论。

在五四之后，现代大学制度在中国逐步建立。在这样的背景下，北京大学成为孕育舆论专业化研究的温床，罗家伦、徐宝璜等人由此开创了有现代学术理念支撑的舆论学研究。受杜威等西方学者的影响，此时中国学者也将大学作为重要的舆论阵地，认为建设社会舆论是大学的重要任务之一，并且大学有义务培养舆论“领袖”。徐宝璜在《舆论之研究》一文中不仅首次对舆论进行了较为严密的概念界定，同时也强调教育普及是形成舆论的必备条件之一。在一定程度上，此时舆论的实际主体再一次发生了转移，其重心从报馆报人转移到高校，但这些主体发出舆论的目的仍然在于讨论公共议题——在当时即政治议题，依然是履行权力等“公共责任”。

二、马克思主义初入中国：有共识的“平民”

五四运动后，马克思主义传入中国。李大钊作为中国最早的马克思主义舆论学者，将公共舆论的研究与马克思主义相结合，从更加微观的、学理的角度对舆论“主体”进行了讨论与思考。

同一时期，徐宝璜在《舆论之研究》中认为，只有当公众发出的声音“在社会上占大多数”时，才能够成为舆论；刘国桢也提到，舆论应当能够替社会上的大多数人表同情[3]；亦乐则主张，只有当一类意见的势力强到“可

---

① 梁启超．敬告我同业诸君［J］．新民丛报，1902（17）．

② 张之华．中国新闻事业史文选：公元 724 年—1995 年［M］．北京：中国人民大学出版社，1999．

③ 刘国桢．舆论与社会［J］．社会学杂志，1925（6）：1-10．

以使当局屈服”，方能成为舆论。这类对舆论的概念界定中都提及“多数人”，并将是否成为多数人的意见作为构成舆论的标准之一。在这些概念的讨论中，舆论的主体逐渐从宽泛而无形的“国民”转变为“大多数人”，舆论的主体范围较之从前更加清晰。

但李大钊对这类观点始终保持警惕。他认为，构成舆论的基础不应当是“多数政治”。李大钊的学术观点同时受到西方自由主义和马克思主义的影响，他在关注言论自由的同时，也继承了西方自由主义公共舆论观的“宽容原则”。[①] 他在《民彝与政治》一文中指出，“公共舆论”与“公众舆论”并不等同，意见的分歧在一定程度上“并非坏事而倒是好事”。

李大钊承袭了密尔和卢梭等人的观点，认为人类的理智是有其局限性的。由此，多数人的意见并不能就被绝对地认为是正确的意见，少数人的意见也不应被认为是错误的从而受到忽视。理想状态下的“公共舆论”应该是自由平等且做到多数人与少数人权利的统一。后来在马克思主义的影响下，李大钊将上述思想继续加以贯彻，并试图从马克思主义中寻找达成理想状态公共舆论的途径，即融合了社会主义和民主主义的“平民主义”。

在平民主义的观点中，形成公共舆论的前提不再是“多数”，而是“自由认可”。在以多数人意见为基础的舆论中，有可能产生多数人的强制乃至暴政。但在自由认可的基础上，参与公共议题讨论的多数人和少数人都可以进行充分详尽的讨论，在整个商议过程中，多数人应具备容纳少数人意见的“精神”；而在讨论和表决过后，意见未被采纳的少数人则该有服从全体决议的“道义”。虽然从结果上来看，舆论最终传达的仍可能是多数人的意见，但这也是协商和取得共识的结果，从这个层面上来看，舆论的“主体”并没有将少数人排除在外。这一时期的舆论主体逐渐脱离了“无形”和整齐划一的状态，李大钊等学者开始关注到舆论主体的复杂性，将抽象的“国民”“民众”等概念具象化，看到了舆论主体的多样性和主体间不同群体的权利和话语权差异，进一步丰富了舆论主体的意涵。

但同样，以上种种对舆论及舆论主体的探讨依旧是在政治学的框架当中。李大钊将这种建立在“自由认可”之上的公共舆论视为国民公意，并提出想要达成不同群体间的最终共识，就必须从根本上消除阶级差异——阶级对立会引发不可调和的根本性冲突。所以李大钊对公共舆论和舆论主体中多数人与少数人共识的论述，被他视为自己政治理想的重要寄托，也是实现社会主

① 王颖吉．试析李大钊公共舆论思想［J］．黑龙江史志，2008（22）：37－38.

义革命和无产阶级专政的途径之一。

三、新时期："人民"与"自主公众"

进入新时期之后，中国学界对于舆论的研究主要有"管理型"和"批判型"两种取向。[①] 在不同的研究取向中，对舆论主体的界定和侧重并不完全一致。

（一）管理型研究视角下的复杂舆论主体

对"舆论引导"或是舆论与民主政治之间的关系的探究，可以被认为是"管理型"研究。从这一视角出发，中国的许多舆论研究便是立足于马克思主义新闻观进行的。在马克思主义新闻观下有两大重要原则：坚持党性原则与人民中心论。在这一思想的指导下，官方媒体被视为党的"喉舌"，要成为党的传声筒。随着马克思主义新闻观的不断发展，其中的新闻舆论观主要经历了"宣传本位—舆论导向—舆论引导"三个阶段，这个过程中舆论的主体也相应地发生转变。

在这一时期，舆论的主体相较之前发生了重要转变。在传统语义中，不论是否关注到舆论主体的具体组成，舆论的"主体"总体来说都是与官方权力相对应的、西方新闻自由理论体系下的"公众"。而在马克思主义新闻观体系下，由于党性和人民性是相统一的，作为政府一方的"党的声音"和与之相对一方的"民众的声音"从本质上来说也应当是统一的。同时，由于坚持党性原则为新闻舆论工作的"第一原则"，这也要求党对新闻舆论工作有绝对的领导权。从这个角度来说，马克思主义新闻观下舆论的主体不再清晰地将"政府"与"公众"对立开来，一定程度上扩大了舆论主体的范围和内涵。

在传统媒体时代，尤其是宣传本位时期，舆论的主体基本等同于"党的喉舌"，即官方媒体，此时的舆论一定程度上可以认为是被作为"喉舌"的官方媒体直接塑造出的；而进入"舆论导向"和"舆论引导"时期，舆论的主体开始丰富起来，"人民"这一社会舆论的实际主体[②]，逐步进入舆论场域。"舆论导向"时期出现了新闻舆论和社会舆论的说法，认为新闻舆论是由媒体

---

① 潘忠党．舆论研究的新起点：从陈力丹著《舆论学——舆论导向研究》谈起［J］．新闻与传播评论，2001（1）：87－99，266，272－273．

② 杨保军．"共"时代的开创：试论新闻传播主体"三元"类型结构形成的新闻学意义［J］．新闻记者，2013（12）：32－41．

发起并形成的舆论，而社会舆论则是完全由社会和人民自发形成的舆论。[①]这一时期的舆论工作重心之一，就是要实现新闻舆论对社会舆论的引导作用。从上述论断中可以看出，此时舆论的主体被分为两大阵营，即作为党的喉舌的官方媒体和社会中的普通群众。

随着新媒体时代的到来，网络媒体为民众的意见表达提供了更加便捷和直接的渠道，让舆论主体进一步复杂化；在这样的环境下，舆论的主体逐渐成为"以人民群众为主体的各类社会主体"[②]。与传统时代相比，网络空间中的舆论主体出现了多元主体与主流媒体争夺话语权的局面。多重主体对话语权的争夺和博弈，不但体现出舆论主体的复杂构成，也为舆论的研究提供了新的视角——从宏观上来看，舆论成为一种人民、媒体、政治运作之间的"互动过程"。[③]

（二）批判型研究视角下的"自主公众"

不同于管理学研究视角，批判型的舆论研究在中国较为少见。陈力丹在《舆论学——舆论导向研究》中提到，只有当公众具备了自主意识、对意见有自主的表达，其才能够成为舆论的主体。也就是说，舆论的主体在这里被界定为"自主公众"，一定程度上来说，"自主公众"这一舆论主体可以被视为李大钊"平民主义"的延续。

在对舆论主体的具体界定中，陈力丹认为当群体中三分之一以上的人持有相同意见时舆论成立，刘建明则认为持有相同意见的人所占比例达到黄金分割点时舆论成立[④]。后来的学者对舆论和舆论主体的界定，仍旧将"多数人"作为舆论成立的必要条件。对此，潘忠党认为，不论数值定义为多少，都有掉入"多数人暴政"陷阱的风险。

对舆论实际主体进行统计学上的计数，与自主公众的形成之间似乎存在难以调和的矛盾。这类计数并非没有价值，其价值主要体现在对舆论强度的测量上。通过对舆论强度进行量化，可以看出舆论的同质或异变程度，但不论舆论呈现出怎样的面貌，都不应因此而舍弃或缩小舆论实际主体的范围，"多数人"还是"少数人"并不构成判断舆论主体的必要元素。

---

① 樊亚平，刘静．舆论宣传·舆论导向·舆论引导：新时期中共新闻舆论思想的历史演进［J］．兰州大学学报（社会科学版），2011（4）：6-13.

② 杨保军．"共"时代的开创：试论新闻传播主体"三元"类型结构形成的新闻学意义［J］．新闻记者，2013（12）：32-41.

③ 陈力丹．舆论学：舆论导向研究［M］．北京：中国广播电视出版社，1999.

④ 刘建明，纪忠慧，王莉丽．舆论学概论［M］．北京：中国传媒大学出版社，2009.

第二节　网民的特征及心态

无论在基数上还是在影响力上，网民无疑是舆论主体的主要构成部分。很多研究者对舆论目前的情况比较悲观，认为网络舆论场已成为“公共厕所”，各种极端言论甚至是违法言论横行，反而对背后的舆论表达主体不做研究。实际上只有了解了网民群体的基本特征与心理境遇，才能真正了解舆论、了解舆论表达背后的动因。

一、网民群体特征素描：三低人群为主

在网上众语喧哗的群体，通常有更为特殊的人口学、心理学特征。

根据中国互联网络信息中心（CNNIC）2022年8月发布的第50次《中国互联网络发展状况统计报告》（以下简称CNNIC报告），截至2022年6月，我国网民规模为10.51亿，其中29岁以下网民占比为34.9%，超过网民总规模的三分之一。而据第46次CNNIC报告，截至2020年6月，我国网民中超四成是初中学历：初中、高中/中专/技校学历的网民群体占比分别为40.5%、21.5%；小学及以下网民占比也不少，达19.2%；受过大学专科及以上教育的网民群体占比为18.8%。据第47次CNNIC报告，截至2020年12月，我国网民中只有不到三成的月收入超过5 000元，收入占比最高的是3 001—5 000元组，达到了19.6%。

根据以上数据对中国网民群体特征的刻画和素描，可以看出，中国网民整体呈现出显著的低龄化、低学历、低收入倾向，这些人群是中国网民的主体。

二、中国网民心理特征刻画

可以设想一下，现实生活中这类人群所具备的基本素质如何——作为网民主体的“85后”，学历偏低，社会历练和经验不足，从小到大都浸染在感性文化和快餐文化环境中，使得他们的情感更加脆弱、善变、敏感，受到外界些许的情感刺激就可能产生极大的情感波动甚至情绪宣泄，其刺激-情感反应机制更像巴普洛夫的应激机制，迅速、直接。有研究者还系统地总结了网民所呈现出来的九大心理特征：第一，渴求新知；第二，猎奇探究；第三，彰显个性；第四，娱乐时尚；第五，减压宣泄；第六，跟风从众；第七，追

求平等；第八，渴望创新；第九，自我实现。[①] 笔者试着总结了当下网民的以下几点基本心理特征。

（一）网民话语表达和社会参与需求强烈，政治上较激进

人们的嘴天生有两大基本功能——吃饭和说话。几千年来，中国老百姓一直都为解决吃饭问题奔波、斗争。改革开放以后，随着人们的基本生存需求得到保障，生活水平获得实质提升，同时民众的文化素养得到整体提高，满足嘴巴的另一个功能——话语表达功能的需求相较于以往任何一个时期都更为强烈。从小处说，人民希望将自己的喜怒哀乐、家长里短等“鸡零狗碎”的东西与别人共享（如上文所述，现代化和网络化带来的是个体存在的原子化，人们普遍具有电子恐慌症和群体疏离感）；往大处说，人民希望行使自己的政治权利，对国家大事“评头论足”，但由于社会结构的错位，以及现实生活中各种因素的制约，民意表达渠道也会受到影响。网络由于其隐匿性、表达相对自由等特性，让中国民众的话语权得到了一定的释放，网民自由表达和社会参与的愿望十分强烈，热衷于参与各种事件尤其是社会公共事件的讨论。

强烈的话语表达和社会参与需求带来的现实是，网友刚刚发表一个自以为不错的观点，就很快被滚滚的“网络口水”淹没，因此有些人不得不标新立异、危言耸听。抓人眼球的社会事实可遇不可求，只能寻求观点的耸人听闻和一鸣惊人，否认一切的“解构性”行为更容易产生轰动效应。因此在网络话语表达中产生这样一种所谓的“行为艺术”——话语表达方式要“语不惊人死不休”，观点要新颖、叛逆、解构一切可解构的主流意识，政治上要激进，越是这样越容易得到网民的“眷顾”，这就是当下网民所谓的表达逻辑。

（二）具有正义感和使命感，从“清议”到“起而做”

中国老百姓历来“不患寡而患不均”，而社会现实意义上的公平观与公众长期以来形成的思维定式产生的张力，以及在中国人深层的文化基因中存在的“侠”的精神，即所谓的“路见不平一声吼”，也被移植到网民的文化基因中来。面对贫富冲突、劳资矛盾、城市拆迁、农村土地流转、环境污染、医疗教育、道德失范等问题，中国网民会“仗义执言”，甚至一定程度上能影响公共政策的方向。也正是网民的声音，迫使基层公权力经常处在监督之中，并警示地方领导干部恪守基本的政治伦理和人伦底线。2009 年可以看作“网络舆论从线上走到线下元年”，网民走下“网坛”，不仅进行田野调查，叩问

---

① 毕宏音．网民心理特征分析［J］．社科纵横，2006（9）：38－39．

突发事件的真相，更以社会建设者的身份寻求解决问题的办法，如“邓玉娇事件”中“屠夫”吴淦的行为，“躲猫猫事件”中的网民调查团等，同时还会以一种异变的形式——“行为艺术”表达自己的意见。

（三）观点重于事实本身，“有主张，少论据”

中国网民不是传统意义上的社会精英阶层，这类人在现实生活中可能处于社会底层，长期受压抑的话语表达权一旦释放出来，“话语平权”的新鲜感和喜悦是可想而知的。有学者认为中国网民话语表达处于低龄化的幼儿阶段，这是有一定道理的，中国网民没有经历过政治话语表达的操练和洗礼，网络这一新话语平台在带来全民狂欢和喧哗的背后是懵懂和不适。

由于中国网民大部分处在社会底层，即所谓的草根，这一部分人存在着强烈的相对被剥夺感、心理失衡感及对社会公正的不信任感。随着贫富差距、生存压力在一定程度上的体现，失衡、紧张、焦虑、不满等负面社会情绪浮现，面对一些社会矛盾和不公的时候，每个人都或多或少在种种利益冲突中心态失衡，在感到不满、愤懑的同时，又感到个人的无力。多数人出于现实利益的考虑，会选择沉默，而这种愤懑与沉默累加起来就会形成人们心中的不良情绪，一旦在网络上遇到类似的事件，在“法不责众”等心理的暗示下，情绪会集中地宣泄出来，迅速引爆整个网络。网民在网络中不是靠分享事实来博得他人的同情和怜悯，而是以散布言论、表达观点等方式寻求着情绪的宣泄突破口。要么是讨论严肃的社会公共话题，如“钓鱼执法事件”“曹操墓真伪事件”等；要么以“打酱油”风格介入，用无所指的话语抒发自己的压抑感，如“贾君鹏事件”、寂寞党、“杯具”派等。

（四）言论感性化、情绪化

网民言论具有较强的感性化和情绪化特征，表现在以下方面：一是社会孤独感和缺乏归属感使得情感交流内容占重要地位，很多网民参与讨论的目的是进行情感交流和情绪宣泄，网络的匿名性使人们更无所顾忌；二是网民之间讨论的话题转换频繁，思维常处于发散状态，话题跳跃性大，时常穿插一些感性语言，如“今天吃得好多啊”“我怎么忘了这个事啊”等等，表现出网民的情绪化特征；三是言论大多没有经过深思熟虑；四是语言整体呈现口语化、非逻辑化、情绪化的特点，如“最最抗议!!!”“史上最牛××”等，使得讨论往往停留于较表面的层次。

（五）群体极化效应明显，群体感染性强

在社会心理学研究中，群体心理一直是研究的重点，以佛里（A. Fouillie）

与勒庞为代表的社会科学家早在18世纪末研究法国大革命时就发现，各种人一起行动的行为有着不同于单个人行动时的特征和结果，由此，这种行为开始被称之为“crowd behavior”（群众行为），后经美国心理学家麦独孤（William McDougall）修改为“group behavior”（团体行为）。1920年，美国社会学家罗伯特·帕克在《科学社会学导论》一书中提出“collective mind”（集体心理）的概念。此后，这种现象被称为“collective behavior”（集群行为、集合行为或集聚行为），并被学术界约定俗成地沿袭了下来。

勒庞在《乌合之众》一书中认为“受众群体”在智力上总是弱于“孤立的个人”，所有的群体无疑总是“冲动、易变和急躁”的，并且个人在群体中还会“易受暗示和轻信”，在情绪上也会显得“夸张”和“单纯”，在行为上还会“偏执、专横和保守”①。他还认为集群行为是人们情绪感染的结果，群众的特征表现为有意识的人格已经消失，无意识的人格占据主导地位，情绪和观念的感染、暗示的影响使群众心理朝着某一方向发展并具有将暗示的观念立即转变为行动的倾向。②

传播心理学相关理论认为，互动的频度、密度与传播行为的非理性化有一定的正相关性。当群体置身于网络这个巨大的互动平台之中时，其表现与行为处于网络交流的平等化、弱规范化、匿名化、多样化、自由化等因素的“催化”“搅拌”下，那些既是传者又是受者的虚拟群体中的个体，在传播过程中会表现出非理性现象和行为，与传统社会相比更容易形成群体行为，因此网络上动辄出现点击量超百万的群体事件和群体行为也就不足为奇了。

所谓群体极化（group polarization），是由美国当代法哲学家凯斯·桑斯坦（Cass Sunstein）提出的，“群体极化的定义极其简单：团体成员一开始即有某些偏向，在商议后，人们朝偏向的方向继续移动，最后形成极端的观点”，“在网络和新的传播技术的领域里，志同道合的团体会彼此进行沟通讨论，到最后他们的想法和原先一样，只是形式上变得更极端了”③。有证据显示，在网上发生群体极化现象的比例，是现实生活中面对面时的两倍多。④在我国，这种群体极化效应更加强烈。首先，由于网民有低龄化和低学历化倾向，其对事实的判断能力不高；其次，上文的分析中也多次提到，网民以草根为主，社会相对剥夺感强烈，更情绪化，“一点就着”，加之畅达的现实民意

① 勒庞．乌合之众：大众心理研究［M］．冯克利，译．北京：中央编译出版社，2004：21，24，33，36.

② 郑杭生．社会学概论新修［M］．修订本．北京：中国人民大学出版社，1994：185.

③ 桑斯坦．网络共和国：网络社会中的民主问题［M］．黄维明，译．上海：上海人民出版社，2003：47.

④ 同③51.

表达渠道有一定程度的缺位，因此群体极化效应更为明显，群体感染性更强。

（六）存在话语暴力和网络暴力倾向：“多数人的暴政”

话语的暴力仅是一种外在的暴力形式，在网络世界中，人肉搜索、网络推手等大行其道，更有甚者，将线上的不满在线下进行宣泄，“铜须门”“姜岩死亡博客”等事件中，中国部分网民所表现出来的张狂和暴力至今仍让人心有余悸，有媒体甚至称其为“以鼠标和键盘为武器的暴民”。这类行为主要体现为两种表现方式：一是信息暴力，如通过言论、图片、邮件等传播威胁性、攻击性信息，“铜须门事件”中的“江湖追杀令”、论坛中带攻击性和威胁性言论的帖子等都属于信息暴力；二是行为暴力，指超越网络空间而涉及现实生活的一些侮辱性、攻击性行为和对于当事人个人隐私的侵犯，如“铜须门事件”中对“铜须”真实资料（姓名、身份、照片等）的公布，对“铜须”本人和朋友及家人的威胁、骚扰等。

在网络的话语宣泄中，网民感受到了道德缺位和游戏的双重狂欢，参与者容易产生一种唯恐天下不乱的心理，在陌生人社会频繁地实施“自我豁免权”——“仅我一个人这样做，对整个社会的危害是微小的，或者说既然无人知道危害由我造成，那么规范对我个人而言便是无效的。”当行为者可以随意解释他所奉行的伦理规范并用来为自己辩护时，“不道德”只是手段，而实质是“我”是“正义”的化身，因此“行为的我”并没有违背“道德的我”。强国论坛中活跃的发言者“数学”在一篇自述的帖子里说：“其实，我在强国论坛大搞概念上的欺骗，使劲地偷换概念骗得大家一愣一愣的。但是我有一点不同，就是我已经承认自己是在搞欺骗，正如一个魔术师承认自己是在作假，就不犯有诈骗罪。”

网络暴力存在的深层次原因在于社会个体原子化与社会一体化之间的张力。网络社会的形成与崛起，社会个体逐渐原子化的存在，将整个社会分裂成本质上不可沟通的孤单碎片，人们变成一群孤独的存在者，现代性不断再生出个人的原子化、碎片化与社会的一体化的巨大矛盾。社会个体相较于以往任何一个时期更需要归属感，这种归属感在现实中找不到，转而渴求在虚拟世界中得到，于是出现了虚拟世界中相较于现实世界中更为强烈的从众心理。从众心理是在个体与群体意见发生分歧的情况下，个体所具有的放弃自己的意见而顺从群体，让步于大多数人的一种心理倾向。从心理学的角度来讲，从众使得个体得到安全感的同时也有效地回避了责任。由于个体没有鲜明的自主意识，也容易受到影响，所以有时尽管个体的动机与做派可能完全是理性的，但在网络群体非理性行为的裹胁之下个体亦无法自控。

（七）多数中国网民是通情达理的，在乎的是态度

在某种意义上讲，多数中国网民是通情达理的，很多事件遵循这样的发展逻辑：事件发生—网民爆料—传统媒体跟进—网络热炒—形成舆论压力—政府部门介入—网民偃旗息鼓。可以看出，基于其草根的特性，一般网民的心态是，只要得到重视，尤其是政府部门的重视，就有了成就感和满足感。因此，在网络环境和转型期双重背景下的“公众的狂欢是上瘾的、孤独的；愤怒是有名义、少证据的；情感是脆弱的、善变的、幼儿化的”①。

社会学家托马斯认为，一个人对情境的主观解释（或定义）会直接影响他的行为。这就是所谓的“托马斯定理”。笔者认为网络事件之所以频发并以网络公共事件的形式呈现，很大程度上与网民所定义的现实社会情境有关。因此本章主要为网络事件的研究提供社会存在坐标谱系，研究转型期中国社会基本特征、转型期中国社会大众心理场域和当下网民心理特征，为网络事件的研究提供宏大的叙事背景，初步把握网络事件发生、发展和“喧嚣”于网络传播场域的“土壤”，为后面更好地把握网络事件的传播机制提供基本定位和文化地图。

第三节　意见领袖及其特征

意见领袖无疑是舆论研究中的重要议题，其对于凝聚社会舆论的“意见核”、引导社会舆论具有重要的价值，研究意见领袖群体的新变化与新特点对理解社会舆论场的整体特征具有指示性的作用。

一、舆论意见领袖的特征研究

卡茨和拉扎斯菲尔德在研究中发现社会各阶层中都有意见领袖，两人归纳了区分意见领袖及其追随者的三个因素：一是人格属性（某人是否具有特殊的人格特质，即他是谁）；二是能力（某人能提供多少资讯给别人，即他知道什么）；三是策略性的社会声望（某人是否交游广阔，即他认识谁）。② 这些特征的发现无疑对区分意见领袖与其追随者具有重要的价值和意义。1955年，卡茨和拉扎斯菲尔德进一步研究发现意见领袖有不同的类型，他们认为

---

① 胡百精．中国危机管理报告：2008—2009［M］．北京：中国人民大学出版社，2009：7.

② 赛佛林，坦卡德．传播理论：起源、方法与应用：第5版［M］．郭镇之，徐培喜，等译．北京：中国传媒大学出版社，2006.

意见领袖至少可以分为在事件发生初期选择、传递信息的意见领袖，以及事件后期的意见领袖。[①]

西方传播学者认为意见领袖地位的获得很大程度上和意见领袖社会人口统计学等方面的特征有很大的关系，概括起来，主要有以下几个方面的结论。

（一）意见领袖的人口统计学指标、社会地位

汉密尔顿（H. Hamilton）的研究发现，意见领袖的社会背景、受教育程度、性别、年龄不存在显著性差别。[②] 卡茨和拉扎斯菲尔德的初期研究发现，意见领袖与追随者之间存在社会地位的差别，拥有不同的社会资本。[③] 后来对迪凯特（Decatur）的研究发现，纯粹比较“成双成对”般的意见领袖与追随者是不妥当的，应研究“影响链”（chains of influence），因为意见领袖本身也必受他人影响，而其影响力也视事件及主题而定。意见领袖不仅在阶级、性别与年龄上与其追随者相近，更重要的是他们共享着某些价值观与信念。

（二）意见领袖的专业领域

意见领袖被发现以后，国外有研究者将通用的意见领袖量表应用于不同领域以检验意见领袖可以存在于各个不同领域的假设，结果发现意见领袖的确存在于生活的不同领域，如社会公共生活、时尚、消费产品、服装、音乐艺术等领域。[④] 还有一些学者致力于研究意见领袖是单个领域的专家，还是同时是多个领域的专家。[⑤] 大多数研究者认为意见领袖在传递信息和施加意见影响力的过程中具有专业性趋向，例如政治、时尚和休闲领域的意见领袖是不存在重叠交叉的，他们更乐于搜寻某个专门领域的信息，且自身也受到这些信息的影响。[⑥]

（三）意见领袖的媒介接触

研究者发现，意见领袖更多地使用大众媒体并更多地受到媒体影响。[⑦]

---

① KATZ E，LAZARSFELD P. Personal influence [M]. New York：Free Press，1955：112.

② HAMILTON H. Dimensions of self-designated opinion leadership and their correlates [J]. Public Opinion Quarterly，1971 (2)：266 - 274.

③ 同①89.

④ ROGERS E，SHOEMAKER F. Communication of innovations [M]. New York：Free Press，1971：211.

⑤ MARCUS A，BAUER R. Yes：there are generalized opinion leaders [J]. Public Opinion Quarterly，1964 (4)：628 - 632.

⑥ GOLDSMITH，R，HOFACKER C. Measuring consumer innovativeness [J]. Journal of the Academy of Marketing Science，1991 (3)：209 - 221.

⑦ 同①.

申克（Schenk）和罗斯勒（Russler）等认为意见领袖更多地读报、较少看电视或听广播。有些学者则认为意见领袖并不比他人更多地使用某类媒体。[①]总体来看，有关意见领袖的媒介接触行为，目前尚没有明确的定论。

（四）意见领袖的群体行为

意见领袖将自己知道的信息及时传达出去的前提是自己了解信息，因此测量意见领袖是否更早更多地了解信息是十分有价值的。研究表明，意见领袖多属于"社交型"，经常参加政治组织活动，与多个不同性质的群体保持联系。[②] 有学者使用个性力量量表也得出同样的结论，个性力量较强的人拥有较大的社会网络并更多地与他人交谈。

国内的研究者也就意见领袖进行了研究，韩运荣、喻国明总结了意见领袖的特征，如消息灵通、分析力强、具有人格魅力等。[③]

（五）意见领袖的测量方法

关于意见领袖的测量和确认一直是很多研究者的兴趣点，早在 1944 年"意见领袖"的发现者卡茨和拉扎斯菲尔德就已经开始了将意见领袖从人群中筛选出来的研究。他们请美国伊利诺伊州小镇迪凯特的居民对影响他们生活各领域的人进行提名。最后，在每个领域，都有一定数量的人被重复提及。

而根据我国台湾几家广告公司组成的 ICP（intergrated consumer profile，即整合性消费者分析资料库）的调查，意见领袖可由三种方式衡量：一是向受访者询问，当他做某种决策时会向谁寻求忠告和情报；二是利用某一团体中的被告知者确认意见领袖；三是由受访者评估意见领袖在所给题目中的影响力。

罗杰斯则系统总结了四种有效测量意见领袖的方法，即自我报告法、观察法、深度访谈法、社会网络分析法（social network analysis，SNA）。前三种方法都具有很强的主观性，在筛选意见领袖时，容易受个人主观意志的影响而产生偏差。而社会网络分析法是近些年比较新的研究方法，该方法研究人们的社会关系特征和群体特征，主要测量的是人的关系属性而不是个人属性。该方法将人置于社会交往或互动网络中来思考，通过绘制社会图（sociogram）、社会矩阵（socio matrix）或进行威望、受欢迎度、中心势等指数分析

---

① LEVY M. Opinion leadership and television news uses [J]. Public Opinion Quarterly，1978（3）：402－406.

② WEIMANN G. The influentials：back to the concept of opinion leaders? [J]. Public Opinion Quarterly，1991（2）：267－279.

③ 韩运荣，喻国明．关于舆论领袖的"素描"[J]. 新闻知识，2005（6）：9－12.

来界定意见领袖。

二、舆论意见领袖的类型

意见领袖的划分方法很多，有的基于不同专业领域进行划分，有的基于意见领袖的作用进行划分。本书将基于舆论意见领袖所在的不同领域与时间的稳定性两个维度，对其进行多维划分。

按照事件发展的不同阶段，可将舆论意见领袖划分为四种不同类别。这四者并不是严格区分的，个别舆论意见领袖在整个事件中既扮演信息的广播者，又扮演信息的转发者和意见的提供者，从这个意义上可以将舆论意见领袖划分为单一型和综合型。另外，根据不同舆论意见领袖在不同事件中出现的频次，又可以将舆论意见领袖分为稳定型和即逝型，进而可以构建出四种不同类别的舆论意见领袖（见图 5－1）：单一的即逝型意见领袖、综合的即逝型意见领袖、单一的稳定型意见领袖、综合的稳定型意见领袖。

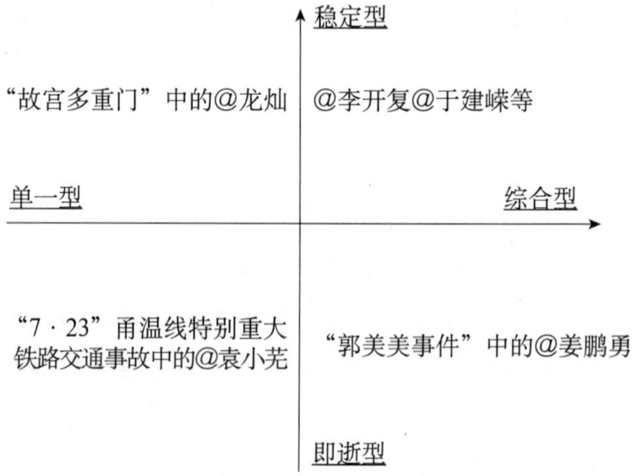

图 5－1　不同舆论意见领袖类别示意图

其中单一的即逝型意见领袖与单一的稳定型意见领袖的比例相对较大。单一的即逝型意见领袖往往是爆料者，某个事件结束以后在其他事件中很少看到其身影；单一的稳定型意见领袖主要是某个领域的专家或者学者，对该领域比较熟悉。这两种意见领袖的占比很高，也说明目前社会知识分工比较精细化，以往"百科全书式"的意见领袖已经很难看到了。

三、舆论意见领袖人格特质

人格特质是指在组成人格的因素中能引发人们付诸行动和主动引导人的行为，并使个人面对不同种类的刺激都能做出相同反应的心理结构。主观人格特质是实验被试对其自身人格特质的认识，即实验被试对自己人格特质的判断，通过主观人格特质量表衡量。有研究者使用的问卷是由金和萨默斯及奇尔德斯发展的意见领袖量表中的 7 个问题，加上结合意见领袖的人格特质选择的 14 个问题，总计 21 题（见表 5－1）。①

表 5－1 舆论意见领袖主观人格量表问卷

序号	问题	赞同	有点赞同	不清楚	有点不赞同	不赞同
1	一般来说，我会利用网络与人讨论或发表新话题。					
2	在周围的人眼里，我算是一个可靠的消息提供者。					
3	我利用网络发送信息给周围的人。					
4	我在我了解的领域比一般人更具权威性。					
5	在网络上，我常被认为是某些资讯的来源。					
6	当与人沟通时，我经常扮演着积极说服他们的角色。					
7	我在论坛发的帖子一般很受欢迎。					
8	我乐于与别人分享资讯。					
9	我喜欢在团体中承担重任。					
10	我认为我是个知识分子。					
11	我时常渴望刺激的事物。					
12	我承认其实我很爱显摆。					
13	我喜欢尝试新事物。					
14	我希望别人认为我是个时髦的人。					
15	我自认比他人更有能力。					
16	在现实生活中，我和在网络中一样自由地表达自己的观点。					
17	在现实生活中，我和在网络中一样很容易得到大家的认同。					
18	在现实生活中，我和在网络中一样为自己的观点据理力争。					
19	我觉得我在经常访问的论坛或微博上的影响力很大。					
20	在现实生活中，别人经常向我寻求建议。					
21	我对我目前的生活很满意。					

① 李彪．微博意见领袖群体“肖像素描”：以 40 个微博事件中的意见领袖为例［J］．新闻记者，2012（9）：19－25.

采用李克特量表共分为五个等级给分（1=不赞同、2=有点不赞同、3=不清楚、4=有点赞同、5=赞同），每位调查对象的总分在21～105分之间，分数越高代表主观人格特质强度越大。问卷回收后经信度检验，意见领袖量表的克朗巴哈系数（Cronbach's α）为0.731 4，在0.7以上，说明具有较高的内部一致性（克朗巴哈系数值越大，表示量表的内部一致性越高，系数大于0.7则具有高信度，小于0.35则不具有信度）。意见领袖群体的主观人格量表平均分为81.1，远高于平均分63，说明意见领袖的人格特质更趋向于理性、外向——乐于与人交流分享、自认为是可靠的消息提供者、与人沟通时经常扮演着积极说服他们的角色等。其中单一的即逝型意见领袖的平均分为70.4、综合的即逝型意见领袖平均分为75.6、单一的稳定型意见领袖平均分为87.7、综合的稳定型意见领袖平均分为91.3。可以看出不同类别意见领袖的人格特质的差异度，其中单一的即逝型意见领袖群体与综合的稳定型意见领袖群体之间存在显著性差异。

除了人格特质的差异，舆论意见领袖在人口统计学意义上也存在显著性差异，相关研究表明：舆论意见领袖主要为男性，占到了总体的92.7%；平均年龄为43.6岁，35.6%集中在40～49岁年龄段；平均学历在大专以上，属于高学历人群；以媒体从业人员（28.7%）、娱乐明星（18.7%）为主，还有少量的专业技术人员等；平均网龄为9.6年，三分之一以上（36.7%）上网时间在10年以上，27.1%的上网时间在8～10年，属于老网民群体；个性特征以成熟练达、思想开明、博闻多识和积极进取等为主，和上面的人格特质相契合。通过以上的分析，可以勾勒出舆论意见领袖的基本特征：年龄一般在40岁以上，以高学历、高收入的男性老网民为主。①

四、互联网时代相较传统时代舆论意见领袖的新变化与新特点

（一）舆论意见领袖的内涵和外延都得到了延展

前网络时代，舆论意见领袖多是由社会意见领袖（如媒体记者）承担，互联网时代舆论意见领袖越来越多元化，内涵和外延都得到了扩展，出现了单一的即逝型意见领袖、综合的即逝型意见领袖、单一的稳定型意见领袖、综合的稳定型意见领袖等多种形态和类型的舆论意见领袖。

---

① 李彪．微博意见领袖群体“肖像素描”：以40个微博事件中的意见领袖为例［J］．新闻记者，2012（9）：19-25.

（二）互联网时代舆论意见领袖的社会影响力进一步强化

互联网时代意见领袖的粉丝动辄十万、百万甚至千万，如截至2020年1月1日，“微博女王”姚晨的粉丝数量已经突破八千万，从理论上讲，姚晨的任何话语行为（如发微博、转发或评论）都会被八千多万粉丝即时性获知。而据2019年《中国出版年鉴》统计数据，中国超过千万发行量的报纸一家也没有，超过百万发行量的报纸仅六家左右。因此，互联网意见领袖影响舆论的能力日益凸显。任何一个带有敏感性的社会话题发布到网络上，都容易形成不同网民群体之间的信息传播流和社会意见流。互联网逐渐发展成为介入社会公共事务的信息传播新途径，成为网络舆论中最具有影响力的话语平台，从而改变了传统网络舆论格局的力量对比。

（三）舆论意见领袖越来越具有媒体的属性

舆论意见领袖往往都通过了实名制认证，将线下的社会资本完好无损地“迁移”到网络中，其网络上的社会公信力一点也不比传统大众媒体逊色。并且他们和粉丝之间的信息传递是实时的、零时间差的，因此不仅具有了大众媒体信息源的属性，还可将自己的观点和意见掺入信息流中传播，形成信息流和意见流交汇传播的新格局。

（四）舆论意见领袖群落化、集聚化等趋势加强

互联网时代的意见领袖由于实名制认证、加V等身份区隔度，多喜欢将同样是意见领袖的微博用户加为互相关注对象，他们之间相较于和其他草根之间互动频率更高，一个意见领袖的信息和意见很容易为其他意见领袖所转发评论，具有明显的集聚化、群落化、圈群化的趋势。

（五）舆论意见领袖话语权力结构具有集权化、等级化等新特点

互联网在赋予民众信息传播的话语表达权的同时，也加剧了话语权力的进一步集中。互联网中的用户会出现马太效应，粉丝越多的意见领袖其粉丝增长的速度越快，其社会话语权也就越大。互联网话语权力结构的集权化和等级化趋势会进一步加剧。因此有研究者对微博的意见领袖进行了研究，认为微博中存在所谓“45°仰角现象”①。另外，这种受众主动关注机制提高了意见领袖的门槛，任何一个新进入的用户要想脱颖而出，都不是一朝一夕之间

① 新浪科技．微博：建立在45度仰角基础上的媒体与社交平台［EB/OL］．（2011-04-09）［2022-12-12］http://tech.sina.com.cn/i/2011-04-09/01135384636.shtml.

就能速成的。以“故宫多重门”的爆料者@龙灿为例，虽然其不断有故宫的猛料爆出，但由于没有新浪认证等原因，其粉丝的增长量和姚晨的比起来简直是后者的九牛一毛。

（六）舆论意见领袖已初具公共知识分子属性，并呈现跨界性特点

在某种意义上，舆论意见领袖已经具备了西方政治学中的“公共知识分子”的基本特征，“公共知识分子以社会公众可接近之方式表达自己，并且其表达聚焦于有关或涉及政治或者意识形态色调的社会公众关注之问题”①。公共知识分子的身份一般是以下三者：具有学术背景和专业素质的知识者、对社会进言并参与公共事务的行动者、具有批判精神和道义担当的理想者。很多意见领袖都符合以上身份之一，同时出现了所谓的专业跨界现象，对社会公共话题或者其他专业领袖的话题“指手画脚”。

第四节　信息搬运工及其特征

信息搬运工在舆论场中负责信息的搬运，与意见领袖不同，其自身并不生产任何事实信息与意见观点，而是将信息从一个圈群转到另一个圈群，通过圈群之间的嵌套机制，实现全网传播。但这一群体在自媒体尤其是微信群传播时代价值更大，很多信息都是经由这类群体进行搬运而成为社会焦点事件的。

一、信息搬运工的定义

研究信息搬运工必须要对这类群体下一个准确的定义，界定好基本的人群特征才能研究这类群体的行为模式。

（一）信息搬运工的定义

从广义上讲，信息搬运工是指将信息从信息节点A搬运到信息节点B的所有主体。从这个意义上讲，传统媒体、网络编辑等都属于信息搬运工，但他们是以信息搬运为职业，存在一定的物质利益诉求。而本书定义的信息搬运工是狭义的，主要是指网络传播场域中将新闻网站、论坛贴吧、微博、微信群或朋友圈等网络站点的新闻或帖子等“搬运”到其他网络场域的活跃网

① 波斯纳．公共知识分子：衰落之研究［M］．徐昕，译．北京：中国政法大学出版社，2002：35.

民，他们对“搬运”的内容一般不进行编辑或者仅做少量修改，使之更能吸引眼球。他们是网络信息在不同场域之间流动的关键节点，起到信息桥的作用，“搬运”的目的一般比较单纯，主要以分享或获取“社交货币”等精神收益为目标诉求。

在现实网络信息传播场域中，信息搬运工承担着不可小觑的作用，他们像蚂蚁搬家一样将信息从A场域“搬运”到B场域……根据六度分隔理论，信息搬运工只需要搬运五次就可以将信息传播到整个网络信息场域。以往的传播学研究视域中对这一角色的研究有所缺失，这多少是有些遗憾的。

（二）信息搬运工与传统媒体、网络编辑、网络意见领袖、网络水军等的区别与联系

首先来看信息搬运工和传统媒体、网络编辑这三者的区别与联系。三者虽然从行为表征上看存在相似之处，但在目标诉求、搬运内容和搬运路径偏好等方面存在着区别（见表5-2）。

传统媒体将组织目标作为其信息搬运的最高目标。传统媒体的组织目标不外乎主流意识形态认可和注意力资源最大化，加上其作为整个社会“眺望者”的社会角色定位，其“搬运”的内容也多是关乎整个社会正常运行的宏观“巨内容”。其搬运的路径一般是从论坛场域搬运到传统媒体场域，目前很多记者从论坛中找选题就是一个典型例证。

网络编辑在一些场合也被称为信息搬运工，但和本书所指的信息搬运工有本质区别。这类群体是以网络转载行为为生存职业，一般依附一定的网站组织，属于一种职业类别。其搬运的内容主要来自传统媒体网站，其路径偏好主要是从传统媒体网站搬运到其他网站尤其是门户网站。由于其组织目标等“潜网”的局限，职业分工明确，不能随心所欲地转载和搬运。

相较于以上两者，信息搬运工比较自由，其搬运的内容比较多元，主要由自己的价值判断决定。由于自媒体平台的相对开放和自由，其在路径偏好上也比较多元，可以将各种信息从节点A搬运到节点B、C、D……三者的具体区别见表5-2。

表5-2　传统媒体、网络编辑和信息搬运工三者的区别

类别	目标诉求	自由度	内容选择	搬运路径偏好
传统媒体	以传媒组织目标为诉求，即主流意识形态认可和注意力资源最大化	受意识形态、组织潜网等限制	“跑口”职业分类，只能关注本领域信息	自媒体→传统媒体

续前表

类别	目标诉求	自由度	内容选择	搬运路径偏好
网络编辑	以组织目标为诉求，以经济回报为目标	受意识形态、组织潜网等限制	职业分类，只能转载负责领域信息	传统媒体→其他网站
信息搬运工	以分享、获取认可等精神收益为诉求	相对自由，以个人好恶为标准	个人兴趣爱好	传统媒体网站、论坛、博客、贴吧、微信、微博→其他自媒体平台

其次，需要区别一下信息搬运工、网络意见领袖和网络水军三者的区别。这三者的区别相对比较明确。第一，三者在行为表征上存在一定的区别：信息搬运工是以信息搬运为行为表征的，网络意见领袖是以表达观点获得追随者的支持为行为表征的，网络水军是以数量为优势对某个事件进行“无意义”的支持或反对为行为表征的。第二，三者在利益诉求上也存在区别：信息搬运工和网络意见领袖均以精神收益为诉求，网络水军则以经济回报为诉求。

二、信息搬运工特征描述

根据相关研究者的调查问卷，信息搬运工的主要群体特征如下。

性别特征：男性的比例为57.1%，说明信息搬运工群体是以男性为主的。

年龄特征：平均年龄为31.7岁，相较于网络意见领袖群体40.3岁的平均年龄有所下降，并且近90%集中在20～39岁这一年龄段。

学历特征：若将小学及以下学历定义为1，初中学历定义为2，高中学历定义为3，大专学历定义为4，大学本科及以上学历定义为5，则信息搬运工的平均学历系数为3.7，相较于网络意见领袖平均学历系数4.4有所降低，主要为大专左右学历。

职业分布：以党政机关及事业单位人员（42.9%，近1/2）和无业/下岗/失业人员（28.6%，1/4以上）为主，两者占到了总体的70%以上。此外，还有少量的自由职业者等。

收入水平：信息搬运工群体的平均月收入为3 547.6元，月收入在5 000元以上的占到了总体的19%，相较于网络意见领袖群体平均月收入5 500元，属于低收入群体。

网龄：信息搬运工的平均网龄为6.8年（网络意见领袖群体的为8.4年），近一半（42.7%）的信息搬运工上网时间在6～8年，1/3左右（30.6%）

的上网时间在 8～10 年，一定程度上也属于老网民群体。

媒介接触行为：信息搬运工每天平均用于读报的时间为 16.6 分钟（网络意见领袖群体为 21.8 分钟）、听广播的时间为 6.4 分钟（网络意见领袖群体为 21.1 分钟）、看电视的时间为 84.5 分钟（网络意见领袖群体为 119.8 分钟）、看杂志的时间为 6.5 分钟（网络意见领袖群体为 13.1 分钟）、看书的时间为 49.2 分钟（网络意见领袖群体为 62.2 分钟）、上网的时间为 275.8 分钟（网络意见领袖群体为 243.2 分钟）、接触手机媒体的时间为 23.7 分钟（网络意见领袖群体为 21 分钟）。与网络意见领袖群体相比，信息搬运工接触网络等新媒体的时间更长，接触传统大众媒体的时间更短。

居住地变化：从现居住地看，近 1/2（48.2%）的信息搬运工居住在直辖市，仅有 11.1%左右居住在镇级区域，而 40%左右少年时代的居住地是农村，少年时代居住在直辖市的仅为 14.8%，说明信息搬运工和网络意见领袖一样，大多是流动到较大城市的。

个性特征：信息搬运工个性特征主要是以活泼开朗、思想开明、积极进取和心地善良等为主，和信息搬运工年轻化有朝气的特征正好契合。

人格特质：信息搬运工的人格特质以感性为主，占到了总体的 60%，其中又主要是感性外向的特质，占到了 1/3 多一点（37.1%）；而网络意见领袖群体则以理性为主。①

通过以上的分析，信息搬运工的基本特征为：以年龄在 30 岁左右的大专学历、一般收入的男性网民为主，主要是新移民阶层，在党政机关、事业单位从事相对轻松的工作。

第五节　网络水军、网络推手及其特征

舆论表达主体还包括制造舆论幻象甚至虚假舆论的网络水军与网络推手。这类人群通过密集发帖，制造虚假关注数量，在规模足够大的情况下有可能会造成虚假舆论，对整个舆论生态具有潜在的破坏性。因此，这类群体具有重要的研究价值。

一、网络水军、网络推手的概念

网络推手、网络水军两者虽然经常一起出现，但在日常生活中两者扮演

① 李彪．谁在网络中呼风唤雨：网络舆情传播的动力节点和动力机制研究［M］．北京：人民日报出版社，2011：187－188.

的角色与起到的作用各不相同，一个是组织者，一个是组织成员，首先需要对两者的概念进行厘清。

（一）网络水军的概念

目前学界对于网络水军还没有明确的定义。广义上的网络水军是指受雇于明确的组织或个人，利用网络进行炒作并以此获利的网络人员，由于参与人数众多，被形象地称为“水军”。这一定义既包括网络公关公司，又包括发帖回帖的不固定人群。

网络水军最早起源于商业营销，商家为借助强大的网络力量进行自我宣传或抹黑竞争对手，选择雇用网络人员进行有组织的刷帖活动。但随着互联网的不断发展和微博社交时代的到来，越来越多的公共话题讨论进入网络空间，涉及行政权力和公共利益的领域也出现了适合网络水军生存的条件。

至此，网络水军内部开始出现了职能分化，一部分仍活跃在商业营销中，而另一部分则表现为舆论领域的水军。此类舆论水军是被大批雇用的对网友意见进行观点批判或维护的人，其行为多造成虚假宣传效果，最终表现为虚假民意。本书将网络水军定义为舆论网络水军的一个子群体，其仍旧带有受雇于人或组织的非自主性等特性。

（二）网络推手的概念

网络推手是指广义的网络水军中策划、主导、推动炒作热点的个人或组织。上述广义的网络水军概念中包含的网络公关公司即是网络推手的典型代表。网络推手借助网络媒体有目的地进行策划，实施并推动与某一特定对象相关的舆论，使之产生影响力和知名度。该特定对象可以是企业、品牌或个人。他们制造公共话题，炒作公共人物，使之影响力和知名度飙升。

2005 年前后，互联网逐渐普及，某些网络名人充分利用网络传播特性，成功策划并引导了早期网络红人的诞生。例如，2005 年红极一时的“天仙MM”，便是自封为“全网首席网络推手”的老浪的“成名作”。通过三个月不间断的论坛发帖贴图，羌族女孩余红艳从一个山寨里不成功的舞蹈演员到网络红人，背后的包装与传播几乎以老浪一人之力完成。这就是最早出现的一批网络推手的典型代表。

与此同时，网络公关公司这一类型组织开始出现。行业调查显示，2008 年网络公关占整个公关市场比重的 6.3%，市场份额约 8.8 亿元。网络公关的营销模式就是发布企业软文进行口碑营销，借助话题和事件在网络集中进行宣传造势。目前的网络营销主要是由网络公关公司进行策划并主导传播，通过雇用大批网络闲散人员完成网推的量化过程，以助推某一人物、产品或事件进入公众讨论议程。

二、网络水军的演变发展

网络水军作为互联网时代的产物，其自身发展变化与网络载体的发展相辅相成。结合互联网上典型社交工具的形态变化，可将网络水军的发展划分为三个阶段。

（一）论坛时代：网络商业营销的“打手”

第一阶段即论坛时代。在 2005 年左右，互联网得到迅猛发展。最早接触网络的部分群体中熟悉网络传播规律的个体开始扮演网络推手的角色。通过策划传播内容，进行有计划的信息发布来达到宣传助推的目的，以炒作人物、产品或事件等。如上述的“天仙 MM”即源自初代网络推手的背后运作。在这一时期，也存在着网民自发的“水军”行为，表现为针对某一热点话题跟风在论坛发帖以发表个人意见，是一种网络群体无意识行为。与此同时，公关广告行业看中了网络舆论产生的新机制，将现实公关活动转移到网络中，利用互联网传播规律，组织了专业的网络公关公司来从事商业营销活动。

2009 年的“贾君鹏事件”可谓网络商业营销成功的典例。2009 年 7 月 16 日，网友在某游戏贴吧发表的一个名为《贾君鹏你妈妈喊你回家吃饭》的帖子，在短短五六个小时内被超过 39 万名网友浏览，引来超过 1.7 万条回复。事后证明“贾君鹏”不过是一个推手团队虚拟化的网络人物，但其造成的影响力却是空前的。

这一时期可谓网络水军野蛮生长的阶段，其活动领域多以商业营销为主。直到 2009 年，“疯客联盟”的出现标志着网络水军达到了规模化发展的程度。“疯客联盟”是一个分层管理的水军团队，由上层推手团队加下层刷帖群众组成，于 2009 年 11 月 24 日成立，自称可以处理“各种紧急网络公关项目”。这一由深谙网络“游戏规则”的骨灰级网民主导的水军团队，成为网络水军发展的阶段性代表。

（二）微博时代：主体多元、鱼龙混杂

第二阶段即微博时代。2009 年前后，各大门户网站纷纷推出微博产品，微博正式作为一种社交网络平台进入网络空间。微博自带的转、评、赞功能不仅大大丰富了传者与受众之间的互动，同时也将受众进一步转化为新的传者。这种交互性极强的网络信息传播方式给了网络水军新的发展机遇，他们不仅可以通过发帖回帖的方式进行意见输出，同时还可以通过转发扩散等制

造热度。2010 年，“网络水军”作为一个特定名词开始进入公众视野。

2012 年，电影圈一档同期片口碑之争，将对网络水军的讨论升至台面，一直被默认存在的网络水军群体被集体“正名”。当年贺岁档，冯小刚导演的《一九四二》与陆川导演的《王的盛宴》同时上映，角逐票房。《一九四二》率先曝出上映即遭“黑水”低评，几日后《王的盛宴》宣传人员微博公开与网络维护人员合作的事实，而后反水。不管双方是否存在雇用网络水军维护口碑或抹黑对手的行为，网络维护人员即“水军”的存在都是毋庸置疑的。

同年，互联网行业内的“3Q 大战”背后，其实也有网络水军的身影。两家企业针对各自的安全软件展开的争论中，表现出来的网络舆论呈现出了多次反转变化。但有研究发现，很多参与讨论的网民的帖子都是在三更半夜发出的。由此不难推测，该事件背后的舆论发展有网络推手在做引导。

直到 2013 年微博发展至鼎盛时期，“网络水军”逐步从单一的“发帖者”演化为集“推手”“打手”“删帖”“为客户加 V”和“刷粉丝”等于一身的“网络新水军”。最早微博可以通过邮箱进行非实名注册时，批量申请邮箱后生成微博“僵尸号”十分容易，用户可以通过购买来实现涨粉、批量转发、集体点赞等效果。这些“僵尸号”表现出在线时间短、原创内容少、关注人数多但粉丝少等特征。

同样，在微博时代，公共话题讨论渐渐进入网络空间。为适应新媒体时代特征，利用新媒体传播快、覆盖广、交互性强等优势，越来越多的传统媒体和行政机关等开启了以微博为代表的新媒体传播时代。2012 年 7 月 22 日，时值北京暴雨，《人民日报》法人微博首次更新，微博开始成为其新闻发布的重要渠道之一。而随着主流叙事在网络空间的开放，行政事务、公民权利、社会民生等话题空间也渐渐拓展，网民成为参与公共议事的一大群体。与此同时，网络水军也可以借机伪装成普通网民，大肆制造虚假舆论。

（三）后微博时代：隐匿生存、效力不减

第三阶段即后微博时代。2011 年，微信作为一种新网络社交工具投入使用。与微博不同，微信作为一个半封闭的社交圈，同质性高，近似于一种人际网络传播。由于微信评论针对好友开放且仅在互为好友时可见，引导舆论的网络水军遇到了发展的瓶颈。但 2012 年公众号功能的推出又给商业营销带来了新的生机。软文推广、批量转发等网络营销运作模式在微信上也有了发展的条件，但总的来说，不如在微博上操作起来便利。

综上所述，根据网络工具发展变化，网络水军随之也在演进变化，不

仅在运作链条上逐渐清晰模式化，同时其活跃的领域也逐渐由商业营销拓展到舆论引导的方方面面。如今社会热点事件的讨论中，也逐渐混入了网络水军的身影。舆论真相很可能被掩盖，普通网民的话语权很可能被该群体剥夺。

三、网络水军的行为特点

本书通过对采集的帖子进行处理和挖掘，在时间、组织、内容上发现了网络水军行为特征的一致性与协同性。而通过访谈法和文献分析法获得的结果也证明，近十年来，网络水军的活动特征发生了巨大的变化。

（一）网络水军的行为模式

网络水军的行为模式有规律可循，在不同时段发布信息的种类有明显区别。统计数据显示，网络水军在 QQ 群中的传播已经形成了一套规范化、专业化的操作，如在名为“发发九小助手”的 QQ 群中，群主在群管理中已经出现极强的反侦察、反检测意识。网络水军并不是零散无组织无纪律的散兵游勇，而是由利而聚、利尽而散、分工明确，有撰软文的，有增、删、顶、回帖的，还有做公关的，是有组织有分工的、具有协同性的、新兴的、特殊的网络组织。

（二）网络水军的具体行为特征

1. 身份隐蔽

新媒体时代，网络公司不再寻找专人进行发帖、顶帖的活动，更多是借助微信群、QQ 群吸收散落的“水手”，即便是群主也不了解水军个体的具体身份。隐藏于 QQ 群、微信群的接单水军，只需要注册一个小号就可以自如交流，完全不必担心；雇用水军者和水军彼此间穿着马甲交易，互不认识。随着通过 QQ 群开通好友对话功能，处在同一群中的雇主与水军甚至不需要加 QQ 好友就能直接对话、交易。

2. 灵活性强

互联网的脱域性令网络水军的操作更加灵活。传统的下单模式是由雇主寻找专业线人，借助线人手下的网络水军大群进行具体工作。而借助自媒体平台，根据自身的时间灵活下单、接单，双方都能实现高效运作：雇主可以根据任务的不同选择不同的水军进行操作；对水军来说，想做可以，不想做也可以，比较自由。

3. 广泛且分散

网络水军分散在全国各地，有业务时聚在一起，完成后又分散开。许多网民兼职做网络水军，活跃在各地区、各职业、各阶层的各个角落，数量庞大。当前网络水军已经有专职与兼职之分，前者受雇于某些网络公司，后者是出于某种需要临时招募的兼职人员，正是由这些专业人员与散兵游勇组成了数量庞大的网络水军队伍。

4. 反侦察意识强

即便是QQ群的强隐匿性，也不能完全阻挡网络监控部门的有效监控。针对网警、网信办等的监控，部分QQ群群主已发展出一定的“反侦察”意识。具体手段为刷屏、将关键字用拼音表示或使用同音字代替。

5. 水军的关注点从目标产生内容转向目标用户本身

早期网络水军大量通过制造垃圾邮件引导用户点击商业广告站点，传播垃圾信息。随着互联网的崛起、各类媒体的层出不穷，网络水军也在不断调整行为模式。

表5-3比较了传统网络水军与新媒体网络水军的差异。

表5-3　传统网络水军与新媒体网络水军的差异比较

	传统网络水军	新媒体网络水军
水军目标对象	邮件用户	新媒体用户
水军影响程度	较小	较大
水军数量规模	正常	庞大
水军伪装程度	较低	极高
准确性需求	一般	精确
行为复杂程度	较低	趋向正常用户

当前，Web 2.0网络水军的目标领域不同，可以分为邮件领域、电子商务领域、社交网络领域和论坛领域。早期网络环境中用户防范性较差，该类网络水军能够造成的影响巨大。而如今，网络水军已经进化，针对不同网络平台进化出了不同的演化模式。

社交网络包括各种各样不同类型的用户分享站点，如社交站点（QQ、微信）、视频分享站点（梨视频、快手）、社会媒介站点（微博）以及问答平台（知乎）等。新媒体时代，社交网络成为用户日常生活不可缺少的部分，一些商业组织和个人通过网络水军在社交网络中制造宣传垃圾观点的行为泛滥开来。社交网络领域的网络水军行为在各个目标领域中最为复杂。

四、网络水军的组织机制

网络水军的组织机制主要由四个环节构成（见图 5－2）：组织或个人→专门的网络推手或网络打手→网络包工头→网络水军。其中最为核心的网络推手或网络打手的基本运作流程如下：接受指令和业务→分析网民心理→制作种子帖子（多是谣言和虚假新闻）→雇用水军→密集发帖。其业务流程直接而迅速，从网络打手接到用户业务需求到网络水军形成发帖规模优势，比较快的前后不超过三天。可以说，这种短、平、快的扁平化结构模式和业务流程使得网络水军得以“翻云覆雨”。这类网络打手主要集中在北京、上海等一线城市。

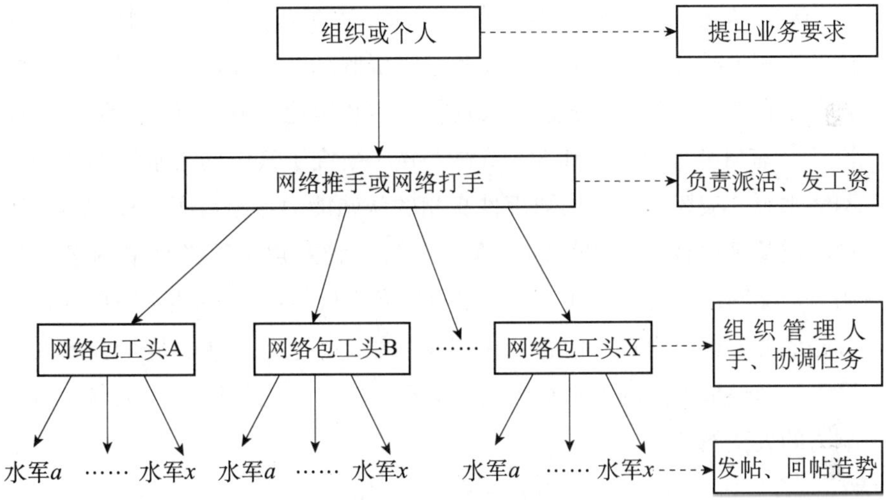

图 5－2　涉意识形态网络水军组织结构图

从图 5－2 可以看出，网络水军的主要任务是伪装成普通网民在网络论坛上发帖顶帖，其个体——水手基本的工作流程如下：加入招聘水军的 QQ 群→注册多个免费邮箱→在各大热门论坛注册大量 ID→按照指令发帖、回帖→每周将工作量上报 QQ 群群主→通过支付宝收到工资。从水手工作流程可以看出，网络水军从招聘、工作到获取报酬所有流程都是在网络上完成和实现的，其报酬一般按照两种模式来考核：一种是事先为水手规定好一个月的发帖量，最后按月结；另一种是按发帖的效果结算，如果发帖第二天就被删除了，则不计算劳务费用。

五、网络水军影响效力之争：操控舆论 VS. 作用有限

2012 年 5 月 13 日《东方早报》的“上海书评”版刊出相关文章，认为

微博提供了发表意见的空间，却也纵容网络水军兴风作浪。赵鼎新认为，买粉丝、雇水军很容易在微博上形成虚假舆论，网民更容易被操纵。对赵鼎新的“中国微博精确显示评论数、转发数等特点加大了被操纵的可能与危险性”这一观点，罗洪启在微博中认为言过其实。微博空间多元与开放决定了其本身不可能被操纵，如同一百多年前就有的“要减弱单份报纸影响力，就增加报纸总数量”的理论。以上争论其实代表了网络水军出现以后一直存在人们心中的疑问，网络水军的作用到底有多大？其作用机制如何？

学界对此莫衷一是。一种代表性观点是网络水军能量很大，可以操控社会舆论、制造伪舆论使得网络民意失真等。如于志君等认为：“网络水军缔造了一个庞大的‘伪舆论王国’，在这个王国里，水军通过大量的发帖跟帖，在某一舆论场中形成一股虚假的舆论浪潮。这种‘伪舆论’代表的并不是真实的公众，而只是某些利益集团或个人。”① 陈宇认为：“网络水军往往将商业话题变相说成社会生活话题，以此来吸引眼球。这样，刻意制造的他生舆论就混杂在舆论阵营中，表达了大众的非本意舆论，掩盖了自然形成的社会舆论。”② 有研究者以腾讯和 360 大战为例，研究了其中网络水军的作用，认为网络水军“破坏了公众探知事件真相的认知能力，阻碍了‘腾讯与 360’事件本质及事件客观真实性的出现”③。另一种观点是不必高估网络水军的作用。资深网络人士黎明在《东方早报》发文认为：“对网络水军的报道，多有夸张成分，也有隐瞒的信息。在商业功能上，它的本领、能量被放大了。实际上，即使最牛的网络水军组织，也不可能‘攻陷’任何一家有公信力、影响力的大型网站。”④

（一）社会议程设置能力进一步弱化

虽然有些网络事件可能没有被网络水军公开承认曾参与，但却有网络公关公司出于宣传的目的冒领网络事件责任、虚报业绩。如目前有三家公司公开承认是自己一手策划了“贾君鹏事件”。再加上一些网络事件也许有水军参与，但最终没有进入大多数网民的视野，因而现实并非像一些媒体报道的，网民视域中至少 50%以上的网络事件是由网络水军操纵的。

另外，还需要说明的是，网络水军参与和策划事件的成功率并没有人们想象中那么高。按照该行业内规模较大的 1024 互动营销顾问有限公司的自我

---

① 于志君，郭根生．“网络水军”的形成机制与传播效力研究［J］．现代视听，2011（5）：53－56．

② 陈宇．“网络水军”泛滥与网络舆情监测的完善［J］．青年记者，2011（10）：69－70．

③ 詹玉姝，肖建春．论“腾讯与 360”事件中“网络水军”的传播效果及影响［J］．东南传播，2011（8）：66－67．

④ 黎明．不必高估网络水军的力量［N］．东方早报，2010－09－13（5）．

宣传，其先后服务于100多家知名公司、相关行业的领军企业，拥有监控10万个论坛及维护言论的能力，拥有1 000人的营销队伍。

网络水军并不像某些媒体和研究者所认为的，在网络虚拟空间中翻手为云、覆手为雨地操控着社会舆情。网络水军所策划的事件在主流话语场域中的地位甚至连边缘都算不上。

（二）商业本质属性决定网络水军无法主导社会话语场域

在所有网络水军事件中，企业作为受托方占总体的一半左右[①]；个体作为受托方占总体的另一半，以出名或寻求社会帮助为主要诉求。无论是企业还是个人受托方，均是以商业诉求为主，都说明网络水军的本质就决定了其商业属性。无论其外衣是多么的华丽或者华贵，在互联网自媒体时代无影灯效应下，也是一有风吹草动就会原形毕露。这是网络水军最为致命的缺陷，也是网络水军无法在主流话语场域内兴风作浪的根本原因。

（三）网络水军发生作用的范围和领域有限

从网络水军参与的事件类别上，商业事件占总体的一半，主要是商业竞争，如“3Q大战”“圣元早熟门”等；娱乐事件占总体的近一半，如捧红一个个草根明星——芙蓉姐姐、凤姐等，还包括每部热门电视剧、电影上映之时，招募“水军”力炒某位主演的绯闻，以此达到吸引注意力的目的；社会事件仅占总体的8%，如“罗彩霞事件”“苦命妈妈跪行救女事件”。从以上事件类别上可以看出，一方面，网络水军与商业利益是密不可分的，他们主要利用网民的信息不对称造成的信息真空乘虚而入，喧宾夺主地误导民众；另一方面，网络水军在社会主流场域和话题议程设置方面难以成大气候。从本质上来讲，相较于所有网民，网络水军在数量上是微乎其微的，网民对社会主流事件的关注引起民意啸聚时，网络水军表现出的力量是微小的。换句话说，在大众麦克风时代，网络的无影灯效应更加凸显，网民会像拼图游戏一般构建“社会真实”，社会真实会呈现出马克思所说的“有机运动”，信息真空会在最短时间内被UGC及时填补，网络水军毫无时机可乘。

（四）网络水军在时事类网络事件面前基本无能为力

在关系到民生和国家利益的社会重大事件上，基本看不到网络水军的身影。网络水军参与的事件主要集中在两个领域：一是对市场竞争对手实施打

---

① 李彪，郑满宁．微博时代网络水军在网络舆情传播中的影响效力研究：以近年来26个网络水军参与的网络事件为例［J］．国际新闻界，2012（10）：30-36.

压的商业行为；二是“造星”，让小人物短时间内成为网络红人。“贾君鹏事件”很大程度上是相关利益公司对关闭网络游戏《魔兽世界》服务器的不满和反抗，也属于商业利益的范畴。“罗彩霞事件”中虽然后期有网络水军的介入，出现了大量对顶替者王佳俊表示同情的帖子，但很快被网民识破，掀起了对水军的讨伐，没有改变王佳俊父亲王峥嵘被刑拘的事实，从某种意义上也是以失败而告终。这是目前笔者能够收集到的唯一网络水军参与的网络时事类事件，也恰恰是其败走麦城的事件。因此网络推手们宣传的“在网络上造出了舆论，把法院逼到一个风口浪尖上，不得不按照我们的意图做出判决。我能做到的是，让 2.2 亿网民全知道这事，5 万元全部搞定”的豪言壮语，仅仅是为了吸引人们下单的虚假宣传而已。在时事类网络事件面前，网络水军们基本上是无处下手的。首先，网络水军在“弱者无辜”这一点上就无法撼动民众的心理预设；其次，网民观点的交锋不再以规模和数量取胜，关键在于谁的观点能经得起法理和事实的检验。

（五）从传播效果来看，网络水军仅起到社会告知作用

网络水军主要兵力集中在商业领域，像其他武装力量一样，每支网络水军都担负“攻”“守”这两种任务。“攻”有两种：一是“网络营销”，也就是为客户传播美名，主要以软文方式进行广告宣传；二是对客户的竞争对手或怀恨之人发动攻击或“自卫反击战”，是以传播“负面事实”和流言、评论等方式为主的。“守”主要是指通过删帖、围攻某一账号等方式维护自身利益。在笔者研究的引起社会影响的网络水军参与的事件中，网络水军作为“攻”的角色占到了所有事件的 96.2%，而作为“守”的角色仅占到了总体的 3.8%，如“罗彩霞事件”等。[①] 也许会有研究者质疑，如果网络水军通过删帖而使得很多事件没有浮出水面呢？这在理论上的确是可以成立的，但现实是目前网络社会话语场域马太效应日益明显，整个场域议题的主导权是由若干个关键站点决定的，如天涯论坛、新浪微博等[②]，不管哪类水军、谁的水军，在这些大的论坛网站编辑眼里都是在“裸奔”，无论从注册时间、过往言论、IP 地址还是从活跃程度上，网站编辑都能一眼就认出来。网站编辑和水军的战斗，近年来一直没有消停过。水军可能对网络管理、内容质量造成某些麻烦，但在网站编辑眼中并无优势或强项可言。对网站、网站编辑来说，有“网络黑社会”之称的网络水军，遇到可以左右、影响网络管制权的势力，

---

① 李彪，郑满宁．微博时代网络水军在网络舆情传播中的影响效力研究：以近年来 26 个网络水军参与的网络事件为例 [J]．国际新闻界，2012（10）：30－36.

② 李彪．舆情：山雨欲来：网络热点事件传播的空间结构和时间结构 [M]．北京：人民日报出版社，2011：98－99.

显得能量不够。加上近些年各大网站对网站编辑的管理力度和权限控制不断加强，网站编辑个体寻租的空间被极度挤压，“删帖”在这些大的网站基本上没有太多的操作空间。因此，网络水军以“攻”为主，只能挑起话题但无法左右话题进展。

当然，笔者承认网络水军的确会发生作用。但网络水军的作用到底是哪种？从传播效果的几个层面来说，仅能起到告知的作用，即可以在短时间内让某个事件或者人物充斥在人们的视线中，而对于人们的大脑如何思考，尤其是情感改变等深层次的传播效果方面却毫无作用。就像“贾君鹏事件”，也许其目标诉求是就《魔兽世界》游戏服务器的关闭向政府施压，但网民不仅没关注这些，反而是对之进行恶搞——“贾君鹏家族”、PS风潮，这恐怕不是委托公司和网络公关公司所预期的。

（六）网络水军自身素质和手段决定其无法持续推动议题进展

网络水军有专职和兼职之分。专职水军通常是网络公关公司或各个论坛里资深的老网民，他们隐蔽在幕后，熟稔网络运作的潜规则，了解中国网民心理，善于策划推助大规模炒作宣传。但基本都是凭借着“新奇的故事性＋极高的关注度＋广泛的舆论”模式，使某事件成为某段时间的最热门议题，炒作起来以后对议题的发展却毫无把控力，很大程度上是玩火自焚，如炒作“圣元早熟门”的北京博思智奇公关顾问有限公司、“苦命妈妈跪行救女事件”中的天涯论坛版主“金泉少侠”石金泉等。这种炒作模式引发了社会的强烈不满，目前业内已经在反思。

兼职水军也被称为网络水手，根据笔者对网络水手的社会人口统计学特征进行的研究，网络水手多是27岁以下拥有高中学历的男性青年，以无业/下岗/失业、学生和自由职业者等三类群体为主，平均月收入2 000元以下，网龄在3年左右，分布地区主要为市及以下区域。[①] 网络水手的年龄和学历决定了这部分人的基本思维能力和思维方式，他们不可能像真正的意见领袖那样发出振聋发聩、有价值和有意义的评论。虽然网络公关公司意识到了这点并做出了调整，如要求每个网络水手的发帖在20字以上，但其由于水平有限，不能也不敢在整体观念的思路结构、思想系统上与想反对和攻击的对象交锋和较量，只能在别人的万言演讲里挑一根“稻草”来纠缠，很多情况下只是扮演着“自动发帖机器”而已。网络公关公司的种子帖子再完美，在亿万网民眼中都充满着漏洞。因此从话语修辞的角度来说，网络水军的本质决

---

① 李彪．谁在网络中呼风唤雨：网络舆情传播的动力节点和动力机制研究［M］．北京：人民日报出版社，2011：67-68.

定了其在网络话语交锋中必定是一个失败者。在网络水军留下的足迹里，不难发现一个问题，即所有内容均一模一样，包括文字、符号以及错别字、错误符号。例如 360 的“公园门事件”，在某微博中出现了成千上万不同 ID 发出完全相同的内容的情况：“今天开车走到公园附近，突然感慨起来，周鸿祎还是挺牛的，想想，在他公司干的人，跟着他的人，现在出来打江山的，千万富翁不少。”

（七）网络的自净化机制（自组织效应）决定网络水军不可能操纵舆论

自组织是物理学中的理论，网络舆情信息系统就是一个自组织，其内部的信息无论看起来多混沌、无序，都可以通过内部的机制和规则自动实现由无序走向有序、由低级有序走向高级有序。网络通过自组织机制可以实现自我净化，陈力丹提出了新媒体的自净化机制，认为“健康的意见通过观点交锋而战胜非理性的意见”①。同样，在社会化媒体尤其是微博时代，话语霸权被极大地消解，无影灯效应更加凸显，因此，自媒体的自净化机制得到了空前的加强。在这种自净化机制下，网络水军不可能操纵舆论为非作歹。

有相关研究者认为有互联网舆论就必然有商业利益试图操纵舆论，这跟商业利益对电视、报纸、广播的操控冲动没什么本质区别，人们最终总会识别出那些被商业利益污染的媒体，这就是媒体的自净化和自组织效应的体现。如 2011 年 2 月，中石化公司被曝光了一份内部通知，通知内容即要求各部门宣传员以普通网民的身份拥护油价上涨，结果反被披露。这一例证说明，只要网络水军的言行扭曲事实，与一般大众的利益或观念相左，便不可能操纵舆论。

（八）从受众使用与满足理论看，网络水军必须以网民社会心理为助推力

网络水军参与策划的网络事件之所以能引起社会民意的啸聚，很大程度上是因为其巧妙地将自己的商业诉求附着在社会公众群体心理上。目前网民存在仇视一切不平等、同情弱者、猎奇、泛娱乐等社会心态，在所有网络水军参与的舆情事件中，利用网民的心态炒作的事件占到了九成以上。

如果说网络水军策划的网络事件是“毛”的话，网民的社会心理则是“毛”所附着的“皮”，皮之不存毛将安附焉，因此网络水军必须以网民的社会心理作为助推力才可能成功。从这种意义上来说，网络水军的作用是大打折扣的。

---

① 陈力丹．关注新媒体的“自净化”能力［N］．文汇报，2011－03－29（7）．

（九）极端事件中网络水军也仅扮演“为虎作伥者”角色

迄今为止，网络公关公司以及其属下的网络水军效果最显著也是最混账的“战果”，即参加掩护“三鹿毒奶”的行动，运用所谓的公关手段危害民众。但还原整个事件过程后，可以看出网络水军在其中还不是“主力部队”，为“三鹿毒奶”提供保护伞的，其实是个别地方公权力部门，网络水军不过是狐假虎威而发挥其自身战力。

六、理性看待和应对自媒体时代的网络水军

综上可知，网络水军并非像一些媒体所渲染的“网络黑社会”那么恐怖，其本身是网络空间自由开放的一种应付的代价。我们不能因噎废食，将襁褓中的网络民意扼杀。

在目前的监管模式和监管力度上，笔者认为即使网络水军在兴风作浪，也没必要刻意去遏制。有些媒体提出“网络黑社会”的说法，这是典型的传播学中的“第三人效果”在作祟。在大环境上，网民应加强鉴别，提高独立思考和判断能力，充分意识到目前网络相对表达自由的空间来之不易。具体到个案，网络管理者应完善立法，将网络上的名誉侵权行为划归到公安部门侦查范围中，从技术的角度辨别网络水军并非难事；应加大力度打击利用雇用水军海量发帖、虚假炒作大发其财的所谓网络公关公司，同时进一步规范网络的经营与运作，包括有偿新闻、竞价排名等；网络公关和网络营销行业应加强行业规范建设，彻底摒弃原始的人肉轰炸模式。一个客观真实反映民意的平台将造福公众（包括管理者），但它同时也需要所有人的共同维护。

网络水军代表的声音并不可怕，只要网络足够开放和自主，就会形成一种基于公共利益和正义价值来与网络水军相博弈的强大力量，网络自组织、原生态地发展，才能更加有利于网络生态的自我净化。正如哈贝马斯所认为的，“各种观点”在公共领域“观点的竞技场”内进行自由搏杀，最易于形成“理性的权威”。[①]

本章小结

舆论本体的质量是由舆论主体决定的。中国网民的“三低”问题决定了中国舆

① 哈贝马斯．公共领域的结构转型［M］．曹卫东，王晓珏，刘北城，等译．上海：学林出版社，1999：68.

论场的“嘈杂”与“低素质”，通过本章对网民群体的画像可以看出中国网民独特的社会表达背后的深层次社会原因。舆论环境、其构成以娱乐明星和商业精英为主等方面的原因，决定了网络意见领袖“先天不足、后天缺养”的基本境况。该群体依然发挥作用，但尚未成熟完善。信息搬运工虽然不提供观点，但其信息搬运行为在社群嵌套传播的现实境况下作用却日益凸显。信息搬运工作为一个独特的社会人群应该引起学界的关注，尤其应关注信息搬运背后的激励机制，对搬运行为本身进行研究与分析。网络水军看上去数量很大，对社会舆论生态具有一定的稀释、冲散等作用，但针对不同的事件、在人们认知的不同层次上，网络水军却呈现出自身的缺陷和不足。本章的分析认为网络水军在一些社会热点事件舆论生产上“看上去很美”，但“成事不足、败事有余”，对这一群体的作用要审慎评价。

本章思考题

1. 你如何看待中国网民群体的“三低”问题？网民群体是如何决定舆论质量的？

2. 你认为网络意见领袖群体是否成熟？哪些因素决定了中国意见领袖群体的“低素质”？

3. 信息搬运工群体在微信传播平台的基本作用及角色如何？

4. 谈谈你对网络水军对网络舆论生态的影响及作用大小的看法。

推荐阅读书目

1. 勒庞．乌合之众：大众心理研究［M］．冯克利，译．北京：中央编译出版社，2004.

2. 班尼特．新闻：幻象的政治［M］．杨晓红，王家全，译．北京：中国人民大学出版社，2018.

3. 李彪．谁在网络中呼风唤雨：网络舆情传播的动力节点和动力机制研究［M］．北京：人民日报出版社，2011.

4. 拉扎斯菲尔德．人民的选择：选民如何在总统选战中做决定：第3版［M］．唐茜，译．北京：中国人民大学出版社，2012.

5. 芦何秋．社交媒体意见领袖研究：以新浪微博平台为例［M］．武汉：武汉大学出版社，2016.

第六章

舆论的客体

本章学习要点

1. 把握舆论议题生成的元场域。
2. 把握舆论议题的分布及基本规律。
3. 了解网络议题的话语修辞特征及规律。

舆论客体是舆论所关注的社会问题、社会事件和知名个体，是舆论讨论的核心所在，没有舆论客体就没有舆论本体，两者是“皮”和“毛”之间的关系，因此研究舆论客体对了解舆论本质具有重要的价值。

第一节 舆论议题生成的元场域

舆论场作为一种特殊的场域，其中所讨论的议题受到其元场域的影响。元场域的变化与特征会潜移默化地对舆论议题施加很重要的背景性影响。

一、网络及网络社会的崛起

卡斯特在其《网络社会的崛起》一书中这样说明“网络社会”：“作为一种历史趋势，信息时代的支配性功能与过程日益以网络组织起来。网络建构了我们社会的新社会形态，而网络化逻辑的扩散实质地改变了生产、经验、权力与文化过程中的操作和结果。”[①]“网络社会”（network society）是一个以卡斯特所谓的“信息技术范式”为基础的社会。卡斯特指出，信息技术范式并非演变成为一个封闭系统，而是成为一个开放的多变网络。就其物质特性而言，信息技术范式相当强势而壮大，但就其历史发展而论，则具有适应

① 卡斯特．网络社会的崛起［M］．夏铸九，王志弘，等译．北京：社会科学文献出版社，2001：76.

性且开放。全面性、复杂性与网络化乃是其明确特性。

正如麦克卢汉惊世骇俗的言论——“媒介即人的延伸”，媒介技术作为人的社会延伸，是构成网络社会等一切社会形态最基础的物质性架构之一。纵观整个人类历史，每一项媒介技术的出现都导致了人类生存方式甚至社会结构的转型，拓展了人类信息的生存空间，使得人类形成新的生活经验和社会存在形式。

（一）传统的金字塔社会被扁平的网络社会结构取代

互联网的网络化、匿名性、开放性、弹性、去中心化逻辑扩散渗透到整个社会，必将导致社会生产、经验、权力和文化的实质性改变，从而为新社会结构的形塑提供物质基础。在这个意义上，正如卡斯特所说，网络建构了我们的新社会形态，是新社会形态中支配与变迁的关键性根源。随着网络使用行为成为人们日常生活中的重要内容，隐藏在这些逐渐为网络使用群体所熟悉的行为背后的“网络社会”，也随之跃然成型。

如果说“网络社会”代表了一种借由数字化技术架构所形塑的社会组织和权力结构，那么，正如麦克卢汉的名言“媒介即讯息”所揭示的那样，网络本身便是塑造和联结这一新社会形态中社群成员身份和行为的基础架构，网络的崛起，全面构造了一种后现代社会生态地貌（topography）——传统的金字塔式的社会结构正在被扁平的网络社会结构取代。人类正在步入网络化社会，网络社会结构具有更大的弹性、柔性和张力，但韧性不足。网络社会结构一方面提升了对社会“异端”等的社会兼容度，使传统的等级界限变得模糊了，人们之间的联系更为平等和多元化；另一方面其韧性的不足增加了社会的脆弱度和社会结构的不确定性。

网络导致的信息传播方式的改变，推动着科层制的金字塔型组织结构逐渐向扁平型组织结构转变。在网络空间，由于弱势群体权力的增长，“主流话语”作为理性主体的中心权力有可能被“边缘话语”解构，这样一来，作为整体机制的科层制也有可能在根基上被动摇。网络带来了“话语平权”，在使权威阶层更方便实施数据监控和规训的同时，也给“边缘话语”的建构提供了一席之地，从而推动两种话语之间相互交错。“主流话语”不再能够一手遮天，权力结构越来越呈现出多元化和离散的取向。

（二）危机社会来临

哈贝马斯的危机理论认为，所谓危机来临，是指寻常、普遍、合理的状态瓦解了，随意、混乱、不确定性和漂浮压倒了以往的规则和秩序。在这一“境况”下，事物一反常态，顺理成章的行动不再带来习以为常的结果，事件

“变糟了”，人们始料不及、茫然失措，这是每一个时代、族群及其文明在发展中必然要面对的。

在网络等新媒介技术形塑社会的过程中，技术伦理支配了社会秩序，而市场意识形态削弱了原有的民族国家共同体……人类当前面临着前辈们从未预想到的“社会真实”，变得无所适从。在网络世界里，“人类以往的社会结构提供给人们的安全感和生活的延续性已不复存在，变化和不确定是这一时代人们生活的主题”①。正如德特林所强调的，现在已经不存在任何传统上所定义的社会，只剩下单独的个人，而他们早已不在传统的社会结构中活动。

在传统社会，人类行为面临的风险呈概率性分布，运用统计及其他模型可以估算出来。然而，随着信息时代和网络社会的来临，资讯的数字化及其在网络空间中的自由流动，让传统的计算方式起了根本的变化。统计学中关于概率的计算，或是博弈理论的模型，都筑基于人际互动关系的有限性假设之上。网络文化中的匿名性与方便性，使得人际互动在时间与成本上都能降到最低，几乎形成了一个零摩擦的互动环境。因此，概率无法用来解释网络行为，基于固定成员间互相预期的博弈行为也无法用来说明网络行为。危机成为个人乃至社会无法控制的难题，统计或精密的数理模型也无法精确估算。危机已经不再是一个个单纯的随机概率事件本身了，而是环境、秩序、规则或者契约的系统性破坏或错位。英国社会学者鲍曼（Zygmunt Bauman）强调应将“危机”概念置于“常态”之前，在他看来，如果说危机是指常态方式和工具的失效，或者发展的确定性消散无形，那么危机实际上是“人类社会的常态”，社会是以持续打破平衡而非固守平衡的方式存在的。② 危机社会或者风险社会具有了法国社会学家涂尔干所谓的“社会事实”概念的意涵——它作为社会群体的集体意识而存在，显现出人们如何想象自己及其生存处境。③

二、网络化生存和网络社会的崛起对人类心理的普遍影响

麦克卢汉“媒介即讯息”的论断，强调的是媒介最主要的价值并不在于具象的内容，而在于媒介技术本身，因为媒介技术的基础性作用形塑了整个社会存在的方式，包括一定形式的社会行为方式、具象的社会结构和文化现象。“用电子时代的话来说，‘媒介即讯息’的意思是，一种全新的环境创造

---

① 陈立辉．互联网与社会组织模式重塑：一场正在进行的深刻社会变迁［J］．社会学研究，1998（6）：11－28.

② 鲍曼．寻找政治［M］．洪涛，周顺，郭台辉，译．上海：上海人民出版社，2006：75.

③ 贝尔特．二十世纪的社会理论［M］．瞿铁鹏，译．上海：上海译文出版社，2005：89.

出来了。这一新环境的‘内容’，是工业时代陈旧的机械化环境。”① 按照麦克卢汉的媒介理论，我们可以延伸出“网络即讯息，即人的延伸”，网络“摆出了这样一副姿态，它要把过去一切的媒介‘解放’出来，当作自己的手段来使用，要把一切变成自己的内容”②。在这一意义上，网络作为媒介，已不仅仅是一种简单的工具，而且是在整个社会现实生活建构中发挥重要作用，并在此基础上形塑了一个全新的、不同于以往任何形态的社会生活空间。目前，网络正极其迅速、广泛地渗透到人们日常生活中的每一个角落，全方位地改变着人类社会的基本结构和面貌，并改变着人们的思维方式、行为倾向、话语逻辑及自我认同。

与麦克卢汉理解不同，马丁·海德格尔（Martin Heidegger）认为，在现代世界，技术构成了人们的基本存在处境。但他强调技术绝不仅仅是人类生存和存在的手段和工具，技术在本质上是座架（Ge-stell），是对自然的促逼和对世界的单向度的解蔽（das Entbergen），“我们以‘座架’一词来命名这种促逼着的要求，这种要求把人聚集起来，使之去订造作为持存物的自行解蔽的东西”③。换句话说，按照海德格尔的观点，技术作为座架，为人们的理解和生存设置了固有的框架，人类所有的思考和生存方式都必须发生在这个由技术座架限定的框架背景之中，无法逃避或站在这个框架之外，即人类生活在这一技术的世界之中，就被“促逼”得只能在这一框架下来“解蔽”世界，根据技术的秩序理解世界，这是现代人的宿命。

根据海德格尔的理解，对于当代人来说，网络就是当代人的宿命，正如数字之父尼葛洛庞帝（Nicholas Negroponte）所说的，在今天“计算不再只和计算机相关，它决定着我们的生存”④。网络技术作为一种新的传媒技术，作为“座架”“促逼”着人类只能以信息化的方式、在信息化的框架下来解蔽世界，从而产生了一种完全不同于工业时代的全新的社会活动场域和环境，即后现代社会生态地貌。可以说，“网络空间与资讯技术，在根本上就和其他技术一样，是特定社会关系的揭显与设框，是牵涉人类生存条件的特殊模式”⑤。

（一）网络技术范式形塑网络化逻辑

通过以上的分析，我们可以看出，按照麦克卢汉的“媒介即人的延伸”

---

① 麦克卢汉．理解媒介：论人的延伸［M］．何道宽，译．北京：商务印书馆，2000：3-7.

② 莱文森．数字麦克卢汉：信息化新纪元指南［M］．何道宽，译．北京：社会科学文献出版社，2001：56.

③ 海德格尔．技术的追问［M］．孙周兴，译．上海：上海三联书店，1996：78.

④ 尼葛洛庞帝．数字化生存［M］．胡泳，范海燕，译．海口：海南出版社，1996：90.

⑤ 王志弘．技术中介的人与自我：网际空间、分身组态和记忆装置［J］．资讯社会研究，2002（3）：34-36.

和海德格尔的技术本质上是“座架”等所揭示的逻辑，互联网带给整个人类社会最重要的意义在于，网络作为对人类的社会生活最具有基础性的技术，形塑了一个全新的社会生活场域和社会环境。这是一种全然不同于以往农业社会和工业社会的新社会生活场域，与之相匹配，在这个全新的网络社会生活场域中，占据主导地位的是一种全新的后现代技术范式和后现代技术逻辑——网络化逻辑，目前它正逐渐成为控制和支配人们的社会生活的基本逻辑。

虚拟化、数字化、流动性和弹性、全球化以及个人化是网络社会空间的基本逻辑。[①] 而在这些逻辑中，占据支配地位的是流动性逻辑。可以这样认为，网络社会是一个环绕着流动而建构起来的全新的社会形态，流动性是整个网络社会动力机制的核心，它使网络社会的信息流动和人际互动实时接合，并支配着网络空间的信息流动和社会互动，从而形成一个流动性的全球社会。在这种全新的流动社会中，传统社会空间中的时空被“虚化”乃至抽离，使得整个人类社会可以一定程度上脱开具体的地域，呈现出一种超越现实物理地点的因果关系的全新社会特性。

（二）超文本话语表达方式改变话语权力和权力话语

传播学大师麦克卢汉认为文字不仅是人类信息行为的基本媒介，而且是整个人类社会维系其价值观念和权力关系的基础。网络兴起尤其是网络超文本所体现的非线性特征，改变了传统书面文字围绕某一主题、依循一定路径不断延续的线性特征，成为网络社会逻辑生存的核心特征，正日益广泛而深刻地重塑人们的价值观念和权力关系，改变着人们的思维方式、行为倾向、话语逻辑及自我认同。

超文本从本质上否定了终极解释的存在，所有不同的解释都有其存在的空间和价值，各种解释之间不再像在书面文字时代存在压制与服从的关系，话语霸权在超文本时代是没有任何市场的。在此基础上，超文本非线性空间加上人们在网络空间的身份流动，使得网络空间在本质上不存在话语权力，即其在本质上是反阶层的。“线上权威的分布是模仿网际网络技术，因为它是去中心化的，在资讯流中没有中心权威。”[②] 不可否认，基于身份的阶层分化在网络空间中并没有完全消失，只是这种阶层分化不同于现实社会中建立在物理身份之上的阶层分化，而是重新创造新的网络身份形式，人们根据“他人在网络世界中使用文字符号的品质能力技巧，以及由此所透露出来的资讯，

① 黄少华，翟本瑞．网络社会学：学科定位与议题［M］．北京：中国社会科学出版社，2006：131.

② 乔登．网际效力：网络空间与网际网络的文化与政治［M］．江敬之，译．台北：韦伯文化事业出版社，2001：115.

而不是根据他人的社会和制度地位、性别和种族来判断对方所属的阶层，或对对方进行归类，或赋予对方在网络世界中的地位”[①]。因此，超文本话语表达方式在本质上改变了传统书面文字时代的话语权力格局，在更宏观的层面，则改变了整个社会规训方式的权力逻辑，是整个社会规训方式从“全景监狱”转变为“共景监狱”的技术基础。

（三）网络族群改变了人际互动和个体存在

工业化社会的兴起，导致人与人之间的社会关系由涂尔干所说的机械团结转化为有机团结，人与人之间的异质性增强，对其他人的信任感也随之降低，一些人常常建构面具，道貌岸然地面对他人，在现实交往中已无法体会到参与感、归属感，无法体会到被需要感。

现在，互联网已成为一种全方位改变人类社会生活空间的技术架构，无论在社会层面还是在个人层面都使人们从工业时代单调、机械和片面的生活中解放出来，能有更多的机会和空间去了解、施展和塑造自己的潜能和兴趣。此外，那些在现实中无法改变的先赋角色，如家庭出身、性别、外貌等，都可以在网络世界中轻易改变，人们在网络上的所有行为将更多地取决于自己的主动选择。

在网络空间，人们无须担心在现实空间中到处存在的对身体的“规训权力”（disciplinary power）（至少主观上这么认为），网民在网络空间尽情地、自由地扮演各种“阿凡达”（avatar，化身），随心所欲地展示自我，从而使自己的网络人格呈现出一种流动、多重、不确定和零散的面貌。换言之，网络空间的个人都具备明显的后现代特征的个性。另外，许多在现实社会中备受压抑的弱势群体，经常借着网络来相互支持和凝聚力量，因此成员可以自信地在其所归属的团体中建立自我认同。

但网络具有一种内在的结构性风险。在虚拟社会中，对责任与义务的考量没有现实社会谨慎，它在拉近人与人之间的空间距离的同时，也有可能造成人与人之间的关系疏离，并有可能因此损害人们在现实世界中的面对面交往，使个人从现实世界中隐退。

三、中国社会处于深刻转型期

随着改革开放各项工作的顺利推进，我国经济、社会、文化和政治等领域发生了翻天覆地的变化，目前社会已经步入了深刻转型期。

---

① 李英明．网络社会学［M］．台北：扬智文化事业股份有限公司，2000：116.

（一）转型期中国社会的基本现实分析

1. 我国步入了中等程度经济社会发展水平阶段

实证研究证明，经济社会的发展与社会的有序和稳定并非呈直线关系，而是呈曲线关系。西方发达国家社会发展的经验表明：经济社会的低度发展一般不容易引发社会公共危机，因为整个社会没有过多的物质和制度资源可以分配，就像原始社会为了整个族群可以存活下来要使用平均分配制度一样；经济社会高度发展时，整个社会的资源和禀赋总量相对增多，社会制度设计相对完善，社会成员的主观满意度和平等感相对较高。因此，经济发展水平较高或较低的国家和地区社会都是相对稳定的。而经济发展水平介于两者之间，即中等程度发展水平的社会发生不稳定状况的概率却一般相对较高。中等程度发展水平的国家和地区，由于经济发展过快，社会资源分配制度的改革却相对滞后，社会发展的福祉很大程度上为既得利益阶层所占有。而社会经济环境的改变又使民众的文化水平一定程度上得以提升，民众的政治参与意识、权利意识、对国家和社会的发展预期也随之不断提升，这样社会现实与社会预期之间的巨大张力便使得社会民众容易产生很大的心理落差，比较容易通过相对极端的方式如社会冲突、民意啸聚等来表达自己的社会存在和社会话语权。

2. 经济社会的发展速度过快

美国政治学家萨缪尔·亨廷顿（Samuel P. Huntington）提出，现代性产生稳定，而现代化产生不稳定①，这是有道理的。社会规范和价值观念属于上层建筑，具有惰性，和社会经济发展相比往往具有滞后性。经济社会发展速度慢时，经济基础和上层建筑的错位度不大，民众对社会具有自适性，经济社会发展过快则客观上容易引起整个社会结构的失衡。在整个社会发展系统中，每个部分的发展速度通常是不同步的，如果某一部分发展过快，就会引起与其他部分的不适应、不协调，进而引起整个社会结构的失衡、失调。另外，经济社会发展速度过快客观上会导致社会规范和社会价值的多元化，而社会价值多元化的背后是社会信仰的缺失。社会个体难辨真伪，很容易导致社会核心价值的迷失，进而导致整个社会的迷失。经济社会发展过快还使得现实中不断出现新的社会事实和社会行为，社会无法及时消解和诠释这些现象。缺乏社会规范的界定和理想信念的支撑，整个社会很容易处于一定失序和失范状态，进而导致社会秩序混乱，社会

---

① 亨廷顿．文明的冲突与世界秩序的重建：修订版［M］．周琪，等译．北京：新华出版社，2010：34.

个体的社会归属感缺失。因此，速度合理的经济社会发展是整合社会秩序的前提。

3. 经济社会发展的结构失衡

党的十一届三中全会以来，我国的重心转移到经济建设上来，整个国家的功能基点由政治功能让位于经济功能。改革开放几十年，经济社会的发展的确为民众带来了前所未有的实惠，但由于分配制度设计的滞后和既得利益阶层的形成，经济的增长和整个社会成员群体福利水平的提高之间出现了“裂痕”。这种裂痕既有心理上的也有实物上的。社会改革与发展的成本在整个社会阶层中分摊不均，从而使得某些阶层承担的改革成本与改革收益不太成比例。如城镇产业工人和广大农民在改革过程中对社会做出了重大贡献，承担着主要改革成本，但其社会福利和生活水平与社会经济的发展相比，提升和改善的幅度有一定落差。

4. 社会资源分配不够均衡

社会改革是社会组成部分的再调整和社会利益的重新洗牌，从制度经济学的角度讲，有相对温和式的改良，也有急变式的革命。20 世纪 70 年代末我国进行的改革是温和式的改良，即增量改革。这种改革是以不触动原有利益格局为前提的，即我们常说的“老人老办法，新人新办法”。改革的福祉在兼顾原有利益集团的利益保证的前提下，使剩余部分可以为新的利益阶层所享有。这种改革的好处是可以使改革初期的阻力最小化，并且改革的好处所有阶层都可以享有。但随着改革不断深入，加之分配方式相对于经济增长的惰性，必然出现某种程度的利益分配的失序，使一部分群体处于“相对剥夺”状态。

另外，社会主义市场经济体制是以市场为基础的资源配置方式，市场经济体制崇尚效率原则。但由于社会个体自然禀赋、社会资本和自身能力的差异，很容易导致社会个体的贡献能力和社会效率的“位差”，而自发运行的市场分配机制一定程度上必然导致社会个体在社会资源占有、社会收入等方面的分化。如果社会不能从制度设计上对之进行有效规避，社会冲突必然不断增加。

5. 基层组织社会控制弱化，社会权威结构失衡

改革开放以来，随着社会经济的发展，原来依靠城乡二元户籍制度将人口固定化的格局被弱化，人口流动的加剧使我国社会基层组织的社会控制力呈明显弱化的趋势，社会基层组织威信相对减弱，尤其是在农村，基层组织对农民的行政控制已经严重弱化，其凝聚力、号召力和说服教育作用大大减弱。有些地方基层干部政治素质和文化素质不高，作风不扎实，不能起到带领群众致富、维护社会安定的积极作用，反而成为危及政府形象的“抹黑者”，引起群众强烈不满。群众有时会把这种不满情绪转移到政府身上，把当地政府当作对立面，对政府发布的信息不信任，又进一步加剧了事态的扩大和发展。

6. “守土有责”的管理格局

我国目前实行的是守土有责的管理格局，这种体制一方面有利于权责明确，另一方面也容易造成行政权力和行政格局条块分割严重。许多社会问题是深层次原因的积聚，因此许多看似局部性的地方事件在网络无界特性的帮助下会迅速蔓延到全国，成为全国性的突发事件。很多事件看似与参与的民众毫无关系，但由于与他们自身社会境况和社会遭遇的一致性，基于“同是天涯沦落人”的情绪共振或“路见不平一声吼”的正义感等情绪的叠加，借助网络的放大器和共振器双重效应，这些事件很容易成为社会淤积情绪的“引爆点”。

7. 民众利益诉求渠道不够通畅，社会代偿机制尚需健全

公民权益受到侵害而又得不到公正解决时，就要通过制度化的利益表达、沟通或协调渠道来寻求救济。但是一些部门或个别基层干部往往出于求稳怕乱的心理或者是“政绩”、私利等考虑，隐瞒下情、掩盖矛盾、压制民意，使得某些群体的呼声不能及时反映到党委政府。于是群众只能通过“只有将事情闹大才能解决”的途径来使自身的利益诉求得到保障，这些年一些群体性极端事件的不断发生就是很好的例证。

要充分发挥网络作为当下社会代偿机制的重要作用。由于中国社会目前处于深刻转型期和利益调整波动较大的时期，社会公众的利益诉求多元化，但现实和期待的差距造成民众的浮躁化，进而引起民众情绪化的淤积。现实生活中能够使社会民众心理平衡的社会代偿机制相对不健全，网民能够宣泄情绪和不满的渠道和场地有限，从某种意义上说，网络目前承载着“社会安全阀”的功能。如果这个功能再被弱化，社会民众便会以更加极端的表达方式来作为其社会心理代偿的“替身”，如集体行为。因此，在目前的政治考量和社会“稳压”的前提下，一定数量的情绪宣泄通道和场地是必要的，这也是一个相对健全的社会所必需的。无论如何，虚拟社会的发泄性代偿行为总比现实社会的极端行为破坏性要小得多。

8. 传统舆论和信息管控手段和模式的效力在不断下降

危机事件的本质主要表现为不确定性，因此应对突发危机事件的关键在于信息传播的公开、及时和有序，最大限度地降低信息熵，增强可确定性。危机事件发生后，社会个体基于信息安全的天然需求，对危机事件的信息需求急剧上升，而事件利益相关者往往首先考虑的是组织自身的眼前利益，害怕“家丑外扬”，与持信息安全需求的社会个体有本质的目标诉求差别。过去一些基层领导干部对传统媒体（如报纸、电视等）“不敢说，不会说，不能说”，到了网络时代，除了以上问题外，许多领导干部对当前网络传播的规律和机制理解程度不深，还存在依靠“宣传部把关”的路径依赖，对信息的管理手段还是“原始的乃至野蛮的”——“捂”“拖”“删”“压”等方式，结果常常导致“小问题引发大热点”，最终损害的是党和政府的形象。还有部分基层党委政府依然认为网络突发性危机事件仅是无关痛痒的民众闲暇之余的聊天，而对其造成的心理情绪影响，进而造成的政治影响缺乏足够的认识，导致一些负面消息甚至不实消息扩散，引发网络民意沸腾，一旦出现网络民意啸聚，又仅仅依靠网络警察、地方宣传部门去应对处理。这样处置网络突发性危机事件有很大的局限性。从公安部门的网络警察来看，其力量受到现行体制和技术的双重限制，网络没有属地划分，而在现实中，各地公安部门和宣传部门遵循“守土有责”的属地管理原则，网络危机事件的形成机制出现了聚合化、实时化、跨地域的趋势，往往是天南海北的网民就某一地的某一事件瞬间啸聚。如何把本就有限的网络处置手段整合起来，在紧急状态能够做到快速联合反应，加以有效处置，目前尚无良方。

（二）整体社会结构分析

根据以上的分析，笔者对目前我国社会结构的整体分析和把握主要从两个角度和层面进行：一是纵向角度，即不同社会阶层的生态位及其排序情况；二是横向角度，即不同社会群体之间的勾连关系情况。

1. 从纵向结构看，尚未形成一定规模的稳定的中产阶层，造成了一定的社会结构紧张

2005 年，著名社会学家李强采用国际社会经济地位指数的方法分析我国的“五普”数据时发现，我国社会结构已经从改革开放前较为稳定的正金字塔式的社会结构转变为处于结构紧张的倒丁字型社会结构（inverted t-shaped social structure）[①]，这种结构转变的直接后果是造成了我国目前持续的“社会结构紧张”。在这种社会结构下，中产阶层缺失。美国社会学家康豪瑟认为，一个正常的社会结构应该是三层的：政治精英-中层组织-民众。中层组织的主要功能在于以下方面：保护民众免受政治精英的操纵和控制；防止政治精英的决策直接为大众压力所左右；对精英政治进行组织化和民主化

① 李强．“丁字型”社会结构与“结构紧张”［J］．社会学研究，2005（2）：55－73，243－244．

控制；提供交往和讨论的平台从而使民众对现实的感知更为真切；中层组织的多样性导致利益和认同感的多样化，从而降低民众被大量动员到一个运动中去的可能。因此，在中层组织薄弱的社会，民众有可能受到精英的直接操纵，但也有可能通过民粹主义直接控制精英，这就是大众社会。随着改革开放的深入和经济的不断发展，中国社会正在向中间大两头小的纺锤形结构转变。

2. 从横向层面看，出现了一定程度的“碎片化”、社会断裂和结构错位

随着改革开放的稳步推进，我国的社会结构从过去“铁板一块”的群体分化为多元利益群体，从改革以前的“整体型的社会聚合体”演变为今天的“碎片化”的多元利益群体。从现实的社会状况看，20 世纪 90 年代以来，农村农民为占地、征地发生的土地纠纷，城乡工人为工资、劳动福利、就业条件以及城市居民为拆迁、住房等等发生的矛盾冲突事件不断增多。虽然这些矛盾都是局部的、小群体的、个体的，但恰恰印证了社会利益碎片化的趋势。社会群体的利益被分解和分散后，降低了发生大规模社会冲突的可能性，但同时也加剧了局部的、小群体的、个体的矛盾冲突，使个体化的冲突出现得更为频繁。社会利益多元化的形成，使各个社会利益群体之间的关系变得异常复杂，部分社会利益群体在承受社会压力的过程中不可避免地出现了“阵痛”反应，在网络上表现为某些群体的啸聚，在现实生活中表现为不少地方发生群体性突发事件。

碎片化带来一个个断裂的社会群体，由于这些断裂的社会群体之间是“不通约”的，“你唱你的，我说我的”，彼此没有共同的话语体系，不是互相倾诉，而是戴着面具、带着先设性的刻板印象隔空喊话、互相质疑，乃至相互怨恨。

中国社会科学院社会学研究所发布的《当代中国社会结构》中指出，目前中国社会结构落后于经济结构大约 15 年，中国的经济结构已进入工业化中期阶段，但社会结构指标还没有随着经济结构的转变而实现整体性转型，多数社会结构指标仍然处在工业化初期阶段。[①] 这两个基本结构的错位实质上导致了经济基础与上层建筑之间某种程度的失谐和错位。

四、转型期中国社会大众心理

中国目前处在特殊的转型期，特殊的社会结构存在方式对大众心理具

① 社科院报告称中国社会结构滞后经济结构约 15 年［J］. 绿色中国，2010（2）：8.

有场效应，因此有必要结合转型期社会特征分析我国现阶段社会大众心理。

（一）某些群体存在一定程度的“相对剥夺感”

“不患寡而患不均”的传统思想在我国长期存在。改革开放之前的很长时间里，虽然社会公众的生活水平不高，但生活差距很小，贫富分化不严重，人们的心理是相对坦然而平静的。随着社会的变革，尤其是社会主义市场经济体制的确立，我们打破“大锅饭”和平均主义，逐步确立了按劳分配为主体、多种分配方式并存的分配制度。这种分配制度在有效地激发社会活力、促进社会财富增加、促进人民生活水平提高的同时，也拉大了不同社会成员之间的收入差距，使社会分配不公问题凸显。这与公众长期形成的思维定式之间产生了巨大的张力和猛烈的撞击，从而使一部分群体产生了一定程度的相对剥夺感。

（二）一部分社会成员出现受挫心理和情绪

挫败感是“相对剥夺感”的伴生物。改革开放以后，“铁板一块”的生活方式被极大地消解，人们虽然不情愿但也不得不面对社会地位、收入方式、社会资本类别及多少的差异。社会成员之间横向攀比的心理使得一部分人认为，其他社会成员所获得的利益总量及其获取方式优于自己，在不能冷静合理分析和归因的前提下，很容易滋生对社会现实不满的情绪，而他们面对眼前的现实却又表现得无能为力。对社会和未来的高期待值与现实生活中自己实际地位的相对低下，二者之间的极大心理落差很容易导致内心失衡，产生挫败感，在认知上出现困惑与迷茫。

（三）社会弥漫着普遍的焦虑感

中国社会正处在转型期，不确定因素和社会熵随之增加，社会的急剧变动使得社会个体的危机感和不安全感愈加强烈，社会未来发展前景的不确定性和社会现实中纷繁复杂的各种不确定因素，使得焦虑成为一种社会现象。随着社会有机化程度的增强，社会个体利益的获得与所属群体的关系越来越密切，获利较少的社会个体总期望流动到获利较多的群体当中。但群体之间的不通约性使得群体的变动风险极大，难度也极高，个体在踌躇中易形成焦虑感。

（四）人际关系冷漠化

虽然现代社会整体的有机化程度增强，人的流动性较过去大大提高，但就社会个体之间而言，社会变迁使人与人之间的联系越来越松散，社会距离不断拉大，感情越来越淡漠，与之伴随的是社会责任的淡薄乃至缺失，人的观念向利益倾斜的表现越来越明显，个体往往个人利益至上。社会成员之间都在埋怨世态炎凉，人情薄如纸，却仍戴着面具交往，谁也不肯主动迈出真诚相交的第一步。

（五）不同利益群体存在社会误解和偏见

改革开放后，传统单一的价值体系迅速为多元、开放的现代价值体系所代替，人们在心理受到强烈冲击的情况下产生普遍的不适感。价值的多元使得不同群体之间的社会认知和社会判断产生巨大差异，同一事物在社会公众之间会产生不同的反应，进而形成不同的群体社会态度。一旦群体之间的刻板印象和思维定式形成，就很容易引发误解和偏见，影响对社会事物的正确判断。社会误解和偏见发生之后，还会参与到群体对于其他事物评判的过程当中去，导致其他误解和偏见的发生，加深群体之间的隔阂。另外，群体差异的形成造成圈子文化的产生，无论是在语言上还是行为上，不同群体之间都是不通约的，从而进一步加深了偏见和误解。

（六）浮躁心态和空虚的精神世界

由于社会利益的多元和民众获取信息的丰富，社会大众不再相信大多数神圣的、宏大的东西，后现代主义的去神圣化、反权威、反中心等成为 20 世纪 90 年代，尤其是 21 世纪以来中国部分人群的基本心理表征。同时，对感性文化的过度消费形塑了大众普遍的浮躁心态，人们在浮躁的同时感受到的是精神世界空虚。部分网民和媒体在近乎无聊的网络跟风中寻找自己的欢乐，乃至成为背后利益推手的棋子，最终堆砌出一场场没有什么积极意义的所谓“狂欢”，这也折射出了社会民众内心世界的某种空虚。

（七）普遍的漂浮感，缺乏归属感、被重视感

民众普遍的漂浮感是目前最流行的概念之一，“脚下的大地并不可靠，没有一块坚硬的基石”是一些民众真实的心态写照。网络社会的崛起，传统意义上的社区被解构，水泥和鼠标建构的现代城市在方便人们生活的同时，也使人们失去了归属感、被重视感，这种归属感、被重视感包括社区的、群体的甚至个人的自身认同。

以上特征是对目前我国社会大众的共性心理的分析结果，这种心理场域在网络舆论场域得到了“折射”。

第二节　舆论议题分布及特点

根据近年来对热点舆论议题进行的统计分析，可以大致梳理出舆论议题分布的话题领域与基本特点。

（一）部分领导干部的违法乱纪行为

由于体制和管理惯性等诸方面的原因，以及互联网的聚光灯效应与放大效应，再加上社会问题的同构化，部分领导干部尤其是基层干部的违法乱纪行为一旦出现，就会马上形成网络围观、民意啸聚之势，成为全国性社会热点事件。无论是 2003 年发生的孙志刚案，还是近年来公众比较关注的反腐事件，公权力主体相关的事件一旦出现，就会接受整个网民群体“显微镜”式的审视，任何不法的行为都会“一览无余”地暴露在每一个网民面前。

（二）涉及公检法等司法系统与城管队伍的事件

这类事件近几年比例较高，并呈增长态势，主要涉及公、检、法、城管等公权力部门。司法部门是社会公平正义的最后一道防线，而这些部门一旦发现问题很容易引起社情民意的关注，尤其是它们与民众接触较多，涉及社会生活的方方面面，很容易成为社会关注的焦点。

（三）涉及部分具有垄断性质的政府部门、央企的议题

该类事件主要涉及和民生密切相关的部门和央企，因其是国家资源的具化符号，并与人们的衣食住行息息相关，很容易爆发网民关注的热点事件。一旦某个事件刺激到网民绷紧的神经，就会引发强烈的应激性反弹，进而引起情绪的宣泄。很多参与事件的网民与该事件并无切身利益关系，主要是在参与该事件的讨论和“讨伐”中得到了快感，尤其是成就感。

（四）衣食住行等全国性的民生问题

这类事件涉及民生问题，如房价高企、费改税政策、养老保险制度改革、个人所得税改革、医疗保险改革、高考改革等等。这些涉及全国且和民众切身利益紧密相关的民生事件很容易引起网民的参与而成为舆论热点。

（五）社会分配不合理、贫富分化现象

目前我国还处在利益格局的调整期，存在一些社会初级分配的不合理现

象。虽然民众的整体生活水平得到了显著提升，但其对社会利益分配的不适感也随之有所提升，仇富的心态并不是所有人都有，但面对令人感到不公的现实，不满感是存在的。

（六）涉及国家利益、民族自豪感

中国日益强大的经济实力引发了中华民族久违的民族自豪感和爱国激情，这种民族自豪感是强烈而不容侵犯的，一旦发生危及国家利益和民族自豪感的事件，网民会应激性地做出反应，如家乐福事件、中美贸易战等。

（七）重要或敏感国家地区的突发性国际事件

这主要是指美国、法国、德国、英国、巴勒斯坦、以色列等国家和地区发生的如美伊冲突、巴以冲突、英国脱欧等事件。

（八）影响力较大的热点明星、公众人物的火爆事件

这类事件必须是所涉主角影响力够大、事件本身冲突性和反常性够强烈的事件，如“艳照门事件”。

另外，需要说明是，在上述事件的分类基础上，有些舆情热点之所以传播速度快、范围大，还有一个重要的原因，即该舆情事件有易于被人们接受的表达和话语体系特征，比如成为社会记忆的“欺实马”“打酱油”等事件，正是因其口语化的短语表达方式，很快被网民记住和传播。从流行语的角度来看，不同的流行语代表着社会不同的敏感神经，反映出社会的变化。

第三节　舆论议题的历史演变规律

在对近年来网络舆论议题的演变进行历时性考察后，本书总结了其基本规律，概括起来主要有以下几点。

一、舆论议题全年分布集中在春夏之交与年尾两个主要节点

经过对近十年的舆论议题发生的月份进行统计分析，发现舆论议题主要集中发生在每年的 4 月至 5 月和 12 月至次年的 1 月，全年呈现出两个高峰期，即春夏之交与农历年年尾。这两个时期均有一定的规律和原因可循。春夏之交是社会个体激素水平变化相对较高的阶段，很容易出现易怒、情

绪不稳定等极端情绪现象。这在对北半球自杀事件的研究中也得到了佐证，每年的春夏之交是北半球人类自杀高峰期。然后是农历年年末，这时很多人着急回家过年，一年的工薪需要讨要、一年的辛劳无处发泄，于是有人通过一些比较极端的方式来表达。因此，这两个时段是中国舆论议题的高发期。

二、民生话题超越公权力话题上升为主要舆论议题

随着近年来中央加大反腐力度，反腐的话题主导权逐步归到中央层面，因此，社会民生问题反而进一步突出。这个变化凸显出民众关注的焦点问题已转移到了民生之上，民生议题已成为共同的社会合意空间和公共话题，网络反腐已经呈现出消退迹象。

三、舆论议题的首发平台随着新技术的发展不断转移

新媒体平台不再仅仅是“两微一端”（微博、微信和客户端），随着新技术的不断发展，知乎、网络电台、视频网站弹幕、网络直播、网络字幕组、笔记类分享应用（如印象笔记等）等已然兴起，并且在公共事务中开始发挥重要源头作用。“新技术平台爆料—微信朋友圈刷屏—微博跟进—传统媒体报道—新闻门户客户端打通最后一公里”的接力传播模式已成为近年来网络热点事件传播的主要模式。以知乎为代表的新型技术平台扮演信息源头的角色；微信自媒体人观点齐发地酝酿话题和展开讨论；微博则扮演信息二传手角色，最终形成社会话题的“平台联动”和“情绪共鸣”；传统媒体则将事件进行“仪式化”报道……这使得网络舆论生态更加复杂多变，并且这些新技术平台是目前公开舆情监测所兼顾不到的，传统的舆情监测与预警往往很难抓取到新技术平台的封闭数据，从而造成出现危机舆情只能被动应对的局面。

新媒体平台的多元使得网络社群依靠自己所依附的技术平台，无论在公共利益事件还是民生领域事件中都有多样的社会表达和意见，这促使对传统舆论引导能力的考察必须从简单地对一种意见的引导，转向在多个社会意见之间达成社会共识的能力。舆论引导不能追求单向度的自我表达和卡拉 OK 式的“自嗨”，不能一味地强调“抢夺”网络舆论阵地和舆论主导权的麦克风，应强调引导讨论协商的能力，而不能继续维持自媒体出现之前依靠网评的数量优势来夺取舆论主导权的模式。

四、舆论议题的活跃周期在逐步下降

经过对近十年的舆论议题的周期统计发现，一般舆论议题的周期已经由原来的三周慢慢回落到两周左右。时间周期有所回落，一定程度上说明了网民关注事件的暂时性和有限性，网民很容易被一个更新的事件牵引，兴趣点发生转移。造成这种情况的原因，一是这类事件一般影响比较大，真实还原事件需要一段时间。更为重要的是“两微一端”这类社会化媒体的崛起，使全民介入还原事件真实的“拼图游戏”中。整个事件的真相成为全体社会民众参与的碎片化信息的拼接游戏，整个社会真实的建构成为“有机的社会运动”。当然，这一过程伴随着质疑和谣言的产生。法国思想家狄德罗曾说：“质疑是迈向哲理的第一步。”质疑一切可以质疑的东西是当下网民的突出特点之一，但这恰恰是寻找和建构社会真实过程中的“副产品”，必须理性地看待网络谣言，不可能构建出来一个完全自清自明、毫无杂质的虚拟网络社会空间。二是民众的社会“审丑”疲劳感进一步加重，对很多事件的心理耐受力不断增强，网民最初的一腔热血不断冷却。再加上微信群等小圈子群体的崛起，社会兴趣的窄众化和小圈子化，都使公众对很多社会公共话题所花费的时间和精力在不断下降。

五、舆论议题关注领域公私界限越来越模糊

私人领域叠加在公共领域之上，公共领域越来越呈现出私人属性。网络围观是国人使用互联网后经常采用的行为模式，网络流行语“地命海心”就是形容中国网民将更多的心思用在对社会公共事件的关注中。但随着自媒体平台的崛起，民众对社会公共议题的总体关注度在下降，反而越来越关注自己的生活和境况。社会情绪的表达也从公共事件拓展到伦理、社会信任、社会审美等领域，私人领域议题越来越公共领域化，购物、娱乐等以往事关私人的事情越来越被放在公共话语场讨论。如“王宝强婚变事件”中，大家在关注娱乐事件本身的同时，又上升到爱情、阶层、家庭伦理等角度的讨论，在讨论中并非简单地以事实说话。情感表达与宣泄在公共传播中越来越重要，也越来越具有私人属性。

私人领域与主观世界叠加在一起的表达在近年越来越多，公共领域与私人事务之间的界限越来越模糊，使得公共舆论表达趋于非理性，很多表达会呈现出社群之间的价值预设与刻板印象。因此，很容易造成以下两个现象：一是在公共事件发生后，当事人和家属并不在第一线，往往是年轻人为主的

中产阶层结成表达行动共同体。然而，现代化社会不仅需要物质世界的丰富，更需要社会不同群体之间在情感、伦理等领域的价值认同和情感共鸣。二是舆情反转层出不穷，无论是“上海女逃离江西农村事件”中农村人与城市人的刻板认知与偏见，还是“安徽肾离奇失踪事件”中对患者群体与医生群体的刻板认知，都凸显了社群之间的价值预设和群体刻板认知。

六、舆论议题本体从“个体对事实的争论”转变为“群氓为情感的困斗”

舆情 1.0 时代，民众参与公共事件的讨论大抵追求的是事实真相，希望通过围观倒逼的方式形成话语权压制来获得真相，并关注事情是否按照自己预设的剧本那样展开。但在众声喧哗的社交媒体时代，事实真相经过“七嘴八舌”无数次再阐释甚至是故意扭曲与篡改，其本身不再是人们关注的核心，而是让位于情感、观点与立场。从大的元场域来说，“后真相”其实是社会分化和社会焦虑下的“蛋”，每当出现关涉医患矛盾、师生矛盾、干群矛盾、警民矛盾等社会事件时，社交媒体上的声讨之声就会不绝于耳，很多人其实不完全是就事论事，而是基于他们的日常生活体验（比如“上学难”）移情于此，把之前的感受“代入”进来，进行简单的情绪宣泄，对事实的争论转变为情感的困斗。

在信息大爆炸的今天，纷繁复杂的信息让人目不暇接，注意力早已成为各种媒体争夺的稀缺资源，自媒体也越来越娴熟地去迎合大众心理吸引点阅、引导舆论，对事实的核对、对客观的追求、对理性的崇尚早已成为明日黄花。正如《乌合之众》中所说的，给群体提供的无论是什么观念，只有当它们具有绝对的、毫不妥协的和简单明了的形式时，才能产生有效的影响。① 因此它们都会披上形象化的外衣，也只有以这种形式，它们才能为群众所接受。这些单纯而强烈的情感力量比现象背后复杂多维的社会现实更富有传播的魔力，致使传播中需要的是这些符合情感信念的事实，而不是事实真相本身。

七、舆论议题所在场域从“两个舆论场”到“网络社群巴尔干化”

长期以来，“两个舆论场”一直是官方和学界解释当前社会舆论结构的重要概念。它是 1998 年 1 月时任新华社总编辑的南振中提出的，后来演变成一个是以大众媒体为主导的“官方舆论场”，一个是存在于互联网中的“草根舆

---

① 勒庞．乌合之众：大众心理研究［M］．冯克利，译．北京：中央编译出版社，2004.

论场”这种提法。这种提法既承认了舆论场的分化和复杂性，又为观察舆论场提供了有效的视角。但随着社交网络时代来临，不同的网民开始基于血缘（如家族群）、地缘（如老乡群）、学缘（如班级群）、业缘（如记者群）和趣缘（如驴友群）等形成一个个独立的圈子，以往铁板一块的草根舆论场进一步圈群化。相较于高高在上的主流媒体，网民们更愿意依赖一个个“部落化小圈子”获得资讯，分享观点，寻求精神慰藉，获得社会归属感。换言之，社交媒体所具有的回音壁效应和过滤泡（filter bubble）效应等，使得一个个圈子的“内壁加厚”，圈子与圈子沟通与对话的难度逐步加大。圈子内部的人抱怨其他圈子的人不了解自己所处的圈子，希望与其他圈子的人交往，但往往又以固有的偏见打量着外部的世界。以往“两个舆论场”非此即彼的结构格局被一个个分散到不同社交网络平台的多元“圈子”取代。这些圈子类似于打地鼠游戏中的一个个“地洞”，表面上开着口，期待与其他圈子沟通，但实际上却是隔着厚厚的“内壁”，这加剧了社会群体的撕裂，使之分裂成有特定利益的不同子群，即网络社群巴尔干化（cyber-Balkanization）愈发明显。

另外，圈子内部的表达并非是理性平等的对话。由于圈子是基于熟人网络的转移，很容易把线下的社会资本带入线上的虚拟圈子中，形成线下熟人网络一样的话语权力结构。圈子内部也存在话语权的争夺和重塑的动态机制，为了在圈子中获得更多的社会资本，很多成员表现得特别偏激。正如《乌合之众》中所表述的，任何时代的领袖（包括意见领袖）都是特别偏激的，偏激的观点才具有煽动性，话语表达必须简单粗暴、情绪明确。爱憎特别分明的人更容易在圈子内部得到拥护，产生虚妄的成就感，激发其他成员表达更加偏激的观点，最终形成只诉诸情感不诉诸理性、抱团取暖（和抱团对抗）的“不加思考”的行为模式。

八、舆论议题话语表达机制从“广场式的众声喧哗”到“客厅式的窃窃私语”

微博时代，话语表达更像是在一个大的广场上，大家一起叽叽喳喳各抒己见，这中间可能会存在不同的讨论圈子，但所有人的声音如果想去听的话是可以听到的。随着以微信群为代表的社群传播时代来临，本应在网络公共领域开展的正常讨论，越来越转向隐匿化的完全封闭的小圈子，更像躲在自家的客厅里志同道合的人们“窃窃私语”。在后真相时代，相较于高高在上的主流媒体，网民们更愿意依赖一个个“部落化小圈子”去获得资讯、表达观点、围炉取暖。但是，由于圈子内的成员大抵拥有相似的价值观，他们每天得到的信息大多经过了“立场过滤”，与之观点相左的信息逐渐消弭，“信息茧房”形成。同时，人们为了留在圈子内部，也不敢发表与圈子立场不同的意见。

会客厅式的窃窃私语表达机制是符合人类最初始的群体组织形式的。社会学中有经典的 150 定律，该定律由英国人类学家罗宾·邓巴（Robin Dunbar）在 20 世纪 90 年代提出。它根据猿猴的智力与社交网络，推断出人类智力允许人类拥有稳定社交网络的人数是 148 人，四舍五入大约是 150 人。会客厅式的话语表达会使得圈子内部的归属感更为强烈，因为熟人网络情感支持的正效应具有放大情绪和制造虚拟社会环境，进而形成虚拟社会认同的作用，很容易形成意见一致的意见气候环境。但与此同时，作为数字部落的成员，也容易失去彼此辩论的机会和勇气，在圈子内部制造的各自的“数字泡沫”中，就很容易情绪化，甚至极端化，形成群体极化现象，这对整个社会来说是不利的。

九、舆论议题关涉主体从“技术-政治两方角力”到“多元力量纠结对决”

纵观改革开放以来的舆情发展，基本上是技术在推动舆情生态演变。从晚报副刊的兴起到都市报的蓬勃发展，再到进入 21 世纪后互联网风起云涌，BBS、贴吧、SNS 和微博、微信、微视频、新闻客户端等形成多元格局，背后的逻辑线就是技术演进使得话语表达权被不断释放。微博使得民众人人都有“麦克风”，有了公开表达的权利；微信使得民众人人都有“圈子”，获得了社群归属感。政治力量基于意识形态的需要，对技术进行了一定的规制，两者的动态平衡是舆情 1.0 时代的显著特点。

近年来随着新媒体技术平台的风生水起，以百度、阿里巴巴和腾讯为代表的技术资本新贵开始介入话语表达平台。资本对舆论生态的干扰如 2016 年，赵姓艺人在其新电影中启用了涉嫌“台独”的艺人，引起很多网友抵制。她动用资本的力量，在微博上面删除有关言论，强压舆论，造成恶劣影响。资本对舆论通过话题排序、关键词过滤、网页删除等手段进行隐性控制的现象时有发生。每次公共事件最终都能成就几个微信大号，舆论背后是“带血的 10 万+”，如 2016 年底在微信朋友圈刷屏的“盛世蝼蚁”，就是一个署名“格隆”的财经公众号为营销自己而进行的故意炒作。

基于此，社会舆论生态的主导力量已经由原来的技术-政治两元向多元演变，形成了技术-政治-资本-境外势力多方角逐的战场。

十、舆论议题的表达主体：从“想象的共同体”到“偏见的共同体”与“行动的共同体”

“想象的共同体”是由本尼迪克特·安德森最早提出的，他认为印刷资本主义是现代民族主义建构的关键，是凝聚民族“想象共同体”的必要技术手段。印刷品等为读者提供了“虚拟的共时性”，并使他们经由这种共时性而产生共同体想象，仿佛他们仅仅操持同种语言便息息相关似的。[①] 随着现代传播手段从印刷术跃进到互联网，新的传播手段依然遵循着“提供虚拟共时性—凝聚共同体想象”的路径，只是不再局限于民族主义，不同阶层的网民在互联网这个大平台凝聚，形成了全新的想象的共同体。在舆情 1.0 时代，一旦发生了社会公共事件，民众就会在平台上各抒己见，推动改善线下公共治理，尤其是 2003 年以“孙志刚案”为标志，网民开始作为独立的社会表达主体登上社会舆论场，该年被称为“网络舆论元年”。

后真相时代，“立场”开始赤裸裸地压制“事实”。虽然在历史上不乏人类一时被“立场”蒙蔽的时期，但过去人们还是会承认“事实”比“立场”更加神圣，而如今大量披着真相外衣的虚假信息在各色新媒体上翩然起舞。这绝不是因为谎言已经被指鹿为马为“事实”，而是因为人们认为虚假信息中蕴含的“立场”比“事实”更加重要。在传统大众媒体祛魅的时代，谎言和“事实”此起彼伏，人们在难以判断的情况下，第一反应往往是相信自己的感觉，跟着感觉走，之后若出现与自己直觉相悖的证据，则会倾向于选择性忽视，不以达成意见共识为目的，只是追求情绪宣泄。事实已经不重要了，情绪的宣泄和关系的勾连使拥有共同偏见的人聚合在一起，想象的共同体窄化了，形成一个个偏见的共同体。

偏见的共同体在情绪和虚拟认同的刺激下又转化为行动的共同体。如鹿晗宣布与关晓彤在一起时，新浪微博服务器瘫痪了近一个小时；“李小璐留宿事件”中，PG One 的粉丝自发捐款要买相关热搜词抹黑抨击其偶像的《紫光阁》杂志；北京大兴火灾后，一些人组织起来为相关人员提供住宿和工作机会等。人们从偏见的共同体转化为行动的共同体，之前宏大的网民想象的共同体在后真相时代已经轰然崩塌，成为一个个零散的偏见的共同体。

① 安德森．想象的共同体：民族主义的起源与散布［M］．吴叡人，译．上海：上海人民出版社，2005：167.

十一、舆论议题表达行为模式：从“围观-较真”模式到“应激-遗忘”模式

在前真相时代，一旦发生舆情事件，民众就会自发地在网络上进行围观，在网民的凝视之下，社会事件得以解决。在舆情 1.0 时代，公权力部门的一个情况通报或者一个免职新闻就可以让民众满意散去。这是一种“围观-较真”的行为模式，如持续三年之久的“周正龙拍虎事件”，最终以周正龙被抓、官方道歉为结局。

后真相时代，情感太多，事实已经“不够用”了。部落与部落之间的壁垒更加坚实，每个人都是自己“池塘边的青蛙”，信息理解变短变浅，偏见与偏见交锋只是情绪的冲撞。人们只能以一种特殊的方式来解决问题——立即反应，然后遗忘。面对舆情事件的发生，一个个小圈子的成员开始“探出脑袋”来关注，这是一种下意识的看热闹行为，是一种应激机制，只诉诸情感不关注事实真相，不加思考地与当事人同悲同喜，情感付出很廉价，但不再像以前那么较真，之后又“逢场作戏”地关注起自己圈子内部的“小确幸”（小而确定的幸福）。这也能够解释为什么近年来舆情事件反而少了——其实客观上并没有少，还在那里，只是人们改用一种全新的“应激-遗忘”的后真相时代行为模式来对待这些事件罢了。

第四节　舆论议题的话语修辞特征

新修辞理论认为，任何言说都是一种修辞。因此，研究舆论议题是如何进行表达的，并对其表达特征进行梳理和找出规律，具有重要的表征意义。

一、舆论议题宏观的话语建构与策略

在宏观的话语建构层面，舆论议题主要有以下基本策略。

（一）去政治化

由于目前主流意识形态的引导和网民自我保护的诉求，在有限的话语自由平台中，人们必须选择一种折中的策略来表达自己的观点和利益诉求，去政治化是最为稳妥的策略。

网络使得现实事件变成议题置于网络之中，但现实事件变成网民“民生

话题”是否真的能够脱离政治语境？显然在目前是不能的。在一个个网络事件的议题建构过程中，我们可以看出，网民在刻意回避政治话语和政治内涵，更多涉及的是社会公平正义、人权、政府诚信之类，注意自己利益的最大化，希冀以自己的言论作为工具，像和商贩讨价还价般与社会强势组织较量。

（二）网络话语表达具有随意性和感性化

网络的出现使得传统掌握在精英手中的话语权回归了社会大众，网络话语的表达也因此表现出感想性、即时性、随意性、情绪化、碎片化、草根化，甚至无厘头。作为泛媒体时代的新生事物，网络话语表达有其不规范的一面，但作为话语建构和话语修辞有其创新之处，并且可以被视为草根大众对精英文化的抗争，社会公众应该予以宽容。

（三）扮演权力博弈的弱者，进而拔高强弱对立，博取同情

在很多网络事件中，网民为了使自己的权益得到保障、观点得到认同，必须通过一定策略使自己与强势机关处于对等甚至有利的地位，一个比较可行的策略就是将自己塑造成权力博弈中的弱者，拔高对立，博取更多网民的支持和同情。网民通过自己在网络上掌握的话语权和量的优势，引发、推动、扩散公信力或声誉等方面的危机，反而让强势一方处于相对“弱势”的地位，不得不直面所处的危机困境，力求解脱，寻求与网民的直接“对话”，进而在整个社会话语场域中实现最大限度的“合意”。这一点在“躲猫猫”“钓鱼执法”“郭美美”等事件中都可以得到很好的印证。

（四）贴标签（标签化）

贴标签是传统舆论宣传学中经常使用的一种手段。一方面标签本身就代表了网民整体对这个事件的基本态度和观点，另一方面标签的形象化、直观化乃至韵律上的特色（如谐音或叠音）有利于该事件的进一步传播。纵观近年来的网络事件，可以说很少有事件没有被“标签化”，正是这种议题建构的策略和方法使得事件的传播具备了高效率和高速度的特征，同时也使得很多网络事件留存在网民集体社会记忆中，至今还被津津乐道。

（五）切中社会心理、寻求心理共鸣

网络事件引爆于网络之中，不是空穴来风、无源之水，任何一个网络事件的产生和引爆都有深刻的社会情境和社会心理等深层次原因。同样，基于社会情境和社会心理，人们会形成相应的话语表达和话语修辞等社会人格表征。修辞学中有一个重要的研究分支——社会心理修辞学，就是研究社会政

治、社会审美心理、社会道德、社会角色以及言语动机等与修辞行为之间关系的一门学问。

社会心理根据稳定性可以划分为两类：一是由社会现实境况所形成的社会特定心理，这种社会心理相对稳固但会随着社会现实境况的演进发生变化，如社会流行心理在改革开放 40 多年来的变化；二是人类所共同遵循和信奉的基本社会价值和伦理，这是非常稳定的，也是人们内心中“最软的部分”，如真、善、美等普适性的价值和社会心理。在网络事件成为社会性议题的过程中，经常被使用的一个策略就是根据社会心理和社会情境建构议题，让话语表达和话语修辞最大限度地击中社会公众心理中“绷得最紧的那根弦”，使得事件在网民乃至公众内心深处形成心理的“同幅共振、共鸣”。如“天价烟事件”切中公众对目前房价不断攀升及部分领导干部贪腐不满的社会心理。

（六）戏谑化、无厘头、娱乐化等成为网络文化主流

网络时代，传统媒体为公众塑造的一些宏大叙事破灭了，社会价值的内涵出现了一定的虚无主义倾向，某些社会大众不再相信大多数神圣的、宏大的东西，后现代主义的去神圣化、反权威、反中心等成为 20 世纪 90 年代尤其是 21 世纪以来部分中国人的心理表征。再加上在这个过程中成长起来的“80 后”“90 后”乃至“00 后”成为网民的主体，因此叛逆、反权威、无厘头、娱乐化和将一切戏谑化成为这一时期网络文化的主流，也成为一些网民表达和宣泄对社会不满的主要手段之一。

（七）观点先行、寓观点于事实之中

网络媒体的勃兴带来了信息的发达，信息熵充斥着整个网络。在众多的信息文本面前，如何不让自己的信息文本“沉下去”有很多策略，其中一个比较可行的做法是观点先行。表达不同于一般人的乃至耸人听闻的观点，是迅速在众多“口水”中脱颖而出的策略之一。在网络事件中，经常看到的是网民在交代事实之前已经“先声夺人”地将自己的观点植入事实之中，如“史上最牛”等话语的使用。

（八）网络文体层出不穷

从全球媒体发展的新趋向来看，网友表现出追求边缘文化的个性特色。在中国，这一特征最直观的体现是各种网络文体“你方唱罢我登场”。无论这些文体所源自的新闻本体是关涉文化、商业竞争还是社会矛盾，只要能够从中提炼出特定句式或语言风格，就会激起网友无比灵动的传播与运用，铺天盖地，随即产生神奇的传播效果。虽然这种文体表达存在戏谑的成分，但网

民更多的是希望通过其传播自己对某种事件的基本看法和观点，进而表达与宣泄某种情绪，如前些年出现的“淘宝体”“海底捞体”。当然这背后不排除有商业利益的刺激和推动，但这些文体被网民使用“驯化”后已成为其观点表达的工具。

二、舆论议题的微观修辞

古人云：“言之无文，行而不远。”“文”是指文采、文饰，也就是语言的艺术性。修辞，在广义上指对语词进行调整，以使其符合交流的需求；在狭义上指对文辞进行修饰，使其符合文体要求，显得优美。[①]

人类传播的主要手段是语言符号，传播是符号的传递行为，而修辞本身又往往被定义为积极能动的语言运用行为，主要目的是说服受众根据修辞者的观点意志行动。柏拉图认为，修辞是“通过言语赢得心灵的艺术”（the art of winning the soul by discourse）。[②] 古典修辞最杰出的代表亚里士多德把修辞定义为“一种在任何特定的情形中找出存在的说服方式的能力”（the faculty of discovering in any particular case all of the available means of persuasion）。西塞罗则简单地定义修辞为“用来说服的言语”（the speech designed to persuade）。到了近现代，新修辞的杰出代表博克认为“修辞的基本功能就是通过言语在其他行为人身上形成态度或诱导行动”（the use of words by human agents to form attitudes or to induce actions in other human agents）。[③] 总之，修辞关注的是人们如何通过语言及其他象征手段影响他人的认识、态度、行为。

因此，好的话语表达能取得事半功倍的效果。而所谓好的表达，是具有准确性、可理解性和感染力的，符合自己的表达目的的，适合对象和场合的，得体的、适度的表达。好的表达是以恰当地使用话语修辞为基础的。

在辞格的分类上，根据表达方式与修辞内容的异同，可知的修辞手法有很多种类。目前网络中使用的主要修辞手法有比喻、比拟、借代、谐音双关、缩略、叠音、婉曲、仿造、摹状、对比、反语、杂糅、示现等。相关研究显示，示现这一修辞手法使用的频次最高。简单地说，示现就是利用想象力将过去、未来或想象中不可见不能闻的场景具体呈现出来，增强信息的画面感。它占到了修辞手法总体的 1/4 以上。其次是白描，占到 16.1％。[④]

---

① 陈望道．修辞学发凡［M］．上海：复旦大学出版社，2008：5．

② 陈汝东．当代汉语修辞学［M］．北京：北京大学出版社，2004：13．

③ 王希杰．汉语修辞学：修订本［M］．北京：商务印书馆，2004：3．

④ 喻国明，李彪．网络事件中元信息文本的议题建构与微观修辞研究［J］．现代传播，2011（11）：29－33．

另外，需要说明的是，随着微博时代的来临，因为受到 140 个字符的限制，话语表达也被一定程度地解构，出现了所谓的“微表达”。这种全新的表达方式主要呈现出以下几个基本特征：一是表达方式更加直观，常常配以图片。这和目前移动通信终端中拍照录像等多媒体功能的普及有很大的关系。意义表达虽然受到了字数的限制，但信息量却出现了逆增长，因为图片更具备热媒介的属性，信息表达更明确直观。二是微表达感情色彩更加强烈。由于需要在有限的字数中充分表达出微博博主的传播意图，再加上转发评论这一功能的出现，微表达更加具备了社会话语麦克风的功能。三是微表达更加精准化。前微博时代，网民为了让社会意见领袖了解自己的“惨”境或观点，需要耗费大量的社会资本乃至采取极端的社会化举动，随着微博“@”功能的出现，微表达更加精准化和高效化，而很多事件的风起云涌在很大程度上是由于关键意见领袖的介入，微表达最大限度地降低了整个社会话语表达的社会资本。四是微表达进一步娱乐化。微表达使得每个人都有话语表达的机会和可能，但同时也制造了大量的信息熵，信息表达要从亿万微表达中脱颖而出，很大程度上需要极致化的表达方式，其中一个主要表达方式便是娱乐化，即通过一些夸张化、谐音式的小段子、搞笑视频迅速传播。如“中石化天价酒事件”中，网友填词创作的《我为祖国喝茅台》MV 广为流传。可见，微博时代的微修辞一定程度上消解了前微博时代的网络修辞表达。

网络话语表达是一个新生事物，正处于蓬勃发展期，并且随着媒介形式的不断涌现，传统话语表达的异变形式也会多种多样。随着技术的发展和时间的推移，网络话语表达的主体——网民的年龄结构、受教育程度不断发生变化，语言交际目的也变得更加丰富，网民对传统话语表达的“驯化”能力不断增强，可以肯定的是，网络话语表达的特点也在发生变化。捕捉这些变化，无论是对新兴语言研究还是对舆情监测预警，都具有重要的价值和意义。

本章小结

“世界上没有无缘无故的爱，也没有无缘无故的恨”，舆论议题的生产与出现是由其所在的社会元场域决定的，元场域的变化对舆论议题具有很重要的“生成土壤”价值，因此任何舆论议题的生成都必须回到其周围环境来进行阐释和对照，不能剥离社会元场域进行讨论。舆论议题从单个事件发生来看具有偶然性和突发性，但从时间维度和空间维度进行总结与统计，会发现其具有一定的规律性和自洽性，这种规律性既是对历史境遇的总结，也是对未来舆论发展的一种预测手段。这种演变决定了自组织性的舆论议题的生成、高潮与消亡的全过程。另外本章提到了舆论议题的修辞性，修辞无处不在，任何言说都是一种修辞。舆论议题要想获得更广泛的传播和产生更大的影响，必须要进行修辞，无论是微观层面的修辞还是宏观层面的议题建构。未来随着舆论研究的深入与细化，舆论修辞学必然会成为舆论研究的一个重要分支和交叉学科方向。

本章思考题

1. 如何看待舆论议题与中国社会现实之间的辩证关系？
2. 如何看待舆论议题分布的时间空间特征？舆论议题分布是否有规律可言？
3. 谈谈你对舆论议题修辞的动机及手段的认识。

推荐阅读书目

1. 黄少华，翟本瑞．网络社会学：学科定位与议题［M］．北京：中国社会科学出版社，2006.

2. 喻国明，李彪．中国社会舆情年度报告：2016—2017［M］．北京：人民日报出版社，2017.

3. 陈望道．修辞学发凡［M］．上海：复旦大学出版社，2008.

4. 塔尔德．传播与社会影响［M］．何道宽，译．北京：中国人民大学出版社，2005.

第七章

舆论的生成与传播

本章学习要点

1. 了解舆论启动的基本模式及类型。
2. 掌握舆论的生成及传播规律。
3. 掌握舆论情感动员的主要模式及动员机制。

舆论的生成与传播是一个历时性的过程，是从无到有、从小到大的发展过程。舆论有不同的启动模式，这些启动模式决定了舆论传播路径与规律，并且在传播上呈现出一定的偏好，而这些生产与传播表征的背后是以情感作为动力的，因此研究舆论的生成与传播必须对舆论的情感动员机制进行研究。

第一节　舆论的生成机制

舆论的生成具有独特的机制，首先舆论启动分为信息爆料启动型和情感启动型，在生成模式上又以“爆米花模式”为主。

一、舆论的启动模式

舆论主要有两个启动模式：一是信息爆料启动模式，二是情感启动模式。

（一）信息爆料启动模式

很多网络事件以信息爆料的形式发生，进而引爆了整个网络话语场域，这种启动模式就是信息爆料启动模式。该模式主要特点一是关涉主体比较有知名度，二是民众对这类信息比较感兴趣。比较典型的案例是“故宫多重门事件”。2011 年对故宫来说是多事之秋，经历了失窃门、错字门、会所门、哥窑门、瞒报门、屏风门、封口门、拍卖门、古籍门、逃税门等事件，其中有几个事件涉及一个著名的微博用户@龙灿，很多信息都是由该用户独家披露，成为民众关注的焦点的。这类信息爆料启动模式如果不掺杂过多的社会情感，所启动的舆论一般很好解决。

（二）情感启动模式

情感启动模式是指相关舆情信息刺激了民众心中的敏感部位，或唤起了一些刻板印象。情绪很容易被感染和传播，比简单的信息传播更有效率。情感启动模式总结起来主要有以下三种：第一种是以同情为主，并伴随着愤怒的发泄；第二种是以戏谑为主，主要伴以调侃和无厘头幽默；第三种是社会深刻转型期价值观多元化造成的社会情感冲突。

1. 悲情情感启动模式

悲情是在情感启动模式中最常见的一种模式，主要是利用网民对社会弱势群体的同情，形成一定的社会愤怒情绪，塑造强势和弱势对立的社会图景，从而实现民意啸聚。

案例 7-1

宜黄拆迁事件

近年来，随着城市化的推进，拆迁成为社会关注度越来越高的突出话题，各种因拆迁引发的干群纠纷愈演愈烈，事件的激烈程度越来越高，在网民心中形成了“野蛮拆迁”的刻板印象。在这个背景下发生的“宜黄拆迁事件”是其中最带悲情色彩的案例。

2010 年 9 月 10 日上午，江西省抚州市宜黄县凤冈镇发生一起因拆迁引发的自焚事件，三人被烧成重伤，最终叶忠诚因伤势严重经抢救无效死亡。

在整个事件中，钟家两姐妹以弱势群体和受害者的角色不断在微博上更新事件的进展并发出“网民救我”的悲情呼声。在初始阶段，事件一经发布到微博上，“三口自焚”“家破人亡”“花季少女”等字样以及惨烈的图片就绷紧了网民的神经，使得事件瞬间获得广泛的关注，网民与实施强拆的当地政府迅速形成了对立情绪。

其后，事件的悲情色彩不断加重。钟家两姐妹不断上访，但一直被当地政府围追堵截，甚至在机场只能躲进女厕所打电话向记者求救，其遭遇被《凤凰周刊》记者邓飞在微博上现场直播。在此期间，当地政府始终对外发布钟家蓄意阻碍拆迁，不小心自焚的消息，进一步激发网民愤怒情绪，更多网民加入声讨当地政府的行列中。随着钟家母亲严重感染生命垂危的消息在微博上的传播，网民们对钟家的同情越来越深，更多的网民参与到事件的推进中，在微博上掀起“千里大营救”。在网络论坛、博客、微博以及传统媒体的密集关注下，网民们要求继续问责的讨论越来越多。10月10日，宜黄县委书记被免职，县长也被提请免去职务，在此之前负有主要领导责任的宜黄县委常委、副县长已被免职。

悲情情感启动模式具有以下特点：一是情感尤其是悲情是联结社会个体自我认同与群体认同的关键纽带和桥梁；二是社会记忆在其中扮演着重要的价值判断依据的角色，愤怒的理由和指向是来自社会记忆沉淀后所形成的社会认知框架，社会记忆在其中建构意义、提供价值导向；三是公共话语表达和群体认同之间是互动关系，两者之间是互相增强的，公共话语表达促进了社会个体的群体认同，群体认同的扩大又进一步增强了公共话语表达的影响力和扩散力；四是网络意见领袖在其中扮演着社会价值赋予者和社会意义建构者的角色，这并不是说网络意见领袖多么睿智和“巧舌如簧”，而主要是由微博等社交媒体的技术特性决定的，是一种围观性的“明星传播结构”，其中的“转发”“评论”“点赞”的功能设定凸显了草根网友依然是以不对等的围观身份在重构“社会中心”，也许这些“中心点”与传统社会不一致，这些话语权力主导者只不过是又一群话语权力新贵而已。虚拟社会始终是真实社会的直接“投射”，是现实社会的真实镜像。①

2. 恐慌情感启动模式

恐慌情感启动模式有其他情感启动模式所没有的特征：一是意见领袖在其中扮演的作用十分有限。此时的民众处于恐慌状态，和自身的生存安危相比，所谓的权威已经微不足道；加上启动时间特别短，意见领袖能够介入的时机很少，信息又是通过人际传播的隐匿模式在传播，因此意见领袖开始介入时事件已经发展到了社会行为层面，为时已晚。二是人际传播在其中发挥了很大的作用。如果说其他类型的情感启动主要是一个缓慢发酵的过程，依赖社交平台呈现出“观点的自由市场”的博弈，那么恐慌情感启动则是一个非理性传染过程，传播方式更为隐匿，理性思考在其中没有存活的时间和空间。三是在恐慌情感启动过程中，谣言大肆泛滥。从社会意义上来说，谣言是社会个体为打破信息真空进行的一种社会抗争行为。谣言并不是凭空产生的，而是有其得以滋生的土壤，因此要辩证地看待——谣言虽然具有一定的破坏作用，但也是一种社会心理应激行为。四是恐慌情感启动一般只存在于特殊领域，主要涉及每个人的人身安危，如“抢盐”主要是因为盐是一种最

① 魏武挥．技术人格［J］．IT经理世界，2012（24）：80-83．

基本的生活必需品，“禽流感事件”中抢购板蓝根也主要是因为谣言传播导致人们认为板蓝根能防治禽流感。

案例 7-2

抢盐事件

2011 年 3 月，日本福岛发生大地震，导致核电站泄漏，污染了周边海域。因此网络上开始出现谣言，称核辐射导致作为食盐重要来源的海水被严重污染，再加上让民众相信吃含碘的食用盐可防核辐射，在短短的 24 小时以内，出现了一些市民疯抢食盐的现象。随后几天，一些超市食盐炒到十元一包还很快售罄。抢完食盐之后市民又开始囤积酱油、咸菜等含盐物品。尽管 3 月 17 日政府相关部门已经通过各种媒体发布辟谣消息，但并没有遏制荒诞的疯狂抢购，“抢盐事件”整整持续了一周多时间。

身体健康和食品安全是民众最关注的话题，在整个事件的推进过程中，起到最关键作用的就是恐慌信息的传播，“核泄漏继续”“日本核辐射逼近东海”“日本核辐射加量”等关于核辐射的信息成为“抢盐事件”发生期间的信息主线，持续传播的“核泄漏”相关消息不断刺激市民的神经，以致人心惶惶。其后，各地食盐售罄、盐商停产、食盐涨价的消息不断加剧市民的恐慌情绪。在大量引发恐慌的信息不断刷屏的过程中，不少未参与抢盐的网民心态开始发生变化，从最开始的“不相信”到“将信将疑”，再到“宁可信其有，不可信其无”，最终也成为抢盐的主体。

3. 戏谑化情感启动模式

戏谑化情感启动模式的特点如下：一是启动过程中存在着多种社会情感，由开始的愤怒到无奈再到戏谑，情感仍然在其中作为重要的主线，只是戏谑在后来发挥了重要的社会动员作用。二是社会议题焦点随着情感的变化而变化。如在“表哥杨达才事件”中，民众最先关注的是他的微笑，后来随着“表哥”这个响亮的标签被贴上后民众的关注点发生了变化，转向他的穿戴。“天价烟事件”中的周久耕本来是因为其对降价房企主张处罚的言论而被民众关注，后来被网友发现其抽天价烟，整个事件的焦点发生了转变。三是网络意见领袖或者网探在其中发挥着重要的作用，这些人扮演着爆料和制造话题的角色。四是戏谑化情感启动带给网民集体狂欢的机会，其情感渲染力较强，传播范围非常广，速度也很快。另外，戏谑在带给民众狂欢的同时，也为民众提供了一个话语表达的机会，每种恶搞和戏谑其实都代表着一种态度和价值观，只是通过隐匿的方式酣畅淋漓地表达出来了。这种表达不再局限于针对事件中的当事人，而是凸显出社会民众对目前社会中的伦理道德和社会矛盾的深刻思考。

案例7-3

“表哥”杨达才事件

在“表哥”杨达才的案例中，事件源于一张偶然拍摄的图片。除了较为突出的干群矛盾，事件不断往前推动的原因之一是网民对此事的“戏谑化”跟进。

2012年8月26日，延安发生特大交通事故，36人不幸遇难，陕西省安监局局长杨达才却面带微笑出现在现场。现场照片在网络上一曝光，网民就给杨达才冠以“微笑局长”的称谓，以表达对这种麻木不仁的愤怒。紧接着，又有网友挖出杨达才喜欢名表，并且找到了他在不同场合佩戴五块不同名表的图片，将其正式封为“表哥”。

8月29日，杨达才开通微博并接受新浪微访谈，辩称其手表花费源自正常收入。此解释不但未打消网友质疑，反而激起了网民穷追不舍的“扒粪”运动。微博访谈结束后不久，网民“猪头懦夫司机”即在微博上发布了杨达才第六块表的信息。随后，网民发起“帮局长回忆第七块手表”活动。9月5日，网探@晨曦微播在其微博上通过图片详细分析了杨达才所佩戴的眼镜价值10万元，还配上了杨达才在不同场合佩戴四副不同眼镜的图片。之后，网友“延庆老农”在其微博上用一组图片证明“微笑局长”除了左手手表、右手手镯之外，还拥有各种皮带，并以“表哥全身都是宝”为题。

8月30日，陕西省纪委表示已安排人员进行调查。9月21日，杨达才的相关行政职务被撤销。

与更早的“天价烟事件”不同的是，在此次事件的整个过程中，“微笑局长”“表哥”“帮局长回忆第七块手表”“表哥全身都是宝”等戏谑化表达不断给事件贴上新的标签，杨达才在事件不同时期的表现被网民以看笑话的心态不断调侃，网民的关注焦点从干部冷漠、干部撒谎到反腐不断上升，最终在众多网民的“戏谑化”合围下把杨达才拉下马。

从符号学的角度来说，戏谑化情感启动模式可以被视为一种仪式化的“自我表演”，是所有社会参与个体共享社会意义的文化仪式。在这个过程中，社会个体表达了不满情绪，形成了共同的心理体验，并且产生了“我”和“我们”的群体认同意识，增强了群体认同和群体区隔。当然，从深层次来说，这种戏谑化情感启动恰恰契合了当下的社会文化心理，因此威力很大。

二、舆论的生成模式：爆米花模式成为主流

舆论的生成模式主要分为五种：爆米花模式、风吹浪起模式、飘雪模式、瀑布模式和沉默的螺旋模式。[①] 随着自媒体的“遍地开花”，信息传播呈现出秒传播的趋势，舆情也不再是由多级主体参与的缓慢形成过程，爆米花模式成为主流模式，并且呈现出一定的规律性。从全天 24 小时来看，22 点前后成为社会热点事件的集中刷屏阶段。

据中国人民大学新闻与社会发展研究中心发布的《中国网民的信息生产及情感价值结构演变报告》[②]，社会舆情事件的集中爆发阶段为 21—23 时，在这一时间段，社会热点事件传播的活跃度几乎是白天的两倍；尤其是 22 点前后这一睡前阶段，是网民全天打字最活跃的时段——这段时间相对清闲，也是自媒体账号信息发布最为频繁的时段，同时还是社会舆情热点事件发酵和传播的最重要时段。图 7-1 是“陕西榆林产妇坠楼事件”发生后的第二天，微博上相关话题讨论帖子的 24 小时分布。可以看出，该事件集中爆发点为 22—23 时，即睡前两个小时，这是 UGC 发布最高峰的时段，也是舆情事件发展的关键时段，同时是近年来自媒体强势崛起之后社会舆情的爆发点发生变化的重要特征。相较于以往 19—20 时的舆情爆发时段，出现了显著后移，这是自媒体时代社会舆情时间分布的重要特征之一。

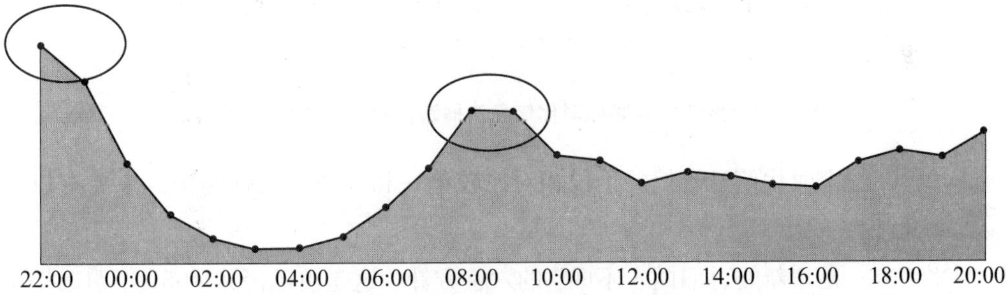

图 7-1 “陕西榆林产妇坠楼事件”相关话题讨论帖子的 24 小时分布

第二节 舆论的传播规律

舆论的传播具有一定的规律性，并且是以技术为底层架构的。不同时期

① 刘建明，纪忠慧，王莉丽．舆论学概论［M］．北京：中国传媒大学出版社，2009：64-67．

② 张艳玲．中国网民日均打字 350 亿 “亲爱的”系最常用网络称谓［EB/OL］．(2016-11-19)［2022-12-22］http://news.china.com.cn/txt/2016-11/19/content_39742847.htm．

的技术发展为舆论的传播提供了不同的“座架”，而舆论的传播在时空机制上也存在一定规律性，这是本节所关注的重点。

一、舆论的发源地

舆论的发源地，即舆论最早是在哪个平台上被生产与“凝结”出来的。发源地的变化一定程度上凸显出舆论传播规律的变化与演进。

（一）传统大众媒体时代

传统大众媒体时代，社会的信息源主要依托于传统大众媒体。那个时代是渠道霸权时代，掌控了信息渠道就可以掌控一切信息来源，对信息的管理相对比较容易。这一时期的传播呈现出典型的信息不对称格局，作为管理部门让民众知道什么、知道多少都是可控的，对意识形态和信息传播的管理主要通过管媒体来实现，牵一发而动全身。

图 7－2 是传统媒体典型的线性传播模式，即信息从事件现场流向大众媒体，少数意见领袖掌握一部分信息，进而通过媒体直接传向社会大众或通过意见领袖传向社会大众，形成著名的“二级传播”模式，即“1－1”模式。

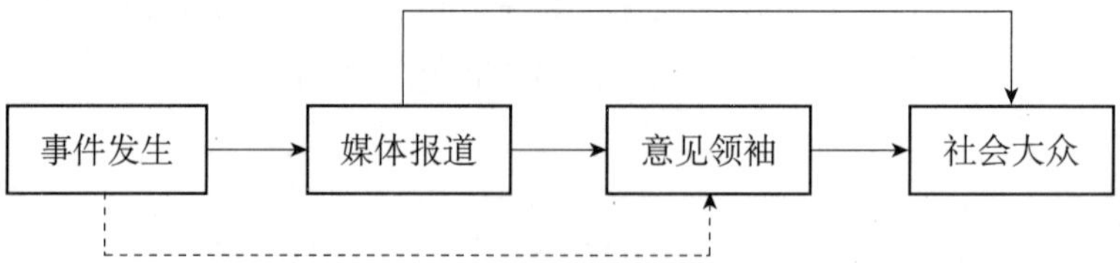

图 7－2　传统大众媒体时代信息传播路径图——“1－1”模式

这个时代信息管控的手段相对比较单一和有限，概括起来，主要有以下几种。

一是“新闻、旧闻、不闻”的六字方针，这是由毛泽东 1957 年明确提出的关于宣传的策略思想。他认为新闻报道要根据政治形势的需要，有些新闻需要抢时间，及时报道，有些新闻要暂时放一放，有了发表的好时机再放出去，还有一些新闻则是不能发表的。毛泽东要求对具体问题做具体分析，报纸、通讯社要对新闻有所选择地报道，根据舆论斗争需要或急或缓或舍。[①] 这一方针一直是我们进行宣传的重要指导方针。

二是舆论联动与舆论一律，即为了形成强大的舆论合力和舆论优势，要求媒体在报道一件事情时同时开动，一起发声，形成强有力的宣传效果。但

① 吴冷西．忆毛主席：我亲身经历的若干重大历史事件片断［M］．北京：新华出版社，1995：33－34.

随着媒体渠道的多元，这种手段的效力在逐步下降。每年的“两会”开幕日全国四家主要党报——《人民日报》《光明日报》《经济日报》和《解放军报》的头版头条和版式基本上完全一样，就是典型的舆论联动手段。

三是以正面报道为主。在传统媒体时代，民众获取信息的渠道相对单一和有限，以正面报道为主的宣传手段有利于民众及时了解党和国家的方针政策，将工作重心更好地放在社会主义建设上。但随着媒介渠道的多元化，这种宣传手段的效力也有所下降，如《新闻联播》被民众解构等。

当然还有其他一些舆论手段，如典型人物塑造等。这些舆论和宣传手段针对当时媒介渠道相对匮乏、社会管理成本相对低下的情况，起到了很好的社会管理效果。但随着信息生态和环境的改变，这类手段的宣传效果都或多或少地出现了下降。

（二）Web 1.0 时代

Web 1.0 时代是以 BBS 论坛和贴吧等为代表的网络媒体初步崛起的时代，这个时代最大的特点是传统媒体不再垄断信息，渠道霸权时代终结，草根网民获得了更多的社会话语表达权，在整个社会话语场域中的力量不断凸显。

图 7－3 是这一时代的信息传播路径图：信息源是唯一的，但第一信息落点出现了多种可能性，有可能通过传统媒体报道，也有可能被目击者发现并通过博客、论坛、SNS 和贴吧等传播到受众面前。这是典型的“1－N”的多点传播模式，其中不仅有信息的传播，更有观点和意见的传播。这时的信息流动呈现出多元性、随机性和网状结构，信息流动速度加快，传播效率在不断增强。

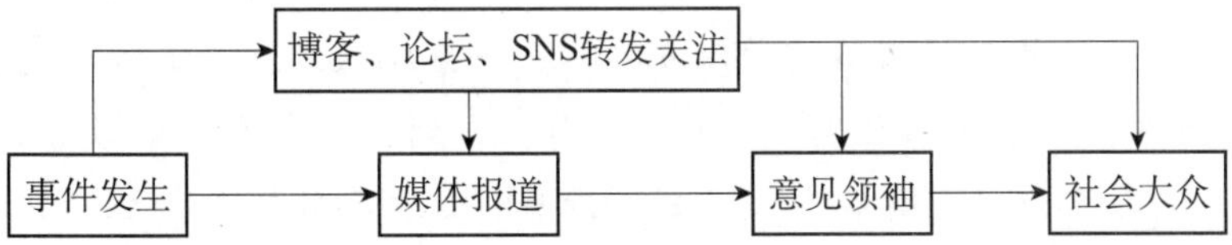

图 7－3　Web 1.0 时代信息传播路径图——“1－N”模式

这一时期社会舆论的策源地和集散地主要由三家主要的综合论坛把持，分别为天涯论坛、猫扑社区和凯迪社区。天涯是综合性论坛，影响力在那个时代如日中天，很多舆情事件的爆料、爆发都有这个论坛的身影。如著名的“周久耕天价烟事件”“内蒙古豪车女检察长事件”“常州溧阳卫生局局长微博直播开房事件”等都是由天涯论坛首先爆料，或者由天涯论坛完成舆论动员的。猫扑社区属于典型的人肉搜索引擎，最火的时候，在论坛上放上任何人的照片，都能被网民在最短的时间内搜索出照片里人物的姓名、电话、工作单位甚至是家庭住址，堪称人肉搜索利器。著名的“铜须门事件”“虐猫事件”都是在猫扑社区上被网民扒出当事人的所有信息的。三是凯迪社区“猫眼看人”频道，主要是一些社会话语精英聚集的地方，以理性思考并告知人群为特征，个别知识分子已然具有了公共知识分子的特征。这个社区更多的是一些冷思考和冷观察，向社会话语场域输送观点、引导舆论等。

还需要强调的是，这一时期的舆论还有其他来源，就是地方论坛或专业论坛。在新闻学研究中有一个著名的接近性原理，一般一个事件发生后，基于地域或心理接近性的考虑，最容易在本地的地方论坛发布。如著名的“周久耕天价烟事件”，最早是在焦点南京房地产网“恒大绿洲论坛”发出《八问江宁房产局周局长》的帖子。另外一个来源是专业论坛，主要是摄影类论坛，这类论坛内容以图片为主，随着民众信息消费的感性化，“有图有真相”成为网络信息传播获得持续关注的主要手段。如著名的“犀利哥”爆红，起因就是一个摄影发烧友在摄影器材店购买器材后，在店门口测试器材时拍到了迎面走来的一个流浪汉。照片首先被上传到杭州本地的蜂鸟网，最终被转发到天涯等综合论坛。这一时期舆论信息流动的路径和规律大抵如此：地方论坛或专业论坛爆料—经信息搬运工搬移到综合论坛—达到一定规模后被大众新闻媒体报道—经新闻门户网站转载—引爆整个社会话语场域。

（三）以微博为代表的自媒体时代

案例7-4

擦鞋门事件

2011年11月7日，福建省南平市浦城县人民法院的一名法警驾驶着法院警车途经某路口，准备下车擦鞋，与擦鞋大姐商量后该法警坐在车里直接让大姐擦鞋，这一场景正好被路过的网友@冰山一粟拍摄到。拍摄时间是11月7日9时05分。11月8日该网友将这张照片上传到杭州本地的摄影论坛——快拍快拍网，起名为“给俺擦鞋”，当时并没有引起过多网友的关注。11月10日22时左右，新浪网友@婉约派土贼发现了该照片并转发到新浪微博，并起名“会火吗？试试”（见图7-4）。

会火吗？试试。

11月10日21:58　来自新浪微博　　转发(25565) | 取消收藏 | 评论(7311)

图7-4 “擦鞋门事件”微博发出者@婉约派土贼发布的第一条相关微博截图

没想到，该照片迅速成为微博关注焦点，截至11月11日22时，这条微博已被转发11 800多次，评论超过了3 000条。11月12日下午，在微博上寻找新闻信息源的《南方都市报》记者张书舟发现了这条微博，并在与浦城县人民法院确认该信息后，写了一篇简短的新闻报道《网帖曝警车伸脚享受擦鞋 警方回应在核查》。该报道于11月12日9时59分被新浪门户网站进行转载，引爆整个社会话语场域。网民一片声讨，并给该法警贴上了"擦鞋哥"的标签，在整个社会话语场域掀起了讨论的高潮。11月14日，浦城县人民法院正式回应，"擦鞋哥"被免职。11月18日媒体披露是该法警与擦鞋大姐商量后坐在车内让大姐擦鞋的（见图7－5），但这一信息没有得到众多网民关注，整个事件告一段落。

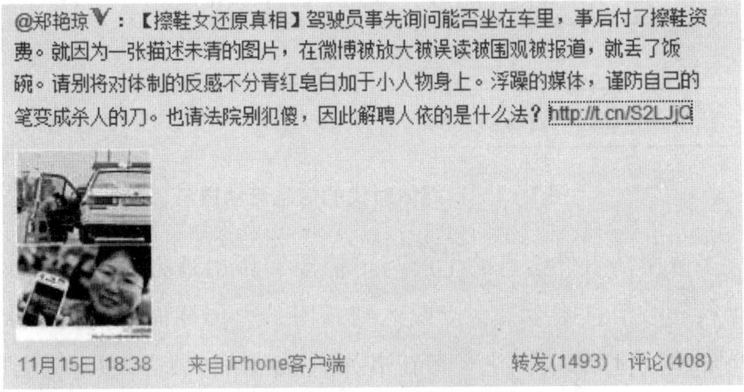

图7－5 "擦鞋门事件"的后续进展微博截图

通过以上"擦鞋门"的案例分析可以看出，微博作为新的自媒体平台在整个社会信息流动链条中起到越来越重要的作用。整个社会的信息流动也呈现出多元、随机的网状结构，大致可以总结为图7－6所示。

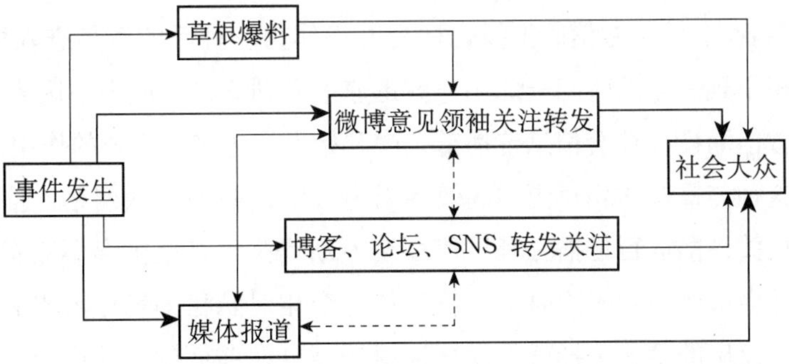

图7－6 自媒体时代信息传播路径图——"N－N"模式

从图7－6可以看出，事件发生后信息流向具有多元性，有可能流向大众媒体，也有可能流向意见领袖，更有可能被更多的草根目击者获知，通过网上爆料直接传递给受众群体。这是一个多元、多向和多主体的传播框架结构，即“N－N”的传播模式。

虽然以上的传播结构具有随机性和不可预期性，但大致的主流传播流向可以总结如图 7－7 所示。

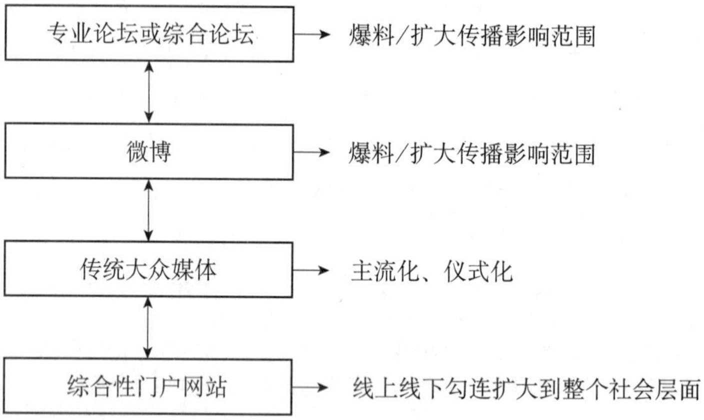

图 7－7　自媒体时代的信息流动链条

大多数舆情事件信息的生产与传播要经历由地方论坛、专业论坛或综合论坛爆料—被信息搬运工直接搬运到微博扩大传播面—传统大众媒体报道使得信息“主流化”“仪式化”—新浪等门户网站转载进一步扩大到整个社会层面这一过程。这也是典型的接力传播模式。将图 7－7 的模式与 Web 1.0 时代的传播模式进行对比可以看出，任何一个新的媒介产生，都是将以前的媒介变成自己的后台，如微博的出现使得传统的爆料平台——天涯论坛、猫扑社区和凯迪社区都成为其信息后台，这也是一个趋势。

（四）以微博和微信为代表的移动互联网时代

随着 2011 年微信的上线，社交网络作为一种新的产品进入民众的视野，在短短不到三年的时间全球用户数迅速上升到 6 亿，成为中国第一大 App 产品。微信同样在社会信息传播链条中开始发挥越来越重要的作用。

这种传播模式相对更加高效，因为微信是一种关系网络，信息附着于社会信任关系网进行传播，其可信度会不断增强，其范围会不断扩大。微信制造着社会话题，并时不时会有信息从这个相对隐秘的场域溢出到其他社会场域，其流出的第一选择就是微博话语场域。在前面的论述中也有所提及，微博本质上是一种一对多的媒体，具有前台麦克风的作用，因此微信成为微博的“后台”，微博成为微信的“前台”，两者之间是接力传播的关系。未来这种接力传播的模式只会强化不会减弱。“双微”时代本质上是自媒体平台全面崛起的时代。

二、网络舆情的时间分布

网络舆论作为一种特定的网络信息，在传播特性上具有一定的规律。中国人民大学舆论研究所对 2010—2014 年的 1 738 个网络舆情热点事件做了分析，对其分布的月份进行了总结，相关结果如图 7－8 所示。

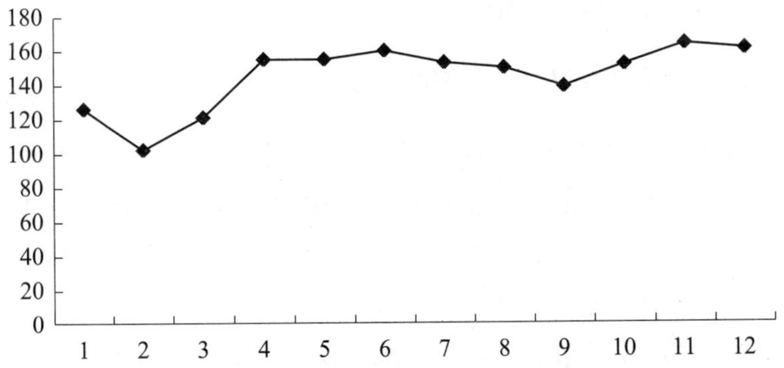

图 7－8　2010—2014 年网络舆情热点事件的月度分布图

从全年 12 个月的运行趋势来看，网络舆情的月度分布趋势呈 M 形，总体来看有两个高峰期：4—6 月和 11—12 月。4—6 月正好是春夏交替之际，这段时间社会事件密集发生。生理心理学与心理生理学的研究表明，4—6 月春夏之交是人体荷尔蒙等激素分泌相对活跃的时期，人们的社会活动会呈现出易怒、情绪波动较大的现象。在社会学研究中也有相关研究证实这一时期的自杀率要高于全年中的其他月份。因此，这段时间成为舆情事件的高发期也就不足为奇了。11—12 月是年底，一年中积攒起来的社会怨气、戾气总需要在年终做个宣泄，因此这一时期的舆情事件的发生概率也较高。

网络舆情事件的发生概率以 2 月为最低。这主要是因为春节的关联效应，毕竟春节是中国人民的传统节日，个人的不满情绪在亲情面前都不算什么，社会舆情事件的发生概率和数量也就相对较低。3 月“两会”召开，社会舆论焦点都会集中在“两会”上，发生社会舆情事件的概率会因为聚焦效应而有所下降。

三、网络舆情的空间分布

（一）网络舆情存在地区差异

在传播学研究中有所谓的知识沟现象，主要讨论的是发达地区与欠发达地区民众的知识水平差异性。网络技术的勃兴带来的是“信息沟”，进而产生“社会话语权沟”，这与互联网的普及率有很大的关系，互联网的普及率又与社会经济发展水平存在正相关关系，因此网络舆情事件是“嫌贫爱富”的特殊信息。中国人民大学舆论研究所对 2010—2014 年热点事件进行地区统计时发现，发生在东部沿海地区的舆情事件占据总体的 58%，中部地区占 28%，西部地区仅为 14%左右，充分说明了东部沿海地区很大程度上在为全国民众设置舆论议程、提供网络谈资。

（二）网络舆情热点事件的地域分布

依据我国目前的地方政府管理制度，本书以舆情事件产生的地域为主要研究对象。需要说明的是，虽然北京是国家的首都，但在归纳时以发生在北京，影响没有波及全国的事件为对象。此外，从样本的代表性出发，本书只呈现发生舆情事件较多的省、市和地区。

发生舆情事件最多的地域分别为河南、湖南、广东和山东等省份。河南和湖南作为中部大省，经济发展水平相对不高，且人口众多，近些年社会矛盾相对尖锐、社会管理水平有待进一步提升，加上当地的社会文化背景和民风的影响，一定程度上促成了当地舆情事件多发的态势。

广东作为改革的前沿阵地，加上外来人口数量较多，与本地人之间的矛盾也有进一步激化的趋势，而且广东地区的媒体相对发达，新闻传播环境较为宽松，因此发生舆情事件的概率较高。

从全国的舆情事件分布来看，主要集中在中东部地区，但并不意味着这些地区最常发生社会事件，一定程度上与这些地区互联网普及率高、媒体信息渠道畅达也有关系。

四、社会舆论场域的地域特征

中国人民大学舆论研究所 2013 年 10 月进行相关研究，对新浪微博中热点微博（转发量超过 1 000 次）的原创者所在地域进行了统计。[①]

图 7 - 9 显示了热点话题原创者所在地域的前十位。

从热门微博原创者所在地域分布上看，北京、广东、上海是原创者的主要集中区域，三者占到总体的 74.8%。其中北京最多，占到总体的 44.6%，这在一定程度上反映出微博场域话语权与线下经济社会水平有一定正相关关

① 李彪．微博中热点话题的内容特质及传播机制研究：基于新浪微博 6 025 条高转发微博的数据挖掘分析 [J]. 中国人民大学学报，2013 (5)：10 - 17.

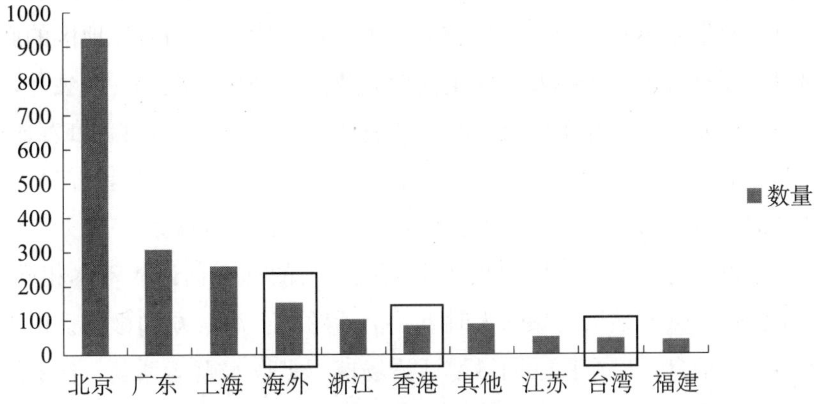

图 7-9 热点话题原创者所在地域的前十位

系。其余地域依次是海外、浙江、香港、其他、江苏、台湾和福建，这一定程度上凸显出目前微博话语场域的省区权力格局。

需要说明的是，香港、台湾两地也超过其他省份处在前十名的原创者地域序列，说明微博社会话语场域中香港和台湾因其娱乐业的发达以及话语表达文化的一致性也占据着重要位置。

将八个类别的热点话题与前九个重点区域进行交叉分析，相关结果如图 7-10 所示。

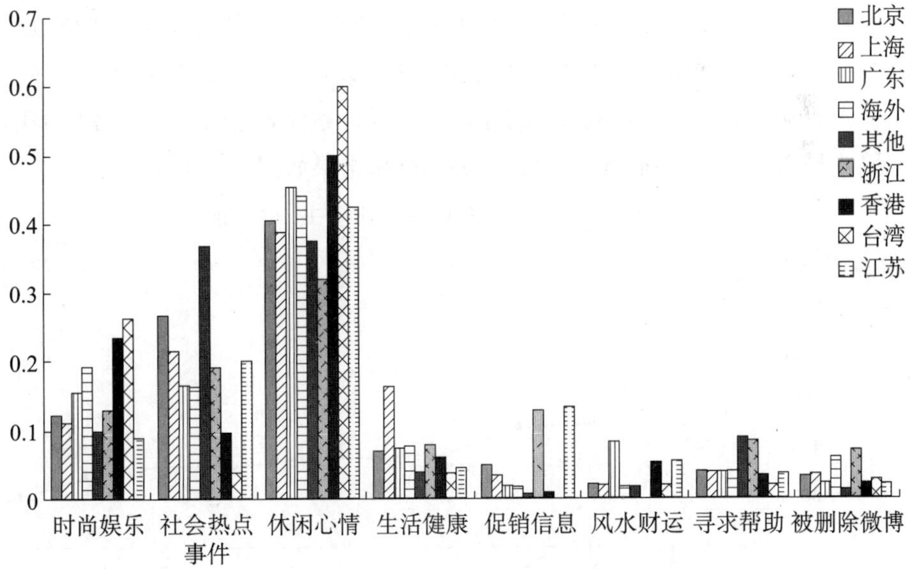

图 7-10 八类热点话题原创者的地域分布

从图 7-10 可以看出，在时尚娱乐热门微博中，台湾、香港和海外占据前三位，这和目前明星、时尚娱乐信息多来自这些地区有一定关系；在社会热点事件热门微博中，其他、北京、上海占据前三位，北京是政治中心，对时事政治比较关注；在休闲心情热门微博中，台湾、香港和广东占据前三位，与时尚娱乐差不多，说明在目前大中华文化圈中，我国其他地区的影响力和辐射力还有待进一步提升；在生活健康热门微博中，上海一枝独秀，说明上海民众热爱生活、注重健康；在促销信息热门微博中，浙江和江苏比例最高，说明江浙民众爱做生意、关注消费的地域特征；在风水财运热门微博中，广东可谓一枝独秀，这与当地的文化习俗有较为密切的联系。

从以上特征大致可以得出各个地域民众的社会话语权不尽相同的结论：北京民众向微博话语场域输入时事政治话题，上海民众向微博话语场域贡献生活健康信息，广东民众向微博话语场域贡献风水财运话题，江浙民众拿微博平台来做生意和营销，香港、台湾民众则向微博话语场域输入时尚、娱乐、休闲等话题。这些特征构成了目前整个微博话语场域色彩斑斓的精彩画面。但有个基本事实是无法回避的，那就是东部沿海地区的网民掌握着更大的社会话语权，更多地为全国民众输送谈资、设置议程、提供观点和进行“精神按摩”等。

五、网络舆情的关涉主体

在每个舆情事件的背后除了网民和当事人本身，都有一个主要的利益相关主体，我们称之为关涉主体或者利益相关者。对这些关涉主体进行统计分析，可以看出网络舆情事件关涉主体的大致分类和集中情况。关涉主体主要是从行为的施予者或者说是主动方来进行划分界定的。在本书的分类标准中，城管也被划分到公检法系统。基本分析结果如图 7 - 11 所示。

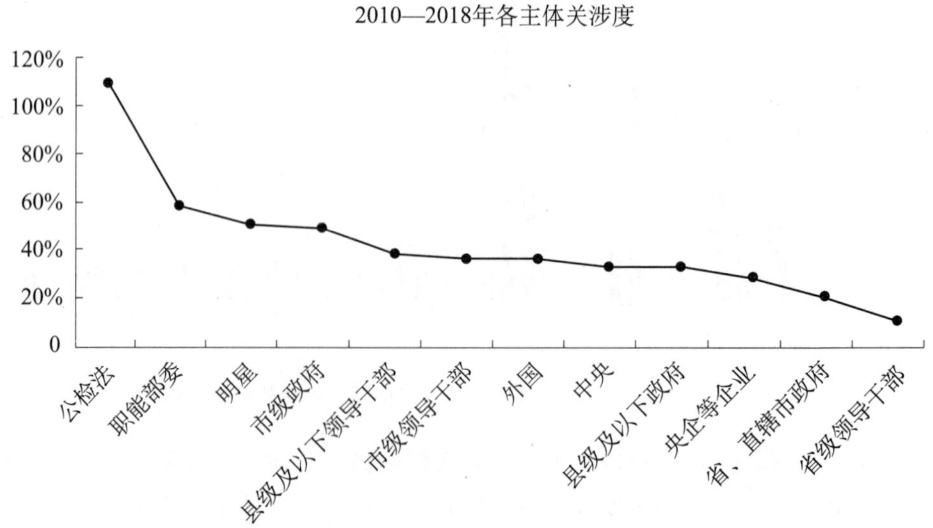

图 7 - 11　2010—2018 年社会舆情事件关涉主体分布

从图7-11可以看出，舆情事件关涉主体主要集中在公检法、职能部委和明星等群体。公检法主要代表社会公平正义的最后维护者和保障者，其成为历年最主要的关涉主体，一方面说明整个社会民众的利益诉求机制、民意表达机制等还有需要完善的部分，这一保障环节会多发舆情，另一方面说明目前社会司法公正存在一定待校正之处。

职能部委作为另一个重要的舆情事件关涉主体，主要是因为随着社会文明水平的提升，社会管理水平也亟待提升，但由于个别职能部委还存在传统的管理思维，陈旧的管理方式很难适应社会的发展。加上微博磨炼了民众的公民意识，因此职能部委在管理上的一些失当之处很容易引起民意反弹和民众抵制。

明星始终是民众茶余饭后的谈资，加上网络本身具有休闲、窥私的属性，因此明星事件很容易引爆舆论。

县级及以下领导干部也成为舆情事件的主要关涉主体之一，其原因主要是部分领导干部行为不当，在某些事件上的做法缺乏常识和智慧。“治大国如烹小鲜”，“基层神经末梢”对整个社会公权力、公信力的影响是巨大的。这类公权力部门领导干部与社会民众关系最为密切，其一言一行都代表着政府形象，治国必先治吏，治吏必须从严，基层干部的行为具有社会示范效应，更易被关注。

第三节 舆论的情感动员机制

社会网络时代，随着社会关系茧房化和重归部落化，再加上传统知识权威的衰落，相同的境遇、共同的生活体加上新型传播手段不断突破时空的区隔和障碍，彼此之间的对话和沟通推动着个体在公共事件的讨论中产生一致的认识和看法，建构共同的群体记忆，进而提升了情感共鸣和虚拟群体认同。情感和立场优于事实的后真相时代来临，经过“七嘴八舌”的再阐释甚至是故意扭曲与篡改，真相本身不再是事实的核心，而是让位于情感与立场。情感已经超过事实真相本身成为网络舆情事件的动力源泉和基本社会动员形式。舆情研究近年来也出现了从“信息”维度向“情感”和“关系”维度等研究范式的转向。

一、后真相时代的社交网络与情感动员

后真相时代，真相并没有被篡改，也没有被质疑，只是变得次要了。网

民不再在乎真相，只在乎感觉，只愿意去听和去看想听和想看的东西，因此后真相时代的重要表征是真相敌不过情感。

（一）情感：社会动员的表征与仪式

情感一直是社会动员视域中的重要研究对象之一。在早期的研究中，社会情感因素受到了极度重视和关注，被认为是社会集群行为中的关键因素，如法国社会心理学家勒庞认为情感因素是解释社会群体行为最为关键的因素之一。[①] 后来资源动员与政治过程理论在美国逐步兴盛，该理论将情感因素抛弃，要么认为社会运动中情感往往屈从于社会理性，要么认为情感只会导致破坏，毫无价值。到 20 世纪 90 年代新社会运动理论兴起后，相关研究者才开始重新重视情感的重要作用和价值，如美国学者裴宜理认为“情感不再被看作纯粹的生理范畴，而是更多地被看作文化范畴。也就是说，情感并非只是个人的自然属性，而是更多具有社会的建构特性”[②] ……这些新社会运动理论的研究者不再将情感视作个体的情绪表达和宣泄，而是将之上升到社会心理的宏观视角进行考察，认为社会情感可以产生社会认同，形成社会的重新结构化。赵鼎新则将情感置于对社会组织力量的考察中来，认为当相关运动的社会组织力量薄弱时，情感会发挥重要的作用，成为整个社会动员得以发展的重要因素，甚至会“主宰运动的发展”，当社会组织力量比较强大时，情感因素会退居次要位置，两者是一种反比例关系。[③]

（二）情感：网络事件产生和传播的动力源泉

情感是社会事件得以发生和发展的动力源泉，很多社会事件的第一个阶段都是情感渲染、情绪感染，进而产生社会行为趋同。网络事件的出现表面上是信息的传播和扩散过程，其本质是情感的社会动员过程，因为社会网络不仅仅是简单的媒介技术，还为社会个体提供社会认同和情感依赖，是整个社会的对话平台。社会个体是在情绪的渲染、驱动下在网络虚拟社会做出行为，并不是一些研究者所说的盲目的乌合之众，其本质是“争取承认的政治”或者说“认同的政治”。因此，“集体行动中的情感，不是简单的资源或工具，而是斗争的动力”[④]。

---

① 勒庞．乌合之众：大众心理研究［M］．冯克利，译．北京：中央编译出版社，2004.

② PERRY E. Chinese conceptions of “right”：from Mencius to Mao—and now［J］. Perspectives on Politics，2008（1）：37－50.

③ 赵鼎新．社会运动与政治讲义［M］．北京：社会科学文献出版社，2006：40－41.

④ WILLIAMS. R. Marxism and literature. Oxford：Oxford University Press，1977.

社会情感动员中的情绪是多种多样的，其中最为主要的是负向情绪，如愤怒、悲情。负向情绪更容易在网络群体中快速传导和渲染，正如杨国斌认为的，情感动员大体上可以分为两种：悲情和戏谑。① 但在现实的网络事件中，并不仅仅是以上两种情感在起作用，很多网络事件中网民的社会情感表达是丰富的、多元的，并时刻变动着。什么样的情感更能表达网民的社会情感，网民就用什么样的情感动员形式。悲愤的情感表达相对比较直接，爱恨分明，而戏谑、幽默化的情感表达更加犀利、辛辣，更易于情感的表达和渲染。这种只可意会不可言传的表达氛围也是网民自我规训的一种方式，其中还夹杂着愤怒和心酸，人们只有通过这种类似于“网络仪式”的狂欢才能将心中淤积的情绪淋漓尽致地发泄出来。从这个意义上说，戏谑或者说调侃情感也是一种悲情或愤怒情感的表征，是悲情背后的自嘲。

很多网络事件往往是多种情感交织在一起的，如“北京红黄蓝幼儿园事件”“雪乡宰客事件”“云南冰花男孩走红事件”“女教师高铁扒门事件”和“西安交大博士生自杀事件”等等，一幕幕上演着跌宕起伏的舆论“过山车”，从最初的指责当事一方转向指责另一方，到短短的时间内出现情绪“180 度大转弯”，呈现出戏剧化的舆论逆转现象。在这个过程中，网民的社会情感是一个动态变化过程。在网络事件中，除了这种负向情绪以外，往往还存在一些积极情绪，如自豪感、喜悦、欣喜等，如党的十八大召开标志着中国特色社会主义进入新时代、国产航母下水等事件，这些事件主要与当下中国网民的民族主义情结存在一定的关联。

另外，由于社会网络是一种多媒体，网民群体进行情感表达的载体和手段不尽相同。以往有文字表达，包括打油诗、顺口溜等形式；随着移动互联网的兴起，很多新的情感表达手段不断出现，如图片和视频。这些手段更加感性直观，更容易引起网民群体的情感共鸣，情感动员的效力也更强。

二、后真相时代网络事件的情感动员行为表征

根据对相关事件的分析和整理，可以看出，网络事件中的情感动员在形式上相对简单，概括起来大致可以分为以下三种形式。

（一）通过主动发布信息寻求情感建构和情感共鸣

情感动员必然是以信息为主要表征形式，信息是情感植入的最好形式，

① 杨国斌．悲情与戏谑：网络事件中的情感动员［J］．传播与社会学刊，2009（9）：39－66.

在情感动员的初期必然是以信息传播为前提的，民众只有了解了事情，才有可能形成共同的情感和判断，进而产生社会行为。这一时期主要是以主动信息传播为特征的。

社会化媒体由于其信息传播字数一般不多，更多地表现为一种观点媒体。社会网络中的动员机制建立在社会信任和社会归属上①，网民主动发布信息，除了将自己知道的事情发布出来，更多的是希望表达自己的观点和看法，阐明自己的立场，也希望自己的看法和态度能够获得其他人的支持和认同。在这个过程中如果个体的态度得到了其他个体的点赞或认同，原有的情感就会得到强化和巩固；反之，如果没有得到认同，个体以往的社会情感就可能发生动摇。如“北京红黄蓝幼儿园事件”中，一些网民通过网络直播事件现场的情况，引起其他网民的关注，进而形成线上与线下、场内和场外的情感共振。整个事件不仅在线下产生了强大影响力，在互联网上也引起了民众的极大关注，最终从线下抗议事件演变为网络围观事件。其中除了信息的简单传播之外，更多的是情感的互动和共振，情感是整个事件舆论关注得以扩大的直接动力。

（二）通过点赞、转发、评论等行为表达情感

每一次信息点赞、转发和评论都代表着一种态度和情感，更是一种舆论力量，因为对网民来说，对信息主动评论和转发的成本要远远高于浏览的成本。研究表明，100个微博浏览者中只有4.3个左右的网民愿意进行评论，6.7个左右愿意进行转发②，而每次转发或评论行为都有强烈的情感因素掺杂其中。这些行为很少是对事件内容简单的重复，而主要是表达自己的看法、态度等，是对别人观点的一种回应、声援乃至鞭挞。

微信与微博等社交媒体都具有圈群嵌套传播的技术属性，一些网络大V和微信公众号的订阅用户动辄以百万计，一个微信公众号可能带来几万次的转发量，覆盖力更加可观。当一些信息里面含有情感动员的成分时，社会网络所展现的动员力量就凸显出来，即所谓的“围观改变中国”。在这个过程中很多信息经过一个个信息搬运工在不同微信群中传播而产生情感的渲染与互动，进而形成更大的社会凝聚力。

（三）通过线下集群行为表达强烈情感

社交网络时代，线下集群行为是表达强烈社会情感的一种常态形式。

---

① 郑满宁．微博时代的群体动员机制及管理对策［J］．重庆大学学报（社会科学版），2014（1）：152-156.

② 李彪，郑满宁．社交媒体时代的网络舆情：生态变化及舆情研究现状、趋势［J］．新闻记者，2014（1）：36-41.

情感动员的最终目的是集群行为，线下行为直接越过虚拟现实，又最大限度地反过来影响虚拟空间的情感认同。如“北京 11·18 大兴火灾事件”后，一些网民通过微信群自发地组织起来，资助离京务工人员返乡、提供住宿场地，甚至提供新的工作机会……这些集群行为虽然有的成功有的失败，但都通过社交网络反馈到虚拟空间中，形成了更大范围内的社会判断和社会情感动员，进而又反过来影响线下社会，这种双向互动促进了社会公共治理进一步完善。

需要说明的是，不同行为表征的网络情感动员力和发生阶段也不尽相同，在很多网络事件发展过程中，以上三种形式经常同时出现并相互促进。

三、后真相时代网络事件的情感动员策略

如何形成有效的情感共鸣是网络事件中的关键一环。在后真相时代情感宣泄泛滥的情况下，不同的情感动员策略会体现出不同的情感表达逻辑，但最终目的都是推动情感以最快的速度蔓延开来，服务于网络动员行动本身。概括起来，后真相时代主要有以下几种情感动员策略。

（一）怀疑策略：放大负面情绪以获取社会支持

2017 年的“陕西榆林产妇坠楼事件”“山东辱母杀人案”等网络事件，一开始就受到网民不同程度的质疑和有罪推定，这甚至成为一种思维定式、一种刻板印象。当怀疑对象不公开回应或者相关的回应得不到网民的信服时，网民的这种不信任感会得到强化和巩固，“狼来了”的心态就会产生，并最终转化为对各个社会阶层之间的不信任乃至仇视的社会情感。而随着社会阶层的板结化，不同社会群体被打上了不同的社会标签，这些标签被污名化，如“富二代”“星二代”甚至是“穷二代”。网民对一些特殊的群体形成了刻板印象，如“逢官必疑”近乎成了一种定式，只要是涉及公权力的负面事件就倾向于认为是真的。这种质疑也和社会心理形成了呼应，因此，一旦遇到涉及公权力部门或者个体的负面事件，网民的第一反应多为“这肯定是真的”，对这些当事人或主体的任何辩解和澄清都是持怀疑态度的。怀疑策略也成为鼓动社会负面情绪与获取社会支持的重要手段和策略。

（二）示弱策略：建构虚拟社会对立图景

示弱策略主要表现为在网络话语叙事中建构出一幅草根是弱势群体的虚拟社会图景，给对方和己方贴标签，划清“你”“我”界限，进而上升到不同社会群体对立，从而塑造社会悲观情感。在建构的虚拟图景中，社会阶层反

而不再是板结和僵化的，而是在不断的互动中成为“想象的共同体”——“大家都是弱势群体”。很多虚拟社群都将自己界定为弱势群体。早在 2010 年《新京报》就有一期“京报调查”显示，80%以上参与调查者认为自己属于“弱势群体”，而根据相关职业分布来看，具有这种心理定位的人大多数是党政干部、公司白领、企业小老板等线下社会公认的强势群体。具有这种心理定位的人会在虚拟社会中自觉地站在“弱势”一方，形成虚拟空间“弱势群体联合体”，更多的虚拟社群在网络中不断聚合和认同，最后形成了虚拟空间中非此即彼、非强即弱的社会对立图景。而很多所谓的强势群体都是这些弱势群体自己塑造的社会假想敌，以此来凝聚社会共识和进行情感动员。因此，当这些虚拟弱势群体所认为的一个强势现象或强权代表在网络上出现时，弱势定位心理就会出现条件反射式的应激反应，这种应激反应不一定是基于事实本身的就事论事，而多是一种超越事实的“自我生活感受”的情绪诉说和主观带入：他们表达对“弱势群体”的同情，事实上是表达对“自我现实生存状态”的同情；表达对“强势群体”的谴责，事实上是表达对被压抑之“现实自我”的社会反抗。

（三）简单归因策略：最大限度撩拨网民敏感神经

事件发生后，在民众无法获取真实消息或对事件存疑的情况下，常见的一种情感动员策略是简单归因，即直接将矛头指向自己怀疑的强势部门或主体，进行有罪推定，“所谓归因就是人们利用信息对自己及他人行为的原因加以推断的过程”[①]。这种归因往往是网民的主观臆测，正如沙赫特和辛格的情绪归因论（attribution theory of emotion）所认为的，“人的社会情绪既有自身生理的反馈，也有对导致这些反馈结果的社会情境的认知评价，一定程度上也是人们消除内心信息和社会认知双向不平衡的一种简单做法”[②]。

在很多网络事件中，事实本身与政府或公权力部门的关联度不大，但由于长期形成的社会现实，民众很容易将事件的责任越过企业直接归因到政府的不作为或个别领导干部的违法乱纪行为上。如 2013 年发生的“新生儿注射乙肝疫苗死亡事件”中，虽然最终被证实并非疫苗之过，但当时很多网民直接将矛头指向食品药监部门的不作为，甚至怀疑其中存在领导干部违法乱纪行为；在历次的“悬浮门事件”中，悬浮照一来，民众首先怀疑的是领导干

---

① 沙莲香．社会心理学［M］．北京：中国人民大学出版社，2006：121－122．

② NISBETT E. A biographical memoir of Stanley Schachter［EB/OL］．（2009－10－31）［2022－12－22］．http://www.psychspace.com/psych/viewnews-384.html.

部作秀，如“会理悬浮门事件”，其实是相关工作人员对新闻真实性理解不足，自己对图片做了PS，而并非凭空造假……简单归因的情感策略使得民众的情绪反射弧线被最大限度地缩短，一下子就可以将网民的情绪凝聚起来，拨动网民心中社会公平正义等敏感神经，使得网络动员的速率和效力陡然提升。

(四)贴标签策略：朗朗上口、笑中带泪

在网络事件的情感动员中有一个很重要的情感要素是戏谑，即通过调侃取笑等方式使得类似于玩笑的情绪在网民中渲染，达到“笑中带泪”的目的。戏谑最常用的手法是自嘲和反语等，其中还包括贴标签，通过一个个具有娱乐精神和形象化的标签，巧妙地植入自己的社会情感，随着朗朗上口的标签传播，社会情感也得以动员起来。如“三原色”“平嘻王”“38元大虾”等令人拍案叫绝的标签出现，让事件得到了前所未有的网民关注，引发了社会动员。自嘲表示的是一种无奈，“低端人口”“油腻大叔”“佛系青年”等网络用语的火爆一定程度上是网民寻求虚拟认同的一种自我贴标签的尝试，但一定程度上切中了网民共同的情感需求，缓解了孤独感，因此很容易引爆整个网络，获得情感上的认同和区隔，进而产生群体动员的力量。

(五)拔高策略：占据道德制高点品头论足

在网络中有一个比较奇怪的现象，即道德洁癖现象。在现实生活中，个人并不完美，但在网络中网民大多将自己装扮成社会道德的卫道士。最典型的如在“王宝强离婚事件”中，一个婚姻出轨事件被民众上升到社会道德、社会伦理角度，网民甚至对宋喆、马蓉进行死亡威胁。这和2005年的“铜须门事件”的情况基本一致，当时的《纽约时报》称中国一些网民为“以鼠标和键盘为武器的暴民”。

正如历史学家彼得·伯克所认为的，“社会事件”或“社会历史事件”带有戏剧的特点，可以作为一个道德脚本加以分析，这是一种“社会显微镜”和历史比较方法，意味着不同的事件，演讲出同样的语言，显露出人们的内心冲动和可以强烈感受到的社会价值。[①] 网络事件虽然在不同时间、不同地点发生，但很容易使得个体有一种社会情境代入感，所面对的事件的相似性使民众把地点和时间剥离开，只剩下这些“社会历史事件”的结构性要素[②]，

① 伯克．历史学与社会理论［M］．姚朋，周玉鹏，胡秋红，等译．上海：上海人民出版社，2001.

② 佟新．社会结构与历史事件的契合：中国女工的历史命运［J］．社会学研究，2003（5）：52-57.

尤其是只凭道德标准对事件进行判断。因此在网络中进行情感动员的另一个有效策略是将事件拔高和放大，将一个小的事件上升到社会道德层面，将个体的遭遇与整个群体乃至整个社会的命运联系起来，将个体事件放大为社会公共事件，使其他群体成员如果不加入这场道德动员就会处于“道德洼地”，有被群体孤立之虞。同时，道德上的社会正义对脱离了现实身份的网民具有天然吸引力，有撩拨民众内心最深处道德之弦的力量，也是网络事件中公共话语表达的最高价值标准，因此每个人都以道德之名被最大限度地动员起来。如“南京彭宇案”中一些极端个体的行为被上升到社会道德层面，从2006年到2017年，“扶不扶老人”一直是社会关注焦点，这给网民造成了一种道德缺失的错觉，进而影响其社会行为，使得虚拟现实成为真实现实，即社会学中所讲的“预言的自我实现机制”。

当然，以上几种情感动员策略并不是单独存在于一个网络事件中，在很多事件中我们可以看到多个情感动员策略的存在，即多元情感动员策略。多元情感动员也可以作为一种情感动员策略而存在。

本章小结

舆论作为一种特殊的意见信息形态，与一般新闻在传播上存在一定的差异，其生成机制与传播规律具有特殊性，在生成机制上又在启动与生成环节具有不同的模式。本章在传播规律上对舆论的发源地、时间空间分布、舆情主体等进行了分析探讨，试图从规律层面“可以找到一般性、可推及”的结论。本章认为舆论作为一种情感信息，其本身也有一个生成、扩散和蔓延的动员机制，我们在面对这种机制时，也要多关注舆情传播规律，尽量避免目前对热点事件的一般性研究与剖析。

本章思考题

1. 除了本书所列举的舆论启动模式，你认为是否还有别的舆论启动模式？
2. 如何看待不同媒体发展时代的舆论传播发源地及其规律？
3. 网络上的舆论情感动员与线下群体的情感动员是否有差异？有的话，主要是哪些差异？
4. 后真相时代舆论的情感动员是否能够有效引导？

推荐阅读书目

1. 余红，李瑞芳．互联网时代网络舆论发生机制研究［M］. 武汉：华中科技大学出版社，2016.

2. 李彪．舆情：山雨欲来：网络热点事件传播的空间结构和时间结构［M］. 北京：人民日报出版社，2011.

3. 邹振东．弱传播：舆论世界的哲学［M］. 北京：国家行政学院出版社，2018.

第八章

舆论的传播周期及阶段

本章学习要点

1. 了解学界对舆论传播阶段的基本划分标准及代表学者。

2. 区分不同信息导入型的舆论传播阶段的异同及特点。

3. 把握社交媒体崛起后网络舆论传播周期及传播阶段的新特点、新变化与新趋势。

舆论作为一种社会现象，也具有一定的历时性，即有生成、发展、高潮和消亡的基本阶段和过程。本章主要介绍舆论传播的基本阶段及其划分依据，根据信息导入主体的不同进行阶段划分，并在此基础上介绍社交媒体时代舆论传播周期的特征及新变化。

第一节 舆论的传播阶段研究

舆论传播到底划分为哪些阶段，这些阶段的划分依据是什么，这些传播阶段的研究成果又有哪些，这是本节主要关注的问题。

一、疾病研究视角下的传播阶段研究

疾病学对传染病的传播阶段有清晰的划分，美国学者内森·沃尔夫（Nathan Wolfe）等对传染病进行了研究，研究指出，人类遭受疾病之苦已经有百万年的历史，然而大量病原体繁盛则始于大约 11 000 年前——那时人类进入了农业社会，居住密度开始增加，传染疾病的传播模式也经历了五大阶段：第一阶段，病原体存在于动物身上，没有传播到人体；第二阶段，病原体已经传播到了人体，却没有发生人际传播；第三阶段，动物病原体在人群小范围内传播，引起了一些突发性的疾病死亡事件，如著名的埃博拉病毒；

第四阶段，动物病原体在人与人之间的传播能力非常强大；第五阶段，病原体为人类独有。虽然世界各地的气候差异较大，但传染病的传播基本上均符合以上五个阶段的划分。[①] 该划分捋清了疾病的传播路径及其宿主的变化，为传染病的防控起到了重要作用，一定意义上为我们研究网络事件的传播阶段提供了借鉴。

二、危机管理研究视角下的传播阶段研究

相较于疾病学中对传染病传播阶段的划分，危机信息的传播阶段划分对本章的研究意义更为现实，因为在中国，从管理主体的角度来说，大多数网络事件就是一场场的公共危机事件。突发性公共危机通常遵循着一个特定的生命周期，不同类型的突发性公共危机的信息传播过程具有相似的时段性。在传统的危机管理中，对危机传播阶段比较经典的划分有以下几种。

（一）罗伯特·赫斯的 4R 模型

罗伯特·希斯（Robert Heath）在《危机管理》一书中提出 4R 模型，把危机管理分为减少（reduction）、准备（readiness）、反应（response）和恢复（recovery）四个阶段。[②] 该模型一定程度上忽视了危机自身的传播阶段，主要是从危机管理的基点出发来研究危机传播的阶段。

（二）斯蒂文·芬克的经典模式

斯蒂文·芬克（Steven Fink）在 1986 年把危机传播分为四个阶段：危机潜在期、危机突发期、危机蔓延期、危机解决期。这种危机阶段分析理论的优点在于提供了一个综合性的、循环往复的危机全过程模式，对突发性公共危机信息传播的时段性研究有较大的参考价值。

虽然在此之后出现了各种危机传播阶段的划分，但基本上都以斯蒂文·芬克的划分模式为基础，要么进一步细化分析，要么是对该模式某些阶段的称谓加以变化。

（三）国内李志宏等的五阶段模式

国内研究危机传播阶段比较有代表性的是李志宏等提出的突发性公共危

① 我们能在新冠疫情发生前，预测它的流行吗？[EB/OL]．(2020-02-21) [2022-12-22]．https://new.qq.com/omn/20200221/20200221A0L1VN00.html.

② 希斯．危机管理 [M]．王成，宋炳辉，金瑛，译．北京：中信出版社，2004：66-70.

机信息传播的五阶段模式。他们认为根据信息流从不稳定到稳定的过程，可以将突发性公共危机的信息传播划分为五个阶段——前兆阶段、爆发阶段、蔓延阶段、缓解阶段和终止阶段，如图 8-1 所示。①

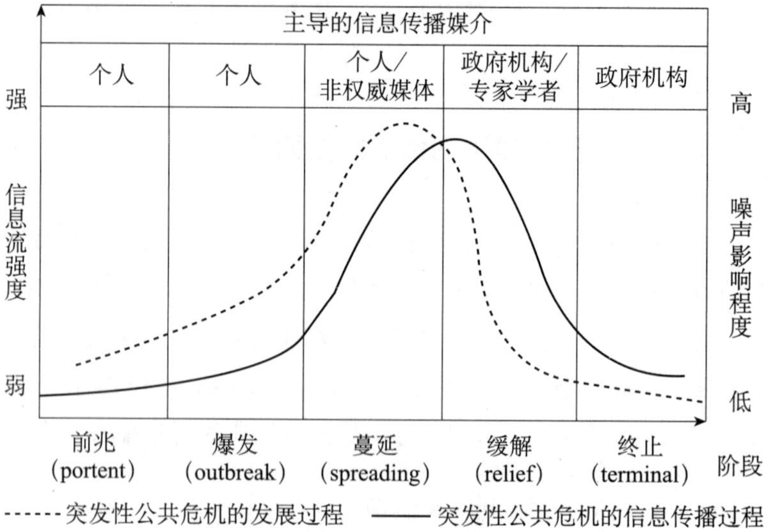

图 8-1　突发性公共危机信息传播五阶段模型图

该时段性模式将斯蒂文·芬克的四阶段模式中的危机解决期细化为缓解和终止阶段，并增加了各阶段主导的信息传播媒介、传播过程信息流的强度两个主要影响因子，使得时段性传播模式更加立体化、直观化。

舆论学研究者也将危机传播阶段纳入自己的研究视域，提出了一些有价值的理论和模式，对理解危机传播阶段或者其中某一环节具有重要的价值。比较有代表性的是刘建明在研究舆论形成阶段时提出了新闻舆论形成的三种独特模式："飘雪"式的覆盖模式、"爆米花"式的突发模式、"沉默的螺旋"模式。②

以上几个模式和研究框架均是建构在传统媒体环境基础之上的，一定程度上忽略了随网络崛起的新媒介环境，没有考虑到互联网的特性，在网络媒介环境下的普适性及有效性还值得推敲和商榷。

三、传统舆论研究视角下的传播阶段研究

（一）三阶段、四阶段与七阶段说

传统舆论研究关于舆论阶段的划分标准比较多，比较经典的有三阶段说、

① 李志宏，何济乐，吴鹏飞．突发性公共危机信息传播模式的时段性特征及管理对策［J］．图书情报工作，2007（10）：88-91，99.

② 刘建明．新闻舆论形成的模式［J］．新闻三昧，2001（6）：46-47.

四阶段说和七阶段说。

一是林秉贤的三阶段说。他认为舆论场产生的第一步是必须有舆论客体出现，即问题的发生，有大家可以探讨和谈论的对象，不管这个问题是事件、政策、公共事务还是公共人物；第二个阶段是舆论本体，即问题出现后引起民众对这些问题的讨论；第三个阶段是意见的交锋、归纳与综合。因此，林秉贤认为舆论是一个缓慢形成的过程，需要一些意见的斗争与综合，不是在问题出现之后立刻就会结合成舆论。①

二是柯雷德·金的四阶段说、刘建明的四阶段说与郑旷的四阶段说。虽然都是四阶段说，但三者还是存在显著的差异。柯雷德·金认为舆论形成的第一个阶段是民众对某种事情产生不满，也就是说愤怒和不满是舆论产生的第一阶段和主要策源；第二个阶段是民众之间产生了共同需要，有一起表达的欲望与想法；第三个阶段是媒介对事件与问题的讨论或争论，从而使得议题更加明确，达成基本的目标对象；第四个阶段是达成舆论结论，做出改正舆论客体的决定。刘建明的四阶段说则认为第一个阶段是个人意见的多样化和互相靠拢，可以看出他直接跳过了对舆论客体的关注，认为舆论最早的状态是个人意见的多样化；第二个阶段是将无数的个人意见进行融合，存在意见的交锋与斗争；第三个阶段是意见多元化，这时必须有舆论领袖的加入，对舆论进行评价与指导，形成一种优势意见；第四个阶段是意见领袖的意见获得权威性，主导了整个舆论场。刘建明的传播阶段划分的主要特点是强调了意见领袖的作用、意见之间的不平等性等。郑旷的四阶段说认为第一个阶段是意见酝酿，即民众对一个事件产生了看法，开始下意识地出现一些意见，并开始酝酿；第二个阶段是意见表达，即民众将心中的看法和意见通过各种表达渠道外显出来；第三个阶段是意见被人们表达出来后，数量上越来越具有显性化特征，达到了一定的数量与规模；第四个阶段是形成舆论，必须为民众所感知并形成一种“氛围”，舆论进而产生。郑旷重点强调的是舆论的规模与数量优势，他还指出舆论并不是一下子就形成的。

三是 E. 杰克逊·保尔的七阶段说。他认为第一个阶段是许多分散的个人开始关注同一社会问题，并各自从许多来源吸取观念；第二个阶段是一些组织或团体提出解决方案，引起了民众的关注；第三个阶段是出现了对立意见，产生争论与交锋；第四个阶段是逐步统一了意见，并试图寻求中立者的支持；第五个阶段是舆论从讨论或争论中产生；第六个阶段是政治机构采纳舆论，采取解决措施；第七个阶段是负责人采取行动，做出权威性决定。②

---

① 林秉贤．社会心理学［M］．北京：群众出版社，1985：135－136.

② 刘建明．舆论传播［M］．北京：清华大学出版社，2001：54－55.

这种阶段划分更多的是从国外的实践角度出发，与国内舆论的形成情况之间还存在很大的差异。

（二）六阶段说

在传统舆论学的研究中，有一种比较经典的六阶段划分，这种划分方式具有一定的价值和可参考性。具体来说，六个阶段如下。

第一个阶段是问题的发生。问题的发生是一个从无到有的过程，其存在的形式不是单一的，按照问题出现和存在的状态又可以将问题区分为两种：一是潜问题，即某种社会现象和行为已经对社会公共利益造成威胁，但是没有被重视，没有外显出来，而以一种潜隐的方式存在。二是显问题，即潜问题积累到一定阶段后体现出来，危害性已经显现并为人们所感知。这些问题的原因也比较多元，一般是反常或结构性矛盾造成的，比如有争议的问题、打破了常态的公共问题与业已存在的制度文明、观念文明产生了张力、冲突、反差，进而引发舆论。

第二个阶段是问题被意见领袖发现。问题产生后会被意见领袖发现与关注。一般来说，意见领袖具有以下基本特征：消息灵通，随时可以接触到一般民众无法接触到的信息；分析能力强，对发现的问题可以得出与一般人不同的结论与看法；具有独特的人格魅力，能够让别人信服。

第三个阶段是意见的发生。这个意见事实上是意见领袖表达的意见，即意见领袖所表达出来的对某一事件进展的价值判断，将其输入到社会舆论场域，会引起别人的关注与传播。

第四个阶段是事实与意见信息的大规模传播。这一阶段意见以非常散漫的形式存在，并且以事实流、意见流和情绪流三流交汇的方式像编织麻花辫一样传播。

第五个阶段是意见的互动与整合。此时的意见不再单纯是意见领袖的意见，而是由意见领袖的意见所聚合的社会人群所持有的意见，这一阶段舆论互动的形式是争论与话语交锋。

第六个阶段是舆论的形成，即在舆论场中明显出现了一个大的“意见核”。“意见核”形成的基本特征如下：（1）争取到了相当规模数量的社会成员的认同；（2）形成了相对稳定的意见结构，没有出现反转舆情或者新的事实元素的进入；（3）确立了有序的状态，意味着相对稳定的舆论基本形成。一旦具备这三个基本特征，则说明舆论场中出现了相对稳定的大“意见核”。

这个六阶段划分之所以引起舆论学界的基本认同，主要原因在于以下方面：一是强调了意见领袖在其中扮演的角色；二是强调了舆论是一种大的“意见核”，是一种经过斗争和整合后的优势意见；三是强调了舆论不仅仅是简单的意见流，还伴随着事实流与情绪流，三流交汇最终构成了舆论传播流。

第二节　网络舆论传播的六个阶段

以上舆论传播阶段的划分主要基于传统媒体时代，互联网时代来临后，网络舆论传播的周期出现了一些全新的变化，在传播阶段上也呈现出了不同的特点。本节主要结合互联网的变化，将网络舆论传播大致划分为六个全新的阶段。

一、六阶段划分及依据

随着网络时代的来临，网络从底层改变了社会信息流动的方式及结构，网络舆论的传播方式和阶段也发生了显著的改变。基于网民关注度的变化阶段[①]，本书将网络舆论的传播划分为潜伏期、爆发期、蔓延期、反复期、缓解期、长尾期等六个阶段，如图 8－2 所示。

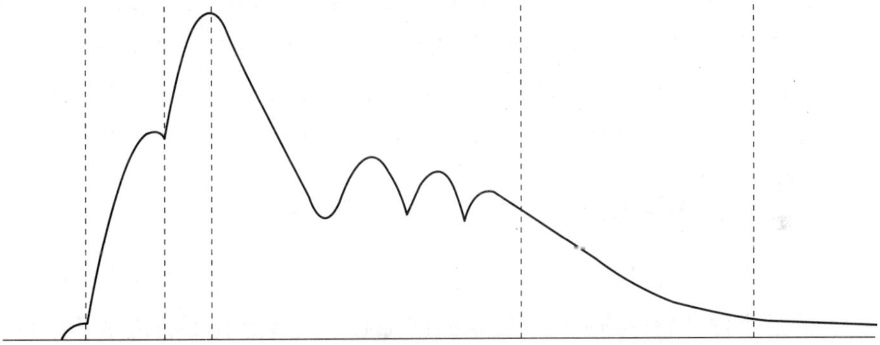

图 8－2　网络舆情传播六阶段示意图

（一）潜伏期

危机社会的来临，使危机的产生不再是由一个个事件堆砌起来的，而是社会结构和社会规则范式的整体扭曲造成的。一方面，处于深刻转型期的中国社会，危机的发生呈现爆炸性和不可预期性；另一方面，网络环境下新媒体等的崛起，塑造了全新的扁平化的网状传播结构，最大限度地加快了网络

① 只是针对网络事件的场域传播阶段进行划分的，即主体是网民，不涉及网络舆论本身发展变化阶段和传统媒介关注度变化。

民意啸聚和传统大众媒体信息传播所需要的时间速度，危机发生的潜伏期接近于零。

（二）爆发期

网络带来的扁平化传播结构使得网络事件不仅跳过了潜伏期，更在引起网民关注后呈急速爆发趋势，很符合刘建明提出的“爆米花”式的突发模式。

（三）蔓延期

由于网络事件引起的网络意见啸聚来得太迅速和太凶猛，蔓延期和爆发期的界限不像在传统媒体环境下那么清晰，区隔度那么高，这一阶段更像是“火上浇油”，为爆发期再添一把火，和爆发期之间的接续如“接力棒”一样蔓延开来。

（四）反复期

在传统媒体环境下，这一阶段不是很明显。由于媒介渠道有限，媒体容易“集体失语”，民众获取信息的渠道一旦阻塞，事件就可以很快消弭。但在网络崛起的新媒体环境下，信息渠道的多元化和不完全可控性使得事件相关的新议题不断以“爆料”等形式出现，引起网络事件的传播不断出现反复，“周久耕天价烟事件”就是一个典型例子，天价烟、天价手表、豪车、建筑商弟弟等相关爆料促使该事件不断反复，得以发展。

（五）缓解期

在这一阶段，主要是迫于网络民意的压力，政府力量或其他社会力量介入后事件开始得到解决，民众的好奇心、兴趣点和不满情绪开始转移，网络关注度开始消退。

（六）长尾期

随着话题的兴趣衰减和新的兴趣点的出现，网民对事件的关注度会下降，但由于网民的多元和利益诉求的不同，其对网络事件的关注一般不会终止。虽然事件得到了一定程度的解决，但还会存在一个消弭期，这一时期通常比较漫长，就像一条长长的尾巴，因此这一阶段又称为长尾期。

二、网络舆论传播各阶段的界定和大致时长

在现实中，不同阶段之间虽然不存在清晰的分野，但从一个阶段过渡到

另一个阶段存在着所谓的从量变到质变的过程，理论上存在一个阈值。网民的关注一旦达到了该阈值，便进入下一个阶段，这个阈值就是临界点。根据对相关网络事件的归纳和总结，本书构建了网络舆情传播各阶段临界点示意图（见图 8-3）。

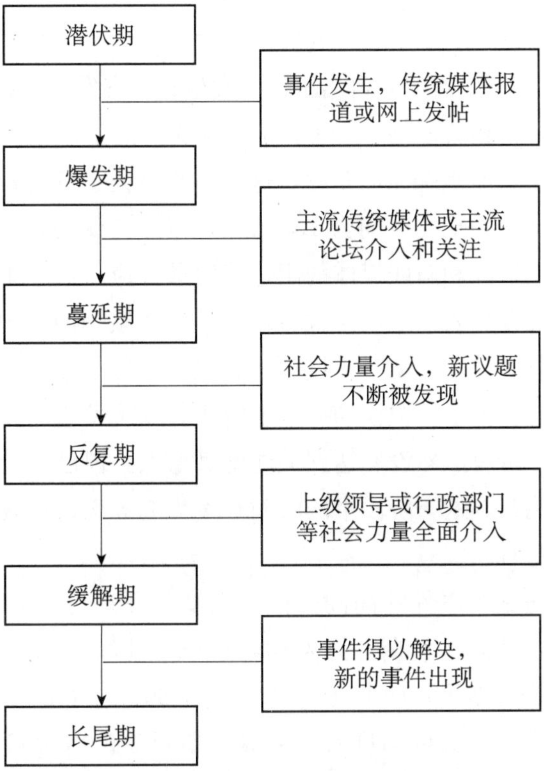

图 8-3　网络舆情传播各阶段临界点示意图

以上研究对网络舆论传播阶段的划分比较粗略。为了准确界定网络舆论传播各阶段的时长，本书根据相关网络事件的发展变化和时段，依据百度搜索中搜索指数变化的示意图，相对精确地计算出了以上传播阶段模型的阶段时间。[1] 共有六个主要阶段的时间跨度，如表 8-1 所示。

表 8-1　网络舆论传播的六阶段时长和四分位数　（单位：天）

序次	时段	M±SD（均值±标准差）	四分位数			
			25%	50%	75%	80%
1	潜伏期	1.7±5.7	0.0	0.0	0.0	0.8
2	爆发期	2.3±2.5	1.0	1.0	3.0	3.0
3	蔓延期	1.6±1.5	1.0	1.0	2.0	2.0

① 李彪．舆情：山雨欲来：网络热点事件传播的空间结构和时间结构［M］．北京：人民日报出版社，2011：67-68.

续前表

序次	时段	M±SD（均值±标准差）	四分位数			
			25%	50%	75%	80%
4	反复期	42.9±49.3	15.8	24.5	46.5	59.2
5	缓解期	19.2±33.7	6.8	10.0	14.3	15.0
6	长尾期	+∞	+∞	+∞	+∞	+∞

从表8-1可以看出，网络事件的发生具有突发性、猝然性等特点。潜伏期一般很短，在相关网络事件中，潜伏期为0的事件比例为80%，即很多网络事件在发生之前是毫无征兆的，这进一步验证了危机常态化、突发性时代的来临。潜伏期的平均时间为1.7天，可以这样认为，有些事件发生后，通过网民的原创信源和新闻媒体的跟进等溢散效应，一个事件平均1.7天可以从线下现实社会进入线上网民视域，并开始在整个网络中扩散，一些意见领袖等活跃成员“先知先觉”，对该事件开始关注。

爆发期是整个事件被获知后，开始被众多网民“评头论足”“津津乐道”的阶段，这一阶段虽然没有达到关注度极值点，但已在为整个事件在网络上的引爆积蓄能量。这一阶段平均时间长度为2.3天，50%以上的事件的爆发期都在1天左右。

蔓延期是整个事件的高潮。根据六度分隔理论，通过网民对事件信息的大量转发，算上潜伏期和爆发期，整个事件经过5.6天就可以迅速传遍整个网络。蔓延期平均时长为1.6天，且80%左右的事件的蔓延期仅为2天。如果从危机公关的角度看，从爆发期到蔓延期时间极短，可以操作的空间很有限。这也是为什么有些网络事件一旦发生，就可以在整个网络迅速蔓延。

反复期是新媒体环境下事件发生的特殊阶段。网络的开放性等特性带来了“话语平权”，一个事件发生后，很多网民出于各种主观诉求的考量，积极介入事件真相的寻找（如人肉搜索等）。随着网民的介入，有关事件的不同层面不断被挖掘、展示，逐步逼近事件真相，高潮迭起，也不断吸引着网民一次次“观赏”和“惊呼”。反复期平均时长为42.9天，一定程度上也是网民之间打“口水仗”的时期。

缓解期是事件得到解决的时期，这一时期网民的愤懑、好奇等情绪在慢慢消弭，平均时长为19.2天，50%左右的事件的缓解期为10天。

某个事件发生后，虽然问题得到了解决，但已成为“社会集体记忆”，会被网民不断提起。随着新的网民的介入、科学研究等新的变量的进入，该事件还会不断被少数网民关注。这就是所谓漫长的“长尾期”。

第三节　不同信息导入型网络舆论传播阶段

网络事件能在社会集体记忆层面产生影响，其必备条件仍包括传统媒体的介入，因此下面进一步引入网络事件传播中网民关注度和媒体关注度双变量的阶段性变化和模型。就网络事件的首发来说，可以将网络事件划分为两种：一种是网络首发型事件，一种是传统媒体首发型事件。这两种事件由于首发媒体的属性和导入到网络传播场域的方式不同，在具体的阶段表现上也不尽一致。

（一）网络首发型舆论传播阶段模型

如图 8-4 所示，大多数现实生活中的事件发展呈正态曲线分布。在事件发展到一定程度和有了某种阶段性结果后，网络媒体以网民爆料等形式介入事件的报道。通过信息搬运工或者网络水军的信息搬运，相关信息在整个网络中达到一定的量级后，传统大众媒体介入报道。随着事件引爆于整个网络，传统大众媒体的报道量和关注度也达到阈值。随着事件的解决，尤其是行政力量的介入，传统大众媒体的关注度趋近于零，而网民对事件的关注进入长尾期。

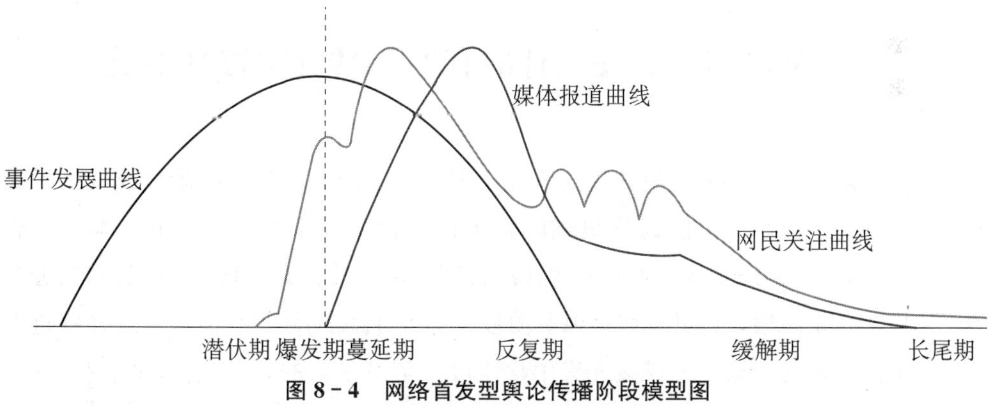

图 8-4　网络首发型舆论传播阶段模型图

（二）传统媒体首发型舆论传播阶段模型

如图 8-5 所示，事件的发展依然呈正态曲线分布，分为发生、发展、高潮和解决等几个阶段。传统媒体依靠其专业优势，为网民省去了对事件真伪性的鉴别环节，可以跳过一个“是不是”的质疑阶段，网民关注曲线的潜伏期消失，网络关注直接呈引爆趋势发展。随着传统大众媒体报道量的增多，网民的关注度也达到了阈值。随着事件的解决或行政力量的介入，传统大众媒体对事件的关注度接近于零，并会将兴趣转移到新的热点事件上，网民的关注因搜索等方式的存在而进入长尾期。

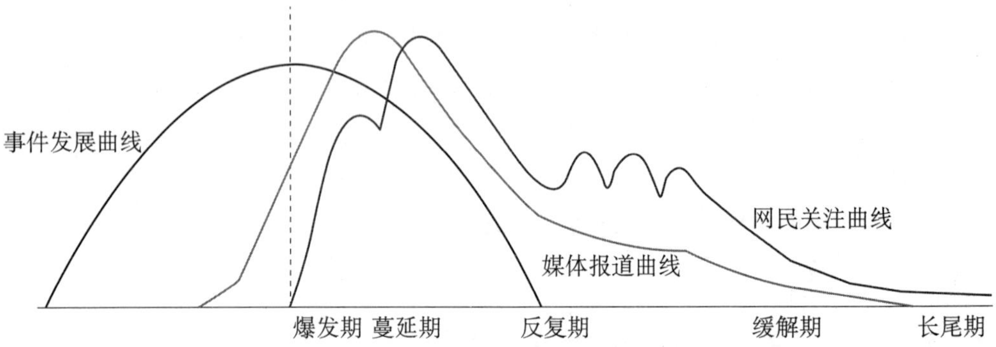

图 8-5　传统媒体首发型舆论传播阶段模型图

总体来看，媒体议程和网民议程存在较高的关联度，很大程度上两者是互相依存的关系，而不是一方决定另一方的关系。两者之间存在细微的差距，是因为并不是所有的媒体议程都影响了网民议程，但是网民议程却大都在一定程度上决定了媒体议程的转化。另外，网民和媒体关注的焦点和议题也有所不同，媒体更关注对社会的宏观环境的影响和变化，而网民更关注细节性的影响和变化。

第四节　社交媒体时代舆论传播阶段新变化

随着社交媒体代表的自媒体逐步崛起，传统的舆论传播阶段也发生了显著变化。以往的阶段划分很难解释舆论传播的新变化，基于此，本书结合“青岛天价大虾事件”对社交媒体时代舆论传播进行新的划分，大致将其分为以下六个阶段，即社交媒体爆料阶段、大V转发的热点化阶段、媒体跟进报道的新闻化阶段、扎堆曝光集中化阶段、全民参与的段子化阶段、刻板印象构成的标签化阶段。

一、社交媒体爆料阶段

首先是舆情酝酿阶段。2015年10月4日，肖先生在青岛市乐陵路92号的“善德活海鲜烧烤家常菜”大排档吃饭时遇到宰客事件，引发网友热议。肖先生称他在吃饭前曾详细询问过菜价，向老板确认过大虾38元究竟是一份还是一只，当时老板说的是 38 元一份。但吃完饭后，老板却称大虾价格为 38 元一只，并阻止他离开。10 月 4 日正值“十一”长假，投诉物价部门没人应答，报警被回复“不归我们管”，最后经过多方协商，肖先生给了烧烤店老板 2 000 元的餐费后方才获准离开。顾客挨宰，走正常举报投诉渠道不管用，无奈之下只有发到微博平台吐槽和求助——“虾按只算，而不是按盘算，38 元一只，报警无人理，只能屈辱交钱”，并将账单和整个过程在个人微博上披露出来。

这个阶段是社交媒体的爆料阶段，即民众通过自己的自媒体将遇到的问题在网上爆料。很多网民基于尽快解决问题的目的，一般会@当地相关部门甚至是新闻媒体，其实这时是监测舆情和解决问题的最佳时机。如果相关部门官方微博或微信等平台值班人员不把这种容易引爆舆情的曝光@当回事，缺乏舆情嗅觉和问题敏锐度，就会一步步走向被动。因此，从这个意义上说，官方微博微信不应该仅仅是信息发布的平台。很多政府部门把官方自媒体账号作为一种单向度宣传工具，像农村喇叭广播或中学生出黑板报一样，个别官方自媒体甚至办成了单位一把手的自媒体。官方自媒体应该定位于功能多元化，还应该承担舆情监测、民众沟通与形象管理的综合功能。如现在很多政府部门迷信网络舆情监测软件，认为网络舆情监测软件是万能的，可以监测到所有负面舆情，殊不知这是舍本逐末的做法。应该把官方微博微信平台的舆情监测功能作为第一功能，不能像过去那样等传统媒体报道了再介入，而是在被@之后第一时间介入，从而在舆情发酵之前进行干预和引导。

二、大 V 转发的热点化阶段

这一阶段主要是意见领袖介入并将舆论议题显性化的阶段。意见领袖在社交媒体时代往往表现为大 V 群体，虽然目前大 V 的名声已大不如前，但其社会影响力依然存在，一些机构尤其是媒体组织的蓝色大 V 也扮演着意见领袖的角色。如爆料“天价大虾”的微博博主只有不到一千个粉丝，影响力实在有限，但在其微博被青岛当地的新闻媒体认证微博@青岛交通广播 FM897 转载（见图 8－6）后，该事件影响面迅速扩大，成为网络热点事件。因此这一阶段是网友转发引起网络大 V 和媒体官微关注的阶段，微博很快会将爆料设置成话题推到热点首页，意见领袖的转发评论会对事情进行“定性”，如果官方这时的舆情监测系统足够给力，迅速发现舆情热点并意识到问题的严重性，及时介入表态，还是有挽救机会的。

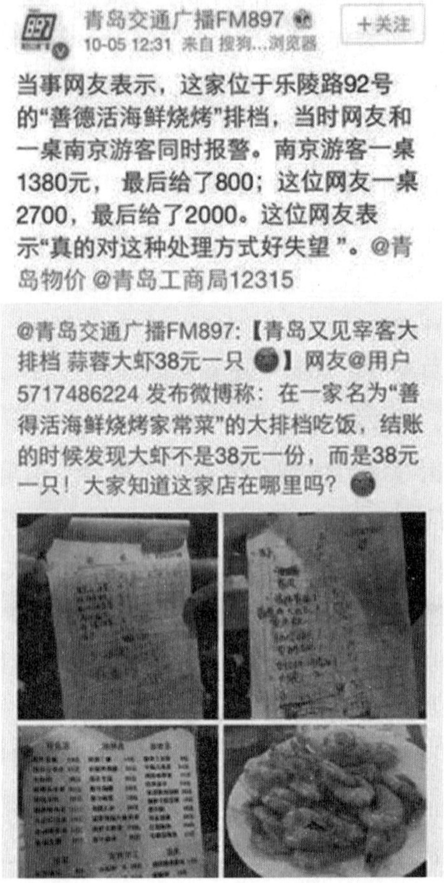

图 8-6 “青岛天价大虾事件”中的微博截图

三、媒体跟进报道的新闻化阶段

网络时代，随着传统通讯员制度的消解，媒体记者越来越倾向于靠自己所关注领域的行业大 V 来获取热点信息并予以跟进报道，即在网络时代，传统媒体已失去了信息第一落点的功能，成为热点议题的“二传手”角色。目前国内的新闻网站只能转发传统媒体报道出来的新闻，因此这个“二传手”角色十分重要，新闻媒体成为连接草根话语场与社会公共话语场的主要信息桥接点。如“天价大虾”的信息被全国多家新闻媒体发现，它们开始对当事人进行采访报道，经过网络的疯狂传播，“天价大虾”变成了全国性的新闻热点。因为媒体的平衡报道原则，一些记者会采访官方部门。如果官方反应滞后，第一波传统媒体的报道中没有官方的态度，那事情基本上已经无可挽回了。如果官方反应快，在报道中出现官方对这种宰客行为绝不纵容的坚决态度，则可以形成平衡。可惜“青岛天价大虾事件”中官方态度基本是缺席的，舆论没有看到官方的重视和及时回应，甚至看到了相反的态度，如有媒体报道《青岛大排档宰客一只大虾卖 38 元 派出所称管不了》。正如后来主流媒体的分析称，权力部门的推诿是事件发酵的关键因素——新闻中看到的有关部门的态度竟然是“管不了”。

四、扎堆曝光集中化阶段

在这一阶段，新闻事件所在地成为全国关注的焦点，这个地区发生的所有不好的事情都会被网民拿着显微镜来审视，“拔出萝卜带出泥”，牵出更多问题，丑闻扎堆，曝光集中化。“青岛天价大虾事件”中，所有新闻媒体聚焦青岛，使之成为众矢之的，这激发了更多网友曝光在青岛的挨宰经历，新旧大小事件扎堆出现。如东方卫视报道《青岛再现宰客：蘑菇炖鸡卖 894 元》，形成一波“不只是个案，青岛宰客很严重”的新闻轰炸。而在这个时候官方才出来处理相关商家，就会远远落在公众的情绪期待后面。确实，对事件的调查和处理需要时间，无法第一时间就做出处理，但官方可以做出坚决的表态，并第一时间安抚被宰当事人。如果当事人在第一时间受到重视并被安抚，他们在接受媒体采访时自然就不会那么愤慨，“被宰情绪”就会降温。从截至 2015 年 11 月 2 日的新闻报道看，当事人声称一直未收到退款，也没有接到任何道歉，感觉自己一直被晾着。

五、全民参与的段子化阶段

这一阶段是恶搞渲染放大的阶段，全民参与段子化的恶搞，事情已经无可挽回，只有进行危机公关才有可能解决。“青岛天价大虾事件”中，“38 元大虾”已经成为青岛的一个标签，网友在第一轮的愤怒之后，进行新一轮的反讽和恶搞，用编段子的方式来对事件进行消费，以喜闻乐见的方式传播着对青岛的不满。如“国庆期间，外地的王先生赶到青岛想吃 38 元一只的海捕大虾，因饭店爆满，王先生就点了几盘 8 元瓜子边嗑边等。轮到王先生就餐时，店员却要他先交 61 万，原来该店的瓜子不是 8 元一盘，而是 8 元一个！曾夺过全国嗑瓜子速度冠军的王先生非常后悔。后面排队买单的李先生当场休克，手里紧紧握着小票：米饭 3 元”。又如“相亲遇一漂亮妹妹，妹妹问：‘有房吗？有车吗？’我：‘没有。’妹妹：‘没有你出来相亲？滚！’我说：‘我家是青岛的，有一个养虾池子。’妹妹说：‘你个死鬼好讨厌，不早说，我愿意和你一起劳动！走，登记去’”。还有拿明星开玩笑的，如“青岛人黄晓明结婚，却在上海办婚礼，难道昔日的杨大侠也害怕青岛大虾吗？”甚至有人制造了一种

“货币”叫青岛大虾币，一个货币单位值38元，货币发行单位是“青岛人民真行”……当一个事件被段子化和漫画化之后，形象上的损失基本就无法挽回了。

六、刻板印象构成的标签化阶段

这一阶段是刻板印象的形成阶段。如“青岛天价大虾事件”后，青岛在传播中被贴上了宰客标签并予以典型化——提起宰客，就会想起这起典型事件，想起青岛这个名字。当然青岛市政府也试图通过新闻报道来重建青岛的城市形象，如2017年4月海鲜上市时组织媒体报道《青岛各色海鲜上市 300元买满满4盆》，结果新闻发布后，网民纷纷在下面调侃，如有网友评论：“我在场，的确是300元，我们一起开越野车去的，吃完了第二天坐长途车回的，因为我的车没了”“地方信用已坏，怎么公关都难得民心”。

“青岛天价大虾事件”是一个典型的由于应对迟缓和不当导致的不断发酵的舆情过程。本来只是个案，如果及时处置，不至于对整体旅游形象造成损害，也不至于成为黄金周宰客典型，成为举国公众对宰客不满的发泄口。

以上六个阶段相较于传统网络时代的舆论传播是有所变化的，不同阶段会有不同舆论主体介入：第一阶段即爆料阶段是当事人个体；第二阶段即热点化阶段是意见领袖；第三阶段即新闻化阶段是新闻媒体；第四阶段和第五阶段则是全体网民；等等。这些主体推动着整个事件的热度不断高涨。

本章小结

舆论从事件触发到形成广泛的意见规模有一定的时间周期，这个过程有长有短、有徐有急，但不同研究者对其划分的阶段不同。有研究者认为舆论对事件主体来说是一种危机信息，可以参考病毒传播的阶段来进行管理与应对；也有研究者从意见领袖有无介入、舆论是否成熟等角度对舆论传播阶段进行划分，出现了不同的阶段论。本章则主要对不同时代（PC互联网时代、社交媒体时代）的传播阶段进行了划分，并根据把事件信息导入社会舆论场域的不同类型（网络首发型、传统媒体首发型），对舆论传播阶段进行了比较分析，希望对当前不同类型的舆论进行相对比较宏观的把握与理解。当然，对舆论传播周期与阶段的划分不可能一成不变，不同的研究者可以根据自己的认知提出不同的阶段划分，只要言之有理即可。

本章思考题

1. 在舆论传播的各个阶段，网络意见领袖是否都有存在的必然性？

2. 为什么不同媒体发展时期的舆论传播阶段与周期会发生变化？背后的动因有哪些？

3. 网络首发型网络事件和传统媒体首发型网络事件的传播阶段有哪些差异？

推荐阅读书目

1. 刘建明，纪忠慧，王莉丽．舆论学概论［M］. 北京：中国传媒大学出版社，2009.

2. 许静．舆论学概论［M］. 北京：北京大学出版社，2009.

3. 王光辉．社会舆论传播、演化和引导：网络建模与仿真视角［M］. 北京：科学出版社，2018.

4. 诺依曼．沉默的螺旋：舆论：我们的社会皮肤［M］. 董璐，译．北京：北京大学出版社，2013.

第九章

舆论的数量与质量

本章学习要点

1. 正确理解和把握舆论的数量与质量的概念及两者差异。
2. 把握网络民粹主义在中国互联网的发展阶段及其对舆论生态的影响。
3. 正确看待网络民族主义现象及其舆论影响力。
4. 掌握网络民粹主义与网络民族主义的异同。
5. 正确看待网络民粹主义与网络民族主义交织下的中国社会舆论生态。

舆论作为一种规模性言论，必然需要被衡量其数量和质量。数量是衡量舆论参与主体的人数多少；而质量则衡量舆论的理性程度，或者说舆论中理性言论的多寡。通过这两个维度就可以对舆论进行准确把握。

第一节　舆论的数量与规模

在日常生活中，经常有很多研究者有疑问，到底最小多少比例的民众持有相同的看法时才可以为人们所感知，并可称其为“舆论”。如果所有人都持有相同的观点，肯定已经形成舆论了，但最低的标准到底是什么？目前对这个问题争议比较大，因为舆论很大层面上是一种社会氛围和话语气候，有一个缓慢的形成过程及人们的感知阶段，比如外面天气冷不冷，必须出去体验一下才可以感知。因此研究舆论本体有个很重要的问题，即舆论的数量标准是什么，或者说其规模要多大才可以被人们感知到并进而凝结成“意见核”？

一、舆论的数量

陈力丹认为舆论的数量即舆论的一致性程度，是围绕一个舆论客体产生的各种意见，如果处于众说纷纭的境地，意见呈现几乎无限的多样性，那么这些意见不能视为“舆论”，因为不存在关于这个客体的舆论。[①] 舆论的数量是辨别舆论存在与否、存在程度的一个客观标准。小范围内的或较为简单的舆论客体，围绕它产生的各种意见，无论是凭直觉还是依据调查结果，其多样性都是有限的。通过随机访问一些人，凭直觉得出“相当数量”“超过半数”“较多”或“很多”等模糊性的概念，可以表达关于某个舆论客体的某种意见的一致性程度。如果客体本身十分复杂，关心的公众不仅人数多而且差异性大，各种意见通过碰撞和磨合，往往会形成相对集中的几种意见。这时，估量舆论的数量就显得十分重要。对于较为复杂、涉及面广泛的客体的意见，需要凭借科学方法来估量舆论的数量。

二、是38.2%还是20%

20世纪30年代初兴起一门新兴学科，即运筹学。该学科的主要目的是为决策提供科学依据，是实现有效管理、正确决策和现代化管理的重要方法之一，主要利用统计学、数学模型和算法等方法，去寻找复杂问题中的最佳或近似最佳的解答。

20世纪八九十年代，在中国运筹学为华罗庚等所提倡，主要应用于管理决策，可以对许多事件或现象的模糊感觉做出相对科学与准确的界定与说明。在研究信息搜索、宏观的“排队问题”、具体的“顺序问题”方面，运筹学用“优选法”解决了不少难题。解决这些问题需要回答掌握了整体中的多少，能否对整体产生决定性影响或者使整体感觉到一种重要影响的存在。

在一维（即单因素）最优化方法中，黄金分割法（亦称0.618法）是最为流行的一种方法。黄金分割是指将整体一分为二，较大部分与整体部分的比值等于较小部分与较大部分的比值，其比值约为0.618。这个比例被公认为最能引起美感的比例，因此被称为黄金分割。基于此，很多学者将分割两部分的这个“点”作为一种临界点，认为当在整体“1”中达到0.618时，就能够对整体产生决定性的、全面的影响，而达到临界点的另一半，即达到0.382时，则可以使整体感觉到一种重要影响的存在。

刘建明、陈力丹等舆论学者依据这个临界点来考察舆论的数量（一致性），他们认为在一定范围内，有38.2%的人持某种意见，这种意见便在这一范围内具有了相当（但尚不能影响全局）的影响力；而若有61.8%的人持某种意见，则这种意见在这一范围内已成为主导性舆论。基于此，由于

① 陈力丹．舆论学：舆论导向研究［M］．上海：上海交通大学出版社，2012：178－179．

38.2%与三分之一比较接近，因而又将三分之一与三分之二作为划分感知性舆论与主导性舆论的主要标准。当然这个比例针对的是正确的或无须引导的舆论，当一种错误的或者不够正确的舆论出现时，有必要在舆论形成早期就介入。有研究者认为，持有某种不够正确的意见或倾向的人数在一定范围内远远低于总体的三分之一，只要在这个范围内有超出三分之一的人持有另外的较为正确的意见，这种不够正确的意见就不会对全局产生影响。而且，网络本身有自净化功能，自然会随时消除这些不够正确的意见，如果较为正确的意见在整体中居于主导地位，则没有必要对这些不同意见做专门的引导。①

长尾理论是网络时代兴起的一种新理论，“长尾”实际上是对统计学中幂律（power laws）和帕累托分布（Pareto distributions）特征的一个口语化表述。过去人们只能关注重要的人或重要的事，如果用正态分布曲线来描绘这些人或事，人们只能关注曲线的“头部”，而忽略了处于曲线“尾部”、需要付出更多的精力和成本才能关注到的大多数人或事。即在任何一组东西中，最重要的只占其中一小部分，约20%，其余80%尽管占多数，却是次要的，因此长尾理论又称二八定律。二八定律又名80/20定律、帕累托法则（Pareto's principle），也叫巴莱特定律、朱伦法则（Juran's principle）、关键少数法则（vital few rule）、不重要多数法则（trivial many rule）、最省力法则、不平衡原则等，被广泛应用于社会学及企业管理学等。与此同时，在网络传播时代，应用黄金分割线的舆论感知划分方法已经不足以解释网络上的舆论啸聚现象。互联网由于技术底层就是拓扑结构，尤其像微博、微信这种自媒体平台更是以星形结构为主，马太效应（强者越强、弱者越弱）的明星围观模式逐步成为主流，而二八定律则是比较合理的解释，即最为重要的20%的网络用户表达了相同的意见，舆论意见核就已然形成，而剩下的80%基本上扮演着意见附和者和“二传手”的角色。因此从这个意义上说，二八定律不仅考虑到了舆论的规模要占到总体的20%以上，还考虑到了舆论的质量（必须是相对核心的成员发出的意见），一定程度上承认了舆论形成过程中存在意见领袖并且意见权力不平等的现象。

其实以上对舆论的规模划分，无论是38.2%还是20%都存在一个显著的缺陷，就是由于互联网时代舆论表达的主体是一群“动众”，他们具有流动性，边界很难捕捉，因此舆论的总体数量很难界定。有研究者说舆论的研究对象是全体网民，但在我们现实的研究中并不是所有网民都在网络上发言，大多数是“沉默的”。中国人民大学舆论研究所曾做过相关调查，结果显示在

① 陈力丹．舆论学：舆论导向研究［M］．上海：上海交通大学出版社，2012：181-182.

微博平台参与互动（点赞+评论+转发）的人群仅占到微博用户总体的5%左右，最高不超过10%，其余则是沉默的大多数[①]，而对其他平台来说，这个比例可能更低。因此，在现实生活中很难对舆论总体进行界定的情况下，黄金分割法和二八法则均没有具体的、切实的价值。

第二节　舆论的质量

舆论的质量是指舆论中理性声音和观点的多寡及其在总体舆论中所占的比重。理性声音和观点的比重越大，舆论的质量越高，因此研究舆论的质量对研判舆论的趋势与对策具有很重要的指示意义。

一、舆论的质量

舆论是多数人的一种社会表达，历史上统治者对舆论的看法一直是消极甚至抵触的，认为“舆人之论”是一些普通百姓所表达出来的不成熟的言论。其实即使在当代社会也存在着舆论表达非理性的问题，因为舆论的表达主体是相对处于社会中下层的群体。上文对舆论主体已经做了阐述，网络舆论的表达主体主要集中于三低（低学历、低收入和低年龄）人群。这些人由于社会阅历、所处的社会地位与群体之间的互相影响，在进行言论表达时很容易出现极端化、情绪化和非理性化等特点。因此从这个层面上讲，舆论不仅存在数量规模的问题，也存在质量高低即理性与非理性的问题。

在日常表达中，还存在如勒庞的《乌合之众》中所提到的“个体在群体影响下思想与行为的转变”，这种转变并不是一种更加理性的转变。在群体中不接受群体意识，保持个体察觉和独立是件困难的事情，“推动各民族演化的主要因素，永远不是真理，而是谬误”，“凡是能向他们供应幻觉的，也可以很容易地成为他们的主人”[②]。除非有高质量的意见领袖的引导和介入，否则很多舆论表达只是一种非理性的言论集合。因此，判别舆论的质量是进行舆论引导的第一步，理性的舆论需要理性的意见引导，需要晓之以理；非理性的舆论只能依靠情感劝服，需要动之以情。

另外，需要说明的是，理性的舆论并非自始至终都是理性的，其往往是从非理性开始的，舆论的质量本质上是其中所包含意见的理智成分与非理智成分的一种比例关系，即舆论理性程度的高低。舆论中都会存在非理性的元

① 李彪．微调与强化：社交网络时代媒体监管政策及其走势［J］．新闻记者，2015（4）：62－68．

② 勒庞．乌合之众：大众心理研究［M］．冯克利，译．北京：中央编译出版社，2004：89．

素，尤其是舆论形成的早期，只是后期由于意见领袖的介入以及各种意见的交锋，舆论才有可能越来越具有理智的成分。

二、决定舆论质量的要素

决定舆论质量的要素很多，并且在不同的情境之下决定舆论质量的要素也不尽相同。综合来看，主要有以下几种。

（一）群体利益相关性

舆论是大多数人的意见表达集合，在公共关系学中有一个很重要的概念叫“利益相关者”，即与核心利益相关的所有主体。舆论关注的客体有时具有很强的利益指向，一旦表达主体与舆论客体存在利益纠葛，其所表达出来的意见就很难说得上客观与理性，因此舆论的质量与理性程度和群体所代表的利益指向之间存在着密切的关系。如 2019 年中美贸易战中两国网民所表达出来的观点集合完全不同，即是双方的利益指向迥异造成的。在实践中分析舆论的质量，需要对表达主体中与舆论客体存在利益纠葛的那一部分单独进行具体分析，不可以笼而统之。

（二）意见发表的自由程度

舆论的产生有一个基本的前提条件，即民众对舆论客体的意见表达是自由、自在的，不能有任何的外在压力，不然会影响到舆论表达的理性与客观程度。如在一个意见表达自由度低的舆论环境下，呈现出来的舆论并不是真实的镜鉴，往往是被极度扭曲过的。如 2003 年伊拉克战争前夕举行的总统选举，萨达姆的支持率高达 95%以上，就是这种扭曲的体现。在一个意见表达自由度高的舆论环境下，民众可以充分讨论，“观点的自由市场”更容易出现，得出的舆论往往更具有理性，属于高质量的舆论。

（三）意见领袖的介入时机

在对舆论的传播阶段、舆论的数量与规模的研究中都提到了意见领袖，意见领袖同样对舆论的质量具有重要的影响。在舆论形成早期，意见领袖可能没有介入，那时的意见表达相对比较散漫，舆论的质量并不高；而随着意见领袖的介入，对理性意见予以发掘、对舆论客体的社会价值予以仪式化，并慢慢凝结出“意见核”，进而形成优势意见，这时的舆论表达理性程度不断提升，进而提升了整个舆论的质量。

当然，还有其他要素对舆论的质量有影响，如意见表达群体自身的社会人口统计学特征，甚至还有社会文化与社会心理等方面的差异，如东方人表达含蓄、西方人表达直接。

第三节　舆论与社群茧房

以微信为代表的社交平台的普及使得人类在虚拟空间重归部落化，民众基于血缘、地缘、学缘、业缘和趣缘等关系组成了不同的圈子，民众从圈子中获得信息、讨论社会事件、构建关系、再生产社会资本、寻求社会归属。圈子对民众进行柔性的权力约束和话语规训，民众依托社群而在网络中存在，传统社会的“原子人”在网络中成为“社群人”。

相较于算法推送的新闻分发方式，社交圈子形成的茧房和微意见环境对民众认知世界影响更大，这种茧房是虚拟空间内民众基于某种关系（血缘、地缘、学缘、业缘和趣缘等）形成的社交圈子，圈群的成员具有较高的同质性，与其他圈群之间具有较高的异质性。在回音壁和信念回响（belief echoes）等效应下，圈子具有了信息把关人功能，很容易形成圈子内的观点极化现象。

社交网络中的茧房相较于算法推送形成的信息茧房，区别在于以下方面：一是算法推送形成的茧房更多的是从传者角度思考问题，是传统的单向度传播思维，并没考虑到社会个体是以圈子为单位进行信息获取和观点发表的信息消费现实。二是算法推送形成的茧房只是考虑人们的认知层面，并未考虑民众的价值观形成和行为改变等更深层面，真正对民众的信息获取结构和社会价值观塑造起决定作用的是其所在的圈子、社群，因为在虚拟空间中社会个体并不是以“原子化”形式存在，而是以社群形式存在，成员转入群内的信息需符合圈子的固有认知，发表的言论须满足群体的固有价值观。这种潜移默化的机制要比算法单向度推送形成的茧房效应更加明显，算法只是决定个体的信息选择性接触，而社交网络则对个体从信息获取结构到价值观塑造均具有直接作用，社交网络中的信息茧房形成也具有更深的社会动因。

一、社交网络已成为社群成员获取外部资讯的第一媒介和中介

传统社会民众主要依靠大众媒体获取资讯，因此大众媒体具有议程设置的功能指向，民众的所思所想为大众媒体所设置。但随着社群时代来临，民众更多依靠自己所在的圈子获取信息，人际关系网超过大众媒体成为民众获取资讯的第一渠道。相关调查结果显示，以微信群、朋友圈等为代表的社交

圈子（76.5%）已超过以广播电视、报刊等为代表的传统大众媒体（17.8%），成为民众获取资讯的第一渠道。① 另外，由于主要依靠圈子获取信息，获取信息的内容和品质也出现了结构性变化，大众媒体设置的话题相对“宏大”，而人际圈子则扮演着把关人的角色——只关注与圈子相关的资讯，圈子内的些许“风吹草动”都可以尽收眼底，但圈子外的宏大叙事则可能充耳不闻。圈子本身就是一种媒介，且已成为沟通圈内成员和外部信息流动的中介。

二、社群回音壁效应使得群内同质性和群际异质性双向增强

经济学家安东尼·唐恩斯研究发现，人们从头脑相似的人那里获得信息有助于减少信息成本。虽然圈子成为成员与外部世界交往的媒介，但并非所有资讯都可以畅通无阻地进入圈子内部，必须是那些与圈子固有立场和价值观一致的信息才可以进入，正如个体在信息接触时内心都有个认知框架，适合自身固有认知框架的信息才会被接收和内化。换言之，社交圈子内部具有过滤泡效应和回音壁效应②，最终使得圈子内部成员的立场越来越一致，长此以往会逐步固化和刻板印象化，圈子的“内壁”增厚。由于缺少全社会范围内的对话公共平台，平时大家相安无事，但倘若遇到公共事件，不管是否涉及本群利益，一旦有群体成员发表观点，圈子其他成员就很容易产生共鸣而深信不疑——不考虑这些观点或情感实际上是否相互矛盾，更不管论证推理的逻辑是否经得住推敲，圈子之间的沟通与对话的难度逐步加大。如此一来，圈子越来越像打地鼠游戏中的“地洞”，圈子内部成员一方面抱怨别的圈子不了解自己所处的群体，希望别的圈子了解自己，希望与其他圈子沟通对话；另一方面又使用刻板印象打量着别的圈子，双方对话很容易变成“鸡同鸭讲”式的隔空喊话或者“刺刀见红”式的对骂，最终双方成见不断加深，对话成本不断加大，社群的巴尔干化现象不断凸显。从这个意义上说，社交圈子形塑了圈内成员的价值立场和社会认知，将社群成员从社群共同体改造成为“偏见共同体”。

三、社群信念回响效应增强了社群成员的集体记忆和身份认同

在网络舆论场域中很多事件发生反转或被澄清纠正，往往并不能彻底改

---

① 喻国明．当前新闻传播“需求侧”与“供给侧”的现状分析［J］．新闻与写作，2017（5）：44-48.

② 李彪．后真相时代网络舆论场的话语空间与治理范式新转向［J］．新闻记者，2018（5）：28-34.

变社群成员对这些事件的固有认知和固有态度，这种绵长、持续的态度影响（lingering attitudinal effects）被称为信念回响效应。一旦社群中成员对某一公共事件达成共识，这个共识便会作为一种集体记忆框架为社群成员所内化和接受，进而对与之相左的信息产生抵抗和否定的心理。集体记忆趋同也会加强群体内部的凝聚力——拥有相同集体记忆的人会具有更强的身份认同，这就可以解释为什么在老年人的微信群内到处充斥谣言。老年群体拥有共同的集体记忆，对谣言的判断标准和认知大抵是一致的，并且一旦有谣言被转发到群里，便会有其他成员点赞撒花，对谣言转发者来说会产生一种强大的社会支持虚妄感，这种信念回响效应会进一步增强，形成一种螺旋上升趋势。

因此，相对于算法推送，社交网络对社会个体具有更大的价值观形塑价值。以往对算法推送形成的信息茧房的批判只是从技术出发，很容易陷入技术主义的窠臼，社交网络形成的茧房不仅考虑到信息的流动，还考虑到了社会互动中的社会资本和话语权的再生产机制，更能准确描绘社交网络崛起后对人的存在方式的本质性影响机理。

四、社交茧房形成的三种“舆情遮蔽”类型及影响

根据海德格尔的观点，无论是算法推送还是社交网络，媒介技术作为一种“座架”，为人们的理解和生存设置了固有的框架，人类被“促逼”得只能在这一框架下来“解蔽”世界，根据这一底层技术的秩序来理解外部世界。从这个意义上说，媒介技术对人类观察世界的解蔽永远是单向度的，按照自己的技术架构部分地予以解蔽，解蔽的同时也进行着遮蔽。对照现实生活，就是社交网络在使得社会个体联系密切、交往日益零成本的“解蔽”情况下，也“遮蔽”着个体认识世界的渠道和信息的质量，进而影响到其价值观认知和社会判断。因此，社交网络带来的茧房几乎是一种遍在化的存在，影响着人们对外部世界的认知、判断和评价，进而在整个社会范围内产生了“舆情遮蔽”。

（一）职业茧房：危及“职业共同体”建设和社会整合

职业茧房是基于相同职业而产生的民众日常交往的职业小圈子，以往仅是单位同事的线下交流，社交平台崛起后全国范围内同一行业的人员可以聚集起来，形成更大的茧房效应。有研究者指出职业共同体建设与社会整合的重要价值：“在今日中国，当家庭的小型化导致它难以承担社会整合的首要机制以后，当改革以前的‘单位制’也衰落以后，推进人们日常交往的小的职业共同体建设的意义就凸显出来，成为今天社会整合、社会团结和构建和谐

社会的最重要的民间基础。”① 但在网络空间，职业茧房日益成为社会整合的障碍和桎梏。如2015年6月9日河北肃宁发生特大枪击案，造成两名警察牺牲，在当晚央视《新闻1+1》节目中因为白岩松称公安干警“死亡”“离世”，而没用“牺牲”，称罪犯为“五十多岁的老汉”而没用“犯罪嫌疑人”，引起了全国警察群体的反感。各个警察微信群里动员集体签名向央视发公开信，要求白岩松“道歉”“下课”。此外，媒体从业者群体则对白岩松的报道进行辩护。两个职业群体针锋相对搅动着舆论场，使得一个刑事案件成为两个职业共同体的舆论对决。基于医生、教师、警察等职业形成的职业茧房促使群体成员在涉及自己职业的事件中下意识地抱团取暖，对其他职业群体或关涉群体的立场先行横加指责。这类“职业共同体”不仅没有促进社会学家所说的“社会整合”，反而进一步加剧了社会对话的难度。

（二）性别茧房：女权与反女权互相攻讦强化民众刻板印象

鲁迅曾在《娜拉走后怎样》中揭示了娜拉的命运——不是堕落，就是回来，因为经济地位是妇女所有地位的基础和根本。而今时不同往日，随着现代社会女性经济地位不断提升，女权运动成为不可逆转的社会大势。Me Too运动为近年来最为声势浩大的全球性女权主义社会运动，由于茧房效应的存在，Me Too运动中出现了一些极端的情况，个别演变成对男人和性的憎恨，一味地强调女权，出现为了女权而侵犯别人基本权利的情况，如网络主播Papi酱因为孩子出生后随父姓而被网友骂“婚驴”，遭受人身攻击与人格侮辱。此外，由于性别茧房的存在，反对女权的声音也日趋强烈，相关女权舆论的发展又衍生出一个反向的分支，即呈现出“女权婊”“女权癌”等标签化的刻板印象，很多舆情事件经常被纳入性别权力的框架中讨论，性别之外其他更为主要的因素反而被忽视，这种情况下性别舆论更为浑浊，如车祸事件中女司机常被重点强调、晚婚人群中大龄剩女会被优先突出、高校事件中女大学生被优先设置……这些性别标签被刻意强调，反复强化民众心中的性别刻板印象。

（三）世代茧房：社会范围内的代际冲突动摇传统家庭和社会结构

代际冲突是人类社会亘古不变的主题。随着互联网普及率的逐年攀升，中国社会的数字代沟正加速演变成数字化代际冲突。代际冲突本质上是一种社群冲突，即年轻的群体对自己的父辈人群、年长者对自己的子辈人群的刻板印象之间的碰撞。数字时代的代际冲突不仅发生在家庭场域之中，还扩展

① 李强．职业共同体：今日中国社会整合之基础：论“杜尔克姆主义”的相关理论［J］．学术界，2006（3）：36-53．

延伸到整个社会话语场域。

比如网上不时有跳广场舞老人与打篮球青年为争夺场地而发生肢体冲突等事件，每每出现都引起网民对老年群体的口诛笔伐，而老年群体在互联网上属于话语弱势群体，没法为自己辩解，最终会反过来更加固化人们对老年群体的刻板印象，因此近年来网上“坏人变老了”的各类评论不绝于耳，归根到底是数字化使得“父权”和“权威”双向持续衰落，子代的数字权威和数字反哺大行其道。在家庭小环境中也存在父母代与子女代激烈的冲突与话语权争夺。如网上曾流传一个段子，新冠疫情期间家族群中不断有亲戚转发谣言，当事人为了提高亲戚们辨别谣言和不传谣的新媒介素养，便刻意转了几条“小伙传谣500次被刑拘”“妈妈信谣害死女儿”的新闻，不久就感觉自己的家族群里风清气正多了，但后来母亲告诉他，他们又新建了一个家族群，只是把当事人排除在外了……因此，未来价值观一致的人会更容易聚集在一起，三观一致的人的亲密程度在某种意义上会超过血缘关系，因为在网络社会里，血缘关系作用被减弱，而虚拟社群中的成员会因为价值观的相通、感情上的相惜、精神上的共鸣走到一起，并有可能结成比血缘关系更加牢固的纽带。

当然，目前网络上还存在其他类别的基于社交网络的信息茧房对舆情的遮蔽现象，但影响力不及上述三种类型，故在此不作赘述。

第四节　舆论与网络民粹主义

近年来由于受各类社会思潮的影响，舆论的质量也出现一些阶段性特征，在不断变化与演进，其中影响最大的就是民粹主义的崛起。

一、民粹主义

民粹主义（populism）又称平民主义，既是一种政治思潮，又是一种社会运动，还是一种政治策略。这样一种复杂的社会现象，当人们从不同的视角看待它时，便会得出极不相同的结论。民粹主义萌芽于19世纪四五十年代，意指平民论者所拥护的政治与经济理念，该理念拥护平民掌控政治，反对精英或贵族主导政治。总的来说，民粹主义的基本观点包括以下几个方面：一是极端强调平民大众的价值和理想，把平民化和大众化作为所有政治运动和政治制度合法性的最主要来源；二是依靠平民大众对社会进行激进改革，并把普通民众当作政治改革的唯一决定性力量；三是通过强调诸如平民的统

一、人民的创制权等民粹主义价值，对平民大众从整体上进行有效的控制和操纵。

一般来说，民粹主义具有三个明显的标志性特征：一是草根性，代表底层或中下层的民众，带有浓厚的群体性色彩，始终强调下层的、平民的价值和理想，而它评判社会历史的发展也是以大众支持为唯一标准；二是非理性，民粹主义在本质上具有道德至上主义倾向，认为政治应该体现中下层人民的智慧，由于崇尚道德感召和精神力量，表现出情感超越理性的非理性的一面；三是批判性，批判性的根源来自它的反现代性，并受到社会不服从和底层反抗的传统影响，因此它表现出反体制倾向，成为一种重要的社会批判工具。民粹主义的破坏力在欧债危机、希腊债务危机中得到充分体现，英国脱欧公投、特朗普成功当选美国总统、西班牙加泰罗尼亚“独立”等事件都受到民粹主义的影响，未来西方国家或将出现民粹主义的大市场。

民粹主义在群体倾向上一般有以下四种基本表现：一是自我陶醉型的民粹主义群体，这类群体对外交冲突极其敏感，容易有过激的民族主义行为，与民族主义很容易交织合谋；二是怨念深重型的民粹主义群体，这类群体对政府极度不满，并倾向于把外交冲突视为对国家安全的威胁；三是逻辑混乱型的民粹主义群体，这类群体对经济发展具有相当程度的自信，但又觉得以前更好，怀念过去；四是茫然无措型的民粹主义群体，这类群体对于国家的外交问题有较强的民族主义倾向。

概括起来，民粹主义主要有以下五个特点：一是在经济上主张极端平民主义，“不患寡而患不均，不患贫而患不安”。只要大家分配上是平均的，即使都贫穷也无所谓。这一特点还有一个表现就是持“富人原罪论”，即认为所有私营企业主的“第一桶金”都是来路不明的。二是在政治上反对代议制民主，要求全民投票，每个人的政治权利必须是绝对权利。三是要求结果平等，不论过程如何，如现实生活中很多网民针对房价高企的问题，提出要没收有钱人的房产，重新进行平均分配。四是道德至上，很多事件动不动就上升到道德的高度进行评价，不管事情本身的是非曲直，不管事情本身是否触犯法律。在网络上经常出现的“键盘侠”就是追求道德至上的一群人，他们以鼠标和键盘为武器，对任何网络事件均上升到道德的高度，将自己置于道德制高点上进行嬉笑怒骂，完全不从事实、法律本身来谈论问题，造成不同阶层、社群之间“鸡同鸭讲”式的隔空喊话。五是诉诸暴力，民粹主义的一个很重要的特点就是动辄诉诸暴力，这里的暴力不仅仅是行为上的，还包括言语上的，对任何自己看不上的事情动辄进行语言谩骂与人身攻击，相信没有什么事情是拳头解决不了的，最终往往滑落到社会群体事件和网络暴力的深渊。

二、民粹主义崛起的历史背景

在西方，从外部来看，全球化带来的国际经济竞争加剧，导致西方国家大量工人在经济上陷入拮据，而这一人群正是支持特朗普当选和英国脱欧的中坚力量；从内部来看，西方国家的社会结构正从以往的“橄榄型”向“哑铃型”演进，社会各阶层之间出现分化，政治上出现极化现象……外部冲击和内部对立交织，为西方民粹主义抬头提供了肥沃的土壤。

而在国内，中国传统文化元素与思想多来自儒道佛三家，虽然儒家讲究的是等级文化，但道家和佛家都有深厚的反等级的民粹主义色彩，两家皆讲平等，带有原始的民粹主义冲动。另外，当前我国正处在深刻的社会转型期，一些涉及强势群体与弱势群体冲突、干部腐败、民生等的热点问题引起不同利益主体的普遍关注。随着网络舆论开始成为社会舆论场域中的一支重要力量，近年来的一些网络事件中网民舆论监督热情被鼓舞，一定程度上激发了网民对抗权力话语的意识。一时间，民粹主义在传统媒体和网络媒体上暗流涌动，且对社会舆论的影响越来越大。一张照片不知怎么出现在互联网上，不知怎么被转发和评论了成千上万次，不知怎么被网友挖出了当事人的姓名、年龄、电话、工作单位并公之于众。接下来，则是数以亿计匿名网民的大狂欢，在其中会看到冷酷的嘲讽、刻薄的谩骂、漫无边际的猜想和动机不明的误导。

三、网络成为民粹主义的话语暴力场

随着反现代化思潮的发展，近些年民粹主义在全球又呈抬头之势，网络的迅速发展也为其在全球范围内的传播提供了途径。网络民粹主义是指在网络上产生、通过网络传播的一系列民粹主义思想和行动。全球互联网的快速发展极大地改善了人们的交流条件，为促进人与人之间的交往提供了广阔的空间，但同时它也成了民粹主义的一个传播平台。人人都能自由地在网络上发表各种言论，网络的匿名性使得发言者不必对其言论负责，各种极端言论、煽动性言语乃至谣言在网络上大肆传播。如之前贵州发生了一起涉及领导干部的凶杀案，网络上有人欢呼“只要杀当官的，我就举双手赞成”。民粹主义在网络群体事件中的表现形式具有以下几种：一是利用网络与精英阶层进行抗争，即反对精英主义，否定精英在社会发展中的作用，崇尚人民大众的利益。“我爸是李刚事件”发生之后，各大论坛贴满了有关此事件的帖子，一句“我爸是李刚”迅速在网络上广为流传，“官员”“官二代”“公安局局长腐败”等标签也随之为李刚父子二人贴上，引发了对“官二代”进行声讨的舆论狂潮，该事件成为网络群体事件。二是利用网络对体制和权力精英进行批评。当网络群体事件爆发时，网络民粹主义者变为网络舆论领袖，在网络空间里有制造舆论、引导舆论的能力。值得注意的是，网络民粹主义对体制、组织机构的批评往往滑向非理性边缘，狂躁的网民容易被少数别有用心的人操控，沦为制造社会骚乱的工具，造成威胁公共安全的违法事件。三是网络民粹主义与民族主义结合。这种结合在网络上的杀伤力更大，很容易转化为线下的社会集会与游行。

四、网络民粹主义的双刃剑效应

民粹主义是作为"大众被发现"的产物而出现与发展的，对否定马基雅维利主义具有重要的价值。但更多的人把民粹主义视作社会的负面现象，这源于民粹主义自身的局限性——民粹主义本身是一种政治参与，代表了一定"中心区域"的利益，宣扬人民的合法性，却不能在真正意义上代表"人民"。民粹主义这一天然的自身局限性，导致有人称其为"非理性的社会思潮"，有人宣称"警惕民粹主义倾向"，并认为它是未来社会最大的隐患。这些负面看法都源于民粹主义本身是一个悖论——"一方面，它高扬人民的大旗，但另一方面又往往把希望完全寄托在魅力型的个人领导者身上；一方面，它在理论上常常抨击权力斗争，而实践中，它又常常陷入权力之争"[①]。从本质上说，民粹主义并不是一种独立的意识形态，因为其没有自己的核心价值，是空洞的，很容易被精英阶层利用。

当然，网络民粹主义并不是一无是处。虽然它可能导致民粹主义的群体极化，体现为表面民主的"多数人暴政"和"舆论的零和博弈"，促使"恶搞""山寨"兴起并可能使网络沦为公地悲剧[②]，但它也有积极的一面，比如可以对精英和权威进行监督与牵制，引起人们对弱势群体的关注，促使更多的平民激发出参与政治与表达的欲望等。

在中国的网络环境中，还大量存在这样的现象：在网民的日常生活中，往往有将大多数人的快感建立在少数人隐私权遭破坏之基础上的情况。这折射出我们的网络生态依旧停留在民粹主义阶段。对于网络民粹主义思潮不能听之任之，需要每一个人不断地自省和自律。我们每个人心中都应存留一个小小的天平，它时刻提醒我们应如何在极度狂热与极度理智之间寻找无害的

---

① 李玲．郁达夫与俄国民粹主义思想［D］．厦门：厦门大学，2008：116－117.

② 公地悲剧又称公共地悲剧、公共资源悲剧，是经济学上的著名理论，比喻有限的资源注定因自由使用和不受限的要求而被过度剥削。

平衡点。网络不是法外之地，更不是为所欲为之地。警惕网络民粹主义，要防患于未然；要主动防范，制定相应的应对机制；要及时主动发挥主流媒体、主流人物的舆论引导作用，对错误信息等及时予以纠正，对有民粹主义倾向的行为及时予以引导，确保网络安全和国家安全。

第五节　舆论与网络民族主义

民族主义和民粹主义一样，都可能对网络舆论场域中的舆论质量产生重要影响。网络民族主义是指网民群体通过“想象的共同体”来构建“族群”，进而抱团取暖，出现群体极化的爱国行为，对网络舆论生态的影响也较大。

一、民族主义与现代民族国家

民族主义发轫于19世纪西欧的现代民族国家独立运动，是现代性的一部分。法国大革命摧毁了建立于封建制度基础之上的“教士、贵族、平民”三级社会结构，传播了天赋人权、人人平等的思想。在此之后，随着西欧资产阶级的崛起，现代民族国家逐渐形成。国家不再由国王、国王的领土和国王的臣民组成，而是由公民组成：“这些公民居住于一个共同的地区，在其共同的政府里拥有一个发言权，并意识到其共同的（想象的或真实的）遗产和其共同的利益。”① 这个想象的共同体即所谓“民族”。法国大革命创立了诸如国旗、国歌和国家节日的民族仪式，以此建构民族性。1815年以后，由于拿破仑的扩张与征服，欧洲各地爆发了一系列民族反抗运动，希腊、比利时、意大利、普鲁士……一个个现代民族国家的成立标志着民族主义在欧洲的胜利。

西方的民族主义不可避免地随着殖民传入亚非拉地区，也刺激了这些地区的民族觉醒。中国的孙中山、印度的甘地，以及埃及、波斯、土耳其、阿富汗等地的人们相继掀起反对西方霸权的民族主义运动，一部分在抗争中建立了独立的民族国家，一部分迫使西方让步。然而，民族与国家并不总是拥有共同的文化和领土疆界，“所谓的‘民族国家’之说，很少能够与现实相呼应，因为很少国家的民族群的组合称得上是同质的”。因此，现代民族与其说是一个文化概念，毋宁说是一个政治概念——孙中山先生的三民主义中“驱除鞑虏”的部分显然不适用于当今“中华民族”的定义，“美利坚民族”也未

① 安德森．想象的共同体：民族主义的起源与散布［M］．吴叡人，译．上海：上海人民出版社，2003：5.

必会为历史上北美的印第安原住民所认同。不同民族的具体定义，其背后是当时当地的政治需要。①

也正因如此，民族国家自建构之初便伴随着不同国家的民族之间、多民族国家内部不同民族之间的种种矛盾。由于民族主义在根本上源于对本民族生死存亡的忧虑，所以它更强调本民族的利益，具有排外性、理性与非理性并存、反对多元文化和普世价值等特征。极端情况下，历史上曾出现极度强调本民族优越性，视其他民族为下等民族的沙文主义、法西斯主义和种族主义，给许多地区的人们造成了无法抹去的伤害。

二、网络民族主义

网络民族主义是一种“基于互联网传播的民族主义言论、情绪和思潮；表达、鼓动民族主义情绪，制造、扩散民族主义舆论，并在某些情况下推动现实行动以达到预期目的的网络传播行为”②。网络民族主义一个很鲜明的行为特征就是进行网络抵制，如抵制外国的企业、商品、明星偶像、政治人物，以及发起带有激进情绪的网络签名活动。陈龙、闵大洪等认为网络民族主义对外表现为激烈的示威对抗，对内表现为现实主义批判，特定情况下可能转化为泄愤式的群体事件。③

三、网络民族主义发展的三个阶段

倘若将中国网络民族主义的发展脉络串起来，根据时期以及主导代际群体的不同，网络民族主义大致可以分为三波浪潮，彼此互相交叠演进。这三波浪潮中，不同群体之间的代际特征、议题偏好、动员形式、话语方式等均有着很大的差异，加上三波浪潮的时代背景，导致了它们的情况迥异。

（一）1998—2003 年的第一波浪潮

这一时期以 1970 年之后出生的大学生为主体。1998 年印尼爆发了大规模的反华运动，北京大学学生通过未名 BBS 组织了线下的游行示威活动。1999 年的北约轰炸中国驻南联盟大使馆事件则促使了强国论坛的成立，先是

---

① 安德森．想象的共同体：民族主义的起源与散布［M］．吴叡人，译．上海：上海人民出版社，2003：5.

② 李立，陈岳芬．网络狭隘民族主义情绪的特征分析［J］．新闻爱好者，2011（10）：80－81.

③ 陈龙，杜晓红．共同体幻象：新媒体空间的书写互动与趣味建构［J］．山西大学学报（哲学社会科学版），2015（4）：78－83．闵大洪．对中国网络民族主义的观察、分析：以中日、中韩关系为对象［J］．中国网络传播研究，2009（1）：131－143.

人民网开通了“强烈抗议北约暴行 BBS 论坛”，同年 6 月 19 日又更名为“强国论坛”。2000 年，“爱国者同盟网”“918 爱国网”相继建立，2001 年清华大学学生蒋磊创办了铁血社区。2003 年兴起保钓运动，《国际先驱导报》的李慕瑾撰文第一次提出了“网络民族主义”这一概念：“2003 年民族主义呈现出的最显著特点是：以网络为平台，发表爱国主义言论，反对狭隘的民族主义；以网络为‘根据地’，集结志同道合者并采取反对日本右翼的具体行动，故而可称为‘网络民族主义’”①。

虽然 1994 年中国接入万维网，但国内互联网是在 1995 年后形成气候和规模的。这一时期的互联网准入门槛高，用户群体以“70 后”大学生中活跃且有条件接受新事物的精英分子为主，而此时娱乐文化、动漫文化、“屌丝”文化等网络亚文化尚未形成气候，以 BBS 为主的论坛主要单纯作为“70 后”大学生中的民族主义者的讨论工具存在，但互联网的开放性、去中心化的特征初次展现了其在公共讨论上的独特优势。这一群体受此前美苏冷战的影响，思想与传统意义上的民族主义者更为接近——冷战的余温塑造了大国博弈式的零和思维；中国传统的家国天下观念塑造了对国家的责任感；对中国近代以来受西方压迫的忧患意识塑造了这一群体对国际政治的关注，同时也导致了其言论具有强烈的防御性和公共性，对内表现出现实主义批判的倾向。在第二波网络民族主义浪潮中，“80 后”群体也部分继承了这一点。

（二）2008—2010 年的第二波浪潮

这一阶段以“80 后”年轻群体为主体。这一群体身上具有双重特征：一方面继承了“70 后”的家国情怀与现实主义批判；另一方面又是第一代网络原住民，是“屌丝”文化、游戏文化、动漫文化等网络亚文化的第一代深度参与者，开始用网络原生话语方式解构、恶搞、嘲讽权威，具有部分后现代特征。

2008 年被称为中国网络民族主义的拐点。半年时间内，中国先后经历了雪灾、“3·14 事件”、奥运火炬传递、抵制家乐福、汶川地震等事件。3 月 20 日清华大学工程物理系学生饶谨创立的 Anti-CNN 网站上线，标题为“西藏真相：西方媒体污蔑中国报道全记录”，号召网民收集西方主流媒体歪曲报道的证据。随后，网站更名为“四月网”，成为以“四月青年”为主的网络民族主义青年阵地。可以看到，网络民族主义浪潮正由传统防御型向主动出击型转变。

汶川地震中的灾难报道则标志着另一个转变。震后 24 小时内，一句“今

---

① 葛素华．国内网络民族主义研究：现状与问题［J］．现代国际关系，2014（4）：56－62.

天，我们都是汶川人”开始在从网络到平面的各种媒体中出现。随后，大量带有强烈民族意识的关于灾情的官媒报道被推出，尽管不少情况下反响较好，但也衍生出遭诸多网友诟病的“丧事喜办”“灾难美学”。此外，2008 年也是舆情事业的发轫年，高校开始大量建立舆情工作室，2008 年以后官方开始重视网络舆论，利用热点事件主动引导网络民族主义的发展。而后的诸多网络民族主义舆论热点，也成为官方与社会力量互动的场域。

2010 年的“69 圣战事件”则反映了“80 后”网络民族主义群体的网络亚文化属性，有学者称这次事件为“80 后宅男对 90 后迷妹的战争”①。网络游戏《魔兽世界》贴吧上的游戏玩家群体在 2010 年 6 月 9 日发起了反韩流“爆吧”行动，还联系了天涯论坛、豆瓣、铁血社区、中国红客联盟等网站攻击韩国明星官网和贴吧。

从中可以看出，“80 后”网络民族主义的起因、活动场所、动员方式、话语特征与“70 后”群体有了很大的不同。网络亚文化塑造了这一群体的关注点与活动场域：他们不必关心时事政治，而是在与境外玩家的接触中获取民族国家认同；他们无须担心国家生死存亡，而是在对相似的娱乐消费群体的声讨中发展出政治意识；他们并非一味拥护官方，而是在后现代网络亚文化的独特话语中消解权威，借此批判现实。

知识窗

69 圣战事件

“69 圣战事件”源起于 2010 年 5 月 30 日，韩国人气组合 Super Junior 当晚发放演出入场券，因主办方事先没有妥善做好工作，导致数千歌迷拥挤在世博演艺中心取票区域，一度造成混乱，引发踩踏，不得不出动大量武警维持现场秩序。事件在新闻和网络上曝光后，引起了大量网友的极度反感，随后以“魔兽世界吧”为发源地，在天涯论坛、猫扑社区等各大网站出现了网友有组织的反对 Super Junior 及其粉丝的活动，数十万名网友相约在 6 月 9 日晚上 7 时在知名论坛网站对韩国明星团体及其粉丝进行声讨，引爆反哈韩网民同 Super Junior 粉丝的大混战。

（三）2011 年至今的第三波浪潮

这一阶段是以“90 后”青少年群体为主体的，以“帝吧出征”为典型事件，且出现了“小粉红”“小青马”等独特的网络民族主义群体。“帝吧出征

① 林溪声．青年网络群体性事件的发生逻辑、表征及预警：以“69 圣战”为例［J］．当代传播，2014（3）：35－37．

Facebook”是 2016 年 1 月 20 日晚，由台湾艺人周子瑜具有“台独”倾向的行为而引发的“李毅吧”吧友在三立新闻、《苹果日报》等的 Facebook 主页大规模刷屏，以反对“台独”的事件。在这起事件中，微博大 V 黄子韬等人的表情包被大量使用，以表达出征人员的政治立场，形成独特的“表情包大战”。

在这一事件中，“小粉红”群体展现出了独有的特征：一是维系这一群体集体认同的情感纽带源于弥漫在年轻人日常生活中的娱乐文化，出征者具有高度流动性、匿名性的特征，彼此在线下都是陌生人，却在网络动员中表现了高度的积极性和组织性。这要归功于以微博粉丝群为代表的网民在网络迷群文化中的商业化运营，商业文化对粉丝群体的情感动员在这次娱乐政治化的事件中发挥了极大优势。二是话语方式为以微博为首的社会化媒体所塑造。新一代亚文化群体的媒介素养和政治意识的形成，大多来源于其生活的商业化新媒体环境。他们的信息搜集能力、网络动员能力均被日常的商业媒体参与所锤炼，政治表达则以网络流行语、表情包的形式托出，缺乏公共讨论的能力。

从以上三波浪潮可以看出，网络民族主义的发展与全球化、中国现代化、互联网的发展具有内在的一致性，是深刻嵌入这一进程中的。一是经过几十年的全球化，和平与发展的时代主题造成了“70 后”与“80 后”“90 后”之间的代际差异。从大国博弈的零和思维到全球化时代的合作，经济全球化实质上构成了对民族主义的挑战，使得网络民族主义不得不向更加温和的、对话式的话语方式转变。二是网络对话平台从 Web 1.0 时代的 BBS 到移动互联网上的社交媒体，网络社区从无到有，形成一套独特的网络流行文化，指向了网络民族主义者话语方式、社会动员方式的转变。三是网民的数量与层次的变化对网络民族主义的改变也有重要影响，在中国互联网发展早期，网络是不折不扣的精英群体的主场，而现在它的准入门槛大幅度降低，使得网民的媒介素养也表现出参差不齐的特点。

中国网络民族主义的这三波浪潮中的人群在当下的互联网中是共存的。它们共同演进、各自发展，在不同的代际和时代背景下形成的民族意识彼此之间正在持续地交叠产生影响。未来在后现代商业文化和中国崛起的时代背景下，如何提升网民整体的媒介素养、认知水平与公共讨论能力，都需要我们仔细研判。

四、网络民族主义的双刃剑效应

民族主义认为本民族比其他民族优越，强调促进本民族文化发展和维护本民族利益以对抗其他民族的文化和利益，以血缘作为认同基础，提倡必须忠于本民族的最高利益。民族主义在世界上扮演的角色是各种各样的，其是一把双刃剑，对于二战以后各个殖民地的独立与国家建立具有重要的凝聚与基础价值，但随着民族国家的建立，民族主义又成为地区冲突与国家矛盾的重要隐患。

2003 年国内国际一系列重大事件在中国互联网上掀起轩然大波，此年成为中国“网络民族主义的发轫年”。作为一种新兴的社会政治现象，网络民族主义在中国一开始就形成了前所未有的声势，引起国内外的广泛关注，对其评价则褒贬不一。

中国网络民族主义的多种表现往往是交织在一起的。在同一事件中，有的网络言论表现出极端、狂热、偏执的一面，有的网络言论则表现出客观、冷静、理性的一面。网络民族主义是把双刃剑，政府有责任管理好、利用好互联网，认清网络民族主义的利弊，这样才可能在合理引导舆论、维护国家民族利益和塑造国家形象方面发挥主导作用。

五、网络民族主义与网络民粹主义的“合谋”

民族主义与民粹主义泾渭分明，两者如果合流则会造成更大的危害。民族主义一旦染上民粹主义色彩，把珍爱自己民族的情感异变成憎恨其他民族的情绪，就不仅具有排他性，有可能还具有灭他性。带有民粹主义色彩的民族主义在西方发达国家抬头，产生了很大的负面效应。近年来，以种族主义、排外主义为特征的极右思潮在普通民众特别是年轻人中得到越来越多的赞同与呼应，这种思潮以维护民族、国家利益为幌子，打着“爱国家、爱人民”的旗号，具有极大的蛊惑性和欺骗性，极容易得到社会大众的普遍认同。反对者往往顾忌被扣上卖国的帽子而不得不保持沉默；政府在管控民粹主义者非理性行为时也非常谨慎，甚至不敢有所作为。

民粹主义和民族主义是对构建新型国际关系和构建人类命运共同体的空前严重挑战，因为带有民粹主义色彩的民族主义极具传染性，很容易在全世界扩散开来，特别是在网络极其发达的当今世界。当前，我国面临的国际形势错综复杂，各国间尤其是大国间的竞争和博弈日趋激烈，我国正在推动构建新型国际关系和构建人类命运共同体，处于实现“两个一百年”奋斗目标的关键决胜期。在这样的大势下，应高度警惕民粹主义与极端民族主义合流，努力避免其干扰经济社会持续健康发展的大局；尤其要着力解决好民生发展问题，铲除民粹主义与极端民族主义合流的社会土壤。

本章小结

舆论的数量用来衡量舆论的规模及影响，数量越大，规模越显著，有可能影响力越大；舆论的质量则用来衡量舆论的理性程度，质量越高，说明舆论的理性程度越高，成熟度也越高。但在现实操作中存在一个问题，即多大的舆论数量才能让民众感知到，形成一种舆论环境？这是本章重点探讨的内容之一。多高的舆论质量才是理性的？舆论必然是嘈杂和无序的，如何测量舆论的质量与数量在实践中还存在一系列问题与难点。本章认为网络民粹主义与网络民族主义是两把双刃剑，尤其要警惕其在舆论表达中充满着非理性和极端的言论，对舆论的健康生态具有显著影响。因此，研究这两者对理解当前舆论生态景观中的各类现象具有高屋建瓴的价值与作用。

本章思考题

1. 你如何看待舆论的数量与质量这两个概念？你认为舆论数量的阈值是多大？

2. 你如何看待“舆论因为是大多数人的意见，所以是理性的”？

3. 你认为目前网络上的“网络民粹”问题是否严重？“网络民粹”是不是威胁舆论健康生态的最大因素？

4. 你认为网络民族主义与爱国主义的差异有哪些？

推荐阅读书目

1. 勒庞．乌合之众：大众心理研究［M］．冯克利，译．北京：中央编译出版社，2004.

2. 安德森．想象的共同体：民族主义的起源与散布［M］．吴叡人，译．上海：上海人民出版社，2005.

3. 朱迪斯．民粹主义大爆炸：经济大衰退如何改变美国和欧洲政治［M］．马霖，译．北京：中信出版社，2018.

4. 基恩．全球公民社会？［M］．李勇刚，译．北京：中国人民大学出版社，2012.

5. 塔尔德．模仿律［M］．何道宽，译．北京：中国人民大学出版社，2008.

第十章

传统舆论测量方法

本章学习要点

1. 了解舆论调查发展的基本历史脉络。

2. 掌握邮寄调查、入户调查、电话调查等调查手段的异同及注意事项。

3. 能够组织焦点小组对某一舆情热点进行分析。

4. 熟练掌握内容分析法的基本流程。

舆论调查又称民意测验或民意调查，是一种了解公众对某些政治、经济、社会问题的意见和态度的调查方法，其目的在于通过对大量样本的问卷调查来精确反映社会舆论或一般民意动向。

第一节　舆论调查发展历史

舆论调查的发展历史与人类社会的产生是一致的。中国文学史上著名的《诗经》中的“风”其实就是原始的舆论调查，通过不同地区的民谣可以比较准确地了解各地的民风、俗语甚至风俗习惯等。从全球范围内的舆论调查发展史来看，舆论调查的发展大致可以分为以下几个阶段。

一、采风阶段

这一阶段总结历史经验教训，重视民意，形成了一套以规谏机制为核心的舆论信息收集系统，包括天子求言与百官进谏、朝议、吏民上书、使者采风、倾听民意等制度。这一制度既吸收了由所谓“进善之旌”“敢谏之鼓”“瞽史诵诗”“工诵箴谏”“大夫进谋”“士传民语”等构成的古制的合理性内核，又摆脱了古制富于理想色彩、适合小国寡民的局限性。这一制度以君主专制中央集权国家为平台，以现实政治实践为基础，因而更具可操作性，为统治集团及时掌握行政信息、正确决策提供了依据，同时也反映了民众的积极政治参与意识。但是这一系统在运转过程中仍然存在着诸多问题，专制制度本身又是限制甚至阻碍这一系统正常运转的主要因素，因此下情上达之途仍然不够通畅。

二、追求数量阶段

1936 年的美国，四年一度的总统竞选正紧锣密鼓进行。两军对阵的是民主党的在任总统罗斯福与共和党的候选人兰登。当时美国国内正经历一场空前的经济大萧条，社会矛盾异常尖锐；国际上，法西斯主义先后在意大利、德国、日本登台，第二次世界大战迫在眉睫。值此多事之秋，谁将入主白宫，不能不引起国内国外的极大关注。

美国新闻界历来有搞“竞选预测”的传统。19 世纪，通行的办法是“模拟选举”，即报刊上登一张模拟选票，让读者剪下填后寄回，据此来推测谁有希望当选总统。20 世纪以后，这种方法依然沿用。当时公认的权威是《文学文摘》。这是一家全国性的大杂志社，从 1920 年至 1932 年，它先后为四届总统选举进行过预测，结果相当准确。这一回，《文学文摘》根据收回的 200 多万张模拟选票，作出预测——兰登将获得 57%的选票，从而战胜罗斯福成为下一任总统。正当兰登的竞选班子忙着准备接管白宫的时候，有一个名不见经传的年轻人却告诫人们，罗斯福当选的可能性大于兰登。然而，他的预言与赫赫有名的《文学文摘》相比，是微不足道的。开箱验票的时刻终于到来，罗斯福再度当选，而兰登落选。《文学文摘》预测失败，声名扫地。与此同时，那个有先见之明的小人物立即名扬海内外，他就是来自艾奥瓦州的乔治·盖洛普。大量观察原则是研究社会问题的前提，然而如果简单地追求观察对象的数量，而不重视这部分对象对社会总体的代表性，其调查结果仍然会有偏差。《文学文摘》的失败，就不在于调查人数的多寡，而在于“代表性”。当时，它是从全美国的私人电话号码簿和私人汽车注册本上找调查对象的，向他们发放模拟选票。而那时的美国，电话和汽车远不如今天这样普及，《文学文摘》找到的大都是中产阶级以上人士，他们对兰登的拥戴被误认为全民的意向。占选民之多数的下层劳动人民因为没有电话和汽车，其意见没有得到充分的反映。最后，在选举日，正是这些“被遗忘的多数”投票支持了罗斯福，也随之惩罚了有偏见的《文学文摘》。

三、科学抽样阶段

以前，人们通过“道·琼斯股票指数”来了解美国的经济形势；现在，加上了“盖洛普民意指数”，从中观察美国社会的变动趋势。1936年，AIPO（调查预测美国总统竞选结果）被公认为现代民意测验的开端。在1936年大选中，盖洛普用5 000个样本战胜了《文学文摘》240万个样本，使用的抽样方式是配额抽样（非概率抽样）。

严格意义上的科学抽样必须符合一个基本原则，即机会均等原则——总体中的每一个个体都有被选中的可能，不受其社会地位的影响。盖洛普当时在全美国各地约有2 000名调查访问员，每次调查时，他规定抽取的对象在性别、年龄、职业、收入、种族等基本指标上的分布必须与全国人口的结构相一致。比如，全国男女比例为51∶49，那么在调查的10 000人中，男性应占5 100人，女性应占4 900人。一次全国性调查的人数即使只有几千人（盖洛普民意测验通常为2 000～5 000人），由于他们是总人口的“缩影”，其意见也能够在相当高的准确度上代表总体的倾向。1944年，盖洛普就禁酒法相关问题进行民意测验。样本最初只抽了442人，第二次人数增加一倍，以后继续翻番，直至第七次达28 288人，较第一次增加了60多倍。由于每次都严格执行“机会均等”的抽样原则，各次调查结果十分接近，前后只有±1%的误差。

第二节　邮寄调查

邮寄调查指将事先设计好的调查表（questionnaire，亦称问卷）投寄给调查对象，要求其填好后寄回。这种形式是在被访问者不愿面谈，或者其反应可能被访问者曲解的情况下所能采取的最好办法。邮寄出去的问卷必须简洁、问题明了。

传统舆论调查中使用的邮寄调查方法主要包括以下三种：一是普通邮寄调查，就是通过邮局将调查问卷寄送到调查者的目标调查群体手里。这些人群不是事先约定的，属于“广撒网、愿者上钩”型的调查。二是留置问卷调查，即调查者将问卷放置在认为目标人群会经过或者商定好的地点，由调查对象随意取走填写，再放回留置地点。三是固定样本邮寄调查，即调查者事先选定调查对象，并且与之签订问卷调查协议，在每次调查前均通过邮寄方式将问卷邮寄给调查对象，调查对象填好后寄回给调查者，并获得一定的劳动报酬。这类调查的问卷回收率非常高，调查对象也比较配合。目前很多在线调查网站如问卷星和调查派等，能提供调查者需要的固定样本群体，均为事前签订了调查协议并支付劳务报酬的样本群体。

邮寄调查的优点很多，主要有以下几点：一是空间范围大。在一个地区可以邮寄到许多地方，甚至是在全国、国际市场进行调查，不受实地调查所在地区的物理距离的限制。二是样本数目可以很多，而费用开支少。按随机原则选定的调查样本可以达到一定数量，甚至可以同时发放和回收问卷。三是被调查者因为填写问卷主要在自己的私人空间内完成，有较充裕的时间来考虑回答问卷，并可避免在面谈中受调查者倾向性意见的影响，从而反映较为真实可靠的情况。

当然邮寄调查也存在很多缺点和不足，主要表现在以下几点：一是邮寄调查表的回收率较低，一般都在 10%以下。现在由于城市居民多使用网络进行联系，对以往的物理信箱邮件并不关注，再加上 DM 直投广告泛滥，很多问卷被淹没在垃圾信件之中，回收的比例更低。二是问卷回收比较迟缓。笔者所在的中国人民大学舆论研究所在 2008 年曾做过邮寄调查，由于提供的奖品相对丰富，问卷当年的回收率在 15%，但在邮寄调查完成后的两三年内还有零星的问卷结果回寄，而此时该调查项目早已结项。可见，邮寄调查的问卷回收周期过长，影响资料收集的时效。三是调查问卷的内容和题型有时太困难。调查对象收到邮寄问卷，填与不填在一念之间，如果看到问卷的内容与题型过于复杂且没有报酬，就会主动放弃。因此，调查内容不能过多，一般控制在 30 个问题内（10 分钟以内），题型也不能过于复杂，尽量以客观题为主，最多设计 1～2 个主观题。四是邮寄调查难以甄别被访者是否符合条件。邮寄调查以家庭为邮寄单位，每个家庭里的成员类型比较多元，有老年有少年，至于具体谁去填写，不是调查者所能掌控的，一般是家里比较“闲”的人来填写，即老年群体，最后调查对象往往是以老年群体为主。如笔者 2008 年进行的邮寄调查，最后回收问卷的填写者平均年龄为 63 岁左右，这与调查目标群体以年轻人为主显然相去甚远。五是调查内容有时不容易引起被访者的填写兴趣。邮寄调查不存在强制性，答不答在一念之差。如果调查问卷过长、调查内容对于调查对象而言过于生僻或调查问题设计过于复杂，则很容易被调查对象直接拒答。

第三节　入户调查

入户调查是指访问员到指定的被访者家中进行访问，直接与被访者接触，利用结构式问卷逐个问题询问并记录下对方的回答，或是将问卷交给被访者，说明填写要求，等待对方填写完毕后再收回问卷的调查方式。这种调查方式一般用于国家或地区需要做出重大决策且时间、经费、人力充足的情况，需要样本在较大程度上代表总体。

一、入户调查的优缺点

入户调查的主要优点有以下方面：一是调查方法直接。现场收取问卷，可操作性强，并且访问员在现场监督，调查对象回答问题相对比较认真仔细。二是严格的抽样方法使样本的代表性更强。入户调查一般采用的是人口比例概率抽样方法，即 PPS 抽样（proportional to population size sampling）。PPS 抽样是指按概率比例抽样，属于概率抽样中的一种。在多阶段抽样尤其是二阶段抽样中，初级抽样单位被抽中的概率取决于其规模大小：初级抽样单位规模越大，被抽中的机会就越大；规模越小，被抽中的概率就越小。它是对按一种标准划分出容量不等的、具有相同标志的单位在总体中不同比率分配的样本量进行的抽样。三是能够得到较高的有效回答率。因为访问员直接入户现场督促，并对每户合适的调查对象进行访问，拒访率低。四是对于不符合填答要求的答案，可以在访问当时予以纠正。五是可由访问员控制跳答题或开放式问题的追问。因为是采用访问员现场访问的方式，容易控制填写问卷的节奏，回答不明确或者答案有争议的时候，访问员可以直接进行校正或者追问，以得出调查对象的真实答案。

入户调查作为一种调查方法也存在显著的缺陷。一是人力物力花费较大。入户调查要求访问必须进入家庭，需要大量的人力物力，持续时间较长。例如中华人民共和国成立以来，全国性人口入户普查才进行了七次，最近一次即第七次全国人口普查登记从 2020 年 11 月 1 日起截至 12 月 10 日，全国派出 700 多万普查人员进行普查工作。由此可见，入户调查成本属于问卷调查里比较高的。二是可能出现访问员理解错误的情况。因为访问员的整体素质参差不齐，很多是临时招募的，对调查主导者的调查意图与调查程序了解得不够深入，会出现个别访问员对问题本身理解不准确，以致造成部分问卷直接作废的情况。三是对访问员的要求较高，需要严格管理访问员。一般入户调查前会对访问员进行集中培训，对入户调查可能遇到的问题提供应对策略，提升问卷调查的客观性。

二、入户调查的要点

（一）入户调查的抽样方法

户内抽样的基本要求是使得每个家庭中所有成年人都有同等的概率被选中。因为访问员入户后，家庭成员可能不止一位，面临的第一个问题是究竟选取哪一位家庭成员作为调查对象。如果是由家庭成员自荐，则很容易造成样本的代表性过弱，因此在具体入户调查中，使用的是生日法。所谓生日法即确定一年中的某一天为标准日，通常抽取某个月的第一天，了解所抽中户 18 岁以上的人口数以及每人的生日，计算出每个人的生日距离标准日期的天数，距离标准日期最近的人即为调查对象。

（二）入户调查前的准备工作

入户调查之前还需要做一些基本的准备工作，主要有以下几个方面的注意事项。

一是访问员需要携带相机或具有拍照功能的手机进行取证，这是后期进行结果验证或者完成相关部门委托必须提供的证据之一。同时，要在入户前搞好宣传动员或联络工作，让每一个访问员都尽量深入地了解调查问卷的内容。最好提前演练一遍，并对访问过程中可能出现的紧急情况进行针对性处置，以免情况出现时访问员无法应对。

二是访问员要弄清楚自己的身份，知道如何向调查户介绍自己。现在属于陌生人社会，很多调查对象不愿意接受别人的访问，甚至个别小区的保安就不允许外人进入社区。即使现在很多入户调查者借助当地居委会或者其他组织进入了社区，依然需要向调查对象准确无误地介绍自己的身份，同时不引起对方的误会。

三是访问员要事先踩点，搞清楚自己要调查的哪个社区、哪栋楼怎么走。由于不同的访问员可能负责同一地区不同小区的调查走访，因此需要对当地的地形与楼层分布及时进行了解，做到有备无患。

四是访问员调查前要带齐必备的物品。主要物品如下：调查表（多备一份）、受访者的信息登记表、笔（多带一支）、调查工作证、鞋套、入户礼物以及记事本等。

五是提醒访问员注意个人仪表着装，如不着奇装异服，以免让调查对象觉得访问员身份可疑；不要浓妆艳抹，不要披金戴银；不要喷气味浓烈的香水，以免调查时造成调查对象的不适；注意卫生，最好戴鞋套以示对调查对象的重视；出门前照镜子，尤其是注意牙齿上有无异物。

（三）入户时间

入户调查的时间应以方便住户为原则。一般选定双休日，最好选择以下三个时段，即上午 9:00—11:30、下午 3:00—6:00、晚上 7:00—8:30，尽量不要在午饭和晚饭期间打扰调查对象。工作日则一般选择晚上下班后的 6:30—8:30，尽量不干扰住户的正常生活。

第四节　电话调查

一、电话调查的发展历史

电话调查是指调查者按照统一问卷，通过电话向被访者提问，笔录答案。这种调查方法在电话普及率很高的国家很常用，随着我国电话普及率的不断提升，这种调查方式也开始在我国普及。但由于国内各种诈骗推销电话泛滥，电话调查的整体环境不是很乐观，拒答率比国外高。不过总体来看，电话调查速度快、范围广、费用低、回答率高、误差小，被访者在电话中回答问题一般较坦率，适用于不习惯面谈的人，是不错的民意调查手段，适用于对短平快的突出社会问题进行调查。但电话调查时间短、答案简单、难以深入，同时还容易受电话设备的限制，这些都是其缺点。

从历史上看，电话调查作为一种民意测量的手段与方法，简单来说经历了以下几个发展阶段。

（一）出现与蛰伏期（1929—1940）

电话在 1876 年出现后，刚开始主要是作为上层人士联系的一种工具，并没有普及。随着一战结束，电话作为一种通信工具开始进入普通百姓的家庭，美国的电话普及率得到很大提升。但那时还没有人把电话作为一种调查工具。直到 1929 年美国民意调查的开创者盖洛普发现电话调查可以成为代替入户调查的手段，因此进行了一个对比实验。他用入户访问的方法进行一项广播收听率的调查，同时以电话访问作验证。发现入户访问与电话访问的结果具有一致性后，电话开始成为一种调查手段被使用与推广开来。但电话调查必须以电话普及率较高作为条件，因此当时的电话调查还主要集中在美国东部较为发达的地区，使用率较低。

（二）萌芽期（1941—1960）

第二次世界大战结束后，美国的电话普及率上升，由二战前的37%迅速上升至战后的78%。美国的市场经济蓬勃发展，社会促销手段层出不穷，电话调查逐渐在检讨公共政策和市场营销等两方面扮演起重要的角色，成为一直到现在都比较重要的调查手段。

（三）蓬勃期（1961年至今）

进入20世纪60年代之后，针对电话访问的正式研究纷纷出现，以探讨电话民意调查为内容的著作也不断涌现，电话调查进入了蓬勃发展的时期。

二、计算机辅助电话调查

计算机辅助电话调查（computer assisted telephone interview，CATI）是一种依靠计算机辅助进行的调查方式，主要由一套相关辅助软件来实现。目前主要的计算机辅助电话调查软件有国内的上海南康科技电访专家CATI系统、北京商智通雅典娜CATI，国外比较知名的软件有美国的WinCATI、荷兰的NIPO。CATI系统便于抽取样本，数据库体量大，随机性好，但不适宜于使用长问卷，更不适用于有一定时间延展性的调查。

计算机辅助电话调查的流程相对比较简单，主要如图10－1所示。

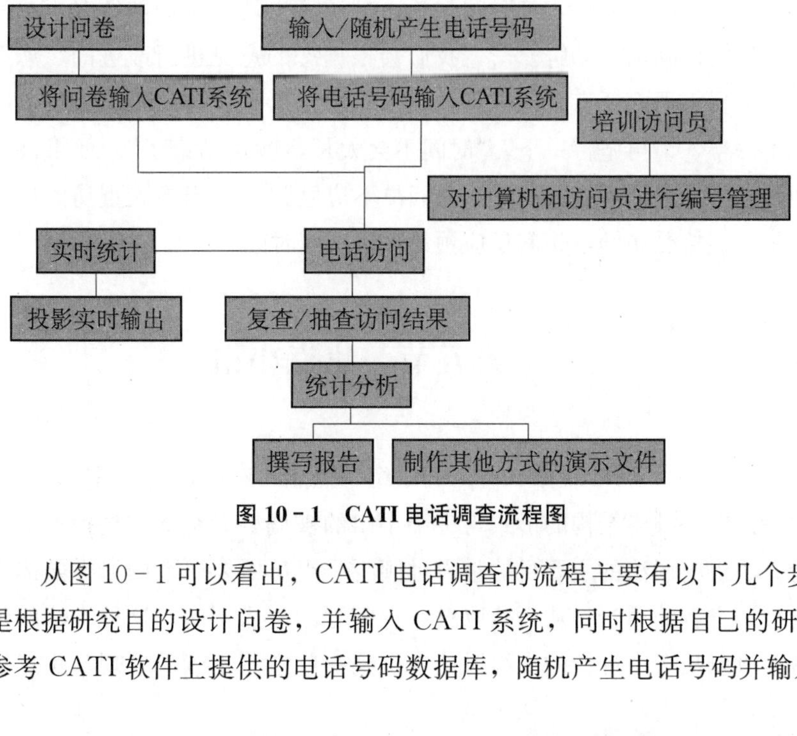

图10－1　CATI电话调查流程图

从图10－1可以看出，CATI电话调查的流程主要有以下几个步骤：一是根据研究目的设计问卷，并输入CATI系统，同时根据自己的研究设计，参考CATI软件上提供的电话号码数据库，随机产生电话号码并输入CATI

系统；二是培训访问员，并对计算机和访问员进行编号管理；三是进行电话访问，并实时统计，将相关结果呈现；四是对访问结果进行复查和抽查验证，剔除不合格的调查数据；五是统计分析数据结果；六是撰写调查结果报告。

三、如何处理被访者的不同反应

研究统计表明一般的被访者对接受访问的反应大致分三类，其中欢迎或觉得无所谓的占 20%，犹豫的占 60%，拒绝的占 20%。持无所谓态度的人容易争取，持拒绝态度的人争取成功的机会较小，因此需要重点争取的是持犹豫态度的人。持犹豫态度的人是否合作，很大程度上取决于争取的方式和力度是否恰当，最主要的是如何打消他们的顾虑。

一般来说，针对"无所谓"的访问对象，只要对方没有强烈反对的意思，介绍完成后就可马上进入调查主题；针对"忙于做事"的访问对象，要告诉对方"我们的访问可能会耽误您一些时间，如果您暂时没有时间，我们可以另外预约一个时间"，这样做比较有礼貌，可避免中途拒访的情况；针对"有顾虑"的访问对象，可向其解释此次访问结果只供统计分析使用，对所有被访者的资料会绝对保密；针对"怕调查时间过长"的访问对象，告诉对方"只是想了解一下您的日常消费习惯和意见，只需几分钟的时间"；针对"有许多疑问、不相信"的访问对象，以"您的这些问题，我会问到的，您一会儿慢慢回答好吗"这类言语进行解释。有时访问进行到了一半，被访者由于种种原因而决定放弃，如时间太长，被访者出现不耐烦的情况，不愿再接受访问时，访问员应劝解——"我们会根据您的意见进行改进的，您看您的意见多重要。下面还有几条内容，希望您再合作一下，非常感谢您""访问已进行了一半，请再坚持一下""时间不会太长，就快结束了"。如果被访者态度强硬，为了保证问卷的质量，访问员不应勉强，应当换人重访。如果被访者有事不能接受访问，访问员应预约下次访问时间。

第五节　焦点小组

焦点小组（focus group），即小组（焦点）座谈，是指由一个经过训练的主持人以一种半结构的形式与一个小组的被调查者交谈，主持人负责组织讨论。小组座谈法的主要目的是通过倾听一组从所要研究的目标群体中选择来的被调查者的声音，从而获取对有关问题的深入了解。这种方法的价值在于常常可以从自由进行的小组讨论中得到一些意想不到的发现。焦点小组相比个人访谈或问卷调查，似乎是一种更为真实可信的方法。焦点小组访谈的调查方法可以被用于以下方面：一是揭示对某一问题、现象或公众人物的群体反应；二是通过访谈就某一研究形成假说和推论；三是改进和完善一些定量研究方法；四是解释并阐述其他一些定量研究方法的结果。

一、焦点小组的优缺点

焦点小组的主要优点如下：一是焦点小组的参与者在现场会感觉自己的观点和经验受到了重视，更容易表达观点和看法。二是焦点小组不仅可能获得无法被观察到的广泛主题，而且确保了数据和研究主题紧密相关。三是焦点小组访谈有一个快速的周转时间来进行数据收集，在相对短的时间内，研究人员可以收集特定的信息。焦点小组还有一些其他优势，如能够让研究者理解人们为什么会这样感受，并让研究者有机会去研究集体意识对某种现象及其周围意义的构造。

作为一种研究方法，毋庸置疑，该方法还存在一些缺点。一是焦点小组讨论的引导者往往预设了一些问题，这就更像一个小组内的调查而不是互动的讨论。与早期的焦点小组相比，现在的讨论有 30 个及以上问题的很常见，因此一定程度上减少了参与者回应的时间，主持人也会感到匆忙，无法仔细观察参与者细微的反应。二是焦点小组主观性太强，尤其是主持人对研究结果的影响较大，并且可能会影响组内的互动。焦点小组的引导和调节看似简单，实则需要很强的访谈和观察技巧，尤其是在控制和引导讨论环节。例如，主持人要知道如何适当调控小组讨论，创造一个轻松的气氛，使参与者特别是那些性格内向的人能自然地交谈，舒适、没有威胁性的氛围和熟练的主持人是讨论顺利开展的重要条件。

二、焦点小组的实施步骤

（一）准备焦点小组访谈

在环境方面，焦点小组一般选取一个相对较小的测试室，主要设备应包括话筒、单向镜、室温控制器、摄像机。对研究者来说，焦点小组访谈法是一种了解社会目标群体真实想法的有效手段。

（二）征选参与者

征选参与者的途径一般是在街上随机拦住一些人或是随机选择一些电话

号码。征选应极力避免在小组中出现重复的或“职业性”受访者。一个小组一般包括 8～12 名参与者，现实研究中并不存在理想的参与人数，人数一般是根据小组的类型而定。

经调查发现，人们同意参加焦点小组的动机依次是：报酬＞对话题感兴趣＞有空闲时间＞焦点小组有意思＞受访者对事件知道得很多＞好奇＞提供了一个表达的机会。

（三）选择主持人

在问问题的时候，主持人的技巧很重要。问问题的顺序应该是先易后难，先问行为后问态度，在有些参与者不太愿意说的话题上可以用投射的方法。拥有合格的受访者和优秀的主持人是焦点小组访谈成功的关键要素。焦点小组对主持人有相对严格的要求，主要在于以下方面：一是主持人必须能恰当地组织一个小组；二是主持人必须具有良好的沟通与语言组织技巧，以便有效地与小组成员进行互动。

（四）编制讨论指南

编制讨论指南一般采用团队协作的方式，讨论指南要保证按一定顺序逐一讨论所有突出的话题。讨论指南是一份关于小组会中所要涉及的话题的概要，其编制一般包括三个阶段：一是建立友好关系、解释小组中的规则，并提出讨论的议题；二是由主持人激发深入的讨论；三是总结重要的结论。

（五）编写焦点小组访谈报告

访谈结束后主持人可做一次口头报告。正式的报告开头通常解释调研目的，申明所调查的主要问题，描述小组参与者的个人情况，并说明征选参与者的过程。接着，总结调研发现并提出建议，篇幅通常为 2～3 页。如果小组成员的交谈内容经过了精心归类，那么组织报告的主体部分也就很容易了——先列出第一个主题，然后总结对这一主题的重要观点，最后使用小组成员的真实记录（逐字逐句的记录）进一步阐明这些重要观点。要以同样的方式一一总结所有的主题。

三、焦点小组访谈的注意事项

在进行焦点小组访谈时，应注意以下事项：一是焦点小组访谈的目的决定了所需要的信息，从而也决定了所需要的被访者和主持人。有些焦点小组访谈会应用一些特殊的调研技术，如测试态度的量表技术，以及一些特殊的仪器，如进行传播效果测试时常常需要瞬间显示器和投影仪。二是曾经参加过焦点小组访谈的人不是合适的参与者，这些人一般都会根据主持人的意思进行主观揣测，反而会对访谈效果有影响。三是参与者中应该避免亲友、同事关系，因为这种关系会影响发言和讨论。万一出现这种情况，应该要求他们退出。四是每个小组参与者的数量，一般来说，8～12 人是合适的，4～5 人的焦点小组访谈也经常见到，这主要应该看讨论的内容是什么。如我们为一个家用电脑软件进行焦点小组访谈时，为了让消费者能充分熟悉软件功能并尽量深入发表意见，每组可只有 4 个参与者，而座谈持续 3 个小时以上。

主持人在焦点小组访谈开始时就应该亲切热情地感谢大家的参与，并向大家解释焦点小组访谈是怎么一回事，使参与者尽量放松。然后，真实坦诚地介绍自己，并请参与者一一作自我介绍。沟通规则一般应该包括以下内容：不存在不正确的意见，你怎么认为就怎么说，只要你说出真心话；你的意见代表着其他很多像你一样的消费者的意见，所以很重要；应该认真听取别人的意见，不允许嘲笑贬低；不要互相议论，应该依次大声说出；不要关心主持人的观点，对这个调研课题主持人跟大家一样，主持人不是专家；你如果对某个话题不了解，或没有见解，不必担心，也不必勉强地临时编撰；为了能在预定时间内完成所有问题，请原谅主持人可能会打断你的发言；等等。应将这些诚恳地告诉参与者。

另外，焦点小组访谈过程最好做好录像工作，在后期对访谈内容进行分析时还需要重新观看录像，不仅要听取参与者的发言内容，而且要观察发言者的面部表情和肢体语言，做好参与者微表情的分析。

第六节　内容分析法

内容分析法最早产生于传播学领域。第二次世界大战期间，美国学者拉斯韦尔（Harold Lasswell）等人组织了一项名为“战时通讯研究”的工作，以德国公开出版的报纸为分析对象，获取了许多军政机密情报。这项工作不仅使内容分析法显示出明显的实际效果，而且在方法上获得一套模式。20 世纪 50 年代美国学者贝雷尔森（Bernard Berelson）出版《传播研究中的内容分析》一书，确立了内容分析法的地位。真正使内容分析法系统化的是奈斯比特（John Naisbitt），他主持的“趋势报告”运用了内容分析法，其享誉全球的《大趋势》一书就是以这些报告为基础写成的。

内容分析法是一种对文献内容进行客观系统的定量分析的专门方法，其目的是弄清或测验文献中本质性的事实和趋势，揭示文本表达中所含有的隐性内容，对事物发展做分析与预测，实际上是一种半定量研究方法。其基本做法是把媒介上的文字、非量化的有交流价值的信息转化为定量的数据，建立有意义的类目分解交流内容，并以此来分析信息的某些特征。

一、内容分析法的特征

首先，内容分析法的研究对象的特征是“具有明确特性的传播内容”。“明确”（manifest）意味着所要计量的传播内容必须是明白的、显而易见的，而不能是隐晦的、含糊不清的或没有明确表达出来的意思。如果对传播内容的理解在研究者之间、研究者与受众之间很难达成共识，则不宜将其作为内容分析的对象，因为对这类内容进行计量非常困难。

其次，内容分析法的分析方法的特征是“客观”（objective）、“系统”（systematic）和“定量”（quantitative）。

最后，内容分析法的结果表述的特征是“描述性的”（descriptive）。内容分析的结果常常表现为大量的数据表格、数字及其分析，这是“客观”“系统”和“定量”研究的必然结果。

二、内容分析法的优点

内容分析法具有以下几个方面的优点：

其一，内容分析法属于较为客观的研究方法。内容分析是一种规范的方法，类目定义和操作规则十分明确与全面，要求研究者根据预先设定的计划按步骤进行，研究者主观态度不太容易影响研究的结果。不同的研究者或同一研究者在不同时间里重复这个过程都应得到相同的结论；如果出现不同的结论，就要考虑研究过程中可能有什么问题。

其二，内容分析法是一种结构化研究方法。内容分析法目标明确，对分析过程高度控制，所有的参与者按照事先安排的程序进行操作，结构化的最大优点是结果便于量化与统计分析，便于用计算机模拟与处理相关数据。

其三，内容分析法是非接触研究。内容分析不以人为对象而以事物为对象，研究者与研究对象之间没有任何互动，研究对象也不会对研究者做出反应，研究者主观态度不易干扰研究对象，这种非接触性研究较接触研究的效度高。

其四，内容分析法是定量与定性相结合的方法。这是内容分析法最根本的优点。它以定性研究为前提，找出能反映文献内容一定本质的量的特征，并将它转化为定量数据。但定量数据只不过是把定性分析已经确定的关系性质转化成数学语言，不管数据多么完美无缺，也仅是对事物现象方面的认识，不能取代定性研究。因此这种优点能够达到对文献内容所反映“质”的更深刻、更精确、更全面的认识，得出科学、完整、符合事实的结论，获得一般从定性分析中难以找到的联系和规律。

其五，内容分析法揭示文本中隐性的内容。内容分析可以揭示文本内容的本质，揭示宣传的技巧、策略，衡量文本内容的可读性，发现作者的个人风格，反映个人与团体的态度、兴趣，获取政治、军事和经济情报，揭示大众关注的焦点，等等。

三、内容分析法的实施过程

内容分析法的实施过程一般包括确立研究目标、设计分析维度体系、抽样、量化处理、信度分析和统计处理六个部分。

（一）确立研究目标

在舆论研究中，内容分析法可用于多种研究目标的研究工作，主要有舆论演化趋势分析、舆论观点现状与结构分析、不同群体的舆论观点比较分析、舆论走势及意向分析等。

（二）设计分析维度体系

分析维度（类目）是根据研究需要而设计的、将资料内容进行分类的项目和标准。设计分析维度（类目）有两种基本方法：一是采用现成的分析维度体系，二是研究者根据研究目标自行设计。第一种方法是先让两人根据同一标准独立编录同样用途的维度（类目），然后计算两人编录结果之间的信度，并据此共同讨论标准，再进行编录，直到对分析维度体系有基本一致的理解为止。最后还需要让两人用该系统编录几个新的材料，并计算评分者的信度，如果结果满意，则可用此编录其余的材料。第二种方法是首先熟悉、分析有关材料，并在此基础上制定初步的分析维度（类目），然后对其进行试用，了解其可行性、适用性与合理性，之后再进行修订、试用，直至发展出客观性较强的分析维度（类目）为止。

设计分析维度体系的过程应遵循如下基本原则：一是分类必须完全、彻底，能适合所有分析材料，使所有分析材料都可归入相应的类别，不能出现无处可归的现象；二是在分类过程中应当使用同一个分类标准，即只能从众多属性中选取一个作为分类依据；三是分类的层次必须明确，逐级展开，不能越级和出现层次混淆的现象；四是分析维度（类目）必须在进行具体评判记录前确定；五是在设计分析维度（类目）时应考虑如何对内容分析结果进行定量分析，即考虑到使结果适合数据处理的问题。

（三）抽样

抽样工作包括两个方面的内容：一是界定总体，二是从总体中抽取有代表性的样本。内容分析法常用的三种抽样方式是来源取样、日期抽样、分析单位取样。经常使用的是构造周抽样，它属于日期抽样，是在全年总体中从不同的星期里随机抽取星期一至星期日的样本，并让这些样本构成“一个周”，即构造周。一般来说，从全年抽取两个构造周就可以代表全年的样本。

（四）量化处理

量化处理是把样本转化为数据化形式的过程，包括做评判记录和进行信度分析两部分内容。评判记录是根据已确定的分析维度（类目）和分析单位对样本中的信息做分类记录，登记每一个分析单位中分析维度（类目）是否存在和出现的频率。要做好评判记录工作，需要注意以下几个方面：一是按照分析维度（类目）用量化方式记录研究对象在各分析维度（类目）的量化数据（如有无、数字形式、百分比）；二是采用事先设计好的易于统计分析的评判记录表记录，先把每一分析维度（类目）的情况逐一登记下来，然后再做出总计；三是相同分析维度（类目）的评判必须有两个以上的评判员分别做出记录，以便进行信度检验，评判记录的结果必须是数字形式；四是在根据分析维度（类目）出现的频数进行判断记录时，不要忽略基数。

（五）信度分析

内容分析法的信度指两个或两个以上的研究者按照相同的分析维度（类目）对同一材料进行评判得出结果的一致性程度，它是保证内容分析结果可靠性、客观性的重要指标。

内容分析法的信度分析基本过程有以下几个要点：一是对评判者进行培训；二是由两个或两个以上的评判者按照相同的分析维度（类目）对同一材料独立进行评判分析；三是对他们各自的评判结果使用信度公式进行信度系数计算；四是根据评判与计算结果修订分析维度（即评判系统）或再对评判者进行培训；五是重复评判过程，直到取得可接受的信度为止。

（六）统计处理

在此部分需对评判结果（所获得数据）进行统计处理，描述各分析维度（类目）特征及相互关系，并根据研究目标进行比较，得出关于研究对象的趋势、特征或异同点等方面的结论。

知识窗

内容分析法、文本分析法与话语分析法的区别

内容分析法属于定量研究范畴，是工具导向的借由数理统计对传播内容进行量化的分析与描述，其产出结果通常为数据及其说明。内容分析法具有系统性、客观性和定量性等特点，在大众传播研究领域最早见于学者对报纸报道的分类研究，后来逐渐被运用至电视、广播、图片、杂志、信件、日记、谈话、互联网等领域。广义上的内容分析法还包括对非语言传播的研究，譬如音乐、美术、舞蹈、地图、艺术品等。该方法针对明显的传播内容进行客观的、系统的定量分析与描述，目的在于研究信息中某些可测量的变量，得出经验性的数据与结论。内容分析法不需要接触研究对象，故而不会对研究对象造成影响。研究者对信息内容进行分析，具体的做法是将文本简化为数字，即计算文本中某些元素出现的次数。

文本分析法和话语分析法都是定性研究方法或质化研究方法（而内容分析法是量化研究方法），作为与内容分析法并立的两种研究媒介传播内容的方法，文本分析与内容分析的优缺点是相互对立的。尽管都是以文字、图像、视频、音频等记录在案的资料为研究对象，但相对内容分析而言，文本分析和话语分析旨在运用符号学、结构主义和语言学的分析方法来分析文本的结构与意义，对文本内容进行不断的挖掘与发现，探索意义的不同解读方式和文本中所隐藏的意识形态力量。相比之下，内容分析法则主要是运用数理统计学知识对传播内容进行量化的分析与归类，其研究目的在于用数据说话，描述传播内容的固有倾向和特征。值得注意的是，即使文本分析属于定性研究方法，但其分析结果的得出也有赖于客观事实和量化数据，其主要研究对象“文本”必须具有显著的外部特征，且需凭借固定程序得出分析结果。尽管由于研究者自身的价值观、政治立场、教育背景、知识架构和性格特征等存在着不同程度的差异，导致文本研究的主观性较强，但也应该从数据出发，遵循客观事实，尽可能做到客观与科学，减少研究人员的主观误差。

文本分析的理论资源来自阐释学和人文主义，存在几种不同的研究取向，比如滥觞于英美文学批评的“新批评”法，以罗兰·巴特为代表的符号学分析法，着重于故事分析与叙述视角分析的叙述学分析法，兼顾宏观社会环境和微观文本解构的对话理论分析法，同时又吸纳了德里达的解构主义理论、文本社会学研究方法和英国文化研究的相关视角等。而话语分析的理论资源来自语言学与语义学。从这个角度看，文本分析和话语分析研究目的类似（都是挖掘文本背后的意识形态和权力结构），但其研究领域、研究路径和具体的研究方法都不尽相同。话语分析属于人文学科研究，文本分析属于社会科学研究。前者相对微观，重视文本；后者相对宏观，不仅重视文本，还兼顾文本所处的社会环境给其带来的影响。但是这二者并非总是

泾渭分明的，话语分析属于广义上的符号学分析，而符号学又是文本分析的某个维度，所以，从一定程度上看，虽然文本分析和话语分析不同，但是其研究对象和理论存在一定的重合。

总而言之，在研究方法里，内容分析与文本分析、话语分析分属两大阵营，前者属于定量研究，走数理统计路线，后面二者则是走文哲史的思辨路线。但是文本分析和话语分析也有很大差别，在研究领域里，这二者也是分属两大阵营的：文本分析属于社会科学研究领域，话语分析属于人文学科研究领域；前者依赖阐释学、叙事学、符号学和解构主义，后者依赖语义学、语言学、修辞学等。

本章小结

本章主要从舆论作为一种科学了解社情民意的有效手段这一认知出发，对舆论调查的发展历史及关键节点进行了分析，从宏观上梳理了舆论调查作为一种像天气预报一样的社会把脉工具逐步发展成熟起来的过程。在此基础上比较了邮寄调查、入户调查和电话调查等几种问卷调查手段的差异及其在执行中需要注意的问题。焦点小组作为一种了解小群体的真实想法的手段，在社群传播时代的作用日益凸显，本章主要从焦点小组的执行细节、主持人的基本素养与注意事项等角度入手，对其进行了整体介绍。内容分析法在纸质媒体时代占据很重要的位置，随着网络时代舆情文本量的几何级增长，其虽很难有效地执行和全面编码，但作为一种了解舆情表达主体诉求与想法的最直接手段，也具有一定的现实意义。

本章思考题

1. 如何看待舆论调查手段的变革与科学技术的发展之间的辩证关系？
2. 如何看待邮寄调查、入户调查和电话调查在现实执行中的难度？
3. 协调好一个焦点小组，主持人需要哪些基本技巧，有哪些基本责任？
4. 内容分析法在网络时代是否失效了？

推荐阅读书目

1. 巴比．社会研究方法：第11版［M］．邱泽奇，译．北京：华夏出版社，2009．
2. 风笑天．社会研究方法［M］．6版．北京：中国人民大学出版社，2022．
3. 陈阳．大众传播学研究方法导论［M］．2版．北京：中国人民大学出版社，2015．

第十一章

互联网时代舆论测量新方法

本章学习要点

1. 熟练掌握和区分不同的网络抽样方法并能制定抽样方案。

2. 熟练使用社会网络分析法并能对某一微信社群进行互动关系测量。

3. 掌握词频分析法并能对某一舆情文本进行社会语义网测量。

随着互联网时代来临，传统的线下舆论测量方法在一定程度上出现了“刻舟求剑”的弊端——民众表达上了网络，而舆论调查还停留在线下，需要进行革新。综合近些年舆论测量手段的革新，大致有以下一些全新的舆论测量手段与方法。

第一节　网络问卷调查法

随着网络成为社会生活的一部分，人们逐步向虚拟空间转移。在网络当中，有来自全世界不同地区拥有不同文化背景、不同信仰、不同年龄、不同爱好、不同学历等的人，这些人中往往有现实社会的主导者与决策者，所以网络调查公司就花费一定的费用聘请网民来发表意见。网络问卷调查则是最直接有效的一种网络调查方式。

网络问卷调查是网络邀请参与者回答问卷以获取研究信息的一种调查方式，属于在线调查的一种。该方法可以采用比较长的问卷形式，也适用于一定时间内的连续调查，但单纯的网络调查不能保证样本抽取的随机性，样本的信度相对不高。

一、概率抽样与非概率抽样

“你不必吃完整头牛，才知道肉是老的。”网络问卷调查方式一直存在抽样上的问题，即调查对象多是根据调查者的朋友圈进行的滚雪球抽样，而不是严格意义上的概率抽样。因此，首先需要区分哪些是概率抽样、哪些是非概率抽样，两者的区别如图 11－1 所示。

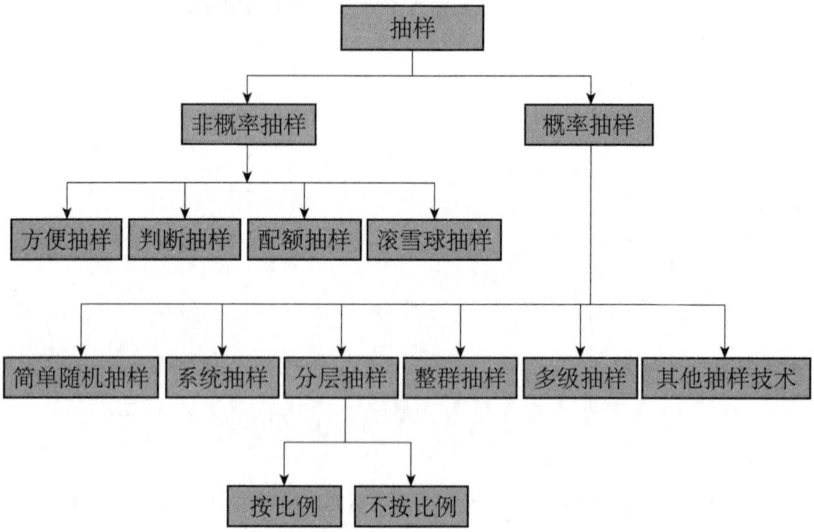

图 11－1　概率抽样与非概率抽样的区别示意图

概率抽样是依据概率论的基本原理按照随机原则进行的抽样，它能够避免抽样过程中的人为误差，保证样本的代表性。在概率抽样的过程中必须保证总体中的每一个个体都有同等的机会入选样本，而且任何一个个体的入选与否与其他个体毫不相关、互不影响。但是当总体情况不明时，无法做到随机抽样。

概率抽样中起决定作用的不是抽中样本数量的多寡。如在上文中举到的例子，1920 年《文学文摘》杂志通过邮寄明信片的方式正确预测了当年的美国总统大选的结果，在之后的 1924 年、1928 年、1932 年也做出了准确的预测。但该杂志在 1936 年对美国总统大选的民意测验尽管调查了 200 多万人，但是却得出了错误的结果，而 AIPO 只调查了 3 000 人，就对投票结果做出了准确的预测，其中一个很重要的原因便是对抽取样本的总体缺乏清楚的认识和明确的界定。

所以，问卷调查抽样的关键不在于数量的多寡，而主要在于是否使用了概率抽样。归根到底，《文学文摘》使用的还是非概率抽样。非概率抽样主要依据研究者的主观意愿、判断或是否方便等因素来抽取样本，它不考虑抽样中的等概率原则，因而往往产生较大的误差，难以保证样本的代表性。

二、概率抽样的类别

（一）简单随机抽样

简单随机抽样又称纯随机抽样，是概率抽样的最基本形式。它是按照等概率原则直接从含有 N 个元素的总体中抽取 n 个元素组成样本，抽样时不进行任何分组排列，使总体中的任何个体都有同等被抽中的机会。常用的办法是抽签，对于总体元素很多的情形则采用随机数表来抽样。

简单随机抽样是概率抽样的理想类型，没有偏见，简单易行，且从随机样本的抽取到对总体进行推断有一套健全的规则。但是，当总体所含个体数目太多时，采用这种抽样方式不仅费时、工作繁杂，费用也太高。此外，这种抽样方法在构成总体的个体差异不大时使用起来比较有效，而在个体异质性较高时误差较大。

（二）系统抽样

系统抽样又称等距抽样或机械抽样。它是把总体的单位进行编号排序后再计算出某种间隔，然后按这一固定的间隔抽取个体的号码来组成样本的方法。

系统抽样的具体步骤如下：第一步，将总体中的每个个体按顺序进行编号，即制定出抽样框。第二步，计算出抽样间距。计算方法是用总体的规模除以样本的规模，假设总体规模为 N，样本规模为 n，那么抽样间距 K 就由下列公式导出：$K=N/n$。第三步，在最前面的 K 个个体中，采用简单随机抽样的方法抽取一个个体，记下这个个体的编号 A，称为随机起点。第四步，在抽样框中，自 A 开始，每隔 K 个个体抽取一个个体，即所抽取个体编号分别为 A，A+K，A+2K…A+（n−1）K。第五步，将这 n 个个体合起来，就构成了该总体的一个样本。例如在由 1 000 个单位组成的总体中抽取 100 个样本。先将 1 000 个总体标上 1—1 000 的序号，再在前 10 个中随机抽取一个序号，如 2，再依次抽取 12，22，…，92，组成样本。

需要注意的是，系统抽样有一个十分重要的前提条件，就是总体中个体的排列相对于研究变量来说，应是随机的，即不存在某种与研究变量相关的规则分布。否则，系统抽样的结果将会产生极大的偏差。

（三）分层抽样

分层抽样又称类型抽样，它是先将总体中的所有单位按某种特征或标志

（如性别、年龄、职业或地域等）划分成若干类型或层次，然后再在各个类型或层次中采用简单随机抽样或系统抽样的方法抽取一个子样本，最后将这些样本合起来构成总体的样本。如对某大学的学生进行分层抽样，首先要将所有的学生按年级加以分类，然后再分别从一年级、二年级、三年级和四年级的学生中各抽出适当数量的元素组成样本。

分层抽样的优点在于在不增加样本规模的前提下可降低抽样误差，提高样本的代表性，增强抽样的精度，同时也非常便于调查者了解总体内不同层次的情况。

运用分层抽样时，要注意以下分层标准：一是以所要分析和研究的主要变量或相关变量作为分层的标准；二是以保证各层内部同质性强、各层之间异质性强，突出总体内在结构的变量作为分层变量；三是以那些已有明显层次区分的变量作为分层变量。

另外，需要注意的是，分层抽样适用于总体由差异明显的几部分组成的情况。每一部分称为层，在每一层中实行简单随机抽样；分层抽样中分多少层，要视具体情况而定。总的原则是：层内样本的差异要小，而层与层之间的差异要尽可能大，否则分层将失去意义。

（四）整群抽样

整群抽样是从总体中随机抽取一些小的群体，然后由所抽中的若干个小群体内的所有元素构成调查的样本。即只要该群体被选中，该群体中的所有成员都进入随后的子样本。如从某大学 3 000 名学生中抽取 300 名为样本，可以从该校的 100 个班级中随机抽取 10 个班级，抽中的 10 个班级的全部 300 名学生就组成样本。

整群抽样的抽样单位是成群个体，如居民家庭、班级、居委会、村庄、企业等，整群抽样中对小群体的抽取可采用简单随机抽样、系统抽样或分层抽样的方法。整群抽样的优点是简便易行、节省费用，缺点是样本的分布面不广，样本对总体的代表性相对较差。

表 11－1 将上述四种抽样方法做了比较。

表 11－1　四种抽样方法的比较

<table>
<tr><th>类别</th><th>各自特点</th><th>相互联系</th><th>适用范围</th><th>共同点</th></tr>
<tr><td>简单随机抽样</td><td>从总体中逐个抽取</td><td>—</td><td>总体中的个体数较少</td><td rowspan="2">抽样过程中每个个体被抽取的概率相等</td></tr>
<tr><td>系统抽样</td><td>将总体均分成几部分，按事先确定的规则在各部分中抽取</td><td>在起始部分抽样时采用简单随机抽样</td><td>总体中的个体数较多</td></tr>
</table>

续前表

类别	各自特点	相互联系	适用范围	共同点
分层抽样	将总体分成几层，分层进行抽取	各层抽样时采用简单随机抽样或系统抽样	总体由差异明显的几部分组成	抽样过程中每个个体被抽取的概率相等
整群抽样	将总体分成几群，分群进行抽取	—	总体分布较分散、无法确定分层标准的大总体	

（五）多段抽样

多段抽样又称多级抽样或分段抽样，它是把抽样过程分成几个阶段来进行的。抽样步骤如下：先从总体中随机抽取若干大群（组），然后再从这几个大群（组）内抽取几个小群（组），这样一层层抽下来，直至抽到最基本的抽样元素为止。如对某乡 20 000 人进行抽样，抽样顺序如下：县 20 个乡—从中抽出 8 个乡—从中抽出 15 个村—从中抽出 500 人。

需要注意的是，运用多段抽样方法时要注意在类别和个体之间保持合适的比例。多段抽样适用于范围大、总体对象多的社会调查，其缺点是误差比较大。

三、非概率抽样

非概率抽样不是按照概率均等的原则，而是根据人们的主观经验或其他条件来选取样本，因而样本的代表性较差，误差有时相当大。这种方法一般只在探索性研究中采用。该方法通常用于以下情况：样本量规模很小时，在探索性研究或研究的初始阶段，总体成员很少或很难寻找时。从类型上说，非概率抽样主要包括以下类型：偶遇抽样、判断抽样、定额抽样、滚雪球抽样。

（一）偶遇抽样

偶遇抽样又称方便抽样或自然抽样，是指研究者根据现实情况，以自己方便的形式抽取偶然遇到的人作为调查对象，或者仅仅选择离得最近的、最容易找到的人作为调查对象。街头拦人是最常见的偶遇抽样方式。偶遇抽样的优点是方便省力，缺点是不能保证总体中每一个成员都有同等的被抽中的概率，样本的代表性差，有很大的偶然性。

（二）判断抽样

判断抽样又称主观抽样、立意抽样，它是调查者根据研究目标和自己主观的分析来选择和确定调查对象的方法。该抽样方法具有两个鲜明特点：一是主观判断，二是有目的地选择样本。

判断抽样的优点是可以充分发挥研究人员的主观能动作用，缺点也很明显，即样本的代表性难以判断。该方法多用于总体规模小、涉及范围窄或时间人力等条件有限而难以进行大规模抽样的情况。有的研究者专找那些偏离总体平均水平者作为调查对象，探寻有意义的变量和范围，研究是什么使他们发生偏离。

（三）定额抽样

定额抽样又叫配额抽样，与分层抽样中的按比例抽样相似，也是按调查对象的某种属性或特征将总体中所有个体分成若干层或若干类，然后在各层（类）中抽样，样本中各层（类）所占的比例与他们在总体中所占的比例一样。但不同的是，分层抽样中各层（类）样本是随机抽取的，而定额抽样中各层（类）样本是非随机抽取的。

定额抽样是以代表总体为目的的，因此必须对总体的性质有充分的了解，如不同性别、年龄、受教育水平的人在总体中各占多大比例等等，然后按此比例分配应抽定额。定额抽样有两个基本的前提假设：一是只要类型划分较细，同一个类型中的每一个个体就都是同质的，因而无须采用随机抽样；二是只要类型划分合理，且分配给各类的名额符合总体中各类人员的分布，样本就可以准确地反映总体。从理论上这两个假设是成立的，但实践中很难做到。其一是因为分层不可能同时兼顾总体的众多属性，其二是因为有关总体分布变化的最新信息不易得到，配额的合理性很难保证。

定额抽样具体的操作主要包括以下两个阶段：第一个阶段指定不同类型的定额，如按性别、年龄、职业、收入等指标确定每类中的被调查者定额；第二个阶段按方便抽样或判断抽样选取调查对象。

（四）滚雪球抽样

滚雪球抽样是现在很多网络调查采用的主要抽样手段。调查者将问题直接发布到朋友圈就可以“姜太公钓鱼愿者上钩”了，但这种抽样结果根本不具备任何代表性。因为所谓滚雪球，就是根据既有研究对象的建议找出其他研究对象的累积过程。由于这种方法产生的结果的代表性可疑，因此其常用于探索性研究，尤其在我们无法了解总体情况时。如想要了解一个组织长期以来招募人手的方式，可以先访问新近招募来的人员，询问他们是由谁介绍进这个组织的，然后再访问被提到的人，询问他们是由谁介绍加入的；又如要研究一个组织松散的社会团体，可以向一位组织成员询问，看其认为谁是这一组织中最有影响力的人，然后再对这些人进行访问，询问他们谁最有影响力；再如要研究退休老人的生活，只需要找到一个退休老人，通过他再寻找其他的退休老人。还有对于同性恋群体、小偷群体甚至奢侈品消费群体等相对比较封闭的窄化群体，也可以运用这种方法展开研究。

四、抽样的样本规模问题

在实际的操作中，经常有一些疑问：到底抽取多少样本才具有代表性？一般来说，调查的规模决定抽样的规模。比较常见的样本规模，一是小型调查，即非正式的或要求不高的、总体规模较小的调查，样本规模在 100～300 个；二是中型调查，一般用于正式的调查研究，样本规模普遍在 300～1 000 个；三是大型调查，一般用于全国性的调查研究，样本规模在 1 000～3 000 个。根据总体规模，一般需要抽取的样本总数如表 11－2 所示。

表 11－2　样本规模及其确定

总体规模	100 个以下	100～1 000	1 000～5 000	5 000～10 000	10 000～100 000	100 000 以上
样本占总体比例	50%	50%～20%	30%～10%	15%～3%	5%～1%	1%以下

第二节　社会网络分析法

随着社交网络平台的崛起，社会关系逐步在虚拟网络空间成为一种基础性资源和底层构架，舆论信息基于社会关系网传导，而社会网络分析法恰恰是描述社会关系网并将之直观化的重要工具。近些年，社会网络分析法俨然已成为舆论分析的重要工具和手段。

一、社会网络分析法的崛起

（一）网络社会崛起，调查方法的局限性进一步显性化

在新的研究环境下，尤其是随着以网络为代表的新媒体的崛起，20 世纪四五十年代形成的经验学派的传播学研究方法开始出现“刻舟求剑”的工具性失谐境况，正如弗里曼（Freeman）指出的，“在过去的 30 年中，经验社会研究主要由抽样调查（sample survey）控制着。但是，如人们常常指出的那样，调查是一种社会学的绞肉机（meat grinder），它把个体从其所在的社

会情境（social context）中抽离出来，并确保研究对象之间不存在联系”[①]。抽样调查方法一般得到的数据是样本个体的属性数据，这些数据都有一个基本假设——“变量的独立性假设”，即变量是独立的，不受到其他因素制约。属性数据是金字塔型社会结构下经验社会研究的基本数据属性假设；随着网络社会的崛起，金字塔型社会结构被一定程度地消解，网状的扁平结构出现，这种社会结构不再关注社会行动者个体的先赋属性——性别、年龄、职业、学历等社会统计学意义的特征，更多关注的是关系属性，即社会行动者个体之间的关系。从这个意义上说，社会网络分析法是未来研究网络社会的主要方法之一。

另外，调查方法是对社会现象的横剖面进行的瞬时性研究，本节研究的是传播结构，是历时性的整体研究，两者在研究的时间范式上存在着不同的诉求，社会网络分析本身属于一种“能动化”的结构思想，因此对研究传播结构具有先天性的优势。

（二）消弭传播学经验学派和批判学派研究范式的鸿沟

在对传播现象的研究中一直存在明显的学术分野——起源于美国的经验学派和起源于欧洲的批判学派。两者在理论出发点和方法论上是相互对立的。经验学派更多地从微观层面强调传播个体的行动及其意义，主张对传播现象的研究应建立在对受众个体的行为研究的基础上，认为只有受众个体的行动才是真实的，其所关心的不是整体层次的抽象物，而是一个个活生生的个体的具体行为。在这一点上，经验学派的观点源于社会学研究中的个体主义方法论，个体主义方法论也是只强调个体行为及其意义，正如韦伯曾明确指出的，社会学的研究对象就是个体行动及其意义。与之相反，批判学派更多地从宏观层面强调对传播结构尤其是社会层面的传播整体结构的研究，认为只有涉及社会传播结构的事物才是重要的，受众个体行为只是社会传播结构的产物。批判学派这一观点源于社会学研究中的整体主义方法论，正如涂尔干提出的，社会虽然是由个体构成的，但社会事物又是客观独立存在的，社会事实是纯社会性的，它们不能还原为个体的总和。因此，个体现象不同于社会现象，不能用对个体行为的解释取代对社会事物的解释，必须从社会本身去对社会生活进行解释。两个学派各执一端，互不妥协，存在着不可调和的尖锐矛盾。布鲁默的互动理论、一系列传播效果理论等经验学派理论主要强调传播个体行为的意义，而文化霸权、文化帝国主义等批判学派理论则主要

① 刘军．社会网络分析手册［M］．重庆：重庆大学出版社，2018：32－33.

强调外在于传播个体的宏观结构的作用。两种视角的对立也引起其主要方法论——量化研究和质化研究的对立，严重限制了传播学科的发展。

从某种意义上讲，其实两者都忽略了其中的“中介”本身——勾连传播个体的关系。社会网络分析试图整合个体主义方法论和整体主义方法论，把宏观研究和微观研究整合起来，这也是困扰传播学研究几十年的问题所在。社会网络分析更符合信息传播的本质属性——信息像“液体”一样，在不同传播行动者之间的固有社会网络这一渠道管线系统中正向或逆向流动。社会网络关注的不是信息本身的内容和形式，而是传播个体勾连起来的社会网络和社会结构本身。麦克卢汉的“媒介即讯息”，很多人理解为麦克卢汉强调的是具备物理属性的媒介形态本身，即传统意义上的报纸、电视乃至现在的互联网。我们目前无法揣测他本人的真实想法，但笔者认为，麦克卢汉一定程度上也在强调由传播行动者构成的社会网络作为承担信息传播的媒介本身的重要价值。

社会网络分析摒除了研究视角“微观-宏观”的预设，可以把个体间关系、“微观”网络和大规模社会系统的“宏观”结构结合起来，为“微观-宏观”的结合提供了一条有效的途径，从而为传播学的发展破除藩篱，提供了全新的视角和解释。

但需要说明的是，社会网络分析法虽然已在很多学科被广泛应用，甚至引起了个别学科研究范式的变革，但目前在传播学研究领域还比较鲜见，仍处于探索引入阶段，主要集中于个案研究。社会网络分析法在传播学研究领域的学科规范和“驯化”还没有统一的标准。

二、社会网络分析法的概述

社会网络概念的出现最早可以追溯到 20 世纪 30 年代的心理学和人类学研究。把社会结构比喻为网络，最早可追溯到德国古典社会学家格奥尔格·齐美尔（Georg Simmel）。齐美尔认为社会并不像涂尔干所说的那样是一个实体，而是一个过程，他指出，“相较于部分之间的真实互动，社会是第二位的，只是其结果”①，社会的本质存在于人与人之间的交往或互动过程之中，故形式在社会中具有极端的重要性，社会学家的任务也就是研究社会交往的形式。齐美尔极为重视数学的作用，他尝试着将数学的思想扩展到社会学领域，建立起所谓的“社会几何学”，在《群体联系的网络》（1922）中第一次

① FRISBY D. Fragments of modernity［M］. Cambridge：Polity Press，1985，56.

形象地提出社会元素之间构成了"网"（web）的概念。齐美尔把社会想象为相互交织的社会关系，这可以说是关于社会网络的最早分析，但仅仅是一种对社会网络的纯粹隐喻性使用。之后，美国社会学家莫雷诺（J. L. Moreno）1934 年对实验性小群体进行计量学研究，为社会网络研究奠定了基础。英国人类学家拉德克利夫-布朗（Alfred Radcliffe-Brown）1940 年首次提出了"社会网"的概念。人类学家巴恩斯（John Barnes）在 1954 年首先使用了"社会网络"的概念分析挪威某渔村的社会结构，首次把社会网络的隐喻转化为系统的研究。[①] 英国学者伊丽莎白·伯特（Elizabeth Bott）1957 年的著作《家庭与社会网络：城市百姓人家中的角色、规范、外界体系》则被视为英国社会网络研究的典范。从 20 世纪 30 年代到 60 年代，在心理学、社会学、人类学以及数学领域，越来越多的学者探讨和提出各种网络概念（如密度、中心度、结构平衡性、结构均衡性、块等），"社会网络"一词正式成为学术殿堂中的重要成员之一。

我们现在所处的社会境况证实了齐美尔思想的敏锐性。进入现代社会以来，"一切凝固的东西都已烟消云散了"，现实越来越变动不居。显然，在这种状况下，关系性的概念而不是基于实在性的社会理论更适合表达这一变动的现实。利奥塔（Jean-Francois Lyotard）借助关系网络来描述个体在后现代社会的处境，"没有一个自我是孤零零的岛屿，每个人都存在于关系网络之中，而这个网络比过去任何时候都来得更复杂、更具流动性"[②]。卡斯特则断言，人类正步入一种新的社会类型——网络社会。社会网络分析由于其内在的关系主义思维，加之紧扣社会的真实互动，在把握现代社会这种复杂、流动的特质方面无疑走在了其他社会学取向的前面。

社会网络分析是包括测量与调查社会系统中各部分即"点"（node）的特征与相互之间的关系，也就是"连接"（tie），将其用网络的形式表示出来，然后分析其模式与特征这一全过程的一套理论、方法和技术。该方法常用于描述和测量行动者之间的关系，或通过这些关系流动的各种有形或无形的东西，如信息、资源等。常用的分析方法主要有图论（graph theory）、社会计量学和代数方法。图论适用于描述小型传播群体的核心关系和团聚力等特征，社会计量学适用于研究结构等价性和"块模型"关系，代数方法适用于对角色和位置关系的分析。

---

① BARNES J. Class and committees in a Norwegian island parish [J]. Human Relations，1954（1）：39－58.

② LYOTARD J. The postmodern condition [M]. Minneapolis：University of Minnesota Press，1984：131.

根据分析的着眼点不同，社会网络分析可以分为两种：微观层次的自我中心社会网络（egocentric network）和宏观层次的整体社会网络（complete network）。自我中心社会网络以个体为中心，探讨其对外的关系联结所建立起来的社会网络；整体社会网络则关注所有点之间的关系，关注整个网络的结构。

社会网络分析又被称为结构分析，不仅是一套分析关系或结构的技术，还是一种理论方法——结构分析的观点，社会网络分析学者认为社会学的研究对象应该是社会关系，而非具体的社会个体，因为作为个体的人是多样的，而唯有其关系是相对稳定的。社会网络分析在研究视角上可以大致分为两种：一种是关系取向（relational approach），一种是位置取向（positional approach）。所谓关系取向主要研究的是社会行动者的社会联结，如密度、中介性、强度、对称性、规模等。位置取向主要关注的是社会行动者之间社会关系的模式化（patterning），不同行为个体在结构地位上是否一致，强调用"结构等效"（structural equivalence）来理解人类行为。社会网络分析有两个特征：一是从行动者关系的角度进行的解释优于从行动者个人属性的角度进行的解释；二是行动者及其行动是相互依赖的，行动者之间的关系是资源传递或者流动的"渠道"。

三、社会网络的分析单元

社会网络的分析单元有点，也就是行动者，还有关系、联结。行动者可以是公司、学校、国家，也可以是个人。行动者具有个体属性和关系属性，个体属性包括性别、年龄、职业、收入等等，关系属性是指与其他点之间的联系。

（一）点/行动者

社会网络中的点或行动者既可以是个体，也可以是其他社会单位或者社会实体，如公司、学校、社区、国家等。

（二）关系

关系被认为是一种双向属性，而主流社会科学所关注的是单一属性。关系是节点之间的连接，有三个特征：内容、方向和强度。内容就是指行动者之间关系产生的原因与关系建构的基础；关系可分成有方向性的和无方向性的，多数情况下，行动者之间的关系是有明确方向的；关系有强弱之分，强度即发生关系的次数。

四、社会网络分析的主要指标

从图 11－2 可以看出，社会网络分析的内容主要包括以下三部分：社会网络的结构参数、凝聚子群、网络位置和网络角色。

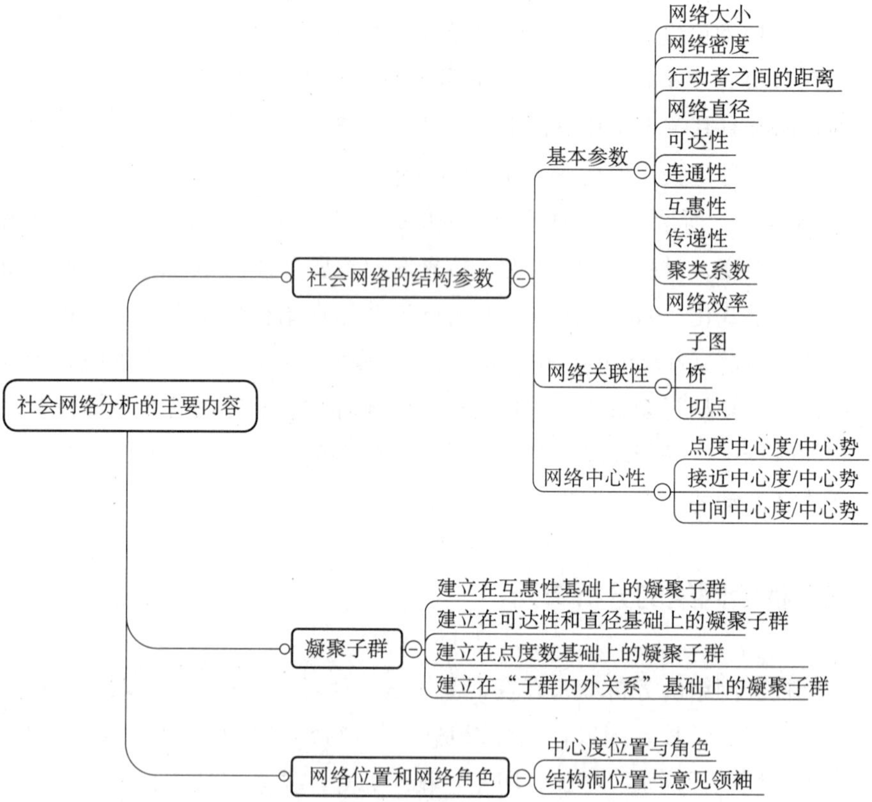

图 11－2　社会网络分析的主要指标与内容

社会网络分析主要研究的指标包括以下几个方面：

（一）社会网络的数学表达形式

从数学角度上讲，有两种方法可以表达社会行动者之间的关系，即图论和矩阵，如不同信息节点之间的信息流入流出关系，就可以使用图论或者信息矩阵进行表示。

（二）中心度分析

中心度是关于行动者在社会网络中的中心性位置的测量概念，反映的是行动者在社会网络结构中的等级和优势等方面的差异，主要包括结点中心度、紧密中心度和间距中心度等几个指标。

（三）子群分析

在社会网络分析中，某些关系密切的子群也是社会网络分析学者的研究兴趣点。因为构成社会网络的基本元素是行动者及其群体，社会中存在着这样那样的子群，它们互相结合形成了复杂的社会结构。对子群的研究主要包括成分分析和团伙分析等。

（四）位置和角色分析

在社会网络分析中，位置（position）指的是同等地处于关系网络中的个体所形成的集合体，而角色是指两个行动者或两个位置之间存在的关系模式。社会网络中的位置和角色分析主要以结构等价性、自同构等价性和正则等价性等作为衡量指标。

五、社会网络分析流程

社会网络分析主要有以下几个基本步骤（见图 11－3）：第一步是获取数据。社会网络分析数据主要是关系数据，线下数据主要通过问卷调查与访谈来获得，如在一个班级中提问“最近一周内您和哪些人联系”，线上数据主要通过一些软件或者计算机语言来获得，如电子邮件的联系网分析，一般可以直接导入社会网络分析软件进行分析。第二步是确定分析单位，如个体、学习小组或者微信群等。第三步是利用软件形成关系矩阵。第四步是数据分析。针对邻接矩阵、隶属矩阵等不同矩阵类型，采用不同的数据分析手段，对网络属性与关系网图进行分析。

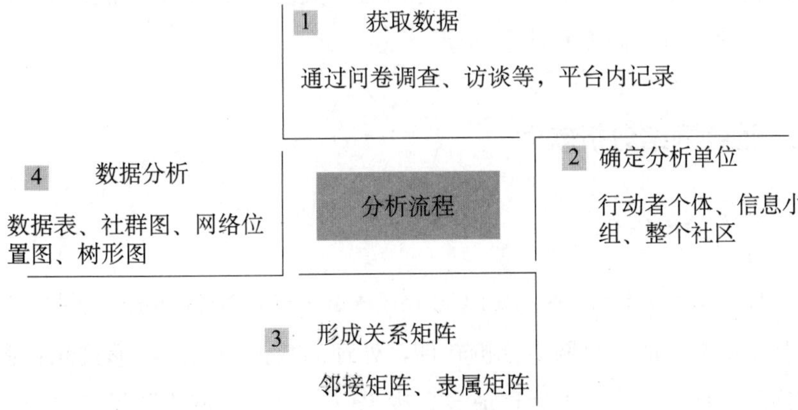

图 11－3 社会网络分析流程

六、社会网络分析法的争议

社会网络分析无论是作为一种结构思想，还是作为一套行之有效的分析社会结构的方法，自诞生之日起就像“学术宠儿”一样受到了学界一致推崇，目前被广泛应用于社会学、经济学、情报学和传播学等领域，甚至为一些学科的研究带来了革命性的范式转变。但不容否认，任何一种研究方法都像硬币的两面，有优点同时也有局限。社会网络分析法也不例外，其主要有以下三个方面的缺点。

一是社会网络分析法片面强调了关系对行动者行为的影响，抹平了所有行动者之间主观属性的差异，忽视了对行动者自身主观心理谱系的分析。社会网络分析法越来越重视属性变量对社会网络的影响，但对行动者自身的主观属性一直有所忽视。抛开行动者的主观属性和主观动因，不仅无法理解网络对行动的意义，而且无法解释某些网络现象。

二是社会网络分析法对网络的动态变化重视不够。社会网络研究并不是没有关注网络的动态过程，但其虽然把网络的外部环境考虑在内，也只限于对不同时期的网络构型做静态描述，提供一些网络模式的参照，多少有点不足。

三是社会网络分析法回避或者忽视了社会网络的文化内涵。一方面，文化的产生与特定的网络建构有关；另一方面，网络建构又是文化脉络下的一种实践活动，文化可能充当网络建构的脚本。在网络的建构过程中，对情境的界定、行动的成员资格或参与行为的可行性和可接受性，以及网络中的收益和成本在不同行动者或行动者不同类别之间的分布及其合法性，并不是网络结构能够单独说明的，也并非行动者个人能够主导的，而在很大程度上取决于文化规范、制度和社会期望。

七、社会网络分析软件

（一）UCINET

UCINET（University of California at Irvine NETwork，见图11-4）是一款功能强大的社会网络分析软件，处理的数据均用矩阵形式来存储、展示和描述，该软件目前可处理最多高达32 767个点的网络数据。另外，该软件还包含一维与二维数据可视化分析的Net-Draw插件，还有正在发展应用的三维数据可视化分析插件 Mage。

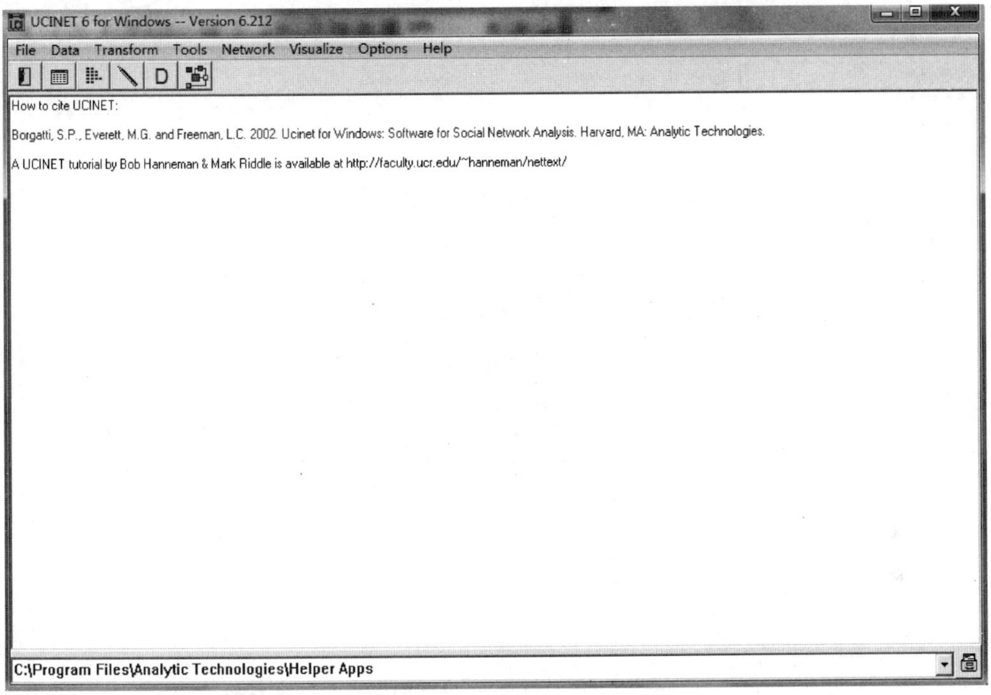

图 11-4　UCINET 软件操作界面

（二）Gephi

Gephi（见图 11-5）是一款开源、免费、跨平台、基于 JVM 的复杂网络分析软件，主要用于各种网络和复杂系统，是一种动态和分层图的交互可视化与探测开源工具。Gephi 是在 Netbeans 平台上开发的，语言是 Java，使用 OpenGL（Open Graphics Library，即开放图形库，一种跨平台的图形应用程序编程接口）作为可视化引擎。基于 Gephi 的应用程序接口（APIs），开发者可以编写自己感兴趣的插件，创建新的功能。通过内建的 OpenGL 引擎，Gephi 可以适应大型网络要求，可视化网络可达到上百万个元素。所有操作（比如布局、过滤、拖拽）都可以实时完成，上手简单快速。Gephi 的 UI 以可视化为中心，类似图片处理工具 Photoshop。Gephi 还可以通过插件扩展，图形架构是基于 Netbeans 平台构建的，可以通过 APIs 扩展和重用。

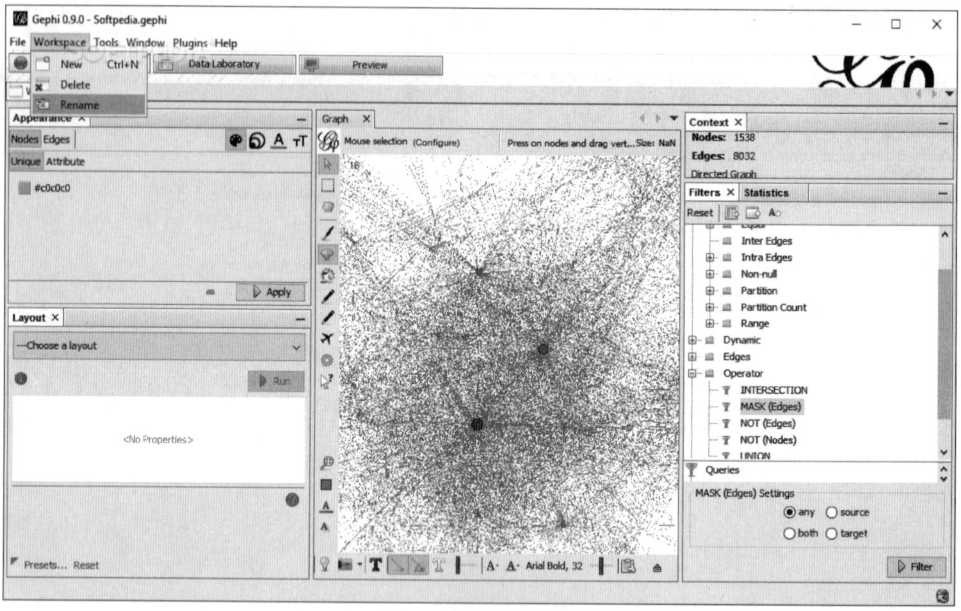

图 11-5 Gephi 软件操作界面

第三节 词频与社会语义网

舆论是由各类词语构成的信息文本，文本内词的多寡、词与词之间的联系是可以凸显信息文本的价值观、语意结构和社会诉求的，因此近年来很多研究者将词频分析、词与词之间的关系网分析等方法引入舆论分析，与研究发言主体关系的社会网络分析一起成为重要的舆论分析手段。

一、词频分析

案例 11-1

词频分析：《红楼梦》后 40 回的作者是高鹗吗？
汪峰最爱用什么词写歌？

在我国古典文学名著《红楼梦》的研究中一直存在着一个史学公案，即《红楼梦》前 80 回和后 40 回是否为同一人所作？以往的研究多是从史学考证、主观判断的角度来考察，得出的结论有时候大相径庭。而在 20 世纪 80 年代，随着文献计量方法的完善，有学者对其进行了词频分析，得出的结论虽不一定正确，但提供了完全不同的研究思路与方法。1980 年，首届国际《红楼梦》研讨会在美国召开，美国威斯康星大学讲师陈炳藻宣读了《从词汇上的统计论〈红楼梦〉的作者》这篇论文，他从前80回里随机抽取了5回，从后40回里随机抽取了3回，比较5个文言虚词的出现频率，发现它们的正相关程度达到78.57%，由此认为前后作者基本是一个人，即曹雪芹，对“后40回作者系高鹗”这一流行看法提出异议。随后，我国学者陈大康也采用了大致相同的方法，不过他普查了全部120回，统计了8个文言虚词和24个常用动词出现的频率，发现前80回里这些词出现的频率明显高于后40回，因此认为这的确是两个人的作品。他的观点符合“红学”研究的主流。出现这两种截然相反结论的原因在于两位研究者所选择的字（自变量）不同，即非概率抽样手段造成了误差。研究者不可能统计所有自变量跟因变量（风格）之间的关系，只能选择那些他认为重要的字来统计（立意抽样）。随着植物学家的介入，红学研究越来越有趣。台湾植物学家潘富俊在其《红楼梦植物图鉴》中断然否定了曹雪芹写后40回一说，认为答案就在植物里——从书中所提及的200多种植物来看，他认为几乎可以肯定后40回并非出自曹雪芹之手。他的方法是，先将这部120回的小说等分为3个部分，前面40回平均每回出现11.2种植物，中间40回平均每回出现10.7种，最后40回平均每回只出现3.8种。潘富俊说，后40回的作者的植物知识远逊于前80回的作者。后40回中只有6回提到茶，且仅有一种茶，即龙井茶；前80回逾92%提到茶，且有9种茶。很明显，这个结果证明作者肯定不是同一人。

再如有网友统计过歌手汪峰的117首歌曲中最常用的词语，形容词排名前五的分别是孤独、自由、迷惘、坚强和绝望，名词排名前五的是生命、路、夜、天空和孩子（同一首歌里出现多次的词语只算一次），用这些词语只要随意组合一下，一首汪峰风格的歌词就诞生了，如“迷惘，生命，碎，坚强”，润色一下就是“不再迷惘的生命，被燃碎千万次，也依然坚强”，就此分析其作品风格为“在忧郁中呼唤希望”。

中文分词（chinese word segmentation）是文本挖掘的基础，对输入的一段中文成功地进行中文分词，可以达到电脑自动识别语句含义的效果。词频分析（word frequency analysis）是对舆论文本中重要词汇出现的次数进行的统计与分析，是舆论文本语义挖掘的重要手段，也是文献计量学中传统的和具有代表性的一种内容分析方法。其基本原理是通过词出现频次的变化来确定舆论关注的热点及其变化趋势，至少在认知层面上某关键词被提及的次数越多，表示表达者的诉求越集中越迫切。心理学家福斯特的搜索模式认为，在心理词典中，词条的排列顺序是从高频词到低频词，而词的认知是通过搜索达到的。由于高频词比低频词较早被搜索到，所以高频词比低频词被认知得更快。心理学家高夫则认为，人们在认知高频词时可能只需通过视觉表征而达到心理词典的词条，所以认知高频词比认知低频词快。

词频分析可以用于微博与微博聊天分析、新闻文本分析、分词、词频统计、英文词频统计、流量分析、聚类分析等一系列文本分析。

词频分析的基本步骤是：首先对文本进行分词，中文文本不同于英文文本，中文词是由一个个字构成的，很容易分词出错，因此分词的基本前提是必须有一个相对比较完备的“词典”，词典的词容量越大，分词的精准度也就越高。分词后计算关键词的数量，即为词频。

词频分析的工具目前越来越多，尤其是一些在线工具，国内比较出名的有图悦、纽扣词云、腾讯文智、新榜词云、Excel 词频分析工具、易词云等，国外比较出名的有 Tagxedo、WordArt、Wordle 等。近年来，随着各种编程语言的出现，利用 Python 语言进行词频计算的研究越来越多，一般使用 Python 中 jieba 包的中文分词工具（https://pypi.org/project/jieba/）对对象文本进行分词与词频计算。

二、社会语义网

社会语义网只是一种说法，主要是将各个高频词通过社会网络分析工具连接起来，形成一个高频词关系网，进而推测话语文本的主要表达逻辑及关注热点。

图 11-6 是笔者对《唐诗三百首》中的 311 首诗歌进行的词频分析。选取词频最高的 40 个实词进行分析，将每两个高频词在同一首诗中出现视为一次共现，即两者存在一次关联，做出 40 个高频词的社会关系网络。可以看出，唐诗中出现频度最高的词是何处、春风、杨柳、芳草、白云、明月、青山等，这些词寄托了唐朝诗人的心情与所指，尤其是“何处”出现得最多，说明唐朝诗人的迷茫。如果对这些词按照一定的规则进行聚类，可以发现不同诗歌派别的差异，如左下角是边塞诗派，主要使用的意象高频词是白发、将军、天子、少年等。

社会语义网具体来说有以下几种不同的分析方法与手段。

（一）共词分析

共词分析最早是一种文献计量学方法，属于内容分析法的一种，该方法的基本理论假设是词与词之间的联系决定着语义生产①。共词分析的基本原

---

① WETTLER M，RAPP R. Computation of word associations based on the co-occurrences of words in large corpora [M] //Proceedings of the 1st Workshop on Very Large Corpora. Academic & Industrial Perspectives，1993：84-93.

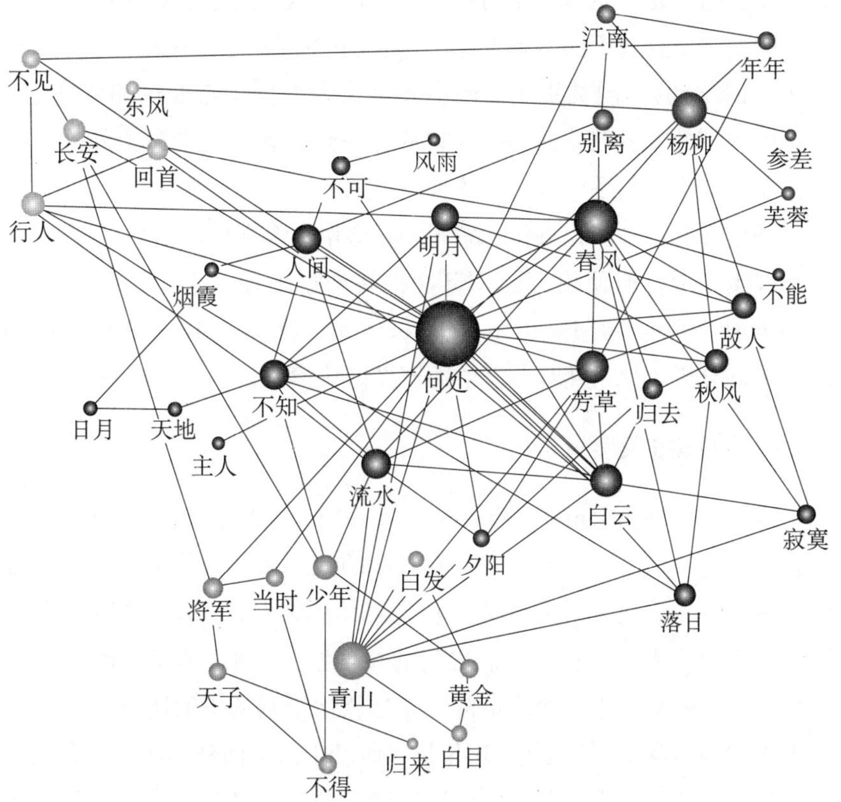

图 11-6　《唐诗三百首》的高频词语义网

理是通过对一组词项在一篇文本中共同出现的次数进行统计，并以此对这些词进行聚类，从而反映出这些词项之间的关联强弱，进而分析这些词项所反映的文本的主题结构。一般来说，词项对在同一篇文本中出现的次数越多，则表明该词项对的关系越紧密；词项对在大量文档中出现的次数越多，则说明该词项对与文本之间的关联性越强。共词分析采用一套结构图可以有效地展示词项之间的关联①：节点的大小代表词频，节点越大词频越高，连线的粗细代表两词共现的次数，共现次数越多连线越粗，一般是将整个图按照节点的中心性进行呈现；一般先将高频词通过人工或数据导出的方式形成共词矩阵，再将共词矩阵导入 Gephi 软件，绘制出高频关键词的关系图谱，对高频关键词之间的共现关系进行分析。

（二）聚类分析

聚类分析（cluster analysis）的基本思想是将变量按相似程度归于同一群组，“物以类聚”，是共词分析中比较常用的统计方法。根据一些能够测量

① 阮光册，夏磊．基于共现分析的文本主题词聚类研究［J］．图书馆杂志，2018（11）：99-104.

多个变量指标之间相似程度的统计量，以此为划分依据，可以将各种不同相似度的变量聚合成不同的类别，再将它们的亲疏关系用谱系图的方式表现出来。① 在聚合的不同类别中，同一类别之内的变量彼此的相似度愈高愈好，而不同类别的变量彼此的相似度愈低愈好。高频关键词聚类分析是对文本中高频关键词亲疏关系的分析，体现出高频关键词相似性和相异性的分析图谱，通过图谱可以进一步挖掘作者意图和社会语义等深层次信息。

聚类分析一般使用 UCINET，将共词矩阵导入 UCINET，处理路径为"Network→Roles & Positions→Structural→CONCOR"，进行高频关键词的凝聚子群分析，然后测算各子群的密度、块模型。

（三）多维尺度分析

多维尺度分析（multi-dimensional scaling，MDS）是共词分析中的主要分析方法之一，主要通过测量对象之间的距离来展现数据结构，运用低维空间（通常是二维或者三维空间）中对象所处的特定位置，通过观察这些对象之间的平面距离，了解到它们之间的相似性。② 通过多维尺度分析，可以帮助研究者挖掘数据中的深层结构，通过软件绘制的平面图能够清晰地揭示出数据中的隐藏联系。③ 运用 MDS 技术所产生的空间感知图可以有效地对研究个体进行定位、归类，并能有效识别潜在的有意义的维度，帮助研究者解释调查对象之间存在的相似性或非相似性。④ 在多维尺度分析的结果中，被分析的对象呈现点状分布的特点，点与点之间的距离代表它们之间的相似程度，同时将相似度高的和关联性高的对象聚集成一个类别，处在中间位置代表该对象处于核心地位。多维尺度分析没有严格要求其数据的分布假设。在高频词多维尺度分析图谱中，多维尺度绘制出的坐标是战略坐标，它是二维坐标，是以向心度和密度为参数的。⑤ 横轴为向心度（centrality），表示领域间彼此影响的强度；纵轴为密度（density），表示一个领域内部联系的强度。⑥ 每个小圆圈分别表示不同高频关键词所处的位置，图中两个小圆圈之间的距离越近，表示它们之间的关系越亲密，相反，则关系越疏远。每个小圆圈在战略坐标中所处的位置能够表现出它影响力的大小，距离战略坐标中心点越近的

---

① 张勤，徐绪松．定性定量结合的分析方法：共词分析法［J］．技术经济，2010（6）：20－24.

② 同①.

③ 张红春，卓越．国内社会保障研究的知识图谱与热点主题：基于文献计量学共词分析的视角［J］．公共管理学报，2011（4）：111－121.

④ 高惠璇．应用多元统计分析［M］．北京：北京大学出版社，2005：216－227.

⑤ LAW J，BAUIN S，COURTIAL P，et al. Policy and the mapping of scientific change：a co-word analysis of research into environmental acidification［J］．Scientometrics，2005（3）：251－264.

⑥ 冯璐，冷伏海．共词分析方法理论进展［J］．中国图书馆学报，2006（2）：88－92.

小圆圈影响力越大。

多维尺度分析一般是将高频关键词构成的共现矩阵导入 SPSS 统计软件，用 Ochiia 系数将其转换成相关矩阵和相异矩阵①，以消除不同文本的长度悬殊造成的影响，对其进行高频关键词的多维尺度分析。一般运用分析工具中多维刻度（ALSCAL）对文本高频关键词进行多维尺度分析，得到高频关键词多维尺度分析图谱。Stress 和 RSQ 是多维尺度分析的信度和效度的两个估计值，RSQ 越大越理想，一般 0.6 以上是可以接受的。②

第四节 舆论测量方法未来发展趋势

随着社会进入社群化与后真相时代，舆论测量的手段也发生着变化，越来越呈现出大数据和关系化的趋势与特征，而不再仅仅局限于简单的数量级层面的测算。本节对未来的舆论测量手段进行展望与预测，主要集中在以下方面的转向：关系、情绪、地理位置等。

一、“文本＋关系＋情绪”的多元耦合分析

与传统的舆论监测不同，社交平台文本通常采用短文本形式，并且用户发文具有随意性，其语言的规范性非常低，不论用词还是语法都常常有悖于标准的语言规范，由此带来文本表示的高维、稀疏、噪声等特性，使得传统的文本分析方法难以直接应用。对这类社会化网络短文本如何进行有效建模和分析，是未来舆论监测的难点与重要方向。

另外，社交平台用户通过互相关注建立起来的网络关系是一种典型的社会网络，该社会网络既是用户社会关系与兴趣偏好的体现，又是舆论信息传播的通道。如何将社交平台的文本分析与用户的社会关系分析有机融合，进行语义分析和网络结构分析，是未来舆论分析不能回避的问题。

二、“地理位置＋社会关系网”的综合研判

地理位置数据的特点是多源、异构、高维、动态，这使得地理位置大数据模式多变且关联复杂，也使得其各种信息（特别是物理空间信息与社会空

① 邱均平．关于共被引分析方法的再认识和再思考［J］．情报学报，2008（1）：69－74.

② KRUSKAL J. How to use MDSCAL［M］. New Jersey：Murray Hill，1967：283－295.

间信息）的关联映射成为必需。这方面的相关工作主要包括实体提取、主题建模、基于位置信息的搜索等。经过地理位置大数据信息的关联映射和融合阶段之后，需要对其进行有效表示才能继续进一步的群智认知及实际应用分析。张量（tensor）作为一种有效的多源异构大数据一体化的表示方法，也得到了广泛关注。鉴于深度学习和张量在大数据表示中的优异表现，近年来陆续有人提出了一些基于张量的深度学习方法，如基于张量的受限玻尔兹曼机（tensor-based restricted Boltzmann machine）、张量递归神经网络（tensor recurrent neural networks）、深度张量神经网络（deep tensor neural network）等。

三、"动态化＋实时化"结构演进分析

社会关系网络结构是舆论信息传播的载体，社会关系网络中的个体不断进出，导致社会关系网络具有高度的动态演化性，这直接影响和制约着舆论信息传播过程。大量研究表明，社会关系网络结构的动态演化性是由结构的微观变化决定的。因而，对群体行为本质规律的理解，离不开对社会关系网络结构动态演化微观机理的深入认识。对社会关系网络结构微观演化认识的匮乏割裂了社会关系网络结构和信息传播之间的动态关联，进而无法更好地认识群体行为的本质，做到精准化舆论预警。因此，建立社会关系网络结构的微观动力学模型，进而对其结构动态演化进行把握，是未来舆论预警研究的关键。

本章小结

随着社会进入社群化与后真相时代，舆论测量的手段也发生着变化，越来越呈现出大数据和关系化的趋势与特征。在问卷调查方面，测量手段逐步网络化，并通过微信朋友圈等进行传播，但这种方法仍属于滚雪球抽样。本章对抽样手段及其操作进行了分析与比较，避免出现非概率抽样的情况发生。

随着社会关系的网络化，社会网络分析成为分析社群内部关系、舆论文本内部语义网的主要研究手段。本章对该方法测量的主要指标及其软件工具进行了介绍。舆论在外显形式上是一种信息文本，文本作为舆论主体的所思所想的结构化表达，通过其结构分析必然可以得出表达者的态度意见和社会认知。因此，近年来的词频分析和社会语义网均以舆论文本作为研究对象，对其内部的结构、要素进行分析，进而管窥表达者对舆论客体的认知，这些方法一定程度上是内容分析法的延续与发展。当然，这些方法对于准确测量舆论的真实状态是远远不够的，本章最后又对未

来的舆论测量手段进行了展望与预测，主要对舆论测量从目前简单的数量级层面的测算转向关系、地理位置、情绪等多层次、多维度的测量手段进行了预测与分析。

本章思考题

1. 日常用到的在微信朋友圈发布的问卷调查属于抽样调查中的哪种方法？它是否具有科学性？

2. 社会网络分析方法除了用于舆论中的关系研究，还可以应用到哪些方面？举例说明。

3. 词频分析和社会语义网对了解舆情文本及作者动机有多大的有效性和科学性？

4. 你认为未来随着 VR、AR 手段的发展，网络舆论测量手段会有哪些更具创新性的变化？

推荐阅读书目

1. 刘军．社会网络分析手册［M］．重庆：重庆大学出版社，2018.

2. 沃瑟曼，福斯特．社会网络分析：方法与应用［M］．陈禹，孙彩虹，译．北京：中国人民大学出版社，2012.

3. 麦金尼．利用 Python 进行数据分析：原书第 2 版［M］．徐敬一，译．北京：机械工业出版社，2018.

第十二章

舆论监测与报告撰写

本章学习要点

1. 了解舆论监测手段的基本方法及类别。
2. 了解舆论监测软件的基本运行原理。
3. 掌握舆论监测报告写作的基本技巧。
4. 了解针对不同对象部门的舆论监测报告的基本异同。

基于上文所述舆论测量的不同研究方法，本章主要介绍舆论监测的基本手段以及相关舆论监测报告的撰写方法，进而提供实操性的建议与对策。

第一节　舆论监测的基本原理

近年来，舆论监测手段层出不穷，但舆论监测的底层原理与方法论没有发生根本改变，图 12－1 反映了舆论监测的基本原理。

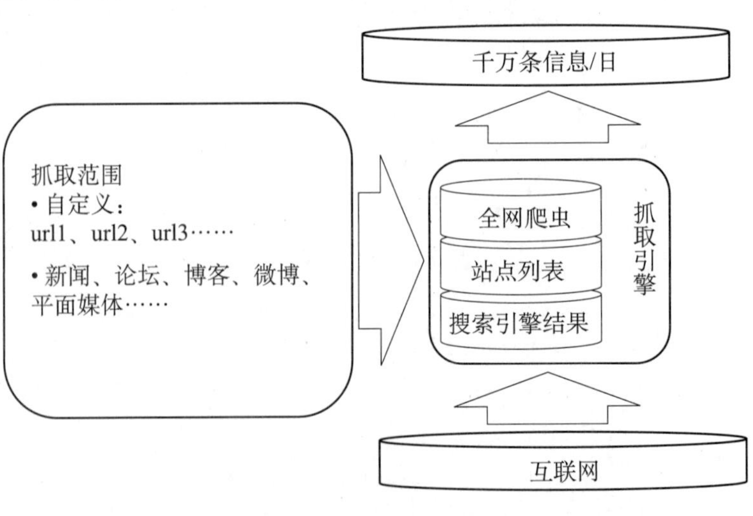

图 12－1　当前网络舆论采集软件的主要工作原理示意图

目前社交媒体时代的网络舆论监测的基本原理依然延续 Web 1.0 时代的舆论监测逻辑。如图 12-1 所示，即首先经过相关的样本库建构，将欲监测的网页进行模板配型，以之作为监测数据源，通过网络爬虫程序等进行数据抓取并下载到本地服务器，在本地服务器进行数据的消重和聚合，进而实现新闻信息文本的智能化呈现。在社交媒体时代，数据源只是变成了微博上的账号，将微博账号进行样本库配型，在整个数据抓取和处理的原理上基本没有太大的变化和创新。

微信作为一个封闭的生态系统，在数据的开放性上比较保守，因此目前很难对其数据进行监测。这是目前舆论监测软件的监测原理不能解决的一个重要问题。

第二节　舆论监测的方法与手段

目前舆论监测的方法花样迭出，但概括起来主要有以下两种基本方法类别：一是定向采集，利用大型舆论监测软件来实现；二是非定向采集，主要利用一些网站平台内部的站内搜索来实现。

一、定向采集：网络舆论监测软件采集

在功能上，网络舆论监测系统可以分析网络舆论传播规律，及时、准确、全面地监测平面媒体以及新闻网站、论坛、博客、微博等，并在此基础上进行数据的抽取、挖掘、聚类和分析，提供直观、全面的舆论信息，便于及时梳理网络热点事件、言论和观点。

目前的网络舆论监测软件都可以实现以下基本功能：7×24 小时对互联网信息实时监测、采集，对获取的信息进行全面检索及自动消重，进行舆论主题演化分析、时间趋势分析、话题传播分析。

近些年网络舆论监测方式上出现了新的发展趋势，即从舆论软件开发到云平台搭建。在前社交媒体时代，舆论监测主要是基于单体的监测软件而展开的，即将软件产品布置到客户的本地服务器中，并为客户进行监测源的配型，再将数据下载到客户本地服务器中，软件服务商为其提供后期的软件升级和支持服务。这种广泛存在的服务模式存在一定的弊端，由于服务器较为分散，数据采集和数据分析都比较零散，不利于展开大规模的数据处理和集约化输出。随着社交媒体时代来临，传统的软件服务逐步被搭建云数据平台替代，即由原来的软件服务商搭建数据平台，客户通过网页或客户端远程访

问，并可以通过一定的权限定制关键词，进而实现舆论数据的抓取和数据结果的直观化呈现。

在利用软件进行舆论监测的过程中，存在一些难以回避的程序性缺陷和问题，这主要体现在以下方面。

（一）从数据采集和监测原理的角度来看

1. 舆论监测的效度和信度难以验证

目前的舆论监测最大的问题是无法论证自己的有效性，各家有各家的“黑盒子”，相对并不透明，手段和算法的不同势必造成监测结果的偏差，到底谁家更准确，难有定论。从宏观层面来讲，虽然社交媒体时代的舆论监测是建立在以前人工无法验证的大数据基础上的，具有一定的进步性，但抓取的大数据不一定就是有效数据，基于大数据的分析也并不一定能代表网络舆论的整体走势，依然还有“盲人摸象”之虞。难以验证是目前舆论研究中比较突出的问题。

2. 数据源的多寡一定程度上决定了舆论监测的精准度

目前的舆论监测均是以样本库作为数据搜索源，均不是基于全网进行的舆论信息采集，实际上只是在监测样本量较大的局部数据，可能存在数据源不全面造成的重要信息监测缺失，最终会影响数据监测结果。在个别地方的新闻宣传部门，由于其数据源有限，基本上相关的网络管理部门配备四五个人，每天用百度搜索、微博搜索等工具，以本县县名或关键词组进行基本的数据搜集就可以“满足”自身的舆论信息采集和抓取“需求”。这在一定程度上反映出目前舆论监测行业的尴尬。

3. 在消重聚合环节，计算机还暂时无法取代人工监测

目前舆论监测软件监测与人工监测最大的区别就在于后台的数据处理能力。虽然网络信息的更新速度日益提升，网络新词层出不穷，但计算机对信息的处理能力始终存在一定的滞后性和简单化，即使在一定程度上解放了人力，然而在高层次的信息处理如情感判别和影响力评估等方面，计算机还不能完全取代人工，计算机处理的数据和结果在实践中的有效性和可行性还有待进一步提升。

4. 从监测的实效性看，舆论监测的速度始终慢于事件自身的发展变化速度

从字眼上看，监测是对以往信息传播流的横断面的展现，对于事件的未来走势和影响力难以有准确的预测，而这种预测恰恰是舆论监测最希望实现的目标。同时，事件时刻在发生变化，数据监测结果仅是对某一个时间横断面的数据呈现，从监测的实效性看舆论监测的速度始终慢于事件自身的发展

变化速度。

（二）基于整个社会发展大背景来看

1. 舆论监测在实践应用层面还存在诸多盲区

具体来说，一是舆论预警技术还有待提升。从目前的实践来看，没有任何一家舆论软件服务公司能够做到准确甚至一定概率地预警。同时预警也是一个伪命题，一旦危机信息被捕捉到，相关部门的介入一定程度上就能够缓解事件的影响和危害，进而影响舆论预警的效力。二是在对微博等社会媒体的监测中存在诸多盲区。目前的舆论软件服务机构如北大可视化、独到科技等对微博的数据监测还只能做到监测某一条具体微博的传播路径，但对于一个微博账号整体的数据、某一地区所有用户的微博数据和某一个事件的所有微博数据的监测依然存在盲区。三是对微信数据的监测，由于其封闭性，在腾讯将数据接口开放前还是个“黑箱”。

2. 大数据时代来临为社会舆论监测带来了挑战和机遇

近年来，大数据成为各行各业热议乃至热炒的概念，这对舆论研究来说既是机遇也是挑战。在笔者看来，大数据对整个社会的影响不在于其数据和技术本身，而在于它彻底颠覆了传统数据时代的思维逻辑和行为逻辑，从传统数据时代对因果关系的依赖转为更宽广层面的相关关系，社会预测成为可能。舆论研究可以借助这种思维，通过精巧的数据库支撑和数据挖掘对社会发展趋势进行一定效度的预判，这是大数据带给舆论研究的机遇。同时，大数据时代数据量的增加和对技术繁杂程度的要求更高，使舆论研究的门槛进一步提升，传统的舆论分析中小作坊式的运作模式将进一步被颠覆。

3. 社交媒体时代来临带来了整个社会的关系革命

社交媒体不仅在技术上对社会成员的媒介接触偏好进行了重新形塑，而且对整个社会关系网进行了重构，互动和关系成为社交媒体时代的关键词，传统社会科学研究中常用的随机抽样方法受到了一定程度的挑战。这种方法将个体从其所在的社会情境和社会关系网中剥离出来，并且确保个体之间不存在互动与联系。该方法亦被某些学者称为“绞肉机”。另外，常规的社会统计方法（如 T-检验、方差分析、多元分析、结构方程等）处理的是属性数据（attribute data）。属性数据是有关个体自身方面的数据，如性别、年龄、收入、态度、观点以及行为等，是一个个孤立的“点”，其观测值之间相互独立，满足一般线性模型使用的前提条件，其统计处理是在个体水平上关于个体属性之间关系的推断研究。随着社交媒体的不断发展，属性数据将逐步被关系数据取代，关系成为整个社会勾连的纽带和核心资源。目前的舆论研究还是基于“点”传播的线性研究模式，对于“网”传播或者是关系传播的关注不够。随着关系数据逐步成为社会科学研究中的主导数据，舆论研究必将从目前对信息传播的研究转向对信息传播个体的特质和个体关系网的研究中来，如中国人民大学舆论研究所已经开始对微博中关键意见领袖和传播节点进行数据库的搜集和整理，以为未来的舆论监测做相关的数据库支撑。

4. 民众出现“审丑疲劳”

中国人民大学舆论研究所自 2008 年底进行社会舆论信息日常采集以来，经过对同类事件的相关数据进行时间序列的分析和呈现，发现网民对同类事件的关注度和反响度出现了一定程度下降的趋势，即出现了所谓的“审丑疲劳”。审丑疲劳一方面说明社会民众对社会丑恶面的耐受程度在不断提升，思想上出现了麻木等倾向，另一方面也为舆论监测和舆论研究造成了困难。舆论研究是基于舆论反馈的量级和规模进行相关的舆论研判，民众的沉默化一定程度上影响了舆论研判的客观性和可参考性。

5. 政治监管的考量

从目前的舆论数据来看，网络舆论的话语表达与政治监管的力度之间存在紧密关系。而从目前的政治考量出发，对网络话语监管的力度会逐步增强和收紧，一定程度上促使网络舆论表达进一步沉默化。这种趋势势必会影响舆论监测的数据规模和量级，进而影响社会舆论研判的有效性。

知识窗

舆论产业链市场结构

第一类主体：网络舆论系统开发与销售机构。这类主体以众多舆论软件公司为主，主要代表有方正智思、拓尔思（TRS）、谷尼国际、邦富软件等。它们以舆论系统产品销售与技术支持为主业，通过技术手段获取舆论因子信息，为服务对象提供舆论预警。它们的特长是商业运作和资本对接，对舆论传播、网络舆论进行专业性控制和引导的能力不强。

第二类主体：互联网数据调查与分析公司。这类主体提供的产品与服务主要有艾瑞咨询的 iVoiceTracker、易观的网络舆情监测、CIC 的 IWOMmaster。这些公司的主业是开展互联网跟踪行为，而后进行数据集成、加工、分析、预测。企业的互联网口碑管理和社会化营销是其主要研究领域，对政府领域的舆论介入较少。

第三类主体：专业新闻机构（网站）。这类机构有人民网、新华网、新华社智库、华声在线、正义网、上市公司舆情中心、环球舆情调查中心、中青舆情等。它们一般具有官方媒体背景，主要发挥传播领域专业能力、意见领袖整合能力、社会影响力、公信力等方面的优势。它们的舆论服务产品多为网络舆论应对排行榜、以事件为单位的舆论研究报告、舆论信息报告（网络舆论纸质及电子报告）、政府舆论应对研究等。这些机构的弱点在于有体制性思维惯性，在商业化运作和资本对接上有一定的局限性。

第四类主体：新闻和舆论传播研究、教学及其产业化机构，代表有中国人民大学舆论研究所、中国传媒大学网络舆情（口碑）研究所（艾利艾咨询）、上海交通大学舆情研究实验室、华中科技大学舆情信息研究中心等。这些机构的主要产品有年度网络舆情指数报告、网络舆情年度白皮书、中国社会舆情年度报告、舆情蓝皮书——中国社会舆情与危机管理报告等。这些研究机构具有权威性，但它们的弱势体现在社会资源不足、明显与市场脱节等方面。

第五类主体：公关公司及网络水军。尽管在技术上不占优势，处于网络舆论末端，但它们出色的资源整合和把握社会心理的能力，使之成为社会舆论传播（政治性议题除外）不可缺少的一个重要节点。不少网络热点通过网络水军炒作后被传统媒体跟踪报道，使得传统媒体成为网络水军和公关公司炒作的主流渠道。

二、非定向采集：网络舆论信息的日常采集

非定向采集主要用于日常的舆论信息采集，不借助专门的舆论采集软件，而借助现有网络工具进行舆论信息的简单采集。

（一）获取网络舆论的简易方法

对于基层政府部门或企业组织来说，由于社会知名度相对较低，网络信息的地域关联度整体不高，因此每天进行一些简单的舆论信息采集就可以满足组织部门的信息采集需求。

1. 浏览当地网站主要论坛热点板块

根据上文对很多热点事件的第一信息落点的总结，地方论坛往往是舆论信息发布的首选爆料网站。其主要借助民众对本地信息的关注引起民众的围观，进而在有限可控的范围内实现自己的各种诉求，如著名的“瓮安事件”“石首事件”和“张家川事件”等群体事件都是在本地网站组织发动的。从舆论管理的角度来说，这些信息是可控的，而一旦被转发到综合论坛和微博上就容易演变成社会热点事件，因此当地网站主要论坛是进行舆论监管的首要对象。目前很多地方政府部门不重视本地论坛，反而关注微博、微信和综合论坛，在这些网站或平台上删帖，其实信息一旦传播到这些具有高扩散性的网络

平台，就已经不具备可控性。这是典型的“灯下黑”的做法。

2. 建构适合本部门本地区的关键词检索词库

从目前的网络数据挖掘和文本识别技术来看，网络的人工智能化还有很长的路要走。包括舆论监测软件在内的所有信息抓取技术都是建立在关键词的检索基础之上的。对于日常的舆论信息采集，首先必须建构一个适合本部门本地区的关键词检索词库。“工欲善其事，必先利其器”，科学、有效的关键词检索词库是发现真实舆论信息的必要基础和前提。建构关键词检索词库最为简便的方法是利用本部门本地区最有特色的一些词，如乡镇名、领导干部姓名等。

3. 利用百度搜索、新浪微博搜索、微信公众号搜索进行搜索

可以借助现成的网络搜索引擎工具进行信息的二次搜索和加工，比较常用的工具是百度搜索、新浪微博搜索、微信公众号搜索，基本上可以涵盖国内主要的信息。百度涵盖了国内基本上所有的中文网站，虽然有“760 现象”①，但对一个小地方和专业部门来说，这些信息已经足够。而且，如果坚持每天检索一遍，就会发现真正更新的信息十分有限。新浪微博作为国内主要的微博平台，搜索的数据虽然仅能呈现最为显著的 500 条，但也基本涵盖了最新的信息。此外，微博搜索还有多种检索条件可以选择。

以上三种搜索工具的优势，首先在于数据源要远远超过专业的定向舆论监测软件，其次可以实现每天搜索，再加上监测者所在部门和地方的知名度不高，因此真正要处理的信息有限，其实使用起来并不那么烦琐和复杂。

4. 每天浏览新浪等门户网站新闻中心首页

在前面的论述中对新浪等门户网站代表的综合论坛的作用和角色做了说明，它们主要扮演的是舆论信息接力传播最后环节的传播主体。因此，应该及时浏览门户网站的信息，一方面做舆论信息的基本监测，另一方面了解目前舆论发展的基本态势和变化，做到对舆论的现状了然于胸。

使用百度搜索、新浪微博搜索、微信公众号搜索和在新浪等门户网站进行信息浏览，应争取做到每天早晚各一次。有关本部门本地区的信息十分有限，这样做基本上可以做到“一网打尽”。

（二）关键词的选定

对于不同政府部门和组织来说，关键词的选取都是需要关注的事情，适

① 百度搜索显示的结果可能有十几万条，但真正呈现给网民的只有 760 个。

合本部门并且数量精当的关键词对日常舆论信息的采集可以起到事半功倍的效果。总体来说，目前主要的关键词选取方法有以下几种。

一是工作中的长期积累。“春江水暖鸭先知”，对于一线舆论信息采集的工作人员来说，对自身部门经常与哪些关键词同时出现，是有基本的直觉判断的，这需要长期的积累才能完善。

二是借助关键词分析软件。如金花关键词工具，可以设置一个关键词（元关键词），并设定检索条件，分析软件会将在这个条件下与元关键词相关的词按照一定的顺序排列出来，并生成搜索指数，以及呈现最近 7 天、30 天和相关页的数量变化等（见图 12－2）。

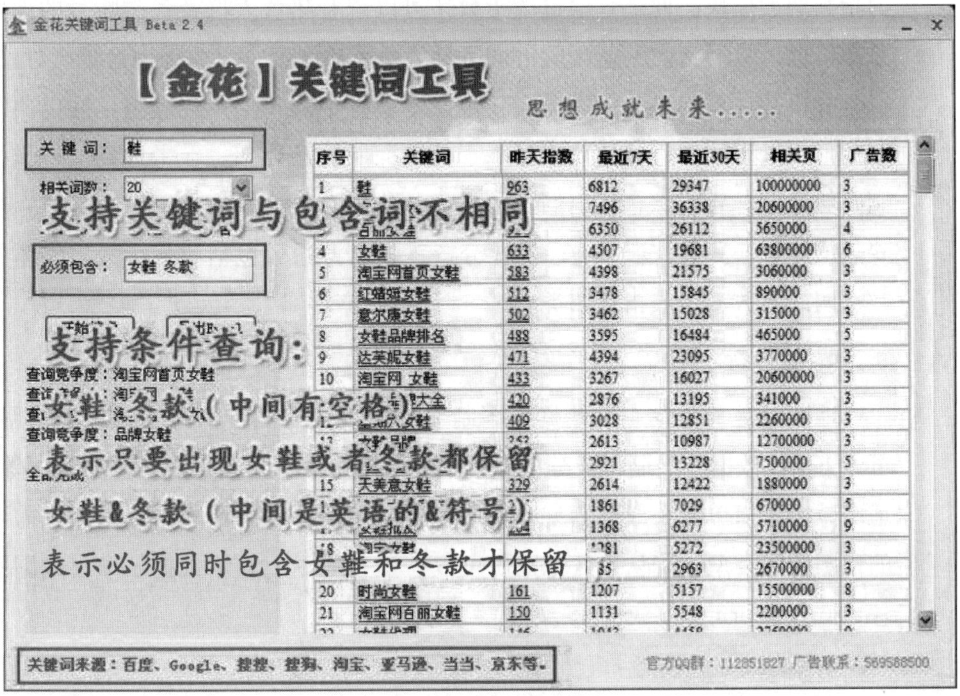

图 12－2　金花关键词工具界面

三是借助词频软件。将一段时间内与本单位相关的信息文本搜集起来，主要以 txt 文档格式生成，再使用词频分析软件进行分析，选取词频比较高的实词，这些词一般都是与本单位关联最为紧密的关键词。目前，主要的词频软件包括 ROST 中文字频统计分析软件等。

（三）借助网络现有的相关资源

1. 百度指数

百度指数是以百度海量网民行为数据为基础的数据分享平台，宗旨是“让每个人成为数据科学家”。用户可以通过研究关键词搜索趋势把握市场动向，了解搜索背后的真正诉求以洞察网民兴趣和需求，监测舆论动向，定位人群特征，还可以从行业的角度分析市场特点。

2. 新浪微博搜索

新浪微博搜索是针对新浪微博的一种实时搜索工具，其高级设置功能能满足各种不同条件的信息搜索请求，但目前只呈现出前 500 条。

3. 新浪微指数

新浪微指数是新浪微博的数据分析工具，通过关键词的热议度以及行业/类别的平均影响力来反映微博舆论或账号的发展走势，分为热词指数和影响力指数两大模块。此外，通过微指数还可以查看热议人群及各类账号的地域分布情况。热词指数是基于关键词每日的微博热议度，以关键词为统计对象，科学分析并计算出各个关键词在新浪微博平台中的长期热议趋势，并以曲线图的形式展现的指标。热议度是基于关键词的提及频率，在考虑到反垃圾机制及舆论口碑后，综合得出的指数指标。热词指数主要有以下三个功能：反映热词趋势、测算人群分布、对比分析。影响力指数包括政务指数、媒体指数、网站指数、名人指数四类。

4. 地图慧

地图慧是一个专业的数据地图制作网站，只需三步即可实现快速制图，可将 Excel 数据在线制作成分段专题图、等级符号专题图、业务分布地图等。地图慧操作简单，一般分为三步：上传你的 Excel 数据到网站，选择你需要的地图应用类型，确认地区范围后可以一键在地图上显示数据、导出地图图片、嵌入 Word 文件或 PPT 文件。

5. 知薇

知薇是一个社交媒体信息挖掘网站，主要专注于社交媒体大数据领域的数据挖掘与数据分析，为企业及政府提供信息情报、口碑评测、事件分析及追踪等综合数字解决方案。可以记录社会热点及行业大事，基于数据刻画用户情感喜好、消费需求、政治倾向等人物画像维度；可以分析单条微博传播威力有多大，在传播中产生了什么样的影响，人们的情绪是积极的还是消极的；可以分析针对单条微博大家说得最多的是什么，每种声音的音量有多大；可定位微博传播中的关键人物。但知薇只能分析单条微博，对微博账户和某个特定议题还无法分析。

当然，类似的分析单条微博的网页工具还有很多，如独到科技（超过一定的转发值收费）和北大可视化（完全免费）等。

第三节　舆论监测报告撰写

舆论监测报告撰写是在舆论监测工作完成后，将之文本化的必要环节。前期工作做得再充分，舆论监测报告写得不好都是“茶壶煮饺子”，撰写舆论监测报告有一定的技巧性和规律性。

一、舆论分析所需的基本技能

舆论监测报告是舆论分析的书面表达形式，好的舆论监测报告有利于把握网络舆论的基本形势与未来趋势，对公共决策具有重要的参考价值。但一份好的舆论监测报告并不是一蹴而就的，需要很多积累与经年的尝试，一般来说需要以下基本技能。

（一）网络言论的挖掘收集技能

目前很多舆论监测报告之所以不够专业与规范，主要的原因是数据挖掘过于浅层化和简单化，简单地靠新闻网站下面的一些网络评论获取网络言论，对社交平台的数据抓取多采用偶遇抽样，获得的数据无论是数量还是代表性都存在很大的问题。而由这些数据得出的结论就如沙上建的塔，要么很幼稚要么没有任何价值。目前主流的网络舆论监测软件均采用的是网络爬虫，网络爬虫越来越多地受到网站的监测与封闭，采集过来的数据结构越来越简单，数量越来越少，数据的代表性不强，再加上舆论监管的力度加大，很多网民的表达并没有在网页上真实呈现，这样的舆论监测很多是“盲人摸象”，只见树木不见森林。当然，目前很多舆论分析工作者开始自学一些如 Python、R 语言等网络爬虫语言，自己设置爬取规则与目标平台，爬取数据的准度与精度都在不断上升。这也在一定程度上说明，网络爬虫语言也是未来舆论分析人员必须掌握的技能之一。

（二）概括剖析的技能

整体看来，目前舆论分析人员并非科班出身的较多，很多是刚离开高校就职的年轻人，缺乏社会判断与深层次观察力，尤其是社会概括与剖析能力，写出来的舆论监测报告对舆论的分析水平很低或者如隔靴搔痒，还不如直观观察得出的结论来得真实。舆论分析人员需要一定的社会积累与历练，有了一定的阅历尤其是网络上的摸爬滚打才能具备社会概括与研判能力，在纷繁复杂的社会舆论迷雾中拨云见日，真正把握舆论的脉搏，提出真知灼见。

（三）抽样统计的技能

近年来，舆论监测越来越呈现出定量化的趋势，通过超炫的图表来佐证自己提出的结论具有科学性，但这往往会流于形式。目前很多舆论监测报告越来越厚，但能提供的真正有用的东西越来越少。定量化肯定是舆论监测的一个趋势，因为它相较于“拍着脑袋做决策”科学了不少。由此，舆论监测越来越偏重于对网络信息的收集、挖掘、聚类、归纳、判断和推理等分析能力的要求。舆论监测分析人员必须要熟悉网络舆论抽样、统计和分析工具模型，搜索关键词设置技巧，培养对社会心理、“刻板印象”与网络语言文化的敏锐性，尤其是要掌握一些抽样调查手段。虽然大数据成为现在的一个时髦词，但大数据并不能完全做到全网无死角的监测，必要的抽样仍具有一定的价值。与其漫无目的地抓取数据，不如设定好一定的抽样规则，有的放矢，使数据的代表性增强，结论的可靠性也随之增加。

（四）报告写作的技能

舆论监测报告的撰写是一项有技术含量的工作，并不是随便一个刚刚毕业的大学生就可以操刀的。好的舆论监测报告能够准确把握目前舆论的分布态势、未来发展趋势，并在此基础上真正提出有针对性的、实用性强的建议与对策，真正帮助决策者对舆论客体进行有效管理，进而平息社会情绪，产生事半功倍的奇效。因此，舆论监测报告的写作是需要有一定的经验或者通用做法的，这也是本节需要说明的主要问题。

（五）走势预测研判的技能

舆论分析需要了解国家的大政方针和党政决策机制，对于关系国计民生的重大政策新走向有清晰的认识和判断，还需要深入学习和考察政府和企业的制度、布局和区划，研究各领域重大事务决策机制和规律，熟悉党政干部人事制度常识等，只有这样才能对舆论事件的走势做出正确预测研判。如果不了解中国国情、社会制度以及网民群体，就没法做出准确判断，提出的任何决策都是毫无价值与意义的。

（六）提出应对建议的技能

舆论分析必须要熟悉社会舆论格局、社会矛盾构成和网络文化地图，掌握基本的舆论研判知识和技能，能够准确地对网络舆论走势进行预测，及时发现舆论热点和拐点，尤其是创造性地提出科学合理的应对建议，这样才能极大地提高舆论监测报告的价值。不可否认的是，目前很多舆论应对建议要么是“万金油”式的，经常是一些无用的套话与废话，虽然有所谓的繁复的数据采集和成堆的彩色图表，但结论很干瘪空洞，没有任何价值；要么是一些难以实现的建议，反正站着说话不腰疼，很多建议实际上根本不具备可操作性。

二、舆论分析的基本原则

（一）问题找得准，方法提得实

舆论分析本身是分析问题与矛盾、找出对策的思维过程，因此首先舆论分析必须找到舆论的焦点、痛点与难点，而不是简单地进行一个事实表层的描述与数据罗列。只有找到了舆论的焦点、痛点与难点，才能真正找到问题的症结所在。舆论焦点与痛点、难点并不完全一致，因此要注意区分，并在此基础上提出对策与方法。舆论分析好比射箭，首先要知道靶心在哪里，靶心找对了，才能保证射出来的箭能命中靶心。

（二）舆论监测报告写作要规范

要掌握舆论监测报告的基本写作规范。甄别一个观点是媒体观点还是意见领袖、网民的意见倾向，并准确梳理事件脉络，提出舆论发展趋势及对策建议，这些都有基本的原则。

（三）要告诉决策部门舆论的抓点

舆论分析必须要回答的问题如下：舆论骤热的原因是什么？源头在哪里？舆论转折点在哪里？为什么出现了转折？舆论最大的痛点是什么？单个舆论事件在类似事件中的定位是什么？只有把这些问题搞清楚并告诉给决策部门，才能让相关决策者准确把握舆论趋势并做出科学有效的决策。

（四）要注重日常积累

舆论分析必须注意日常的积累。政务类舆论分析需要对体制内话语体系、政府治理的基本方式有所了解，否则写出来的舆论监测报告可能被视为外行，提出来的建议不具可行性。财经类舆论分析需对所属行业有相当程度的了解，如能源、通信、金融、食品、药品等等。政法、涉军等舆论分析需要对我国司法和国防领域有基本了解。只有和分析对象基本站在同一水平线上，才能通过舆论监测报告实现对话，不然对方会认为舆论监测报告提供方不懂行，胡乱扯，报告将沦为废纸。

三、舆论监测报告的通用结构

目前舆论监测报告的提供方概括起来主要有四个：一是舆论监测软件开发商，它们已经由原来的“卖软件”向“综合化服务”转变，除了软件和数据服务还会提供舆论监测报告；二是新闻机构成立的舆论监测部门，如人民网舆情监测室、新华网舆情监测部门等；三是传统调查公司，如艾瑞等；四是一些高校的新闻传播专业机构，如中国人民大学舆论研究所等。以上四类舆论监测报告提供方提供的舆论监测报告的基本结构经过近些年的互相学习借鉴越来越趋同，基本通用结构概括起来主要有以下几个部分。

（一）封面目录

封面目录在政府内部网络舆论分析报告中很少见，常见于从事舆论服务的传媒企业和私营公司。舆论监测报告封面体现了企业文化，使人觉得正式专业。封面有两种形式：一种是以题目、组织名称以及 logo 标识为主的封面，另一种是以热点舆论为导读的封面。后者可以提供核心内容和观点。

（二）舆论概述

舆论概述以单独舆论事件为主体，相对简洁，而综述内容除了交代事件背景，还应详细分析舆论发展动态、提出应对建议等。内容不必太丰富，否则会使其他模块显得冗长多余，势必不妥，故用概述即可。舆论概述为全文之导读，能使阅者了然于心、直入正题。简言之，写清 5w+do ［5w 即因何（why）、何事（what）、何地（where）、何时（when）、何人（who），do 即如何做］即可。

（三）舆论传播

舆论传播即舆论事件发展动态。传播态势在舆论监测报告中多用图表反映，这样效果固然好，但应把握有度，突出重点。主要有四个方面：一是要体现以舆论事件为主体的传播走势，应细化传播覆盖面，突出传播节点。二是舆论事件应清晰体现各个传播类属走势，如舆论事件的新闻、网贴等的传播走势。三是要体现舆论事件传播效果走势，如正面、负面、中性。四是要用折线走势反映传播情况。

（四）舆论分布

网络舆论来源于各大网络交互平台，其分布的表现形式多种多样。一是展示某个舆论来源平台分布情况。二是展示舆论事件在网络平台中的分布情况，如微信、微博、论坛、贴吧。三是展示舆论事件在全国的地域分布情况。四是根据服务部门属性展示特殊环节的分布状况。五是展示舆论事件区域分布情况，如境内和境外。

（五）观点评论

网络舆论是指在互联网上流行的对社会问题的不同看法，是社会舆论的一种表现形式，是通过互联网传播的公众对现实生活中某些热点、焦点问题所持的有较强影响力、倾向性的言论和观点。新闻、媒体评论、重点网民观点倾向性分析、舆论服务部门相关机构和人员观点都是舆论分析师非常珍视的写作素材。

（六）总结

总结需用舆论信息数据截取和文本截取做支撑，形式较为单一。由于未从具体事件出发，舆论特点、点评应对、经验总结三部分暂不叙述。其因复杂多元，共性不易概括，无迹可寻。

四、网络舆论监测报告的基本写法

以上是舆论监测报告的通用结构，但这种结构还是有一定的局限性，如对舆论数据抓取与处理的方法交代不清晰，罗列网民或者新闻媒体的观点具有预设性（是否入选是由报告写作者主观决定的，没有任何客观依据）。因此，本书将提供另一种在网络舆论监测报告中经常使用的文本结构。

（一）报告方法说明

该部分主要告知报告写作的数据来源、数据搜集和处理方法，并详细列出。主要目的是告诉阅读者数据到底是怎么来的，为什么这个报告得出的结论是科学的。

（二）舆论的总体情况

这部分主要回答的问题是事件总体情况，如影响力大不大、覆盖面有多大、社会危害性大不大等基本问题，还要包括事件中相关的主要议题及分布情况，以及对关注该事件的人群的特征分析。

（三）各社会话语场域情况

该部分可分为以下三个主要场域论述：一是大众媒体场域，主要是这个场域关注的舆论焦点及重要的媒体有哪些；二是草根话语场域，主要是这个场域关注的焦点及诉求，以及有哪些网民是关键人物（信息搬运工、重要爆料人等）；三是意见领袖场域，主要是这一场域关注的焦点及基本诉求，以及比较有代表性的关键人物有哪些。

（四）未来发展趋势预测

该部分主要提供两个方面的内容：一是议题预警，即哪些议题需要关注并可能成为未来舆论的爆破点；二是舆论发展的趋势，即这个事件是进一步扩散还是很快消亡等。这些问题需要详细回答。

（五）舆论危机应对策略

舆论危机应对策略主要从两个方面展开：一是微观层面，主要是从话语修辞、介入时机、事件处理（处理责任人、处理时间）、心理干预与安抚等四个方面提出对策与建议。话语修辞是"如何说"的重要性超过"说什么"的修辞时代所必须具备的技能；介入时机的选择也具有一定的技巧性，比如一般舆论处置已经由所谓的"黄金四小时"向所谓的"黄金一小时"演进，但有些事件可以"让子弹飞一会儿"，等舆论沉淀下来过一段时间再回应；事件处理有时需要处理事件责任人，事件责任人的处理也具有一定的技巧性，哪些需要"护犊子"，哪些需要"壮士断腕"都需区别对待。

二是宏观层面。宏观层面并不是从国家层面考虑，而是立足于机构角度，主要是对机制与制度建设的建议。舆论事件消弭了，并不意味着危机彻底解除、万事大吉了，必须亡羊补牢，从本组织的机构设置到顶层制度设计，再到具体的人事安排都需要调整，只有这样才能将舆论事件消弭于无形，因为最好的舆论应对是不发生舆论事件。舆论应对最重要的是预防而不是危机管理，只有把组织的"篱笆"加固了，才能真正塑造遭遇舆论危机时的"金刚不坏之身"。

五、舆论监测报告撰写需要注意的问题

（一）撰写舆论监测报告的一般注意事项

1. 一定要有报告概述

报告概述应简明扼要，一般字数控制在 1 000 字左右。因为很多决策者

都比较忙，尤其是现在很多舆论监测报告冗长，很多内容隐藏在繁复的图表之中，因此需要言简意赅地介绍一下事件的主要情况、未来趋势与主要对策。

2. 对事件要有整体的“面”上的描述

一定要对事件有整体的“面”上的描述，不要只抓孤立的“点”的事件，不要把舆论监测报告写成舆论事件列表。

3. 提供对策

不要只列问题没有对策。很多舆论监测报告虎头蛇尾，或者只有头没有尾，严格意义上算不上舆论监测报告。

4. 善于用图表说话

读图时代需要直观化的表达，尤其是一些结论如果干瘪瘪地表达，不具有让人信服的效果。要善于用图表说话，通过直观的图表为自己的观点做佐证。

5. 用语尽量通俗

不要生搬硬套一些看似文绉绉的词，用语要尽量通俗。舆论监测报告撰写人员出身于各个学科，为了增强报告的所谓深度，喜欢堆砌一些高深的理论或者很“玄”的概念，让决策者无所适从。个别舆论监测报告甚至为了概念而概念，生搬硬套，结果让决策者读完一头雾水。

（二）针对不同的服务部门，有不同的侧重点

不同的舆论监测报告服务的部门不一样，舆论监测报告的侧重点也不尽相同。如政府部门更要求宏观把握当前形势，企业更注重个体事件。政府部门的目的是公共管理，企业的目的是品牌形象维护。针对政府部门的舆论监测报告不宜太长，因为决策者比较忙；企业则多喜欢长报告，认为自己花了钱应换取更详尽的报告。

本章小结

即使已经进入了后真相的自媒体时代，舆论软件监测的基本原理依然是依靠网络爬虫爬取数据并在本地进行数据存储、数据清洗、数据消重与聚合呈现。本章主要将舆论监测分为定向与非定向两种，并对其基本手段进行了介绍与比较。总体来看，目前的舆论监测手段还停留在较原始的阶段，未来大规模的舆论软件平台、监测手段需要迭代性的更新与完善。舆论监测报告是舆论研究的落地成果，在现实生活中，舆论监测报告还存在一系列的行业通病。本章主要介绍了舆论监测报告的通用结构及其应用对象，对面向企业和面向政府的舆论监测报告进行了对比，希望能

够使研究者明白舆论监测报告的撰写技巧。

本章思考题

1. 有人说舆论监测是“盲人摸象”，只见树木不见森林，你如何看待这个观点？

2. 你如何看待目前网络舆论监测报告越来越厚、“干货”却越来越少的问题？

3. 在你心目中，一份理想的舆论监测报告是什么样子的？它应该起到什么作用才算是合格的？

推荐阅读书目

1. 人民网舆情办公室．如何应对网络舆情?：网络舆情分析师手册［M］．北京：新华出版社，2011.

2. 林爱珺．舆情信息工作手册［M］．北京：经济日报出版社，2015.

3. 周蔚华，徐发波．网络舆情概论［M］．2版．北京：中国人民大学出版社，2023.

第十三章

舆论的研判、引导与控制

本章学习要点

1. 掌握舆论定量研判与定性研判的基本技巧与方法。
2. 了解人类三种历时的舆论引导类型及其差异。
3. 掌握舆论引导与控制的基本手段及效果差异。

舆论作为社会的皮肤，一定程度上是社会现实的镜鉴、舆论客体的意见总和，舆论由于规模较大、诉求多元，再加上很难准确直观把握，因此需要进行有效的舆论研判，并结合研判的结果进行引导与控制，实现将舆论控制在可控的范围之内，进而在承认舆论客体方与舆论主体方主体间性的基础上，实现两者的平等真诚对话。

第一节　舆论的定量研判与定性研判

舆论的研判需要从定量与定性两个层面展开，定量提高舆论研判的科学性，定性提高舆论研判的准确度，一经一纬才能真正描绘出舆论的真实面貌。

一、定量研判：网络舆论研判的指标

网络舆论研判与评估是一项需要综合考虑多方面因素和变量的系统工程。所谓运用之妙，存乎一心，本书主要从比较常用的技巧入手，首先从定量的角度分析如何判断一个舆论事件的走势及其基本态势。经常使用的是以下四个指标。

（一）传播扩散度

传播扩散度是影响网络舆论信息安全的重要指标之一，用来衡量某一具

体的舆论事件或细化主题的相关信息在一定统计时期内通过互联网呈现的传播扩散状况。从理论上讲，舆论信息扩散的范围越广，知道的人越多，事件的解决难度越大，社会舆论压力也会越大。传播扩散度一般可通过以下两个二级指标进行衡量。

1. 时间维度扩散

网络舆论信息流量变化是指在一定的统计时期内，某一舆论信息通过互联网不同的数据源通道形成的报道数、帖子数、微博数等相关信息总量的变化值。不同统计时期内的数值形成在一段较长时间内连续的变化走势，能帮助评估者挖掘出舆论波动点所在的时间等重要线索，便于发现舆论信息态势的变化规律。如图 13－1 显示的是百度指数 2011 年至 2019 年民众谈及与腐败相关的信息的数量变化，可以明显看出政府对腐败的重视程度加强，并且在 2012 年底和 2014 年 6 月出现了民众谈论相关信息的两个高潮（数值单位为搜索单位）。

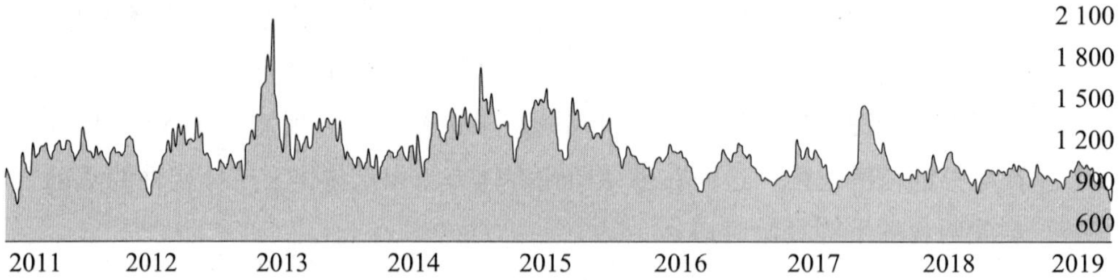

图 13－1　2011—2019 年民众谈及与腐败相关的信息的数量变化

2. 地理区域分布

这一指标主要是对网络舆论信息的空间分布特征进行描述，用以体现在一段统计时间内某一舆论信息的流通量在各地理区域的分布情况，以此判定信息流通量最大的区域，以及在该时间段内这一信息的扩散趋势和分布范围。一般通过 IP 地址、ID 等来获取、查询和定位。从理论上讲，信息扩散的地理区域越广泛，关注的人群越多，社会舆论压力就会越大。

（二）民众关注度

民众关注度是用来衡量在一段统计时期内民众对国家各方面舆论信息的关注情况的指标，有助于从海量的舆论信息中发现和捕捉民众关注的热点所在，通过密切关注该舆论事件的爆发和演化规律，以确保舆论安全。

民众关注度通常通过以下指标进行衡量。首先是大的指标，主要是不同信息渠道的关注程度，主要包括新闻网站、论坛、贴吧、博客再加上微博等，这是对简单的数量多寡的关注，可以借此比较以新闻网站为代表的官方话语场域与以微博、博客、贴吧和论坛等为代表的草根话语场域的差别。

更细化的是以下指标：

（1）累计新闻信息数量和新闻信息量变化率。

（2）累计点击数量和点击量变化率。

（3）累计评论数量和评论量变化率。

（4）累计转载数量和转载量变化率。

（三）内容敏感度

网络舆论信息内容敏感度是指某一特定的网络舆论信息内容可能造成的危害程度。内容敏感度与特定部门的功能和日常业务有一定关系，主要是靠该部门的敏感词库来进行衡量，可以按照敏感词的多寡对任何一个信息文本进行加权计算，从而测算出其敏感程度。如图 13－2 以某食品生产企业为例，可以将关键敏感词设定为高（红）、中（橙）、低（绿）三等，不同的敏感程度所对应的舆论管理手段也不尽相同。

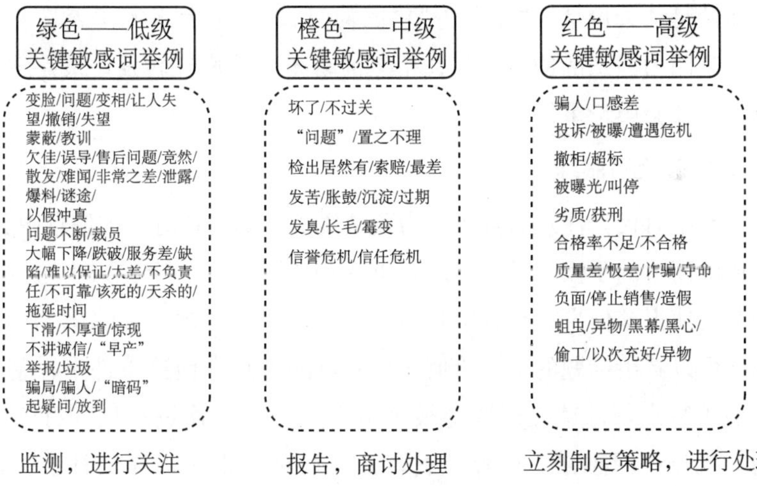

图 13－2　某食品生产企业不同内容敏感度关键词及其处理对策示意图

（四）态度倾向性

态度倾向性指标用以刻画针对某一特定的网络舆论信息，民众所持有的观点态度（即民意）倾向。一般最为简单的划分是正性、负性和中性三个维度，通过这三个维度可以了解民众对这类信息的基本态度和变化。目前一些微博情绪分析软件已经能够做到这些简单的识别。

二、定性研判：网络舆论研判的基本技巧

（一）日常简单的舆论研判技巧

对收集到的网络舆论信息要进行研判，互动社区中容易炒热的话题，就其传播形式而言一般要具备以下三个条件。

1. 有图有真相

正如网络上经常说的“有图有真相，无图无真相”一样，目前的信息消费进入感性化的快餐消费时代，读图时代来临，民众已经厌倦冷冰冰的文字刺激，对于感性的图片更加感兴趣，因此很容易生成基本假设：图＝真相。图片已经成为十分常用的网络表达方式，通常在贴吧、微博等自媒体交流平台，发帖人所表述的话题仅通过文字不能使观者信服，于是便需要借助诉诸视觉的“图片”来进行丰富的表述，从而使观者获得真实感，由此相信这是事实。

在很多舆论事件中，往往都是一张图片最终成为压垮骆驼的最后一根稻草。无论是“天价烟”“犀利哥”“擦鞋门”，还是后来的“表哥”“雷政富”等，都是因为强烈的冲击力和真相感推动图片的疯狂转发，最终演变成一发不可收的社会舆论事件。

2. 标题吸引眼球

在网络时代，注意力资源成为稀缺资源，如何在海量的信息中脱颖而出，一个比较简单的手段就是使标题足够吸引眼球。在一个先入为主的时代，好的标题会使得该信息在众多信息中脱颖而出，“标题党”的危害自不待言，但从侧面可以看出标题的重要价值。在所有网络热点舆论事件中，基本上都有一个显著特点，那就是标题都很吸引人，尤其是通过动词和标签化的名词使用，现场还原感强，很容易点燃社会情绪，带来极高的社会关注度，产生社会围观和群体极化现象。如引爆“天价烟事件”的关键节点是网友@华阁的帖子《赞一下那个要处罚低价售房的局长，看人家抽的烟》，又如引爆“犀利哥”关注的帖子《秒杀宇内究极华丽第一极品路人帅哥！帅到刺瞎你的狗眼！求亲们人肉详细资料》等，这些帖子的标题都具有很强的现场即视感和视觉冲击力，通过设置悬念、夸张口气等来挑起民众看下去的欲望。

3. 篇幅简短

随着信息的爆炸式生产，海量信息出现的同时也带来了社会民众信息消

费方式的改变，整个社会弥漫着浮躁的情绪，再加上微博和微信等传播碎片化信息的自媒体平台的出现，传统的长篇累牍式的信息消费方式被极大消解，感性、碎片化的信息消费方式成为主流，人们已经不能静下心来阅读哪怕长一点的信息。因此篇幅简短的信息更能迎合民众的这种信息消费方式，并且可以在众多信息中脱颖而出，更加容易为民众所关注，成为民众的谈资。在相关的热点舆论事件中，很多信息表述都不是很长，而是短小精悍、言简意赅，更加符合碎片化信息传播时代的特点。

以上三点是在形式上衡量一个信息能否最终成为社会热点信息的重要参考标准。在现实的舆论监测中，我们也发现负面信息虽然充斥着整个网络，但真正成为社会热点事件的信息仅占到其中的不足10%，主要的原因就是这些信息缺乏以上三个最基本的特征。随着未来信息碎片化传播的趋势越来越明显，这三个特征在社会热点事件中也会表现得越来越明显。

（二）舆论研判需要抓住的五个关键节点

1. 舆论的焦点

作为一个舆论事件，可能有很多议题和关注点，这些关注点构成了整个事件的消长过程，但总有一个点是整个事件的焦点，即所谓的“蛇之七寸”。民众最关注的问题是什么，这些问题深层次的原因是什么，如果在面对一个舆论事件时能够很好地回答这两个问题，就能找到舆论的焦点或关键之处。

2. 舆论的兴奋点

舆论事件发生后，在信息传播的同时，主要是社会情绪在传播。这些社会情绪可能是愤怒、高兴或紧张乃至恐慌，具有像病毒传播一样的传导效应，很容易在社会民众之间和不同社会群体之间快速传播。要做好舆论研判，必须明确民众的情绪是以哪种为主，情绪的兴奋点是什么，这种兴奋点的根源在哪儿。只有明确这些，才能在后面的舆论应对中有的放矢，不然的话很容易只做表面文章，最终不能从根本上平息社会民众的情绪。

3. 舆论的波动点

舆论事件的形成和演变是过程性的，其中舆论事件的议题在不断变化，会出现所谓的波动点，任何新信息的加入都可能影响到事件议题的高涨和消亡，这些新的信息节点是舆论事件的一个个波动点，这些波动点是推动事件不断发展的关键所在。如“表哥杨达才事件”中，起初民众表达的是对杨达才的微笑所呈现出的作为基层干部的麻木不仁、尸位素餐的愤怒；但随着网民发现他在不同场合先后佩戴多块名贵手表时，就将标签迅速地从“微笑哥”转换为“表哥”；紧接着又有网友发现其腰带、眼镜和衣服等都是奢侈品，于是发表“表哥全身都是宝”的帖子，引起了民众对其巨额消费来源的怀疑，进而将整个事件不断推向高潮。这些关键信息的爆料都是舆论事件的波动点。

4. 舆论的重点

舆论事件发生后，可谓众说纷纭、众声喧哗，各种观点激烈碰撞，如何拨开迷雾找到社会舆论的重点，即民众众说纷纭背后的真正诉求和矛头指向，是其关键所在。当然，在后期的舆论应对中可以顾左右而言他，或者选择一味道歉，但抓不到舆论的重点所在，总有跛脚之嫌，因为舆论重点是整个舆论混乱表象背后的症结所在，只有找到重点才可能将事情真正解决。

5. 舆论的诱发点

舆论事件的发生都有所谓的诱发机制。上文提到了舆论爆发的几种模式，其中最主要的是以情绪为主导的复合爆发模式。情绪的确是很多舆论事件中的第一诱发点，对于网络舆论研判来说，必须要及时有效地找到这一诱发点，它类似于火灾中的“着火点”。这个诱发点有两个意思：一是物理意义上的诱发点，即舆论信息的第一曝光论坛或微博等，对这类物理上的诱发点应尽量斩断传播链条的源头，或者是直接辟谣，最大限度地压缩信息流动的效率和范围；二是心理意义上的情绪诱发点，即这个事件之所以爆发，是因为刺激了民众哪些情绪和哪部分心理痛区，这些情绪能否有效得到疏导，应尽量将事件消弭于较小范围内。

（三）舆论研判的流程及机制建设

一般来说，一个完整的舆论研判过程大致可以分为以下几个主要环节。

(1) 实时抓取互联网上的海量数据。

(2) 逐条分析是否与“我”相关。

(3) 逐条分析是否属于“舆情”。

(4) 逐条分析是否属于“负面”。

(5) 分析各条舆论的热度，评估其影响力。

(6) 分析各条舆论的传播路径和传播时间。

(7) 每日生成《舆情简报》，重大舆论事件生成《舆情专报》。

(8) 24 小时不间断监测重点网站和论坛、微博。

(9) 实时通过短信、电话、弹窗、邮件等渠道进行舆论预警，真正做到防患于未然。

舆论研判详细流程如图 13－3 所示。

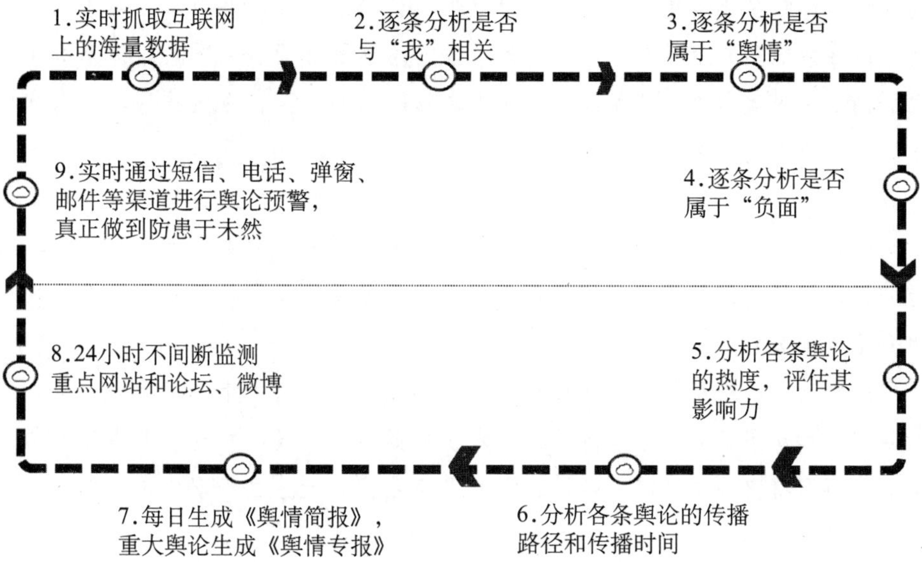

图 13-3 网络舆论研判详细流程示意图

知识窗

国内舆论监测市场的主要产品

在舆论监测领域，人民在线影响较大，其身后的《人民日报》及人民网，作为党和国家的喉舌，肩负着引领舆论导向的政治任务，拥有人才、资本、媒体等方面的优势。人民在线舆情系统的优势在于自然语言处理、观点倾向性分析等语义逻辑，但由于其将舆论监测服务的重点放在关注网络舆论信息传播的关键节点上，其在监测覆盖面上没有其他商业舆论监测公司的产品那样广，以致舆论预警实效性受到影响。

在舆论监测系统商业应用中，拓尔思（TRS）网络舆情系统构建了多个向量模型，通过 TDT（话题检测与跟踪）对舆论信息进行相似性分析，发现、跟踪和分析互联网新的热点话题。在舆论监测智能上，从用户角度看，拓尔思网络舆情系统在商业性舆论监测软件中功能相对全面。

北大方正智思产品与拓尔思网络舆情系统有着相近的特性，即在文本挖掘上通过向量模型对互联网热点话题进行相似性分析，对舆论倾向性进行定量计算，但在具体应用上有待进一步完善。

中科天玑由中国科学院计算研究所软件研究室改制而来，其舆论监测系统产品为 Golaxy，拥有国内相对完善的汉语分词系统 ICTCLAS，为自然语言处理（NLP）构建了知识体系，为相似性向量模型、观点倾向性等语义分析奠定了坚实基础，在文本舆论分析能力上具有优势。但其互联网数据获取能力有待提高，而且在商业运作和资本对接上也不理想，在舆论监测市场领域知名度还有待提升。

在商业舆论监测系统中，军犬舆情系统具有一定的影响力，这得益于中科天玑的商业运作和社会化信息传播。相较于其他舆情系统产品，在技术性能方面，军犬舆情系统在数据获取上具有一定的优势；但就总体性能而言，军犬舆情系统没有脱离互联网信息采集和加工产品范畴，并未真正跨入网络舆情系统序列，其在向成熟的语义分析迈进上依然道路漫长。

谷尼（Goonie）系统内置了信息自动获取、自动聚类、主题检测和专题聚焦功能，可通过内容抽取、向量模型相似性分析发现互联网新的热点话题，并对其进行跟踪分析，根据统计等策略分析不同时间内的主题关注度和预测趋势。其语义分析能力介于方正智思与军犬舆情系统之间。

广州邦富在广东及邻近区域具有一定的影响力，在北方市场影响力有限，但在成为新华社和新华网的官方舆情系统技术供应商后，在战略布局上取得了优势。厦门美亚从事网络舆论监测起步早。北京本果商业投入大。这三家公司的舆情系统在公众认知度和市场份额上有一定成就。

作为一个新兴的领域，野蛮生长的网络舆论监测市场由于缺乏明确的标准、规范和监管体系，目前市场主体良莠不齐，鱼龙混杂。

舆论监测系统市场成了一个乱哄哄的灰色江湖：自主创新能力低下，互相抄袭，同质化严重，“山寨”盛行。不少“山寨”产品在进行微观、局部的修改、变动、改良后，通过专利、双软认证等方式进行身份漂白，甚至“李鬼”名声盖过“李逵”。吃回扣等商业贿赂现象严重，官商利益同构，招标成为暗箱操作、内部交易的遮羞布。此外，大多舆论监测系统在宣传上存在虚构研发专家团队、挂羊头卖狗肉、名不副实、虚夸产品优势等现象。

总体而言，国内舆论监测系统的技术性主要体现在互联网舆论数据的收集上，即停留于侧重网络舆论因子的发现及相关预警告知环节，而核心的网络舆论的观点倾向性及其观点细粒化等语义分析手段尚不成熟。这些造成政府部门及企业在采购舆论服务上买不致用、产品使用周期短、产品转换频率快、重复购买现象严重，导致采购华而不实、实效低下。造成社会资源浪费的舆论服务购买甚至可能成为牟利载体、长官工程、形象工程。

第二节　人类三种历时的舆论引导类型

人类三种历时的舆论引导类型是国内舆论学者陈力丹根据美国社会学家大卫·理斯曼（David Riesman）基于社会性格理论的三种导向而提出的，对舆论引导具有一定的参考价值与意义。

一、大卫·理斯曼的三种性格导向类型

大卫·理斯曼基于社会性格理论在其著作《孤独的人群》中从历时性的角度探讨了传统导向、内部导向及他人导向三种类型。

在其《孤独的人群》开篇部分，理斯曼首先对社会性格作了界定——所谓社会性格并非个人特有的气质、才干、生理和心理属性，而是指“特定社会群体间共享的那部分性格”[①]，是在“社会和历史因素”共同作用下形成的“个人驱动力和满足需要结构”[②]。理斯曼分析了不同历史时期的人口变化，认为在人口变化曲线与社会特性的变化之间存在着相关关系，并以此为理论依据，提出了传统导向型性格、内在导向型性格和他人导向型性格的概念。传统导向型性格普遍存在于人口高增长潜力时期，即前工业社会，“他们的顺承性来源于遵循传统的内在倾向”[③]，其成员的社会生活受到传统礼仪和习俗的严格限制，个体的社会化过程就是学习如何理解和继承持续了几个世纪的传统行为模式。在这样的社会里，个人必须服从传统的支配，因而形成了一种以传统为导向的性格。传统导向者受“羞耻感”的驱使，渴望自己的行为能获得他人认同。[④]

内在导向型性格主要存在于工业社会早期的人口过度增长阶段。“他们的顺承性来源于早年生活的内心目标”[⑤]，理斯曼将此称作“心理陀螺仪”[⑥]。借用弗洛伊德的话说，内在导向者的一切行为必须接受“超我”的检验，一旦脱离既定轨道，个体便会遭受良心谴责，产生深刻的“罪恶感”。[⑦]

理斯曼指出，我们目前所处的时代即初期人口减少期（指二战后美国社会）的社会性格，正在从以内在信念为依据的“内在导向型”转变成以他人行为准则为依据的“他人导向型”。他人导向型性格指一种对他人的期待和兴趣爱好十分敏感的性格取向，“他们的顺承性来源于对他人期望和喜爱的敏感”[⑧]。这种性格的形成来源于同龄人或者通过大众媒体间接认识的人的示范作用。这种性格恰恰是消费社会中产阶级经常表现出来的社会性格。理斯曼

---

① 理斯曼．孤独的人群［M］. 王崑，朱虹，译．南京：南京大学出版社，2002：34－36.

② 同①45－46.

③ 同①112－113.

④ 同①34－36.

⑤ 同①49－50.

⑥ 同①34－36.

⑦ 同①71－72.

⑧ 同①85－86.

将他人导向者的性格特征形容为根植于“无处不在的焦虑”的“雷达”装置。[①] 尽管社会性格的形成涉及极为多样而复杂的因素，但我们仍可以看出传播媒介的使用与普及是一个至关重要的因素。在《孤独的人群》一书的序言中，理斯曼写道：“我们确信，大众传播媒介对于美国人知觉方式、生活的理解（常常是误解）和如何成为一个男孩或女孩、男人或女人、老人等具有强烈而深远的影响。”[②] 理斯曼重点关注的是在美国人的社会性格从内在导向型向他人导向型转变的过程中新兴的大众传播媒介所产生的影响，这种影响具有至关重要的意义。

在传统导向阶段，人们接触的文化信息主要来源于口头传播，“传统导向的社会利用口述家史、神话传说与歌谣等形式来传播其相对稳定的价值观”[③]。这些口口相传的故事歌谣、神话传说凝聚了群体价值观念和社会规则，共同构成了一个族群的集体意识，用以再生产出适合族群生存发展的性格的成员。这种媒介环境导致传统导向的价值观代代承袭，相对稳定，变化非常缓慢。

文字产生尤其是印刷术逐渐普及之后，人们的传统导向型性格逐渐发生改变。书本所提供的价值观念和生活模式与现实世界有差距，这会导致人们趋向于形成内在导向型的社会性格，按照书本上的价值观念和生活模式去生活，而不是按照世俗价值和模式去生活。“识字的单个农民不仅在不影响性格塑造的基础上学会了技能，而且还脱离了社会的主要群体和传统导向。印刷读物带他们进入转折点，不但支持他们脱离社会主要群体，抨击主要群体价值观，还为他们提供联盟感，虽然仍有人对此感到苦恼疑虑。”[④]

大众传媒的兴起促使社会性格由内在导向型向他人导向型转变。理斯曼认为美国社会的他人导向型性格几乎是在 20 世纪之后发展起来的一种新的社会性格。报纸杂志、收音机、电影、电视机等大众传播媒介在塑造社会性格中发挥了作用，大众传播媒介所承载的价值观念与生活方式成为人们学习和模仿的榜样。大众传媒时代人们相互交际的范围空前扩大了，他们尝试通过旅游、电话甚至更先进的网络工具进行广泛的接触，这势必导致他们用于人际交往的时间远远多于独处的时间。人们形成了与他人沟通交流的愿望与习惯，“他人导向的孩子被训练得对人际关系异常敏感，善于体察复杂的人际关系”[⑤]。他人导向型性格的特点在于具有了强烈的自我意识，但却不一定发展

---

① 理斯曼．孤独的人群［M］．王崑，朱虹，译．南京：南京大学出版社，2002：34－36.

② 同①132－133.

③ 同①101－102.

④ 同①142－143.

⑤ 同①146－147.

出具有自主性的性格。而自主性的弱化或缺失导致了社会成员“彼此效仿，他们因此失去了自由与自律”[①]，并由此在空前喧嚣的世界中深陷孤独与寂寞之境。

二、三种历时的舆论引导类型

基于大卫·理斯曼的三种性格导向类型，陈力丹提出了三种历时的舆论引导类型。[②]

（一）舆论的传统引导类型

这一引导类型源于传统导向，如历史上出现得最早的传承是依靠世代口口相传的故事来完成的。对上一代人所讲述的故事的尊崇与信奉，本身就是传统社会的一种舆论，因而传统引导型下的舆论变化极为缓慢。对这种舆论的引导具有明显的既成性，故事无论是虚构的还是真实的，总是将“过去时”的、既成的东西当作学习的楷模，从古老的史诗到现在的儿童教育故事都具有这一相似的特征。另外，这种引导还具有直接影响的性质，因为它是面对面的“讲”，直接传达信息并带有亲情色彩。

（二）舆论的内部引导类型

随着信息社会的来临，书刊对最初几代人的影响是巨大且不可磨灭的，正是那时形成的新舆论奠定了国家走向现代化的观念基石。传统引导类型中接受者是被动的听众，而书刊传播中接受者是主动的读者，任何书刊如果读者没有能力或不愿意读它们，就不会产生传播效果，因而双方形成一种“偶合”关系[③]——一方是以书籍为媒介的传播者群，另一方是潜在的读者群，二者之间是一种“面”对“面”的传播关系。书刊对公众的引导是一种通过读者的选择、阅读、理解、认同而产生的心灵内部的引导方式，有助于形成具有自主倾向的内部引导型人格。[④]

以电子媒介为代表的大众传播已经不同于那时的书籍，即使是文字传播形式的报纸和通俗杂志，也由于带有明显的流行特征而不同于那时需要人思考的哲理、科学、文化世界名著和启蒙刊物。适当地通过大众媒介引导公众体验读书的内部引导形式，是当前舆论引导中需要提倡的一种提高舆论质量

---

① 理斯曼．孤独的人群［M］．王崑，朱虹，译．南京：南京大学出版社，2002：34－36.

② 陈力丹．理斯曼的三种引导类型及对舆论导向的启示［J］．国际新闻界，1997（4）：60－63.

③ 同②.

④ 同①153－154.

的方式。

（三）舆论的他人引导类型

互联网时代网民的互动极大地推动了网络消费市场的发展。网络社会是一种“他人导向型社会”，正如大卫·理斯曼所言：“所有他人导向型性格的人的共同点是，他们均把同龄人视为个人导向的来源，无论这些同龄人是自己直接认识的还是通过朋友和大众传媒间接认识的。”他人导向型性格的人所追求的目标随着导向的不同而发生改变，只有追求过程本身和密切关注他人举止的过程终其一生不变。与内在导向型性格的人不同，他人导向型性格的网民与亲友的关系日益疏离，网络化生存更多地体现了网民的自主和标新立异，在网络上寻找知音和追逐消费潮流已经成为新社交方式的意义所在。他人的评价对于网民的自我认同起着重要作用。

正是由于新的环境造就了众多的他人引导型性格公众，一旦他们习惯于以外界信息的变化为转移，在外界信息渠道众多、变化迅速而不好把握时，就多少处于一种被信息困扰的焦虑之中，特别是在社会变迁时他们对舆论表达的焦虑就更为明显。在这方面，社会学与传播学在探讨公众与信息的关系时不约而同地使用了同一个比喻词“雷达”。施拉姆（Wilbur Schramm）认为“我们大家都以不同的方式利用传播作为我们的社会雷达”①，而理斯曼则将他人导向者的性格特征形容为根植于“无处不在的焦虑”的“雷达”装置②。

传统引导型的传播特征是“点”对“点”，内部引导型是“面”对“面”，而他人引导型是“点”对“面”。传播媒介是自觉的、主动的，而公众则是不具体的、不确定的；新技术媒介造成的传播直感性使得公众不由自主地变成了被动的信息输入者，自由和主动接受的选择是很有限的。就具体某一舆论的引导来说，在这种情况下也许反而容易达到引导目的，但从长远看，不利于公众素质的真正提高。

第三节　舆论的引导与控制

舆论作为一种信息耗散结构，具有一定的自组织性，会存在自身的能动性和自主性。过度的干扰与控制会造成这种结构的异变和极化，但适度的信

① 施拉姆．传播学概论：第 2 版［M］．何道宽，译．北京：中国人民大学出版社，2010：19－20.
② 理斯曼．孤独的人群［M］．王崑，朱虹，译．南京：南京大学出版社，2002：142－143.

息控制或者为该自组织注入一定的信息干扰，有可能实现自组织的再平衡。基于此，本书认为舆论控制这种提法比舆论引导更为确切。

一、对事实信息的控制与引导

舆论是基于对舆论客体相关信息掌握的多少而产生的，因此要对舆论进行控制与引导，首要的是对事实信息的掌控，对涉及舆论客体的事实信息在有无、多寡与好坏等三个层面进行控制，一定程度上会对舆论起到控制与引导的作用。在对事实信息的控制与引导上，比较经典的一个做法是“新闻、旧闻、不闻”新闻外宣方针。该方针是 1957 年由毛泽东提出的，他认为在新闻报道过程中，一则新闻早发表、迟发表或者不发表，都要从政治上来郑重考虑——发表后于己有利的新闻应尽快发表、迅速发表，即“新闻”；背景不明、真相不清、对己不利的新闻要暂缓发表，即“旧闻”；发表后于己不利的新闻要压下不发表，即“不闻”。“新闻、旧闻、不闻”的宣传方针是基于中华人民共和国成立之初严峻的国际政治环境提出的，目的是向人民证明“敌人一天天烂下去，我们一天天好起来”[①]。这一方针并不是从新闻价值本位出发，而是基于政治需要和国际形势提出的。这一方针成为中华人民共和国成立以后国内新闻宣传的基本方针，一定程度上维护了国内安定团结的政治氛围，具有时代的价值。这一方针是对当时舆论表达中事实信息的控制，对信息的控制有一个基本前提，那就是需要对信息通道进行掌握，即在传统的渠道稀缺、渠道霸权时代，信息渠道是有限的并且完全掌握在自己的手中时，可以通过控制信息的有无、多寡、好坏来实现对事实信息的传播，进而引导社会舆论，形塑于己有利的社会舆论环境。但在信息渠道足够丰富多元的信息社会，这种方式会造成一些负面效应——信息封闭容易形成“舆论一律”的一元化舆论格局，进而引发民众的好奇心，负面小道消息横行，导致整个社会舆论环境与舆论生态变得脆弱。

新媒介技术崛起，自媒体风起云涌，信息通道极大丰富，以“非典事件”和伊拉克战争期间新闻频道的开播为代表，一定程度上突破和改变了以往“新闻、旧闻、不闻”的新闻宣传方针，在主流舆论表达系统之外形成了所谓的“草根舆论话语场域”，这两个场域之间时刻进行着话语权的争夺、博弈与交流。

---

① 中国共产党八届六中全会公报［EB/OL］.（2008-06-05）［2022-12-22］. http://www.gov.cn/test/2008-06/05/content_1006372.htm.

二、对传播通路与传播节点的控制与引导

（一）对传播通路的控制与引导

对舆论的控制与引导，在传统社会的主要做法是对信息通道实施控制，无论是最早的书报刊还是后来的电波资源，在当时的社会背景下都属于稀缺资源。书报刊需要纸张与印刷场所，这在当时语境下都需要足够的资金来支撑，因此十月革命以后，列宁及苏维埃政府做的第一件事情就是将印刷所收归国有。电波资源出现时也是一种稀缺资源，电波频率有限，没法大规模投入商用，属于准公共物品，只能由国家在议会的监管下使用，因此出现了英国广播公司（BBC）和日本放送协会（NHK）等公共媒体机构。这些举措最大限度地保证了信息通道掌握在代表多数人利益的组织和机构手里。中华人民共和国成立以后，我们实行出版许可制和电视牌照制等市场准入制度，也是最大限度地对信息传播渠道进行有效监管与控制，对形成有利于政治稳定和社会团结的良好社会主义建设新局面具有重要的促进作用。因为只有掌握了信息传播渠道，才能够决定对事实信息控制得周不周全与彻不彻底的问题，否则所谓的事实信息控制都是沙上建塔。

（二）对重要传播节点的控制

在疾病预防学中有一个通用做法，即一旦发生疫情会首先对已发病对象进行隔离治疗，通过这种方法来切断疫情传播链条，进而控制疫情。同样，在舆论传播中也有一种控制舆论扩散的做法，即对重要传播节点进行控制。如图 13 - 4 所示，如果将图中中心节点与四周的联系全部剪断，中心节点左右的两个子网络必然会断了联系，谣言或其他信息很难有效传输，整个社会传播网的传播速率和效率会急剧下降。

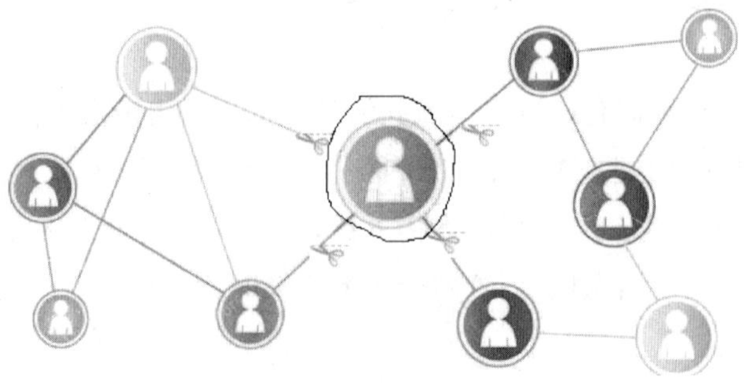

图 13 - 4　对重要传播节点的控制与引导

在现实舆论引导操作中，控制重要传播节点主要是控制网络意见领袖。

上文已经提到了意见领袖对凝聚“意见核”的主导作用，如2016年2月26日国家网信办消息称，针对少数网络名人无视社会责任，滥用自身影响力，在网上多次发布反对宪法所确定的基本原则、损害国家荣誉和利益以及造谣传谣、扰乱社会秩序等违法违规信息的行为，有关网站依法关闭@罗亚蒙、@演员孙海英、@王亚军上海、@荣剑2001、@文山娃、@纪昀、@大鹏看天下等网络大V账号。在2016年上半年，有关网站对580余个违法违规公众账号和一批误导公众、影响恶劣的网络名人账号予以关闭、暂停更新，这些举措都是对重要传播节点予以控制以实现舆论引导。

三、对舆论客体的控制

对于舆论引导还有一个釜底抽薪的做法，那就是对舆论关注的客体——社会问题本身予以控制与解决，实现对舆论的引导。

在对舆论客体进行控制时，一般有两个主要的解决办法：一是釜底抽薪法，这是上策，问题解决了，舆论也就不存在了。舆论关注的客体往往是一些社会热点事件或社会问题，这些问题的解决难度并不大，只需要相关政府部门予以重视并进行处理，病灶解决了，关注问题的“吃瓜群众”自然会“洗洗睡了”。但在日常实践中，很多部门为了面子或者出于“护犊子”的心态，往往对事件使用七字诀“捂、盖、拖、堵、躲、删、压”，越捂越发酵，越盖越引发围观，缺少壮士断腕的决心和勇气，最后使得整个组织的形象为个别组织员工埋单，造成舆论啸聚。二是顾左右而言他的转移焦点法。舆论事件发生后，很多事件是由结构性的矛盾造成的，对于舆论涉及的相关部门来说不是凭自己就能解决和清理的，这个时候引导舆论比较好的方法是采用焦点转移法，即将舆论主体所关注的焦点转移到该事件某一个无关组织大局的方面或者别的热点事件上。这里需要说明的是，顾左右而言他的转移焦点法并不是啥也不干“等风来”，而是需要合理引导和运筹帷幄；更不是采用所谓的“鸵鸟策略”，而是一种乾坤大挪移，需要高超的引导艺术。

知识窗

舆情应对的基本误区

（一）思维误区

由于目前舆论监督尚不属于干部选拔机制内的重要因素，因此很多领导干部不注重舆情应对。在当前领导干部选拔任用过程中，很少需要新闻媒体的舆论监督，也不需要直接在媒体和大众面前展示自己；干部升迁也无须担心媒体质疑和自己的媒体形象，自然也就没有提高这方面能力的内在动力和现实需要。因此，很多传统思想观念成为舆情应对的障碍。具体来说主要表现为以下几点。

1. 敌对思维

对待网络舆论事件或群体事件，很容易上升到维稳的高度，将社会民众划归到“敌对分子”阵营。近年来，一些地方在发布有关舆论事件的信息时，爱用“不明真相人员”“不明真相群众”等词句，这一说法耐人寻味，值得反思。首先，如果说事件的发生是“不明真相”的群众被少数“别有用心”的人蛊惑、挑动的话，那么在事件发生之前为什么不能让群众知道“真相”，或者在事件酝酿阶段和刚露苗头之时，用公布的“真相”回应群众的疑问，把事件化解在萌芽状态？说群众“不明真相”，并不等于真理站在了自己一边，反而暴露了有关部门没有尽职的事实。其次，指责参与事件的群众“不明真相”，无异于说民众没有分辨是非的能力，这与事实不符。不容否认，有些事件确是因信息不实造成一些群众盲目参与，但即便是这样的事件，一般也有其发生的深层次原因。“瓮安事件”最终证明当事人是因溺水死亡，但根子上却与当地侵犯群众利益的事情屡有发生，群众安全感指数很低，干部作风粗暴、工作方法简单相关。再次，把事件说成是少数人教唆“不明真相”的群众引发的，还有推卸自己责任的嫌疑。近些年大规模群体事件的发生，往往有地方政府工作没有做好，发生问题后处置不当的原因。借口事件是少数别有用心的人挑起，是想掩盖自己工作失误或试图减轻自己应负的责任。

很多时候，当群体事件发生时，轻易地称成百上千的群众“不明真相”，是传统思维模式在作祟。贵州省委原书记石宗源在就“瓮安事件”的经验教训回答记者提问时说，要打破群体事件是“不明真相的群众在少数坏人的煽动下”发生的公式，值得人们深思。

2. 惯性依赖心理

在基层，一些领导干部还存在“网络可控”的侥幸心理，将网络等同于传统媒体，认为网络是可以控制甚至操纵的。这也导致一些干部始终认为新闻传媒是可以控制的，从而在心理上产生一种虚妄的舆论安全感，即“高枕无忧”。

3. “家丑不可外扬”的思维定式

还有基层干部视网络为洪水猛兽，时刻提防并设法控制。辖区内的突发事件或违法犯罪事件都关着门解决，严禁走漏消息，以免造成家丑外扬，最终无法向上级部门交代。

4. “妨碍进步、影响升迁”的思想顾虑

有的地方党政领导干部往往把正面报道看作对其工作的肯定或褒奖，若有负面信息见诸网络，就认为是大祸临头，造成的结果肯定是满城风雨，自己的仕途前程都被断送了，对互联网负面信息没有脱敏。

5. “身正不怕影子歪”的刚愎心态

还有一些基层干部自认为“为官清正”，对网络上的信息置之不理，不理睬舆论监督，不注重民声，对各种传言和质疑不作回应。

6. “网络让问题扩大化”的错误观念

个别干部认为网络成事不足、败事有余，本来可以大事化小、小事化了的事情一旦上了网络，往往会掀起轩然大波，使问题扩大化、复杂化，最终发展到无可救药的地步。

7. 围追堵截、避之不及思维

很多基层干部对待舆情有所谓的七字诀“捂、盖、拖、堵、躲、删、压”，这七字诀的最终目的都是围追堵截，避之不及，最终造成的客观现实是越捂越发酵，越盖越引发围观。

（二）做法误区

1. 迷信删帖

一些基层领导一旦遇到负面舆论信息，就下意识地想方设法删帖：“公关”网站负责人或论坛版主把负面帖子彻底删除，或者通过技术手段对负面信息在百度等搜索引擎中的搜索排名进行压制，使负面影响最小化。这种删帖行为属于典型的“鸵鸟政策”和懒政做法，一旦被发现就会变成围观对象。对付负面帖子和新闻其实有很多方法，删帖是次优选择，有更好的方法可以有效处理这些日常负面信息。

2. 迷信网络公关

很多基层领导面对一些突发舆论事件时经常用到的手段是网评员一哄而上，追求数量的优势，有种人多势众的虚妄之感。但其实网评员的素质亟待提升，尤其虚拟网络是以言论观点的理性和深刻来取胜的世界，素质不够的网评员即便在人数规模上有优势，在舆论引导和社会民众观点改变上的作用也微乎其微。

另外的做法是找一些“文化传播公司”来摆平负面信息。很多“文化传播公司”都是一些皮包公司，甚至是骗子公司，或者是一些媒体记者开办的副业，本身参差不齐，水平也有限。很多基层部门的这种做法最终以上当受骗告终。

3. 迷信警力和司法机关

个别基层部门在处理社会舆论热点事件时，首先考虑的是借助警力和司法机关，主要表现为过早使用警力，跨省抓人等。动用司法机关进行干预，很容易引起民意的更大反弹。如“张家川事件”中，过早使用警力并对一个未成年的孩子进行抓捕，最终造成了公安局局长下台和张家川信誉失守。再如，2014 年 9 月，河南获嘉县民众大规模聚集街市，反映该县城郊的中新化工厂空气污染问题。有网络媒体描写获嘉县干部与群众对话时，警察“一手执枪，一手为领导撑着伞”。首先不管警察手中是不是拿着枪，本身有警察在场就是过早使用警力。在群众看来，警察是国家机器，是强制力量，过早使用警力相当于过早地将干群对话的渠道给关闭了，群众会表现出应激性的紧张和对政府的不信任。

四、对意见信息的引导与控制

对舆论的引导从本质上讲是对一种不利的意见信息的控制，现实生活中传播的信息不外乎两种：一是事实信息（有无的问题），另一种则是意见信息（好坏的问题）。意见信息是群体价值观的体现，引导起来难度很大，因为最难沟通的就是关涉价值观、态度等深层次的社会认知。不过在意见引导中也有一些比较行之有效的方法可供参考。

在说服性传播活动中为有效地达到预期目的而采用的策略方法，包括微观修辞创新、提示法、说理法、诉求法、恐怖警钟法、信源选择法等。

（一）微观修辞创新：改变舆论事件的命名机制

加强对舆论事件命名机制的监管，改变舆情走向，应从初始命名开始。随着以自媒体为代表的“标签化传播”时代来临，很多公共事件的命名往往会左右事件发展的轨迹和趋势。如著名的“毒疫苗事件”中，疫苗只是由于存储条件不当失效，并不会产生毒害，但被冠以“毒疫苗”之名后立即引起了整个社会的恐慌；“僵尸肉事件”也并不像某些媒体报道的那么夸张，但这种保存时间过长的冷冻肉被贴上“僵尸肉”的恐怖标签，立即引发了网络讨论热潮；住房和城乡建设部出台《关于进一步加强城市规划建设管理工作的若干意见》，并不是简单地拆除小区围墙，但被民众冠以“拆围墙”之名后，立即引起了网络围观和集体调侃。因此，给一些舆论事件命名时应该掌握主动权，从某种意义上来说掌握了命名权就掌握了主动权。

（二）提示法：一面说 VS. 两面说和多面说

“一面说”与“两面说和多面说”是传播心理学家霍夫兰在研究劝服效果时提出的。针对某个舆论，在进行意见劝服时，使用一面说（只说一种观点和意见）还是两面说和多面说（两个及以上的观点和看法），这是需要考虑的问题。根据霍夫兰的研究，针对文化水平不高、社会经验不足的社会群体，只需要告诉他们一种观点和意见即可，告诉多了的话会使他们无所适从，甚至效果适得其反；而对文化水平较高、社会经验丰富的高层次群体，则需要提供更多的观点和看法，这样他们才能做出相对比较理智的判断。随着民众文化水平的提升，以往的一面说已经很难有较大的劝服效果了，它往往给人一种“咄咄逼人”的感觉，很容易造成社会民众的逆反心理。从这个意义上讲，传统的新闻宣传策略——“以正面宣传为主”“典型人物报道”等已经不能适应自媒体时代的新变化，“只报喜不报忧”虽然可以塑造安定团结的大好局面，但容易使得民众产生一种逆反心理，而“琴瑟和谐”的“两面说和多面说”才适应了媒介环境的改变，可以起到一种使人感觉相对公平和被尊重的效果。

（三）说理法：“明示结论”VS.“寓观点于材料之中”

在劝服中，到底是采用生硬灌输还是软性植入也是值得考量的。明示结论的强制灌输法可以在短时间内将观点传播扩散出去，这对文化素质不高的群体具有立竿见影的效果。但随着网民群体文化水平的提升，再加上经历历次网络事件的“洗礼”，这种直接明示结论和观点的做法很多时候并不能平息舆论事件中的民众愤懑，而只有采用柔性的观点植入和寓观点于材料之中的软性表达，才能起到“润物细无声”的神奇效果。

这两种舆论劝服方式各有优缺点。比如明示结论法虽然给人一种观点鲜明的感觉，但容易让人觉得生硬而引起反感；而柔性的“寓观点于材料之中”的做法又容易给人造成理解上的困难，很容易表达得不够明确与直接而让人们去猜，故而有时很难达到劝服的目的。

（四）诉求法：诉诸理性、诉诸人品和诉诸情感

劝服本身是一种话语修辞艺术，“说什么”与“如何说”的修辞取向变得越来越重要。新修辞理论认为修辞不仅普遍存在，而且生产和控制意义，命名世界和建立秩序，组织和规范人类的思想与行为。① 有关修辞的研究可以追溯到亚里士多德时期。亚里士多德认为“修辞”是“在特定场合找到所有可以用来说服别人的手段的集合”②，可以看出，他对修辞学研究的核心内容是“劝服”。修辞最早被视为一种说服技巧与演说艺术，由于诉说对象具有主体性，拥有自己独立的心理因素、情绪和道德价值观，于是亚里士多德针对演说提出了“听众分析法”，核心思想就是要演讲者借助一定的演讲技巧如情感、逻辑、人格劝说等，让听众对真理的是非性做出判断。③ 另外亚里士多德还提出了劝说他人的三种形式——诉诸理性、诉诸人品和诉诸情感④，并认为修辞具有三要素——逻辑、信誉和情感⑤。在传统的舆论引导中特别强调的是诉诸理性，这也是主流意识形态最为擅长的，通过摆事实讲道理达到

① 胡百精．危机传播管理的对话范式：中：事实路径［J］．当代传播，2018（2）：19－23．

② 亚里士多德．修辞术 亚历山大修辞学 论诗［M］．颜一，崔延强，译．北京：中国人民大学出版社，2003：12．

③ 牟晓鸣．亚里士多德与西方古典修辞学理论［J］．大连民族学院学报，2008（4）：353－355．

④ 杨跃珍．亚里士多德修辞学与伯克修辞学研究对比［J］．长春教育学院学报，2010（3）：54－55．

⑤ 宫贺．跨文化认同与政治修辞：基于对中美当代政治传播实践的考察［J］．国际新闻界，2009（5）：26－31．

说服对方的目的，但也由于过于理性，很容易给人一种面孔冷冰冰和拒人于千里之外的感觉。尤其是随着后真相时代的到来，民众不再重视事实本身，而为了宣泄情绪更重视追求真相的过程，因此诉诸情感成为一种新的舆论引导方式。“晓之以理更要动之以情”，在舆论引导中要注重营造感性的情感气氛，或使用感情色彩强烈的言辞感染对方，进而实现以情动人。在情感渲染的环境下人们也往往比较容易被说服而做出选择与决策，生硬地讲道理往往于事无补。

（五）恐怖警钟法：中度恐怖诉求最好

恐怖诉求（fear appeals）是新闻传播中一种常用的劝服方法，运用“敲警钟”的方法唤起人们的危机意识和紧张心理，促成他们的态度和行为朝一定方向变化，是最为简单、直接、有效的劝服方法。该方法具有双重价值：一是对事物利害关系的强调可最大限度地唤起人们的注意，促成他们对特定舆论客体的关注与传播；二是这种方法所造成的紧迫感可以使人们迅速地采取对应行动。①

但由于该方法主要是通过刺激人们的恐惧心理来追求特定效果，会给对象带来一定的心理不适，如果分寸把握得不好，容易招致自发的防卫性反应，对舆论引导效果产生负面影响。该方法最早是使用在健康传播中，近年来也被用于政治诉求中，如“9·11”事件后，纪录片《华氏9·11》强调伊拉克与恐怖组织之间的密切关系，进而美国政府获得民意支持，发动了伊拉克战争。不同程度的恐惧诉求效果不同，“敲警钟”必须掌握分寸、切合实际。

（六）信源选择法

一般来说，信源的可信度越高，其说服效果越好；可信度越低，说服效果越差。如班主任传达的消息肯定比一般同学传达的信息更可信。因此，树立良好的形象、争取民众的信任是增强舆论引导效果的前提条件。在一些地方部门，有时基于各种原因并不能将事情的全部真相为民众呈现出来，舆论引导很容易陷入著名的“塔西佗陷阱”。“塔西佗陷阱”得名于古罗马时代的历史学家塔西佗，这一概念最初来自他所著的《历史》，是塔西佗在评价一位罗马皇帝时所说的话：“一旦皇帝成了人们憎恨的对象，他做的好事和坏事就同样会引起人们对他的厌恶。”② 之后“塔西佗陷阱”被中国学者引申为一种

---

① 霍夫兰，贾尼斯，凯利．传播与劝服：关于态度转变的心理学研究［M］．张建中，李雪晴，曾苑，等译．北京：中国人民大学出版社，2015：114-116.

② 塔西佗．历史［M］．王以铸，崔妙因，译．北京：商务印书馆，1981：72-74.

社会现象，指当政府部门或某一组织失去公信力时，无论其说真话还是说假话、做好事还是做坏事，都会被认为是说假话、做坏事。因此，相关部门需要维护自身的形象，洁身自好，做好声誉管理。否则一旦被民众贴上不诚实的信源标签，说什么都不会有人相信。

另外，根据霍夫兰的劝服理论，低可信度信源发出的信息，由于受信源可信性的负影响，其内容本身的说服力不能马上发挥，处于一种“睡眠”状态，经过一段时间，可信性的负影响减弱或消失后，其效果才能充分发挥出来。这说明信源的可信性对信息的短期效果具有极为重要的影响，但从长期效果来说，最终起决定作用的是内容本身的说服力。

五、对情绪的引导与控制

从本质上讲，人是一种情绪动物，人们的积极行为或消极行为都是以情绪为基础的，情绪的本质是对个体与环境之间平衡状态的反应，如遇到危险的情绪反应是焦虑恐惧，遇到喜爱的人或事会开心，想得到而又得不到会郁闷。情绪本来就是外物（即环境）作用的结果，从来都是被外物“牵涉”或“控制”的。人们认为自己可以主动控制自己的情绪，其实是一种错觉，那是因为切换了一种视角看外物，或把外物调换了一下，导致情绪有所变化而已，其实这种情绪变化还是外物控制的结果，可见人无法完全摆脱社会舆论的影响。

（一）情绪引导是舆论引导的重中之重

舆论的传播与扩散过程本身就是事实流、意见流和情绪流三流交汇传播的过程，并且从本质上讲，舆论的动力机制是一种情感，要么是愤怒，要么是悲伤，要么是高兴。“三流”中情绪流是基础，是本质，因此在舆论引导中对情绪做引导往往有四两拨千斤的引导效果。在上文舆论的情感动员机制中已经谈到，很多舆论背后的情绪都是负面的，戏谑本身也是一种笑中带泪的情绪，因此对舆论引导方来说要合理看待负面情绪。负面情绪虽然像疾病传染一样迅速，但如果能抓住情绪背后的社会焦点与核心关注，对舆论客体及时进行干预，就能真正将舆论引导做到实处。

（二）重视核心人群的情绪，切断情感动员的关键环节

勒庞在他的《乌合之众》中认为，群体是有共同目的的人的集合，群体智力低下，盲目而极端，保守又善变，充满原始的暴力和嗜血的欲望。情绪是导致群体变得无意识的助燃剂，而在群体无意识中往往又受一部分人的情

绪感染与诱导。如现代心理学实验证明，在决策群体中加入一个傻瓜，这个傻瓜只会一个动作，即说“不”，即使大家事先都知道他是傻瓜，75％的人还是因之更愿意提出反对意见，而此前他们总是 100％同意。因此，在一个未知领域中民众会下意识地盲从他人，哪怕那个人并不怎么高明，正如勒庞所说的，“聚集成群的人会完全丧失自己的意志，本能地转向一个具备他们所没有的品质的人”，“大多数人，尤其是群众中的大多数人，除了自己的行业之外，对任何问题都没有清楚而合理的想法”①。这些“少数人”动员的手段主要是断言、重复和传染，这很容易让人想到脑白金广告。“一个断言越是简单明了，证据和证明看上去越贫乏，它就越有威力。一切时代的宗教书和各种法典，总是诉诸简单的断言。号召人们起来捍卫某项政治事业的政客，利用广告手段推销产品的商人，全都深知断言的价值。”进一步而言，“极为重要的修辞法只有一个，那就是重复”②。

情绪既然是这些人生产与动员的，那么他们的情绪变化就是情绪引导的核心与关键。这些人与意见领袖又有本质的差别，他们可能在群体中并不是拥有真知灼见的人，但非常情绪化和善于制造情绪，并能积极传染给他人。很多舆论事件之所以成为热点，就是由于事件相关方（如家属）善于进行情绪渲染与引导民众心理，如“宜黄拆迁事件”中的姐妹俩就善于通过文字直播来引导社会情绪。

（三）情绪宜疏不宜堵，构建多元情绪按摩机制

舆论引导中的情绪引导宜疏不宜堵，须构建有效的社会情感按摩机制，及时疏导社会负能量。无论是民生议题还是网络流行语，“吐槽”类均占据主导，说明目前民众普遍存在社会压力过大、负能量积聚过多的心理现实，在这种境况之下一味地提倡弘扬正能量，不仅不能起到疏导的作用，反而会造成负面效应。因此，未来要构建有效的社会情绪按摩机制，为整个社会进行情绪疏导和情感按摩，缓解社会压力。只有这样才能真正解决目前社会负性情绪淤积的问题。

根据麦克卢汉的“媒介即讯息”的观点，新媒介技术也不断塑造着全新的社会形态和人类存在方式，进而对社会治理方式和结构产生深远影响。网络空间具有高度的跨时空性特点，也就是说可以使人们的社会交际行为不受地域和时间的限制。这种高度跨时空性可以改变社会组织的基本方式，使得传统的社会监管方式很难与网络社会无缝衔接。

虚拟社会治理是近年来比较热门的话题。治理本身作为一种价值追求，

---

① 勒庞．乌合之众：大众心理研究［M］．冯克利，译．北京：中央编译出版社，2004：97，98.

② 同①102.

一定程度上是对目前社会运行现状的再造和完善。学术界对治理概念的定义日渐丰富，治理作为促进公民参与的一种权责对等的公开制度模式进入了公众视野，也被应用到网络虚拟社会管理的各个层面。虚拟社会治理是个系统性工程，网民、公权力乃至全社会都应致力于通过治理以实现秩序、效率、公平等多元价值，适应信息时代带来的诸多挑战。网络社会治理要在承认网络文化具有个性化、多元化等特征的基础上，通过互动和调和，即沟通、对话、谈判、协商、妥协、让步，整合起各网络社会阶层、社群都能够接受的，超越所有虚拟社群之上的整体利益，最终形成网络社会各参与方都必须遵守的社会契约。

网络社会治理的本质精神是“调和”和“互动”。网络虚拟社会与线下社会是一样的，都具有自组织性，是一个生机勃勃的自组织有机体，不应试图用某种强力乃至蛮力去“支配”网络社会。① 同时，要善于引导网络社会达成利益共识，形成价值共鸣，建立一个适合多元主体参与的治理框架和社会机制，使多元主体都能提出自己的利益诉求，然后在沟通交流、相互妥协、协商一致的基础上达成社会共识。

本章小结

舆论研判需要研判者具备长期的经验积累和专业知识储备。本章主要从定量和定性两个维度出发，对舆论研判的基本技巧进行了介绍，并在此基础上根据人类历史上出现过的三种主要舆论引导类型（传统导向、内部导向及他人导向）进行了探讨，在此基础上对其不合理之处进行了分析与讨论。结合劝服理论及信息传播环节等研究成果，本章对在舆论引导中如何围绕事实信息、传播环节、舆论客体、观点信息等几个重要节点进行有效控制与引导，回归舆论控制的本源主体进行了分析，改变了目前以危机管理为主流范式的舆论引导模式，构建了新型舆论控制框架及范式。

本章思考题

1. 舆论研判中的定量与定性两个手段哪个更加科学有效？

2. 有人不主张使用“舆论引导”概念，认为舆论无法引导但可以控制，你如何看待这个观点？

3. 有人认为舆情是末、实情是本，过度追求舆论控制是本末倒置，你如何看待

---

① 郑钧蔚．社会治理理论的基本内涵及主要内容［J］．才智，2015（5）：262.

这个观点？

4. 你如何看待舆论引导的“时、度、效”三原则？

推荐阅读书目

1. 喻国明，李彪．社交网络时代的舆情管理［M］. 南京：江苏人民出版社，2015.

2. 李彪．直击人心：社交媒体时代新闻发布与媒体关系管理［M］. 北京：人民日报出版社，2017.

3. 刘上洋．中外应对网络舆情100例［M］. 南昌：百花洲文艺出版社，2017.

4. 霍夫兰，贾尼斯，凯利．传播与劝服：关于态度转变的心理学研究［M］. 张建中，李雪晴，曾苑，等译．北京：中国人民大学出版社，2015.

图书在版编目（CIP）数据

舆论学教程 / 李彪著. -- 2 版 . -- 北京：中国人民大学出版社，2023. 6（2025. 11 重印）
新编 21 世纪新闻传播学系列教材
ISBN 978-7-300-31785-4

Ⅰ. ①舆… Ⅱ. ①李… Ⅲ. ①舆论—高等学校—教材
Ⅳ. ①C912. 63

中国国家版本馆 CIP 数据核字（2023）第 098361 号

新编 21 世纪新闻传播学系列教材
舆论学教程（第 2 版）
李　彪　著
Yulunxue Jiaocheng

出版发行	中国人民大学出版社		
社　　址	北京中关村大街 31 号	**邮政编码**	100080
电　　话	010－62511242（总编室）		010－62511770（质管部）
	010－82501766（自营网店）		010－62514148（明德书店）
	010－62511173（销售部）		010－62515275（盗版举报）
网　　址	http://www.crup.com.cn		
经　　销	新华书店		
印　　刷	运河（唐山）印务有限公司	**版　　次**	2020 年 7 月第 1 版
开　　本	787 mm×1092 mm　1/16		2023 年 6 月第 2 版
印　　张	19. 75 插页 1	**印　　次**	2025 年 11 月第 6 次印刷
字　　数	357 000	**定　　价**	49. 80 元

图书在版编目（CIP）数据

关联课程教材推荐

书号	书名	第一作者	定价	出版时间
978-7-300-31434-1	网络舆情概论（第 2 版）	周蔚华	49.80	2023.3
978-7-300-30906-4	新媒体舆论	匡文波	69.80	2022.8
978-7-300-33049-5	新媒体概论（第 4 版）	匡文波	49.80	2024.7
978-7-300-31972-8	网络传播概论（第 5 版）	彭兰	69.80	2023.9
978-7-300-21417-7	社会化媒体：理论与实践解析	彭兰	58.00	2015.7
978-7-300-30054-2	新媒体研究方法	王锡苓	49.80	2022.1
978-7-300-28330-2	过滤泡：互联网对我们的隐秘操纵	[美] 伊莱·帕里泽	59.80	2020.8

配套教学资源支持

尊敬的老师：

衷心感谢您选择使用人大版教材！

相关的配套教学资源，请到人大社网站（www.crup.com.cn）下载，或是随时与我们联系，我们将向您免费提供。

欢迎您随时反馈教材使用过程中的疑问、修订建议并提供您个人制作的课件。您的课件一经采用，我们将署名并付费。让我们与教材共成长！

联系人信息：

地址：北京海淀区中关村大街 31 号 206 室　龚洪训 收　　邮编：100080

电子邮件：gonghx@crup.com.cn　　电话：010－62515637　　QQ：6130616

如有相关教材的选题计划，也欢迎您与我们联系，我们将竭诚为您服务！

选题联系人：	电子邮件：	电话：
周　莹	383902102@qq.com.cn	010－62511612

俯仰天地　心系人文

人大社网站　www.crup.com.cn

专业教师 QQ 群：

723715191（全国新闻教师群 2 群）

欢迎您登录人大社网站浏览，了解图书信息，共享教学资源

期待您加入专业教师 QQ 群，开展学术讨论，交流教学心得